머리말

스파르타 스포츠지도사 2급 필기 문제집은 다음과 같이 구성되어 있습니다.

PART 01 **기출문제** 각 과목의 **60문제**(2022, 2023, 2024)

+

PART 02 **출제예상문제** 각 과목의 **20문제**

+

PART 03 **파이널 모의고사** 각 과목의 **20문제**

100문제

여러분이 스파르타 스포츠지도사 교재를 선택하셨다면 이미 합격과 성공을 위한 준비가 완료되었다는 것입니다.

성공은 결국 꿈꾸고 도전하는 사람에게 찾아옵니다.

여러분들의 합격과 성공을 진심으로 응원합니다.

감사합니다.

대표저자 유동균

시험안내

1 스포츠지도사 자격증의 정의와 종류

"스포츠지도사"란 학교·직장·지역사회 또는 체육단체 등에서 체육을 지도할 수 있도록 국민체육진흥법에 따라 해당 자격을 취득한 사람을 말한다.

전문/생활 스포츠지도사	자격 종목에 대하여 전문 체육이나 생활 체육을 지도하는 사람
장애인 스포츠지도사	장애 유형에 따른 운동 방법 등에 대한 지식을 갖추고, 자격 종목에 대하여 장애인들을 대상으로 전문 체육이나 생활 체육을 지도하는 사람
유소년 스포츠지도사	유소년(만 3세부터 중학교 취학 전)의 행동 양식, 신체 발달 등에 대한 지식을 갖추고 자격 종목에 대하여 유소년을 대상으로 체육을 지도하는 사람
노인 스포츠지도사	노인의 신체적·정신적 변화 등에 대한 지식을 갖추고 자격 종목에 대하여 노인을 대상으로 생활 체육을 지도하는 사람

2 스포츠지도사 2급 자격취득 과정

필기시험		실기 및 구술		연수
필기시험접수	≫	실기 및 구술검정기관	≫	연수기관
체육지도자연수원		각 종목별 실기 및 구술시험 주관		각 자격기관별 연수기관

3 자격 취득 시 유의사항

- 동일 자격 등급에 한하여 **연간 1인 1종목**만 취득 가능(동 · 하계 중복 응시 불가)
- 하계 필기시험 또는 동계 실기구술시험에 합격한 사람은 다음 해에 실시하는 **해당 자격검정 1회 면제**
- 필기시험에 합격한 해의 12월 31일부터 **3년 이내**에 연수과정을 이수해야 함(병역 복무를 위해 군에 입대한 경우 의무복무 기간은 포함하지 않음)

4 자격검정 합격 및 연수 이수기준

필기시험	과목마다 만점의 40% 이상 득점하고 전 과목 총점 60% 이상 득점
실기 · 구술시험	실기시험과 구술시험 각각 만점의 70% 이상 득점
연수	연수과정의 100분의 90 이상을 참여하고, 연수태도·체육 지도·현장실습에 대한 평가점수 각각 만점의 100분의 60 이상

5 필기시험 과목(7과목 중 5과목 선택)

| 스포츠
교육학 | 스포츠
사회학 | 스포츠
심리학 | 스포츠
윤리 | 운동
생리학 | 운동
역학 | 한국
체육사 |

6 필기시험 개요

[시험 방법]

객관식 4지 선다형, 100문항 (5과목, 과목당 20문항)

[시험 시간]

구분	시간	주요 내용	비고
입실 완료	08:30~09:30	시험장 입실	시험 종료 후, 답안지 전량 회수
시험 안내	09:30~10:00	유의 사항 안내, 문제지 배부	
시험	10:00~11:40	시험 진행	

[시험 과목]

시험 과목	전문 스포츠지도사		생활 스포츠지도사		장애인 스포츠지도사		노인 스포츠지도사	유소년 스포츠지도사
	1급 (필수 4과목)	2급 (선택 5과목)	1급 (필수 4과목)	2급 (선택 5과목)	1급 (필수 4과목)	2급 (선택 4과목 +필수 1과목)	(선택 4과목 +필수 1과목)	(선택 4과목 +필수 1과목)
스포츠교육학		●		●		●	●	●
스포츠사회학		●		●		●	●	●
스포츠심리학		●		●		●	●	●
스포츠윤리		●		●		●	●	●
운동생리학		●		●		●	●	●
운동역학		●		●		●	●	●
한국체육사		●		●		●	●	●
특수체육론						★		
노인체육론							★	
유아체육론								★

구성과 특징

Step 1

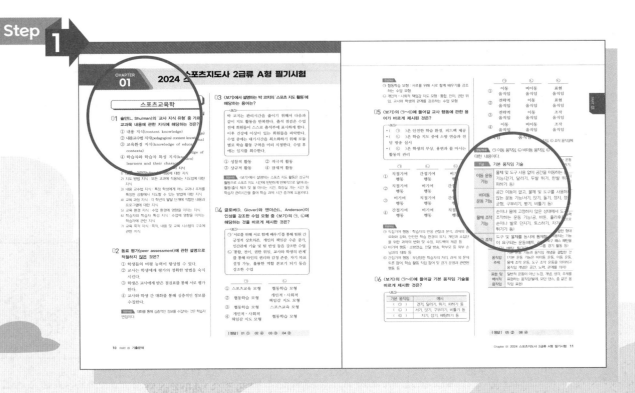

POINT 1 2024년, 2023년, 2022년 기출문제를 연도별로 수록

POINT 2 문제해결을 위한 핵심 포인트를 공략한 간단하고 명료한 해설

POINT 3 오답해설과 팁을 통해 문제풀이 능력 향상에 도움

Step 2

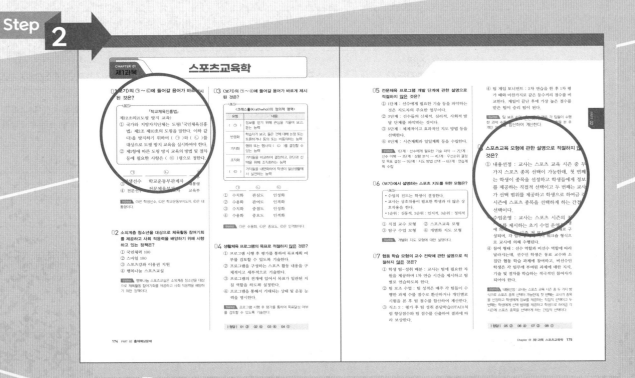

POINT 1 기출분석을 통한 출제경향을 반영한 실전문제 풀이

POINT 2 빈출 문제풀이를 통해 과목별 기본이론의 이해에 도움

POINT 3 쉽고 명확한 해설로 출제가 예상되는 핵심 포인트 점검 가능

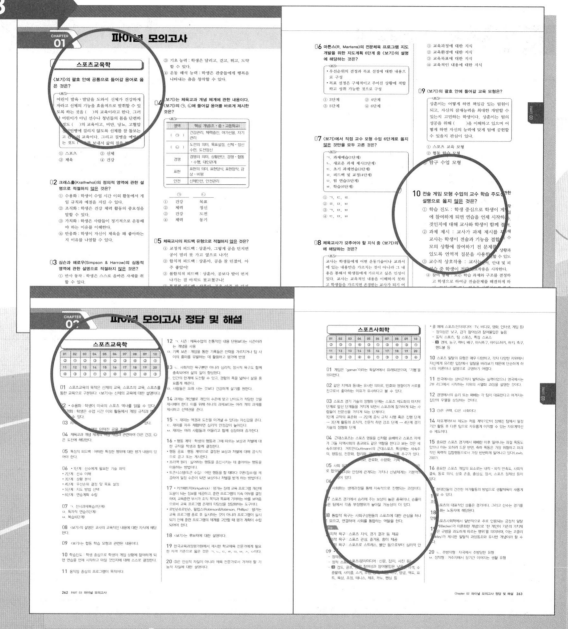

POINT 1 실전에 대비할 수 있는 최종점검을 위한 파이널 모의고사

POINT 2 기존이론에 새로운 이론까지 추가하여 다양한 경향의 문제풀이 가능

POINT 3 문제와 해설을 분리하여 실제 시험처럼 활용 가능

PART 02 출제예상문제

PART 03 파이널 모의고사

기출문제

2024 스포츠지도사 2급류 A형 필기시험

스포츠교육학

01 슐만(L. Shulman)의 '교사 지식 유형' 중 가르칠 교과목 내용에 관한 지식에 해당하는 것은?

① 내용 지식(content knowledge)
② 내용교수법 지식(pedagogical content knowledge)
③ 교육환경 지식(knowledge of educational contexts)
④ 학습자와 학습자 특성 지식(knowledge of learners and their characteristics)

정답해설 슐만(Shulman) 7가지 교사 지식

1) 내용 지식 : 가르칠 교과 내용에 대한 지식
2) 지도 방법 지식 : 모든 교과에 적용되는 지도법에 대한 지식
3) 내용 교수법 지식 : 특정 학생에게 어느 교과나 주제를 특정한 상황에서 지도할 수 있는 방법에 대한 지식
4) 교육 과정 지식 : 각 학년의 발달 단계에 적합한 내용과 프로그램에 대한 지식
5) 교육 환경 지식 : 수업 환경에 영향을 미치는 지식
6) 학습자와 학습자 특성 지식 : 수업에 영향을 미치는 학습자에 관한 지식
7) 교육 목적 지식 : 목적, 내용 및 교육 시스템의 구조에 관한 지식

02 동료 평가(peer assessment)에 관한 설명으로 적절하지 <u>않은</u> 것은?

① 학생들의 비평 능력이 향상될 수 있다.
② 교사는 학생에게 평가의 정확한 방법을 숙지시킨다.
③ 학생은 교사에게 받은 점검표를 통해 서로 평가한다.
④ 교사와 학생 간 대화를 통해 심층적인 정보를 수집한다.

정답해설 대화를 통해 심층적인 정보를 수집하는 것은 학습자 면접이다.

03 <보기>에서 설명하는 박 코치의 '스포츠 지도 활동'에 해당하는 용어는?

> **보기**
> 박 코치는 관리시간을 줄이기 위해서 다음과 같이 지도 활동을 반복한다. 출석 점검은 수업 전에 회원들이 스스로 출석부에 표시하게 한다. 이후 건강에 이상이 있는 회원들을 파악한다. 수업 중에는 대기시간을 최소화하기 위해 모둠별로 학습 활동 구역을 미리 지정한다. 수업 후에는 일지를 회수한다.

① 성찰적 활동   ② 적극적 활동
③ 상규적 활동   ④ 잠재적 활동

정답해설 <보기>에서 설명하는 스포츠 지도 활동은 상규적 활동으로 스포츠 지도 시간에 빈번하게 반복적으로 일어나는 활동(출석 체크 및 물 마시는 시간, 화장실 가는 시간 등 학습자 관리시간을 줄여 학습 과제 시간 증가에 도움)이다.

04 글로버(D. Glover)와 앤더슨(L. Anderson)이 인성을 강조한 수업 모형 중 <보기>의 ㉠, ㉡에 해당하는 것을 바르게 제시한 것은?

> **보기**
> ㉠ '서로를 위해 서로 함께 배우기'를 통해 팀원 간 긍정적 상호의존, 개인의 책임감 수준 증가, 인간관계 기술 및 팀 반성 등을 강조한 수업
> ㉡ '통합, 전이, 권한 위임, 교사와 학생의 관계'를 통해 타인의 권리와 감정 존중, 자기 목표 설정 가능, 훌륭한 역할 본보기 되기 등을 강조한 수업

	㉠	㉡
①	스포츠교육 모형	협동학습 모형
②	협동학습 모형	개인적·사회적 책임감 지도 모형
③	협동학습 모형	스포츠교육 모형
④	개인적·사회적 책임감 지도 모형	협동학습 모형

| **정답** | 01 ① | 02 ④ | 03 ③ | 04 ② |

정답해설

ⓐ 협동학습 모형 : 서로를 위해 서로 함께 배우기를 강조하는 수업 모형

ⓑ 개인적·사회적 책임감 지도 모형 : 통합, 전이, 권한 위임, 교사와 학생의 관계를 강조하는 수업 모형

05 〈보기〉의 ㉠~㉢에 들어갈 교사 행동에 관한 용어가 바르게 제시된 것은?

보기

• (㉠)은 안전한 학습 환경, 피드백 제공
• (㉡)은 학습 지도 중에 소방 연습과 전달 방송 실시
• (㉢)은 학생의 부상, 용변과 물 마시는 활동의 관리

	㉠	㉡	㉢
①	직접기여 행동	간접기여 행동	비기여 행동
②	직접기여 행동	비기여 행동	간접기여 행동
③	비기여 행동	직접기여 행동	간접기여 행동
④	간접기여 행동	비기여 행동	직접기여 행동

정답해설

ⓐ 직접기여 행동 : 학습자의 반응 관찰과 분석, 과제의 명료화와 강화, 안전한 학습 환경의 유지, 개인과 소집단을 위한 과제의 변화 및 수정, 피드백의 제공 등

ⓑ 비기여 행동 : 소방연습, 전달 방송, 학부모 등 외부 손님과의 대화 등

ⓒ 간접기여 행동 : 부상당한 학습자의 처리, 과제 외 문제 토론 참여, 학습 활동 직접 참여 및 경기 운영과 관련된 행동 등

06 〈보기〉의 ㉠~㉢에 들어갈 기본 움직임 기술을 바르게 제시한 것은?

보기

기본 움직임	예시
(㉠)	걷기, 달리기, 뛰기, 피하기 등
(㉡)	서기, 앉기, 구부리기, 비틀기 등
(㉢)	치기, 잡기, 배팅하기 등

	㉠	㉡	㉢
①	이동 움직임	비이동 움직임	표현 움직임
②	전략적 움직임	이동 움직임	표현 움직임
③	전략적 움직임	이동 움직임	조작 움직임
④	이동 움직임	비이동 움직임	조작 움직임

정답해설 ㉠ 이동 움직임, ㉡ 비이동 움직임, ㉢ 조작 움직임에 대한 내용이다.

Tip 기본 움직임 기술

이동 운동 기능	물체 및 도구 사용 없이 공간을 이동하는 운동 기능(걷기, 달리기, 두발 뛰기, 한발 뛰기, 피하기 등)
비이동 운동 기능	공간 이동이 없고, 물체 및 도구를 사용하지 않는 운동 기능(서기, 앉기, 돌기, 정지, 정적 균형, 구부리기, 뻗기, 비틀기 등)
물체 조작 기능	손이나 몸에 고정하지 않은 상태에서 도구를 조작하는 운동 기능(공, 바톤, 훌라후프 등 손이나 발로 던지기, 토스하기, 차기, 잡기, 튀기기 등)
도구 조작 기능	도구 및 물체를 동시에 통제할 수 있는 능력이 요구되는 운동(배트, 라켓, 글러브 등으로 치기, 배팅, 튀기기, 드리블, 잡기 등)
전략적 움직임과 기능	운동 기능과 상황적 의사결정이 결합한 형태 역동적인 상황(일반적 게임)에 적용되는 기능(축구 수비, 야구 도루, 미식축구 패스 패턴을 따라 달리기 등 주로 그룹 경기 활동 등)
움직임 주제	기본 운동 기능과 움직임 개념을 결합한 것(기본 운동 기능은 비이동 운동, 이동 운동, 물체 조작 운동, 도구 조작 운동을 의미하고 움직임 개념은 공간, 노력, 관계를 의미)
표현 및 해석적 움직임	일반적 운동이 아닌 느낌, 개념, 생각, 주제를 표현하는 움직임(발레, 모던 댄스, 춤 같은 움직임 표현)

|정답| 05 ② 06 ④

07 학교체육진흥법(시행 2024.3.24.) 제10조 '학교 스포츠클럽 운영'의 내용에 해당하지 <u>않는</u> 것은?

① 학교스포츠클럽을 운영하는 경우 전담교사를 지정해야 한다.
② 전담교사에게 학교 예산의 범위에서 소정의 지도수당을 지급한다.
③ 활동 내용은 학교생활기록부에 기록하지만, 상급학교 진학자료로 활용할 수 없다.
④ 학교의 장은 학교스포츠클럽을 운영하여 학생들의 체육활동 참여 기회를 확대해야 한다.

> **정답해설** 제10조(학교스포츠클럽 운영)
> ① 학교의 장은 학생들이 신체활동 프로그램에 참여할 수 있도록 학교스포츠클럽을 운영하여 학생들의 체육활동 참여기회를 확대하여야 한다.
> ② 학교의 장은 제1항에 따라 학교스포츠클럽을 운영하는 경우 학교스포츠클럽 전담교사를 지정하여야 한다.
> ③ 제2항에 따른 학교스포츠클럽 전담교사에게는 학교 예산의 범위에서 소정의 지도수당을 지급한다.
> ④ 학교의 장은 학교스포츠클럽 활동내용을 학교생활기록부에 기록하여 상급학교 진학자료로 활용할 수 있도록 하여야 한다.

08 다음 중 모스턴(M. Moston) '상호학습형 교수 스타일'에 관한 설명으로 적절하지 <u>않은</u> 것은?

① 학습자는 교과내용을 선정한다.
② 학습자는 수행자나 관찰자의 역할을 수행한다.
③ 관찰자는 지도자가 제시한 수행 기준에 따라 피드백을 제공한다.
④ 지도자는 관찰자의 질문에 답하고, 관찰자에게 피드백을 제공한다.

> **정답해설** 모스턴(M. Moston) '상호학습형 교수 스타일'은 학습자가 교과 내용을 선정하는 것이 아닌 교사가 모든 교과 내용 및 기준을 정하고, 세부 운영 절차와 관련된 결정을 내려 관찰자에게 피드백을 제공하는 교수 스타일이다.

09 〈보기〉에서 '학교체육 전문인 자질'로 ⊙~ⓒ에 들어갈 용어를 바르게 제시한 것은?

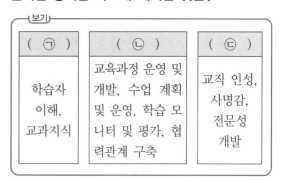

	⊙	ⓒ	ⓒ
①	교수	기능	태도
②	지식	수행	태도
③	지식	기능	학습
④	교수	수행	학습

> **정답해설**
> ⊙ 지식 : 학습자의 이해, 교과 지식
> ⓒ 수행 : 교육 과정 운영 및 개발, 수업 계획 및 운영, 학습 모니터 및 평가, 협력관계 구축
> ⓒ 태도 : 교직 인성·사명감, 전문성 개발

10 〈보기〉에서 설명하는 모스턴(M. Moston)의 교수 스타일의 '인지(사고) 과정' 단계는?

> ┌ 보기 ┐
> • 학습자가 해답을 찾고자 하는 욕구가 있는 단계 이다.
> • 학습자에 대한 자극(질문)이 흥미, 욕구, 지식 수준과 적합할 때 이 단계가 발생한다.
> • 학습자에게 알고자 하는 욕구를 실행에 옮기 도록 동기화 시키는 단계이다.

① 자극(stimulus)
② 반응(response)
③ 사색(mediation)
④ 인지적 불일치(dissonance)

> **정답해설** 〈보기〉에서 설명하는 모스턴(M. Moston)의 교수 스타일의 '인지(사고) 과정' 단계는 인지적 불일치에 해당한다.

| 정답 | 07 ③　08 ①　09 ②　10 ④

Tip 인지(사고) 과정 단계[SDMR]

자극(Stimulus) - 인지적 불일치(Dissonance) - 사색(Mediation) - 반응(Response)

• '사고'는 어떠한 것이 기억, 발견, 창조에 관여하기 위해 뇌를 유인할 때 발생
• 알고자 하는 욕구를 불러일으키는 불안정한 상태나 흥분을 유도하는 특별한 자극으로 볼 수 있음
• 자극은 사람을 인지적 부조화 상태, 즉 불안정하거나 흥분 상태, 해답을 찾고자 하는 욕구에 의해 나타나는 상황으로 이동
• 부조화를 줄이는 해답으로 해결책이나 반응에 대한 탐색은 기억 과정, 발견 과정, 창조 과정 또는 모든 3가지 과정으로 이루어지는데 이 단계는 사색
• 사색이 마무리될 때 반응은 해답, 해결, 새로운 아이디어 또는 새로운 움직임 패턴 형태로 나타남

11 〈보기〉에서 국민체육진흥법(시행 2024.3.15.) 제11조의 '스포츠윤리 교육 과정'에 관한 내용으로 옳은 것만을 모두 고른 것은?

┌─ 보기 ─┐
ㄱ. 도핑 방지 교육
ㄴ. 성폭력 등 폭력 예방 교육
ㄷ. 교육부장관령으로 정하는 교육
ㄹ. 스포츠 비리 및 체육계 인권침해 방지를 위한 예방 교육
└────────┘

① ㄱ, ㄴ
② ㄴ, ㄷ, ㄹ
③ ㄱ, ㄴ, ㄹ
④ ㄱ, ㄴ, ㄷ, ㄹ

정답해설 ㄱ, ㄴ, ㄹ이 옳은 내용이다.

Tip 국민체육진흥법 제11조의 스포츠윤리교육 과정
1. 성폭력 등 폭력 예방교육
2. 스포츠비리 및 체육계 인권침해 방지를 위한 예방교육
3. 도핑 방지 교육
4. 그 밖에 체육의 공정성 확보와 체육인의 인권보호를 위하여 문화체육관광부령으로 정하는 교육

12 〈보기〉의 '수업 주도성 프로파일'에 해당하는 체육수업 모형은?

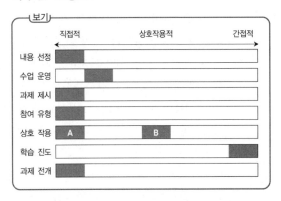

① 동료교수 모형
② 직접교수 모형
③ 개별화지도 모형
④ 협동학습 모형

정답해설 〈보기〉의 '수업 주도성 프로파일'에 해당하는 체육수업 모형은 동료교수 모형이다.

13 〈보기〉에서 설명하는 시덴탑(D. Siedentop)의 교수(teaching) 기능연습법에 해당하는 용어는?

┌─ 보기 ─┐
김 교사는 교수 기능의 향상을 위해 다음과 같은 절차로 연습을 했다.
• 학생 6~8명의 소집단을 대상으로 학습 목표와 평가 방법을 설명한 후, 수업을 진행함
• 수업에 참여한 학생들의 질문지 자료를 토대로 김 교사와 학생, 다른 관찰자들이 모여 김 교사의 교수법에 대해 '토의'함
• 객관적인 자료를 근거로 교수 기능 효과를 살핌
└────────┘

① 동료 교수
② 축소 수업
③ 실제 교수
④ 반성적 교수

정답해설 반성적 교수 : 학생들에게 수업의 목표와 평가 방법을 설명하고 수업 후 교수 내용과 교수 방법을 평가

오답해설
① 동료 교수 : 소집단 동료들이 모의 수업 장면을 만들어 교수 기능 연습
② 축소 수업 : 예비 지도자가 모의 상황에서 동료 또는 소수 참여자를 대상으로 일정한 시간 내 구체적인 내용으로 지도 기능 연습(마이크로 티칭)
③ 실제 교수 : 직전(예비) 교사가 일정 기간 여러 학급을 책임지고 실제로 수행하는 교수 실습

| 정답 | 11 ③   12 ①   13 ④

14 스포츠강사의 자격조건에 관한 설명으로 옳은 것은?

① 「초·중등교육법」 제2조 제2호에 따른 초등학교에 스포츠강사를 배치할 수 없다.

② 「국민체육진흥법」 제2조 제6호에 따른 체육지도자 중에서 스포츠강사를 임용할 수 있다.

③ 「학교체육진흥법」 제2조 제6항 학교에 소속되어 학교운동부를 지도·감독하는 사람을 말한다.

④ 「학교체육진흥법」 제4조 재임용 여부는 강사로서의 자질, 복무 태도, 학생의 만족도, 경기 결과에 따라 결정하여야 한다.

정답해설 학교체육 진흥법 시행령 제4조(스포츠강사의 자격기준 등)

① 초등학교의 장은 법 제13조 제2항에 따라 「국민체육진흥법」 제2조 제6호에 따른 체육 지도자 중에서 스포츠강사를 임용할 수 있다.

② 초등학교의 장은 스포츠 강사를 1년 단위로 계약하여 임용할 수 있다.

③ 초등학교의 장은 스포츠 강사를 재임용할 때에는 다음 각 호의 사항을 평가한 후 그 결과에 따라 재임용 여부를 결정하여야 한다.
1. 강사로서의 자질 2. 복무 태도 3. 학생의 만족도

15 메츨러(M. Metzler)가 제시한 '체육학습 활동' 중 정식 게임을 단순화하고 몇 가지 기능에 초점을 두며 진행하는 것은?

① 역할 수행(role-playing)

② 스크리미지(scrimmage)

③ 리드-업 게임(lead-up game)

④ 학습 센터(learning centers)

정답해설 리드-업 게임(lead-up game)에 대한 설명이다.

오답해설

① 역할 수행 : 학생이 다양한 역할을 수행하며 스포츠에 관해 학습하게 하는 체육수업 유형

② 스크리미지 : 게임 도중 티칭 모멘트가 발생하면 언제든 게임을 멈출 수 있는 특징을 가진 완전 게임의 형태. 게임 중 특정 장면을 반복 수행하며 학생이 몇 가지 게임 상황에 다른 시각을 가질 수 있게 하는 체육수업 유형

④ 학습 센터 : 학생을 소집단으로 나누어 연습 장소 주변에 지정된 몇 개 센터를 순회하는 체육수업 유형(스테이션 수업)

16 〈보기〉는 시덴탑(D. Siedentop)이 제시한 '스포츠 교육 모형'의 특징을 설명한 것이다. ㉠~㉢에 들어갈 용어가 바르게 제시된 것은?

┌─보기─

• 이 모형의 주제 중에 (㉠)은 스포츠를 참여하는 태도와 관련된 정의적 영역이다.

• 시즌 중 심판으로서 역할을 할 때 학습영역 중 우선하는 것은 (㉡) 영역이다.

• 학습자 수준에 적합하게 경기 방식을 (㉢)해서 참여를 유도한다.

└────

	㉠	㉡	㉢
①	박식	정의적	고정
②	열정	인지적	변형
③	열정	정의적	변형
④	박식	인지적	고정

정답해설 ㉠ 열정, ㉡ 인지적, ㉢ 변형에 대한 설명이다.

17 〈보기〉에서 설명하는 체육수업 연구 방법으로 적절한 것은?

┌─보기─

• 연구의 특징은 집단적(협동적), 역동적, 연속적으로 이루어짐

• 연구의 절차는 문제 파악–개선계획–실행–관찰–반성 등으로 순환하는 과정임

• 연구의 주체는 지도자가 동료나 연구자의 도움을 받아 자신의 수업을 탐구함

└────

① 문헌(literature) 연구

② 실험(experiment) 연구

③ 현장 개선(action) 연구

④ 근거이론(grounded theory) 연구

정답해설 〈보기〉에서 설명하는 체육수업 연구 방법은 현장 개선 연구이다.

| 정답 | 14 ② 　 15 ③ 　 16 ② 　 17 ③

① 문헌 연구 : 책, 논문 등 주로 인쇄된 자료를 파악하여 종합하고 분석하는 연구

② 실험 연구 : 실험을 통해 얻은 결과를 분석하여 분석 결과에 대한 이론을 정립하는 연구

④ 근거이론 연구 : 어떤 사회현상에 대해 알려진 사실이 없거나 기존의 사회현상에 대한 새로운 이해를 얻기 위해 실제적 분야를 탐색하여 수집된 자료를 근거로 분석하여 이론을 정립하는 연구

18 학습자 비과제 행동을 예방하고 과제 지향적인 수업을 유지하기 위한 교수 기능 중 쿠닌(J. Kounin)이 제시한 '동시처리(overlapping)'에 해당하는 것은?

① 수업의 흐름을 유지하면서 수업 이탈 행동 학생을 제지하는 것이다.

② 학생들의 행동을 항상 인지하고 있다는 것을 알리는 것이다.

③ 학생의 학습 활동을 중단시키고 잠시 퇴장 시키는 것이다.

④ 모든 학생에게 과제에 몰입하도록 경각심을 주는 것이다.

수업 흐름을 유지하며 수업 이탈 행동 학생을 제지하는 두 가지 일을 동시에 처리하는 교수 기능

쿠닌(J. Kounin) 교수 기능

• 상황 이해 : 교사가 학생들이 무엇을 하고 있는지 항상 알고 있다는 것을 학생들에게 전달하는 것

• 동시처리 : 교사가 동시에 두 가지 일을 처리하는 것

• 유연한 수업 전개 : 교사가 수업 활동 흐름을 중단하지 않고 부드럽게 이끌어 가는 것

• 여세 유지 : 교사가 수업 진행을 늦추거나 학생의 학습 활동을 중단시키지 않고 계속 활력 있는 수업을 유지하는 것

• 집단 경각 : 교사가 모든 학생을 과제에 몰두하도록 지도하는 것

• 학생의 책무성 : 교사가 학생에게 수업 중 과제 수행에 대한 책임감을 부여하는 것

19 〈그림〉은 '국민체력100'의 운영 체계이다. 체력인증센터가 이용자에게 제공하는 서비스가 <u>아닌</u> 것은?

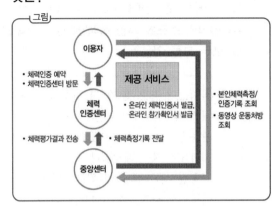

① 체력측정 서비스

② 맞춤형 운동처방

③ 국민 체력 인증서 발급

④ 스포츠클럽 등록 및 운영지원

스포츠클럽 등록 및 운영지원은 체력인증센터가 이용자에게 제공하는 서비스가 아니다.

국민체력100 체력인증센터 제공 서비스

• 체력측정 서비스 • 맞춤형 운동처방

• 국민 체력 인증서 발급

20 〈보기〉에서 해당하는 평가기법으로 적절한 것은?

┌보기┐
• 운동 수행을 평가하는 데 자주 사용하는 평가 방법이다.
• 운동 수행의 질적인 면을 파악하여 수준이나 숫자를 부여하는 평가 방법이다.

① 평정척도　　　② 사건기록법

③ 학생저널　　　④ 체크리스트

〈보기〉에서 해당하는 평가기법은 평정척도이다.

② 사건기록법 : 관찰자가 관찰 행동 범위를 결정한 행동이 수업 중 발생한 빈도를 체크 후 그 행동의 빈도로 수업 평가

③ 학생저널 : 학생들의 어떤 주제나 전문분야를 다루는 신문, 잡지, 학술지 등

④ 체크리스트 : 측정 행동, 특성 등의 목록으로 행동 발생 여부의 신속한 확인을 위해 사용하는 평가

| 정답 | 18 ①　19 ④　20 ①

스포츠사회학

01 〈보기〉에서 훌리한(B. Houlihan)이 제시한 '정부(정치)의 스포츠 개입 목적'에 관한 사례인 것을 모두 고른 것은?

> **보기**
> ㄱ. 시민들의 건강 및 체력유지를 위해 체육단체에 재원을 지원한다.
> ㄴ. 체육을 포함한 교육 현장의 양성 평등을 위해 Title IX를 제정했다.
> ㄷ. 공공질서를 보호하기 위해 공원에서 스케이트보드 금지, 헬멧 착용 등의 도시 조례가 제정되었다.

① ㄱ
② ㄱ, ㄷ
③ ㄴ, ㄷ
④ ㄱ, ㄴ, ㄷ

> **정답해설** ㄱ은 체력과 신체적 능력 유지 목적, ㄴ, ㄷ은 공공질서 보호 목적의 사례이다.

02 스포츠클럽법(시행 2022.6.16.)의 내용으로 옳지 <u>않은</u> 것은?

① 지정스포츠클럽은 전문선수 육성 프로그램을 운영할 수 없다.
② 스포츠클럽의 지원과 진흥에 필요한 사항을 규정하고 있다.
③ 국민체육진흥과 스포츠 복지 향상 및 지역사회 체육발전에 기여함을 목적으로 한다.
④ 국가 및 지방자치 단체는 스포츠클럽의 지원 및 진흥에 필요한 시책을 수립·시행하여야 한다.

> **정답해설** 제9조(지정스포츠클럽)
> ① 문화체육관광부장관은 다음 각 호의 사업을 추진하기 위하여 스포츠클럽 중에서 지정스포츠클럽을 지정할 수 있다.
> 1. 스포츠클럽과 「학교체육진흥법」에 따른 학교스포츠클럽 및 학교운동부와의 연계
> 2. 종목별 전문선수의 육성
> 3. 연령·지역·성별 특성을 반영한 스포츠 프로그램의 운영
> 4. 대통령령으로 정하는 기초 종목 및 비인기 종목의 육성
> 5. 그 밖에 대통령령으로 정하는 사항

03 〈보기〉에서 스티븐슨(C. Stevenson)과 닉슨(J. Nixon)이 구조기능주의 관점으로 설명한 스포츠의 사회적 기능 중 옳은 것만을 모두 고른 것은?

> **보기**
> ㄱ. 사회·정서적 기능
> ㄴ. 사회갈등 유발 기능
> ㄷ. 사회 통합 기능
> ㄹ. 사회계층 이동 기능

① ㄱ, ㄴ
② ㄱ, ㄷ
③ ㄴ, ㄹ
④ ㄱ, ㄷ, ㄹ

> **정답해설** ㄱ, ㄷ, ㄹ이 옳은 설명에 해당한다.

> **오답해설** ㄴ. 사회갈등 유발 기능은 갈등이론 관점에서 접근한 기능이다.

04 〈보기〉의 ㉠~㉢에 해당하는 스포츠 육성 정책 모형이 바르게 제시된 것은?

> **보기**
> ㉠ 학생들의 스포츠 참여 저변이 확대되면, 이를 기반으로 기량이 좋은 학생선수가 배출된다.
> ㉡ 우수한 학생선수들을 육성하면 그들의 영향으로 학생들의 스포츠 참여가 확대된다.
> ㉢ 스포츠 선수들의 우수한 성과는 청소년의 스포츠 참여를 촉진하고, 이를 통해 형성된 스포츠 참여 저변 위에서 우수한 스포츠 선수들이 성장한다.

	㉠	㉡	㉢
①	선순환 모형	낙수효과 모형	피라미드 모형
②	피라미드 모형	선순환 모형	낙수효과 모형
③	피라미드 모형	낙수효과 모형	선순환 모형
④	낙수효과 모형	피라미드 모형	선순환 모형

| 정답 | 01 ④   02 ①   03 ④   04 ③

정답해설
㉠ 피라미드 모형 : 생활스포츠 우선
㉡ 낙수효과 모형 : 엘리트스포츠 우선
㉢ 선순환 모형 : 피라미드 모형과 낙수효과 모형의 통합 모형

05 〈보기〉에서 스포츠 세계화의 동인으로 옳은 것만을 모두 고른 것은?

┌─ 보기 ┐
ㄱ. 민족주의   ㄴ. 제국주의 확대
ㄷ. 종교 전파   ㄹ. 과학기술의 발전
ㅁ. 인종차별의 심화
└────────────┘

① ㄱ, ㄴ, ㄷ   ② ㄴ, ㄷ, ㅁ
③ ㄱ, ㄴ, ㄷ, ㄹ   ④ ㄱ, ㄷ, ㄹ, ㅁ

정답해설
ㄱ. 민족주의 : 스포츠를 통해 민족의 소속감 및 정체성 확인
ㄴ. 제국주의 확대 : 스포츠를 피식민지 국민 동화 정책 문화 수단으로 활용
ㄷ. 종교 전파 : 스포츠를 종교와 연계하여 종교적 거부감 해소
ㄹ. 과학기술의 발전 : 과학기술 발전으로 스포츠 세계화에 기여

오답해설
ㅁ. 스포츠의 세계화로 인종차별은 점차 감소

06 투민(M. Tumin)이 제시한 사회계층의 특성을 스포츠에 적용한 설명으로 옳은 것은?

① 보편성 : 대부분의 스포츠 현상에는 계층 불평등이 나타난다.
② 역사성 : 현대 스포츠에서 계층은 종목 내, 종목 간에서 나타난다.
③ 영향성 : 스포츠에서 계층 불평등은 역사발전 과정을 거치며 변천해왔다.
④ 다양성 : 스포츠 참여에서 나타나는 사회적 불평등은 일상 생활에도 유사하게 나타난다.

정답해설 보편성 : 스포츠에서 계층은 어디서나 존재하고 어디서든 발생할 수 있는 보편적 사회·문화적 현상이다.

오답해설
② 보편성에 대한 설명이다.
③ 역사성에 대한 설명이다.
④ 영향성에 대한 설명이다.

07 스포츠에서 나타나는 사회계층 이동에 대한 설명으로 옳지 않은 것은?

① 스포츠는 계층 이동을 위한 수단으로 활용된다.
② 사회계층의 이동은 사회적 상황과 개인적 상황을 반영한다.
③ 사회 지위나 보상 체계에 차이가 뚜렷하게 발생하는 계층 이동은 '수직 이동'이다.
④ 사회계층의 이동 유형은 이동 방향에 따라 '세대 내 이동', '세대 간 이동'으로 구분한다.

정답해설 사회계층 이동 유형은 이동 방향에 따라 '수직 이동'과 '수평 이동'으로 구분한다.
• 수직 이동(상승 및 하강) : 계층 구조에서 집단 또는 개인의 지위 상하 변화
• 수평 이동 : 계층 지위 변화가 없는 이동(단순 자리 이동)

08 〈보기〉에서 설명하는 스포츠 일탈과 관련된 이론은?

┌─ 보기 ┐
• 스포츠 일탈을 상호작용론 관점으로 설명한다.
• 일탈 규범을 내면화하는 사회화 과정이 존재한다.
• 다른 사람과 상호작용을 통해 스포츠 일탈 행동을 학습한다.
└────────────┘

① 문화규범 이론
② 차별교제 이론
③ 개인차 이론
④ 아노미 이론

정답해설 〈보기〉에서 설명하는 스포츠 일탈과 관련된 이론은 차별교제 이론이다.

| 정답 | 05 ③   06 ①   07 ④   08 ②

09 스미스(M. Smith)가 제시한 경기장 내 신체 폭력 유형 중 〈보기〉의 설명에 해당하는 것은?

┌─ 보기 ─────────────────────────────┐
│ • 경기의 규칙을 위반하는 행위지만, 대부분의 │
│   선수나 지도자들이 용인하는 폭력 행위 유형 │
│   이다. │
│ • 이 폭력 유형은 경기 전략의 하나로 활용되며, │
│   상대방의 보복 행위를 유발할 수 있다. │
└────────────────────────────────────┘

① 경계 폭력　　　　② 범죄 폭력
③ 유사 범죄 폭력　④ 격렬한 신체 접촉

정답해설 경계 폭력으로는 야구의 빈볼성 투구, 축구 및 농구의 몸싸움 등이 있다.

오답해설

② 법 위반 행위로 경기 중, 후 계획적 폭력으로 인한 사망 사고 또는 심한 부상이 이에 해당한다.
③ 비공식적 규범을 위반하는 폭력으로 법 위반 행위이며 비겁한 플레이 및 상대 신체에 위협을 가하고 규범을 어기는 심한 파울 등이 이에 해당한다.
④ 충돌, 태클 및 그 밖에 다른 부상을 유발할 수 있는 강한 신체적 접촉으로, 선수들은 스포츠의 일부로 받아들이고 일반인들도 이를 불법 및 범죄로 분류하지 않는 경향이 있다.

10 코클리(J. Coakley)가 제시한 상업주의와 관련된 스포츠 규칙 변화에 따른 결과로 옳지 않은 것은?

① 극적인 요소가 늘어났다.
② 득점이 감소하게 되었다.
③ 상업 광고 시간이 늘어났다.
④ 경기의 진행 속도가 빨라졌다.

정답해설 상업주의로 인하여 득점이 증가하는 추세이다.

11 파슨즈(T. Parsons)의 AGIL이론에 관한 설명으로 옳지 않은 것은?

① 상징적 상호작용론 관점의 이론이다.
② 스포츠는 체제 유지 및 긴장 처리 기능을 한다.
③ 스포츠는 사회구성원을 통합시키는 기능을 한다.
④ 스포츠는 사회구성원이 사회체제에 적응하게 하는 기능을 한다.

정답해설 파슨즈(T. Parsons)의 AGIL이론은 구조기능주의 관점의 이론으로 사회의 여러 체계는 사회 전체의 본질적 가치로 균형을 위해 적응, 목표 성취, 사회 통합, 체제 유지 및 관리 4가지 기능을 수행한다는 이론이다.

Tip 파슨즈(T. Parsons)의 AGIL 모형

• 적응 : 스포츠는 사회구성원에게 현실에 적합한 사고, 감정, 행동 양식 등을 학습시킴
• 목표 성취 : 스포츠는 다른 사람과 공정하고 정당한 경쟁을 통해 목표가 이루어졌을 때 가치 있고 의미 있는 것으로 판단
• 사회 통합 : 스포츠가 사회구성원을 결집하고 조직에 대한 일체감 조성
• 체제 유지 및 관리 : 스포츠는 전체 사회의 규범과 가치를 개인에게 학습하게 하고 내면화시켜 사람들을 순응시키는 다양한 기능 수행

12 에티즌(D. Eitzen)과 세이지(G. Sage)가 제시한 스포츠의 정치적 속성 중 〈보기〉의 설명에 해당하는 것은?

┌─ 보기 ─────────────────────────────┐
│ • 국가대표 선수는 스포츠를 통해 국위를 선양 │
│   하고 국가는 선수에게 혜택을 준다. │
│ • 국가대표 선수가 올림픽에 출전하여 메달을 │
│   획득하면 군복무 면제의 혜택을 준다. │
└────────────────────────────────────┘

① 보수성　　　　② 대표성
③ 상호의존성　④ 권력투쟁

정답해설 포상 및 연금, 군 면제 등의 혜택은 스포츠와 정치의 결합에서 상호의존성에 해당한다.

13 〈보기〉의 ㉠~㉣에 들어갈 스트랭크(A. Strenk)의 '국제정치 관계에서 스포츠 기능'을 바르게 제시한 것은?

┌─ 보기 ─────────────────────┐
- (㉠) : 1936년 베를린 올림픽
- (㉡) : 1971년 미국 탁구팀의 중화인민공화국 방문
- (㉢) : 1972년 뮌헨올림픽에서의 검은구월단 사건
- (㉣) : 남아프리카공화국의 아파르트헤이트에 대한 국제사회의 대응
└──────────────────────────┘

	㉠	㉡	㉢	㉣
①	외교적 도구	외교적 항의	정치이념 선전	갈등 및 적대감의 표출
②	정치이념 선전	외교적 도구	갈등 및 적대감의 표출	외교적 항의
③	갈등 및 적대감의 표출	정치이념 선전	외교적 항의	외교적 도구
④	외교적 항의	갈등 및 적대감의 표출	외교적 도구	정치이념 선전

정답해설
㉠ 정치이념 선전 : 히틀러가 나치의 권위와 위대성 표출을 위해 1936년 베를린 올림픽 대회를 이용한 것은 극단적인 민족주의 과시와 정치이념 선전
㉡ 외교적 도구 : 1971년 미국 탁구 선수단의 중국 방문 핑퐁 외교는 탁구가 미국과 중국 스포츠의 외교적 도구
㉢ 갈등 및 적대감 표출 : 1972년 뮌헨 올림픽에서 팔레스타인 테러 단체 '검은구월단'의 갈등 및 적대감 표출
㉣ 외교적 항의 : 아파르트헤이트(인종차별) 정책을 실시한 남아프리카공화국에 대한 국제사회의 외교적 대응

14 베일(J. Bale)이 제시한 스포츠 세계화의 특징에 관한 설명으로 옳지 않은 것은?

① IOC, FIFA 등 국제스포츠 기구가 성장하였다.
② 다국적 기업의 국제적 스폰서십 및 마케팅이 증가하였다.
③ 글로벌 미디어 기업의 스포츠에 관한 개입이 증가하였다.
④ 외국인 선수 증가로 팀, 스폰서보다 국가의 정체성이 강화되었다.

정답해설
스포츠의 세계화로 세계적인 인적 교류가 활발히 진행되고, 스포츠 자본의 흐름이 범세계적 스포츠 시장으로 형성되어 국제스포츠 기구가 성장하였고 다국적 기업들의 국제적 스폰서십이 증가하였다.

15 스포츠의 교육적 역기능에 해당하는 것은?

① 정서 순화　　② 사회 선도
③ 사회화 촉진　　④ 승리지상주의

정답해설 스포츠의 교육적 역기능에 해당하는 것은 승리지상주의이다.

16 스포츠미디어가 생산하는 성차별 이데올로기에 관한 설명으로 옳지 않은 것은?

① 경기의 내용보다는 성(性)적인 측면을 강조한다.
② 여성 선수를 불안하고 취약한 존재로 묘사한다.
③ 여성들이 참여하는 경기를 '여성 경기'로 부른다.
④ 여성성보다 그들의 성과에 더 많은 관심을 보인다.

정답해설 경기의 성과보다 여성성에 더 많은 관심을 보인다.

Tip
성차별 이데올로기는 여성이 신체 활동에 소극적이라는 전통적인 성차별 이데올로기를 재생산하는 대중매체의 편향적인 보도이다.

| 정답 | 13 ②　14 ④　15 ④　16 ④

17 〈보기〉의 사례에 관한 스포츠 일탈 유형과 휴즈 (R. Hughes)와 코클리(J. Coakley)가 제시한 윤리 규범이 바르게 연결된 것은?

┌─보기─┐
- 2002년 한일월드컵 당시 황선홍 선수, 김태영 선수의 부상 투혼
- 2022년 카타르 월드컵에서 손흥민 선수의 마스크 투혼
└────┘

	스포츠 일탈 유형	스포츠 윤리 규범
①	과소동조	한계를 이겨내고 끊임없이 도전해야 한다.
②	과소동조	경기에 헌신해야 한다.
③	과잉동조	위험을 감수하고 고통을 인내해야 한다.
④	과잉동조	탁월성을 추구해야 한다.

정답해설 〈보기〉의 사례는 과잉동조로 선수들이 위험을 감수하고 고통을 인내하는 내용이다.

18 레오나르드(W. Leonard)의 사회학습이론에서 〈보기〉의 설명과 관련된 사회화 기제는?

┌─보기─┐
- 새로운 운동기능과 반응이 학습된다.
- 학습자에게 동기를 부여할 수 있게 된다.
- 지도자가 적합하다고 생각하는 새로운 지식을 알게 된다.
└────┘

① 강화   ② 코칭
③ 보상   ④ 관찰학습

정답해설 지도자에 의해 새로운 지식과 기능이 학습되는 것은 코칭에 대한 설명이다.

Tip 사회학습이론은 사회적 행동을 습득하고 수행하는 과정의 이론으로 인간의 심리적 특성과 사회적 행동이 사회적 과정을 통해 학습된다는 이론이다.
- 강화 : 상과 벌 등 외적 보상의 사회적 역할 습득
- 코칭 : 지도자에 의해 새로운 지식과 기능 학습
- 관찰학습 : 개인의 과제 학습과 수행은 타인의 행동을 관찰학습한 결과

19 스포츠로부터의 탈사회화에 관한 설명으로 옳은 것은?

① 부상, 방출 등의 자발적 은퇴로 탈사회화를 경험한다.
② 스포츠 참여를 통한 행동의 변화를 스포츠로부터의 탈사회화라고 한다.
③ 개인의 심리상태, 태도에 의해 참여가 제한되는 것을 내재적 제약이라고 한다.
④ 재정, 시간, 환경적 상황에 의해 참여가 제한되는 것을 대인적 제약이라고 한다.

정답해설
① 선수의 부상으로 자발적 은퇴 또는 팀으로부터 방출 및 해임으로 인한 비자발적 은퇴로 탈사회화를 경험한다.
③ 자신의 성격, 능력, 지식, 경험 등과 같은 내적인 요소로 인해 발생하는 제약을 내재적 제약이라고 한다.

오답해설
② 스포츠 참여를 통한 행동의 변화를 스포츠를 통한 사회화라고 한다.
④ 재정, 시간, 환경적 상황에 의해 참여가 제한되는 것을 구조적 제약이라고 한다.

20 과학기술의 발전에 따른 스포츠의 변화에 관한 설명으로 옳지 않은 것은?

① IoT, 웨어러블 디바이스 발전으로 경기력 측정의 혁신을 가져왔다.
② 프로야구 경기에서 VAR 시스템 적용은 인간 심판의 역할을 강화시켰다.
③ 4차 산업혁명에 따른 초지능, 초연결은 스포츠 빅데이터의 활용을 확대시켰다.
④ VR, XR 디바이스의 발전으로 가상현실 공간을 활용한 트레이닝이 가능해졌다.

정답해설 VAR 시스템 적용은 인간심판의 역할을 약화시켰다.

| 정답 | 17 ③   18 ②   19 ①, ③   20 ②

스포츠심리학

01 〈보기〉가 설명하는 성격 이론은?

┌─보기─────────────────────────┐
자기가 좋아하는 국가대표선수가 무더위에서 진행된 올림픽 마라톤 경기에서 불굴의 정신력으로 완주하는 모습을 보고, 자기도 포기하지 않는 정신력으로 10km 마라톤을 완주하였다.
└─────────────────────────────┘

① 특성이론
② 사회학습이론
③ 욕구위계이론
④ 정신역동이론

정답해설 〈보기〉의 성격 이론은 사회학습이론으로 다른 사람의 행동을 모방, 관찰하여 학습하는 이론이다.

오답해설
① 특성이론 : 상황과 환경의 영향보다 개인의 본성을 중요하게 판단한 이론
③ 욕구위계이론 : 5가지 욕구 위계적 이론
생리적 욕구 > 안전 욕구 > 애정 욕구 > 존경 욕구 > 자아실현 욕구
④ 정신역동이론 : 인간의 성격을 원초아(id), 자아(ego), 초자아(super-ego)로 분류하고 의식보다 무의식의 작용을 더 강조한 이론

02 개방운동기술(open motor skills)에 해당하지 <u>않는</u> 것은?

① 농구 경기에서 자유투하기
② 야구 경기에서 투수가 던진 공을 타격하기
③ 자동차 경주에서 드라이버가 경쟁하면서 운전하기
④ 미식축구 경기에서 쿼터백이 같은 팀 선수에게 패스하기

정답해설 농구 경기에서 자유투하기는 폐쇄운동기술에 대한 설명으로 움직이지 않는 목표물에 정확히 골을 넣는 운동기술로 환경이 안정되어 선수가 자신의 타이밍과 의지로 할 수 있다는 특징을 가진다.

Tip
• 개방운동기술(농구, 복싱, 축구 등) : 환경이 안정되지 않은 상태에서 수행하는 운동기술
• 폐쇄운동기술(사격, 양궁, 체조 등) : 환경이 안정된 상태에서 수행하는 운동기술

03 〈보기〉의 ㉠~㉢에 들어갈 개념을 바르게 나열한 것은?

┌─보기─────────────────────────┐
• (㉠) : 노력의 방향과 강도로 설명된다.
• (㉡) : 스포츠 자체가 좋아서 참여한다.
• (㉢) : 보상을 받거나 처벌을 피하고자 스포츠에 참여한다.
└─────────────────────────────┘

	㉠	㉡	㉢
①	동기	외적 동기	내적 동기
②	동기	내적 동기	외적 동기
③	귀인	내적 동기	외적 동기
④	귀인	외적 동기	내적 동기

정답해설
㉠ 동기는 노력의 방향과 강도를 결정한다.
㉡ 내적 동기는 내적 즐거움을 위해 참여하는 기쁨, 즐거움 등을 말한다.
㉢ 외적 동기는 외적 보상을 위한 참여로 보상, 상금 등을 말한다.

04 〈보기〉의 ㉠, ㉡에 들어갈 정보처리 단계를 바르게 나열한 것은?

┌─보기─────────────────────────┐
• (㉠) : 테니스 선수가 상대 코트에서 넘어오는 공의 궤적, 방향, 속도에 관한 환경정보를 탐지한다.
• (㉡) : 환경정보를 토대로 어떤 종류의 기술로 어떻게 받아쳐야 할지 결정한다.
└─────────────────────────────┘

	㉠	㉡
①	반응 선택	자극 확인
②	자극 확인	반응 선택
③	반응/운동 프로그래밍	반응 선택
④	반응/운동 프로그래밍	자극 확인

정답해설 ㉠ 자극 확인, ㉡ 반응 선택에 대한 설명이다.

Tip 정보처리과정
• 자극 확인(감각, 지각) : 환경 정보 자극 탐지기능(자극의 특징, 특정한 유형 추출 등)
• 반응 선택 : 자극 확인 후 자극에 어떻게 반응할지 결정
• 반응 실행 : 실제 움직임을 위한 운동체계 조직 단계

| 정답 | 01 ② 02 ① 03 ② 04 ②

05 〈보기〉에서 설명하는 심리기술훈련 기법은?

> ┌보기┐
> • 멀리뛰기의 도움닫기에서 파울을 할 것 같은 부정적인 생각이 든다.
> • 부정적인 생각은 그만하고 연습한 대로 구름판을 강하게 밟자고 생각한다.
> • 스스로 통제할 수 있는 것에 집중하자고 다짐한다.

① 명상　　　　　　② 자생 훈련
③ 인지 재구성　　　④ 인지적 왜곡

정답해설 인지 재구성은 비합리적이고 부정적인 생각을 중지시켜 합리적이고 긍정적인 사고로 전환한다.

06 운동발달의 단계가 순서대로 바르게 제시된 것은?

① 반사단계 → 기초단계 → 기본움직임단계 → 성장과 세련단계 → 스포츠기술단계 → 최고수행단계 → 퇴보단계

② 기초단계 → 기본움직임단계 → 반사단계 → 스포츠기술단계 → 성장과 세련단계 → 최고수행단계 → 퇴보단계

③ 반사단계 → 기초단계 → 기본움직임단계 → 스포츠기술단계 → 성장과 세련단계 → 최고수행단계 → 퇴보단계

④ 기초단계 → 기본움직임단계 → 반사단계 → 성장과 세련단계 → 스포츠기술단계 → 최고수행단계 → 퇴보단계

정답해설 운동발달의 단계는 '반사단계 → 기초단계 → 기본움직임단계 → 스포츠기술단계 → 성장과 세련단계 → 최고수행단계 → 퇴보단계' 순으로 이루어진다.

07 반두라(A. Bandura)가 제시한 4가지 정보원에서 자기효능감에 가장 큰 영향력을 미치는 것은?

① 대리경험　　　　② 성취경험
③ 언어적 설득　　　④ 정서적/신체적 상태

정답해설 성취경험은 다른 것보다 자기효능감을 높이는 효과가 더 크다.

Tip 자기효능감 원천 4가지
• 성취경험(성공) : 성공 경험이 많을수록 자기효능감 향상

• 간접 경험(대리) : 타인의 성공과 실패를 관찰, 간접 경험함으로 자기효능감에 영향을 줌
• 언어적(사회적) 설득 : 타인의 영향에 따라 자기효능감 향상
• 정서적/신체적(생리적) 상태 : 신체와 정신 상태가 좋으면 자기효능감 향상

08 〈보기〉에서 연습방법에 관한 설명으로 옳은 것만을 모두 고른 것은?

> ┌보기┐
> ㄱ. 집중연습은 연습구간 사이의 휴식시간이 연습시간보다 짧게 이루어진 연습방법이다.
> ㄴ. 무선연습은 선택된 연습과제들을 순서에 상관없이 무작위로 연습하는 방법이다.
> ㄷ. 분산연습은 특정 운동기술과제를 여러 개의 하위 단위로 나누어 연습하는 방법이다.
> ㄹ. 전습법은 한 가지 운동기술과제를 구분 동작 없이 전체적으로 연습하는 방법이다.

① ㄱ, ㄴ　　　　　② ㄷ, ㄹ
③ ㄱ, ㄴ, ㄹ　　　④ ㄱ, ㄷ, ㄹ

정답해설 ㄱ. 집중연습, ㄴ. 무선연습, ㄹ. 전습법에 대한 설명으로 옳다.
• 분산연습 : 휴식 시간이 연습 시간보다 더 많은 연습 방법
• 분습법 : 학습자가 과제를 여러 개의 하위 단위로 나누어 연습하는 방법

09 미국 응용스포츠심리학회(AAASP)의 스포츠심리상담 윤리 규정이 아닌 것은?

① 스포츠에 참여하는 모든 사람과 전문적인 상담을 진행한다.
② 직무수행상 자신의 한계를 인식하고 한계를 넘는 주장과 행동은 하지 않는다.
③ 회원 스스로 윤리적인 행동을 실천하고 남에게 윤리적 행동을 하도록 적극적으로 권장한다.
④ 다른 전문가에 의한 서비스 수행 촉진, 책무성 확보, 기관이나 법적 의무 완수 등의 목적을 위해 상담이나 연구 결과를 기록으로 남긴다.

정답해설 스포츠에 참여하는 모든 사람과 전문인 상담을 진행하는 것은 적절하지 않다.

|정답| 05 ③　06 ③　07 ②　08 ③　09 ①

10 〈보기〉가 설명하는 기억의 유형은?

┌─ 보기 ─────────────────────────┐
- 학창 시절 자전거를 타고 학교에 등하교 했던 A는 오랜 기간 자전거를 타지 않았음에도 불구하고 여전히 자전거를 탈 수 있다.
- 어린 시절 축구선수로 활동했던 B는 축구의 슛 기술을 어떻게 수행하는지 시범 보일 수 있다.
└────────────────────────────────┘

① 감각 기억(sensory memory)
② 일화적 기억(episodic memory)
③ 의미적 기억(semantic memory)
④ 절차적 기억(procedural memory)

정답해설 〈보기〉가 설명하는 기억의 유형은 절차적 기억으로, 학습 후에 자동으로 수행이 이루어지는 기억(자전거 타기, 피아노 연주 등)을 말한다.

오답해설
① 감각 기억 : 환경에서 온 자극이 처리될 때까지 여러 가지 감각 시스템을 이용해 정보를 잠시 유지하는 형태의 기억
② 일화적 기억 : 경험한 일이 어떻게 발생했는지 구체적으로 영상과 유사한 형태로 보유한 기억(첫 대회 기억, 특별한 파티 등)
③ 의미적 기억 : 일반적, 체계적 지식을 보유한 기억

11 〈보기〉는 피들러(F. Fiedler)의 상황부합 리더십 모형이다. 〈보기〉의 ㉠, ㉡에 들어갈 내용을 바르게 나열한 것은?

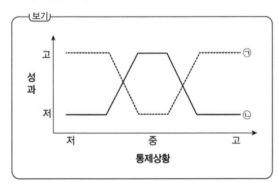

	㉠	㉡
①	관계지향리더	과제지향리더
②	과제지향리더	관계지향리더
③	관계지향리더	민주주의리더
④	과제지향리더	권위주의리더

정답해설 ㉠ 과제지향리더, ㉡ 관계지향리더이다.
상황부합 모형에서는 리더를 과제지향리더와 관계지향리더로 분류한다. 상황이 좋은 상황(고 통제) 또는 안 좋은 상황(저 통제)에는 과제지향리더가 효과적이고, 좋거나 나쁘지 않은 상황(중간)일 때는 관계지향리더가 효과적이다.

Tip
- 과제지향리더 : 과제수행과 목표 달성에 중점
- 관계지향리더 : 상호 대인관계 중점
- 고 통제 상황 : 리더와 팀원 관계가 좋고, 명확한 과제가 있어 리더가 강력한 권한을 가지고 있는 상황
- 저 통제 상황 : 리더와 팀원 관계가 안 좋고, 과제도 복잡하여 리더가 적절한 영향력을 행사하지 못하는 상황
- 중간 상황 : 조직의 관계는 원만하나 과제가 복잡하거나, 조직의 관계는 원만하지 않으나 과제가 쉬운 상황

12 운동학습에 의한 인지역량의 변화에 관한 설명으로 옳지 **않은** 것은?

① 정보를 처리하는 속도가 빨라진다.
② 주의집중 역량을 활용하는 주의 체계의 역량이 좋아진다.
③ 운동과제 수행의 수준과 환경의 요구에 대한 근골격계의 기능이 효율적으로 좋아진다.
④ 새로운 정보와 기존의 정보를 연결하여 정보를 쉽게 보유할 수 있는 기억체계 역량이 좋아진다.

정답해설 ③은 생리적 역량변화에 대한 설명이다.

13 〈보기〉는 아이젠(I. Ajzen)의 계획행동이론이다. 〈보기〉의 ㉠~㉣에 들어갈 개념을 바르게 나열한 것은?

┌─ 보기 ─────────────────────────┐
(㉠)는 행동을 수행하는 것에 대한 개인의 정서적이고 평가적인 요소를 반영한다. (㉡)은/는 어떤 행동을 할 것인지 또는 안 할 것인지에 대해 개인이 느끼는 사회적 압력을 말한다. 어떠한 행동은 개인의 (㉢)에 따라 그 행동 여부가 결정된다. (㉣)은/는 어떤 행동을 하기가 쉽거나 어려운 정도에 대한 인식 정도를 의미한다.
└────────────────────────────────┘

| 정답 | 10 ④ 11 ② 12 ③ 13 ③

	㉠	㉡	㉢	㉣
①	태도	의도	주관적 규범	행동통제 인식
②	의도	주관적 규범	행동통제 인식	태도
③	태도	주관적 규범	의도	행동통제 인식
④	의도	태도	행동통제 인식	주관적 규범

㉠ 태도 : 행동 실천에 대해 개인이 가지고 있는 긍정적, 부정적 생각으로 평가가 태도에 영향을 미침

㉡ 주관적 규범 : 행동하는 데 사회적 압력을 얼마나 받는가의 내용

㉢ 의도 : 개인 의도가 행동을 유도하는 결정적 원인

㉣ 행동통제인식 : 행동에 대해 개인이 느끼는 통제감

Tip

계획 행동이론은 의도에 따라 행동을 예측하는 이론이다. 의도는 행동에 대한 태도와 주관적 규범으로 형성된다고 보고, 의도가 있어도 행동을 통제할 자신감이 없다면 의도가 행동으로 연결되지 않을 수 있다고 하여 방해요인을 통제할 수 있는 행동 통제 인식을 추가한 것이 계획 행동이론이다.

14 〈보기〉에서 정보처리이론에 관한 설명으로 옳은 것만을 모두 고른 것은?

〈보기〉

ㄱ. 정보처리이론은 인간을 능동적인 정보처리자로 설명한다.

ㄴ. 도식이론은 기억흔적과 지각흔적의 작용으로 움직임을 생성하고 제어한다고 설명한다.

ㄷ. 개방회로이론은 대뇌피질에 저장된 운동프로그램을 통해 움직임을 생성하고 제어한다고 설명한다.

ㄹ. 폐쇄회로이론은 정확한 동작에 관한 기억을 수행 중인 움직임과 비교한 피드백 정보를 활용하여 움직임을 생성하고 제어한다고 설명한다.

① ㄱ, ㄴ   ② ㄷ, ㄹ
③ ㄱ, ㄴ, ㄹ   ④ ㄱ, ㄷ, ㄹ

정보처리이론에 관한 설명으로 옳은 것은 ㄱ, ㄷ, ㄹ이다.

ㄴ. 도식이론은 폐쇄회로이론의 피드백과 개방회로이론의 운동프로그램을 통합하여 운동 행동의 원리를 설명한다.

15 〈보기〉의 ㉠~㉢에 들어갈 개념을 바르게 나열한 것은?

〈보기〉

• (㉠) : 타인의 존재가 과제수행에 미치는 영향을 말한다.

• (㉡) : 타인의 존재만으로도 각성과 욕구가 생긴다.

• (㉢) : 타인의 존재가 운동과제에 대한 집중을 방해하기도 하지만, 수행자의 욕구 수준을 증가시키기도 한다.

	㉠	㉡	㉢
①	사회적 촉진	단순존재 가설	주의 분산/ 갈등 가설
②	사회적 촉진	단순존재 가설	평가우려 가설
③	단순존재 가설	관중효과	주의 분산/ 갈등 가설
④	단순존재 가설	관중효과	평가우려 가설

㉠ 사회적 촉진, ㉡ 단순존재 가설, ㉢ 주의 분산/갈등 가설에 대한 설명이다.

• 평가 우려 가설 : 자신을 보는 타인이 자신의 수행을 비판적으로 평가할 수 있는 능력이 있다는 것을 알고, 타인의 평가가 수행자에게 긍정적, 부정적 영향을 준 학습경험이 있어야 한다는 가설

• 관중효과 : 관중은 수행자와 아무런 상호작용이 없어야 하지만 관중과의 상호작용이 전혀 없다고 보기 어려워 관중효과라고 함

| 정답 | 14 ④   15 ①

16 힉스(W. Hick)의 법칙에 관한 설명으로 옳은 것은?

① 자극-반응 대안의 수가 증가할수록 반응시간은 길어진다.
② 근수축을 통해 생성한 힘의 양에 따라 움직임의 정확성이 달라진다.
③ 두 개의 목표물 간의 거리와 목표물의 크기에 따라 움직임 시간이 달라진다.
④ 움직임의 속력이 증가하면 정확도가 떨어지는 속력-정확성 상쇄(speed-accuracy trade-off) 현상이 나타난다.

정답해설 힉스의 법칙은 자극-반응의 대안 수 증가에 따라 선택 반응 시간이 증가하는 현상으로, 반응 시간과 자극-반응 대안 간의 관계를 나타내는 법칙이다.

오답해설
② 임펄스 가변성 이론으로 근수축을 통해 생성된 힘이 사지를 움직이는 데 사용된 양이며, 임펄스 가변성에 따라 움직임의 정확성이 변한다는 이론이다.
③ 피츠의 법칙으로 동작의 속도와 정확성의 관계를 수학적 원리로 설명, 목표물의 크기가 작고 움직임의 거리가 증가할수록 운동 시간이 늘어나는 현상이다.
④ 속도-정확성 상쇄 현상으로 운동 속도가 빨라지면 운동의 정확성이 감소하는 현상이다.

17 〈보기〉의 ㉠에 들어갈 용어는?

> ┌보기┐
> • 복싱선수가 상대의 펀치를 맞고 실점하는 장면이 계속해서 떠오른다.
> • 이 선수는 (㉠)을/를 높이는 훈련이 필요하다.

① 내적 심상   ② 외적 심상
③ 심상 조절력   ④ 심상 선명도

정답해설 심상 조절력은 긍정적인 생각을 하면 긍정적인 효과가 발생, 원하는 생각을 하도록 한다.

오답해설
① 내적 심상 : 수행자 관점에서 수행 장면을 상상하는 것
② 외적 심상 : 관찰자 관점에서 수행 장면을 상상하는 것
④ 심상 선명도 : 생각이 뚜렷할수록 심상 효과가 좋고, 많은 감각을 활용할수록 생각이 선명해짐

18 〈보기〉의 ㉠, ㉡에 들어갈 운동 수행에 관한 개념이 바르게 제시된 것은?

> ┌보기┐
> • 운동 기술 과제가 너무 쉬울 때 (㉠)이/가 나타난다.
> • 운동 기술 과제가 너무 어려울 때 (㉡)가 나타난다.

	㉠	㉡
①	학습 고원 (learning plateau)	슬럼프 (slump)
②	천장 효과 (ceiling effect)	바닥 효과 (floor effect)
③	웜업 감소 (warm-up decrement)	수행 감소 (performance decrement)
④	맥락 간섭 효과 (contextual-interference effect)	부적 전이 (negative transfer)

정답해설 ㉠ 천장 효과, ㉡ 바닥 효과에 대한 설명이다.

오답해설
• 맥락 간섭 효과 : 운동기술 연습 시 다양한 요소의 간섭 현상 발생
• 부적 전이 : 사전 학습이 후속 학습 이해 방해, 부정적 작용
• 학습 고원 : 상승 곡선의 학습 효과가 일정 기간 정체되는 현상

19 〈보기〉에서 운동 실천을 위한 환경적 영향요인을 모두 고른 것은?

> ┌보기┐
> ㄱ. 지도자   ㄴ. 교육수준
> ㄷ. 운동집단   ㄹ. 사회적 지지

① ㄱ, ㄴ   ② ㄷ, ㄹ
③ ㄱ, ㄴ, ㄹ   ④ ㄱ, ㄷ, ㄹ

정답해설 환경적 영향요인은 ㄱ, ㄷ, ㄹ이다.
운동 실천을 위한 환경적 요인은 사회적 환경요인(친구, 동료, 지도자의 사회적 지지, 집단 응집력 등)과 물리적 환경요인(기후, 계절, 시설 접근성 등)이 있다.

오답해설
ㄴ. 교육수준은 개인적인 영향요인이다.

| 정답 | 16 ① 17 ③ 18 ② 19 ④

20 〈보기〉가 설명하는 개념은?

> ─보기─
>
> 농구 경기에서 수비수가 공격수의 첫 번째 페이크 슛 동작에 반응하면서, 바로 이어지는 두 번째 실제 슛 동작에 제대로 반응하지 못하는 현상이 발생한다.

① 스트룹 효과(Stroop effect)
② 무주의 맹시(inattention blindness)
③ 지각 협소화(perceptual narrowing)
④ 심리적 불응기(psychological-refractory period)

정답해설 심리적 불응기는 먼저 제시된 자극의 반응을 수행하고 있을 때 또 다른 자극이 제시될 경우, 두 번째 자극 반응이 느려지는 현상을 말한다.

오답해설

① 스트룹 효과 : 일치하지 않는 자극을 보고 자극을 실행할 경우, 일치하는 자극을 보고 실행할 때보다 반응이 늦는 현상
② 무주의 맹시 : 시선이 특정 위치에 있으나 주의가 다른 곳에 있어 눈 위치의 대상이 지각되지 못하는 현상
③ 지각 협소화 : 운동수행 시 각성 수준이 높아 주위를 살피는 폭이 점차 좁아지는 현상

스포츠윤리

01 〈보기〉에서 설명하는 법령은?

> ─보기─
>
> 이 법은 국민 모두가 스포츠 및 신체활동에 자유롭고 평등하게 참여하여 건강하고 행복한 삶을 영위할 수 있도록 스포츠의 가치가 교육, 문화, 환경, 인권, 복지, 정치, 경제, 여가 등 우리 사회 영역 전반에 확산될 수 있게 국가와 지방자치단체가 그 역할을 다하며, 개인이 스포츠 활동에서 차별받지 아니하고, 스포츠의 다양성, 자율성과 민주성의 원리가 조화롭게 실현되도록 하는 것을 기본 이념으로 한다.

① 스포츠클럽법
② 스포츠기본법
③ 국민체육진흥법
④ 학교체육진흥법

정답해설 스포츠기본법은 2022년 6월 16일 시행된 법률로 스포츠에 관한 국민의 권리와 국가 및 지방자치단체의 책임을 정하고, 스포츠 정책의 방향과 추진에 필요한 기본적인 사항을 규정한 법률이다.

02 〈보기〉에서 스포츠에서 발생하는 폭력의 유형과 특징으로 옳은 것만을 모두 고른 것은?

> ─보기─
>
> ㄱ. 직접적 폭력은 가시적, 파괴적이다.
> ㄴ. 직접적 폭력은 상해를 입히려는 의도가 있는 행위이다.
> ㄷ. 구조적 폭력은 비가시적이며 장기간 이루어진다.
> ㄹ. 구조적 폭력은 의도가 노골적이지 않지만 관습처럼 반복된다.
> ㅁ. 문화적 폭력은 언어, 행동양식 등의 상징적 행위를 통해 가해진다.
> ㅂ. 문화적 폭력은 위해를 '옳은 것'이라 정당화하여 '문제가 되지 않게' 만들기도 한다.

① ㄱ, ㄷ, ㅁ
② ㄱ, ㄷ, ㄹ, ㅂ
③ ㄱ, ㄴ, ㄷ, ㄹ, ㅁ
④ ㄱ, ㄴ, ㄷ, ㄹ, ㅁ, ㅂ

| 정답 | 20 ④ / 01 ② 02 ④

정답해설 ㄱ, ㄴ, ㄷ, ㄹ, ㅁ, ㅂ 모두 옳은 설명이다.

Tip
- 직접적 폭력 : 개인이 물리적, 언어적으로 다른 개인에게 하는 폭력
- 구조적 폭력 : 사회 구조적 시스템의 불평등과 차별이 사람들에게 폭력적인 영향을 미치는 것
- 문화적 폭력 : 문화적(미디어, 언어 등) 표현들이 폭력을 정당화 또는 미화하는 것

03 스포츠에서 여성에 대한 차별이 발생하거나 심화되는 원인으로 볼 수 <u>없는</u> 것은?

① 생물학적 환원주의
② 남녀의 운동 능력 차이
③ 남성 문화에 기반한 근대스포츠
④ 여성 참정권

정답해설 여성 참정권은 여성이 국정에 직접 또는 간접적으로 참여하는 권리이다.

04 〈보기〉에서 (가)의 문제를 해결하기 위해 생명중심주의 입장에서 (나)를 제시한 학자는?

┌ 보기 ┐

(가)
스포츠에서 환경문제가 발생하는 근본 원인은 스포츠의 사회 문화적 가치와 환경 혹은 자연의 보전 가치 사이의 충돌이다.

(나)
- 불침해의 의무 : 다른 생명체에 해를 끼쳐서는 안 된다.
- 불간섭의 의무 : 생태계에 간섭해서는 안 된다.
- 신뢰의 의무 : 낚시나 덫처럼 동물을 기만하는 행위를 해서는 안 된다.
- 보상적 정의의 의무 : 부득이하게 해를 끼친 경우 피해를 보상해야 한다.

① 테일러(P. Taylor)
② 베르크(A. Berque)
③ 콜버그(L. Kohlberg)
④ 패스모어(J. Passmore)

정답해설 테일러(P. Taylor)는 자연 중심주의를 깨닫기 위한 인간의 의무를 주장하였다.

05 〈보기〉의 ㉠~㉢에 들어갈 용어로 바르게 묶인 것은?

┌ 보기 ┐
- (㉠) : 생물학적, 형태학적 특징에 따라 분류된 인간 집단
- (㉡) : 특정 종목에 유리하거나 불리한 인종이 실제로 존재한다는 사고 방식
- (㉢) : 선수의 능력 차이를 특정 인종의 우월이나 열등으로 과장하여 차등을 조장하는 것

	㉠	㉡	㉢
①	인종	인종주의	인종 차별
②	인종	인종 차별	젠더화 과정
③	젠더	인종주의	인종 차별
④	젠더	인종 차별	젠더화 과정

정답해설 ㉠ 인종, ㉡ 인종주의, ㉢ 인종 차별에 대한 설명이다.

06 〈보기〉의 축구 경기 비디오 판독(VAR)에서 심판 B의 판정 견해를 지지하는 윤리 이론에 가장 부합하는 것은?

┌ 보기 ┐
심판 A : 상대 선수가 부상을 입었지만 퇴장은 가혹하다.
심판 B : 그 선수가 충돌을 피할 수 있는 시간은 충분했다. 그러나 그는 피하려 하지 않았다. 따라서 퇴장의 처벌은 당연하다.

① 최대다수의 최대행복
② 의무주의
③ 쾌락주의
④ 좋음은 옳음의 근거

정답해설 심판 B는 의무주의 원칙에 따라 퇴장의 처벌을 내리고 있다.

|정답| 03 ④ 04 ① 05 ① 06 ②

07 〈보기〉에 담긴 윤리적 규범과 관련이 없는 것은?

┌─보기─┐

나는 운동선수로서 경기의 규칙을 숙지하고 준수하여 공정하게 시합을 한다.

① 페어플레이(fair play)
② 스포츠딜레마(sport dilemma)
③ 스포츠에토스(sport ethos)
④ 스포츠퍼슨십(sportpersonship)

정답해설 스포츠딜레마는 스포츠 상황에서 선택해야 할 두 가지 중 하나로 정해져 있는데, 어느 쪽을 선택해도 바람직하지 못한 결과가 나오는 곤란한 상황을 말한다.

08 〈보기〉의 사례로 나타나는 품성으로 스포츠인에게 권장하지 않는 것은?

┌─보기─┐

• 경기 규칙의 위반은 옳지 않음을 알면서도 불공정한 파울을 행하기도 한다.
• 도핑이 그릇된 일이라는 점을 알고 있지만, 기록갱신과 승리를 위해 도핑을 강행한다.

① 테크네(techne)
② 아크라시아(akrasia)
③ 에피스테메(episteme)
④ 프로네시스(phronesis)

정답해설 아크라시아는 고대 그리스어로 명령 부족, 약함, 자제력 부족을 의미한다.

오답해설

① 테크네 : 고대 철학 용어로 기술, 능숙함, 예술을 의미
③ 에피스테메 : 필연적, 영원한 것으로 인식능력을 의미
④ 프로네시스 : 아리스토텔레스 니코마코스윤리학의 실천적인 지혜를 의미

09 〈보기〉의 내용과 가장 밀접한 것은?

┌─보기─┐

• 정정당당하게 경기에 임하라.
• 어떠한 경우에도 최선을 다해라.
• 운동선수는 페어플레이를 해야 한다.

① 모방욕구
② 가언명령
③ 정언명령
④ 배려윤리

정답해설 정언명령은 행위의 결과나 목적과 관계없이 도덕적 가치를 우선하는 것이다.

10 〈보기〉의 내용에 해당하는 윤리적 태도는?

┌─보기─┐

나는 경기에 참여할 때마다, 나의 행동 하나하나가 가능한 많은 사람이 만족하는 데 기여할 수 있도록 노력한다.

① 행위 공리주의
② 규칙 공리주의
③ 제도적 공리주의
④ 직관적 공리주의

정답해설 행위 공리주의는 어떤 행위가 최대 다수 사람들에게 전체적인 행복을 가장 많이 줄 때 도덕적으로 옳다는 것이다.

11 〈보기〉의 설명에 해당하는 스포츠에서의 정의 (justice)는?

> ┌보기┐
> 정의는 공정과 준법을 요구한다. 모든 선수에게 동등한 기회를 보장해야 한다는 공정의 원칙은 지켜지지 않을 때가 있다. 스포츠에서는 완전한 통제가 어려운 불평등을 줄이기 위해 공수 교대, 전후반 진영 교체, 홈·원정 경기, 출발 위치 제비뽑기 등을 한다.

① 자연적 정의
② 평균적 정의
③ 분배적 정의
④ 절차적 정의

> **정답해설** 절차적 정의는 어떤 과정과 판단이 공정했는지를 의미한다.

12 〈보기〉의 ㉠~㉢에 해당하는 용어가 바르게 제시된 것은?

> ┌보기┐
> 공자의 사상은 (㉠)(으)로 설명할 수 있다. (㉡)은/는 마음이 중심을 잡아 한쪽으로 치우치지 않는 상태를 의미하고, (㉢)은/는 나와 타인의 마음이 서로 다르지 않다는 뜻으로 배려와 관용을 나타낸다. 공자는 (㉢)에 대해 "내가 원하지 않은 일을 남에게 하지 말라(己所不欲 勿施於人)"는 정언명령으로 규정한다. 이는 스포츠맨십과 상통한다.

	㉠	㉡	㉢
①	충효(忠孝)	충(忠)	효(孝)
②	정의(正義)	정(正)	의(義)
③	정명(正名)	정(正)	명(名)
④	충서(忠恕)	충(忠)	서(恕)

> **정답해설** ㉠ 충서(忠恕), ㉡ 충(忠), ㉢ 서(恕)에 해당한다. 충(忠)은 자신의 양심에 충실한 것을 뜻하고, 서(恕)는 자신을 헤아려 다른 사람을 대하는 것을 뜻한다.

13 〈보기〉의 주장과 가장 밀접한 관련이 있는 것은?

> ┌보기┐
> 스포츠 경기에서 승자의 만족도는 '1'이고, 패자의 만족도는 '0'이라고 말하는 사람이 있다. 그러나 스포츠 경기에서 양자의 만족도 합은 '0'에 가까울 수 있고, '2'에 가까울 수도 있다. 승자와 패자의 만족도가 각각 '1'에 가까울 수 있기 때문이다.

① 칸트
② 정언명령
③ 공정시합
④ 공리주의

> **정답해설** ① 칸트, ② 정언명령, ③ 공정시합, ④ 공리주의 모두 〈보기〉의 주장과 관련이 있다.

14 〈보기〉의 설명에 해당하는 반칙의 유형은?

> ┌보기┐
> • 동기, 목표가 뚜렷하다.
> • 스포츠의 본질적인 성격을 부정하는 의미로 해석할 수 있다.
> • 실격, 몰수패, 출전 정지, 영구 제명 등의 처벌이 따른다.

① 의도적 구성 반칙
② 비의도적 구성 반칙
③ 의도적 규제 반칙
④ 비의도적 규제 반칙

> **정답해설** 〈보기〉에 해당하는 반칙의 유형은 의도적 구성 반칙이다.

| 정답 | 11 ④   12 ④   13 ①, ②, ③, ④   14 ①

15 〈보기〉의 대화에서 '윤성'의 윤리적 관점은?

> ─〔보기〕─
> 진서 : 나 어젯밤에 투우 중계방송 봤는데, 스
> 페인에서 엄청 인기더라구! 그런데 동물
> 을 인간 오락의 대상으로 삼는 것은 윤리
> 적으로 허용될 수 없는 거 아니야?
> 윤성 : 난 다르게 생각해! 스포츠 활동은 인간
> 의 이상을 추구하기 위한 것이고, 그 이
> 상의 실현을 위해 동물은 수단으로 활용
> 될 수 있는 거 아닐까? 승마의 경우 인간
> 과 말이 훈련을 통해 기량을 향상시키고
> 결국 사람 간의 경쟁에 동물을 도구로 활
> 용한다고 볼 수 있잖아.

① 동물해방론 ② 동물권리론
③ 종차별주의 ④ 종평등주의

정답해설 '윤성'의 윤리적 관점은 종차별주의에 해당한다.

16 〈보기〉의 사례에서 나타나는 윤리적 태도와 가장 밀접한 관련이 있는 것은?

> ─〔보기〕─
> 선수는 윤리적 갈등을 겪을 때면, 우리 사회에서
> 오랫동안 본보기가 되어온 위인들을 떠올린다.
> 그리고 그 위인들처럼 행동하려고 노력한다.

① 멕킨타이어(A. MacIntyre)
② 의무주의(deontology)
③ 쾌락주의(hedonism)
④ 메타윤리(metaethics)

정답해설 멕킨타이어는 덕은 개인의 심리적 속성이 아니라 사회적 산물로 인간은 전통과 역사적 맥락에서 형성된 덕목을 체화하여 훌륭한 삶을 영위한다고 보았다.

17 스포츠윤리의 특징으로 적절하지 <u>않은</u> 것은?

① 스포츠 경쟁의 윤리적 기준이다.
② 올바른 스포츠 경기의 방향이 된다.
③ 보편적 윤리로는 다룰 수 없는 독자성이 있다.
④ 스포츠인의 행위, 실천의 기준이다.

정답해설 스포츠윤리는 보편적 윤리에 기반한다.

18 〈보기〉에서 학생운동선수의 학습권 보호와 관련된 것으로 옳은 것만 모두 고른 것은?

> ─〔보기〕─
> ㄱ. 최저 학력 제도
> ㄴ. 리그 승강 제도
> ㄷ. 주말 리그 제도
> ㄹ. 학사 관리 지원 제도

① ㄱ, ㄴ, ㄷ
② ㄱ, ㄴ, ㄹ
③ ㄱ, ㄷ, ㄹ
④ ㄴ, ㄷ, ㄹ

정답해설
ㄱ. 최저 학력 제도 : 학생 선수의 학습권 보장 제도
ㄷ. 주말 리그 제도 : 학생 선수 학습권 보장 및 경기력 향상 목적 제도
ㄹ. 학사 관리 지원 제도 : 학생 선수의 학사 관리 지원 목적 제도

19 〈보기〉의 주장에 나타난 윤리적 관점은?

> ─〔보기〕─
> 스포츠 행위의 도덕적 가치는 사회에 따라, 또는
> 사람에 따라 다를 수 있다. 물론 도덕적 준거가
> 없는 것은 아니다.

① 윤리적 절대주의
② 윤리적 회의주의
③ 윤리적 상대주의
④ 윤리적 객관주의

정답해설 윤리적 상대주의는 보편적인 윤리보다 시대와 사람, 장소에 따라 상대적이라고 보는 관점이다.

오답해설
① 윤리적 절대주의 : 정의, 용기, 절제, 지혜와 같은 덕목들이 절대적 가치라는 내용
② 윤리적 회의주의 : 윤리적 가치와 믿음을 의심하고 부정하는 내용
④ 윤리적 객관주의 : 보편적, 객관적 타당성을 가진 윤리적 관점

| 정답 | 15 ③ 16 ① 17 ③ 18 ③ 19 ③

20 〈보기〉의 대화에서 논란이 되고 있는 도핑의 종류는?

┌─보기─────────────────────────────┐
지원 : 스포츠 뉴스 봤어? 케냐의 마라톤 선수 킵초게가 1시간 59분 40초의 기록을 세웠대!

사영 : 우와! 2시간의 벽이 드디어 깨졌네요! 인간의 한계는 끝이 없나요?

성현 : 그런데 이번 기록은 특수 제작된 신발을 신고 달렸으니 킵초게 선수의 능력만으로 달성했다고 볼 수 없는 거 아니야? 스포츠에 과학기술의 도입은 필요하지만, 이러다가 스포츠에서 탁월성의 근거가 인간에서 기술로 넘어가는 거 아니야?

혜름 : 맞아! 수영의 전신 수영복, 야구의 압축 배트가 금지된 사례도 있잖아!
└──────────────────────────────────┘

① 약물도핑(drug doping)
② 기술도핑(technology doping)
③ 브레인도핑(brain doping)
④ 유전자도핑(gene doping)

정답해설 〈보기〉에서 논란이 되고 있는 도핑의 종류는 기술도핑이다.

오답해설

① 약물도핑 : 경기력 향상을 목적으로 선수에게 약물을 투여하는 것
③ 브레인도핑 : 특정 장비를 통해 뇌에 전기 자극을 주어 운동 능력을 향상시키는 것
④ 유전자도핑 : 치료 목적이 아닌 세포나 유전자를 조작하여 운동 능력을 향상시키는 것

운동생리학

01 지구성 훈련에 의한 지근섬유(Type I)의 생리적 변화로 옳지 **않은** 것은?

① 모세혈관 밀도 증가
② 마이오글로빈 함유량 감소
③ 미토콘드리아의 수와 크기 증가
④ 절대 운동강도에서의 젖산 농도 감소

정답해설 마이오글로빈(미오글로빈) : 산소결합력이 높은 단백질로, 주로 근육조직 내에 존재한다. 주로 혈액으로부터 공급받은 산소를 근육으로 확산시키는 역할을 하며 산소를 저장하는 역할도 한다.

Tip 유산소 트레이닝의 대사 적응

• 최대산소섭취량 증가(1회 박출량 증가가 원인)
• 미토콘드리아의 크기와 수의 변화와 모세혈관 밀도와 수의 증가로 운동 중 혈액 공급 원활
• 골격근에서 지방 산화로부터 얻을 수 있는 에너지 생성 비율 증가
• 지근섬유(ST섬유, type I섬유) 비율 증가

02 유산소성 트레이닝을 통한 근육 내 미토콘드리아 변화와 관련된 설명으로 옳지 **않은** 것은?

① 근원섬유 사이의 미토콘드리아 밀도 증가
② 근육 내 젖산과 수소 이온(H^+) 생성 감소
③ 손상된 미토콘드리아 분해 및 제거율 감소
④ 근육 내 크레아틴인산(phosphocreatine) 소모량 감소

정답해설 유산소 트레이닝을 하게 되면 손상된 미토콘드리아의 분해와 제거하는 능력이 향상된다. 즉, 미토콘드리아가 사멸되며 생성된다. 이는 곧 미토콘드리아 수의 증가를 의미하므로 유산소 트레이닝의 효과라고 할 수 있다.

03 운동 중 지방분해를 촉진하는 요인으로 옳지 **않은** 것은?

① 인슐린 증가
② 글루카곤 증가
③ 에피네프린 증가
④ 순환성(cyclic) AMP 증가

| 정답 | 20 ② / 01 ② 02 ③ 03 ①

인슐린(Insulin)은 췌장의 링게르한섬 β세포에서 만들어지는 단백성 호르몬으로 혈액 중에 분비된다. 혈액 중에서 당, 지질, 아미노산 대사를 조절한다. 또한 간과 근육, 지방조직에 당의 저장을 촉진하며 근육에서 아미노산의 섭취를 조장하고, 단백질합성과 지질합성을 증가시키며 지방분해와 포도당신생을 억제한다.

04 운동에 대한 심혈관 반응에 관한 설명으로 옳은 것은?

① 점증 부하 운동 시 심근산소소비량 감소
② 고강도 운동 시 내장 기관으로의 혈류 분배 비율 증가
③ 일정한 부하의 장시간 운동 시 시간 경과에 따른 심박수 감소
④ 고강도 운동 시 활동근의 세동맥(arterioles) 확장을 통한 혈류량 증가

최대하운동 시 순환계통의 변화 : 심장박출량 변화와 1회 박출량의 증가, 심박수의 감소, 근육 혈류량의 증가

05 〈보기〉의 ㉠, ㉡에 들어갈 용어가 바르게 나열된 것은?

┌보기┐
• 심장의 부담을 나타내는 심근산소소비량은 심박수와 (㉠)을 곱하여 산출한다.
• 산소섭취량이 동일한 운동 시 다리 운동이 팔 운동에 비해 심근산소소비량이 더 (㉡) 나타난다.

	㉠	㉡
①	1회 박출량	높게
②	1회 박출량	낮게
③	수축기 혈압	높게
④	수축기 혈압	낮게

㉠ 심근산소소비량 = 심박수 × 수축기 혈압
㉡ 상지(팔)는 하지(다리)보다 혈관의 직경이 좁기 때문에 말초저항이 더 크게 된다. 따라서 팔로 가는 혈압은 증가되며 산소소비량도 하지에 비해 높게 나타난다고 알려져 있다.

06 골격근의 수축 특성을 결정하는 요인에 대한 설명 중 〈보기〉의 ㉠, ㉡에 들어갈 용어가 바르게 연결된 것은?

┌보기┐
• 특이장력 = 근력 / (㉠)
• 근파워 = 힘 × (㉡)

	㉠	㉡
①	근횡단면적	수축속도
②	근횡단면적	수축시간
③	근파워	수축속도
④	근파워	수축시간

㉠ 특이장력이란 근육의 단위면적당 발휘되는 장력을 뜻하며 근육의 질(효율성)을 뜻한다.
㉡ 근파워는 단위시간당 근육이 수축하면서 장력을 발생시키는 것으로 근수축속도를 뜻한다.

07 〈보기〉의 ㉠~㉢에 들어갈 용어가 바르게 나열된 것은?

┌보기┐

수용기	역할
근방추	(㉠) 정보 전달
골지건기관	(㉡) 정보 전달
근육의 화학수용기	(㉢) 정보 전달

	㉠	㉡	㉢
①	근육의 길이	근육 대사량	힘 생성량
②	근육 대사량	힘 생성량	근육의 길이
③	근육 대사량	근육의 길이	힘 생성량
④	근육의 길이	힘 생성량	근육 대사량

분류	위치	기능
근방추	근육 내	근육의 길이에 반응. 감마 운동 뉴런
골지건 기관	근육과 건 내	장력에 반응. 근의 수축에 관한 정보 전달
화학 수용기	근섬유 주변	근육활동의 대사율에 관한 정보를 CNS에 전달

|정답| 04 ④ 05 ④ 06 ① 07 ④

08 〈그림〉은 도피반사(withdrawal reflex)와 교차 신전반사(crossed-extensor reflex)를 나타낸 것이다. 이에 관한 설명으로 옳지 <u>않은</u> 것은?

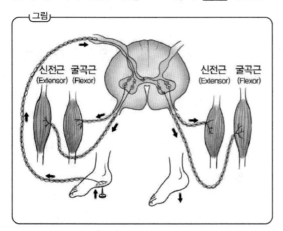

① 반사궁 경로를 통해 통증 자극에 대한 빠른 반사가 일어난다.
② 통증 수용기로부터 활동전위가 발생하여 척수로 전달된다.
③ 신체 균형을 유지하기 위해 반대편 대퇴의 굴곡근 수축이 억제된다.
④ 통증을 회피하기 위해 통증 부위 대퇴의 굴곡근과 신전근이 동시에 수축된다.

정답해설 통증을 회피하기 위해 굴곡근은 수축하고 신전근은 억제된다.

오답해설
① 통증 자극에 대해 척수 수준에서 빠르게 처리하는 반응 경로를 반사궁(반사활)이라고 한다.
② 통증 수용기(피부)로부터 활동전위가 척수로 전달된다.
③ 도피반사(통증 원인 제거)와 교차신전반사(반대 근육에 굴곡근 수축억제 및 신전근 수축 자극)이다.

09 〈보기〉에서 고온 환경의 장시간 최대하 운동 시 운동수행능력을 저하시키는 요인으로 옳은 것만을 모두 고른 것은? (단, 심각한 탈수 현상은 발생하지 않는 환경)

〈보기〉
ㄱ. 글리코겐 고갈 가속
ㄴ. 근혈류량 감소
ㄷ. 1회 박출량 감소
ㄹ. 운동단위 활성 감소

① ㄱ, ㄷ
② ㄱ, ㄴ, ㄹ
③ ㄴ, ㄷ, ㄹ
④ ㄱ, ㄴ, ㄷ, ㄹ

정답해설 고온 환경에서 운동수행 시 탈수로 인한 혈장량 감소와 점도 증가는 1회 박출량을 감소한다. 그러나 문제에서 '심각한 탈수 현상은 발생하지 않는 환경'이라는 조건 때문에 ㄷ은 포함되지 않는다.

10 〈보기〉의 조건으로 트레드밀 운동 시 운동량은?

〈보기〉
• 체중 = 50kg
• 트레드밀 속도 = 12km/h
• 운동시간 10분
 (단, 운동량(일) = 힘 × 거리)
• 트레드밀 경사도 = 5%

① 300kpm ② 500kpm
③ 5,000kpm ④ 30,000kpm

정답해설
• 운동량은 힘과 거리의 곱으로 계산한다. 단, 경사가 있을 시 수직이동거리를 곱해야 한다.
• 12km/h는 분당 200m를 의미하고 운동시간이 10분이므로 수평이동거리는 2,000m이고, 경사도가 5%이므로 수직이동거리는 2,000m × 0.05 = 100m이다. 따라서 운동량은 50kg × 100m = 5,000kpm(kgm)이다.

| 정답 | 08 ④ 09 ② 10 ③

11 에너지 대사 과정과 속도조절효소의 연결이 옳지 않은 것은?

	에너지 대사 과정	속도조절효소
①	ATP-PC 시스템	크레아틴 키나아제 (creatine kinase)
②	해당작용	젖산 탈수소효소 (lactate dehydrogenase)
③	크렙스회로	이소시트르산탈 수소효소 (isocitrate dehydrogenase)
④	전자전달체계	사이토크롬산화효소 (cytochrome oxidase)

정답해설 해당과정의 속도조절효소는 PFK(포스포프락토 키나제)이며 해당경로 전반에 걸쳐 전구체들의 흐름을 조절한다.

초성포도산염에서 젖산염으로 전환되는 반응이 젖산탈수소효소에 의해서 촉매되며 양 방향으로 반응이 진행될 수 있다. 즉, 젖산 탈수소효소는 해당과정 마지막 산물인 피루브산이 젖산으로 변화될 때의 촉매효소로서 해당과정 전체의 속도조절과는 관련이 없다.

12 〈보기〉에서 근육의 힘, 파워, 속도의 관계에 대한 설명 중 옳은 것만을 모두 고른 것은?

─보기─
ㄱ. 단축성(concentric) 수축 시 수축 속도가 빨라짐에 따라 힘(장력) 생성은 감소한다.
ㄴ. 신장성(eccentric) 수축 시 신장 속도가 빨라짐에 따라 힘(장력) 생성은 증가한다.
ㄷ. 근육이 발현할 수 있는 최대 근파워는 등척성(isometric) 수축 시에 나타난다.
ㄹ. 단축성 수축 속도가 동일할 때 속근섬유가 많을수록 큰 힘을 발휘한다.

① ㄱ, ㄴ, ㄷ   ② ㄱ, ㄴ, ㄹ
③ ㄱ, ㄷ, ㄹ   ④ ㄴ, ㄷ, ㄹ

정답해설 근육의 힘, 파워, 속도의 관계에 대한 설명 중 옳은 것은 ㄱ, ㄴ, ㄹ이다.

오답해설
ㄷ. 최대파워는 '근력(힘) × 속도'인데, 등척성 수축은 근육의 길이가 변화하지 않으며 장력을 발생시키므로 수축 속도가 없다. 따라서 최대 근파워를 발휘할 수 없다.

13 카테콜아민에 대한 설명으로 옳지 않은 것은?

① 부신피질에서 분비
② 교감신경의 말단에서 분비
③ $\alpha 1$ 수용체 결합 시 기관지 수축
④ $\beta 1$ 수용체 결합 시 심박수 증가

정답해설
• 카테콜아민은 부신수질(속질)에서 분비되며 에피네프린과 노르에피네프린 각각의 전구체인 도파민을 통틀어 지칭한다.
• 노르에피네프린은 주로 혈관의 평활근에서 발견되는 알파-아드레날린 수용체에 작용하여 혈관 수축(혈관 축소)과 혈압 상승을 유발하는데, 심박수 증가와 수축성과 같은 다양한 효과가 있는 베타 아드레날린 수용체에 작용한다. 에피네프린은 알파와 베타 수용체 모두에 작용하지만 베타 수용체에 대한 친화력이 강하다고 볼 수 있고, 심박수 증가, 기관지 확장(기내 확장), 골격근으로의 혈류 증가 효과가 있다.

14 〈보기〉의 에너지 대사 과정에 관한 설명 중 옳은 것만을 모두 고른 것은?

─보기─
ㄱ. 해당과정 중 NADH는 생성되지 않는다.
ㄴ. 크렙스 회로와 베타산화는 미토콘드리아에서 관찰되는 에너지 대사 과정이다.
ㄷ. 포도당 한 분자의 해당과정의 최종산물은 ATP 2분자와 피루브산염 2분자(또는 젖산염 2분자)이다.
ㄹ. 낮은 운동강도(예 VO_2max 40%)로 30분 이상 운동 시 점진적으로 호흡교환율이 감소하고 지방 대사 비중은 높아진다.

① ㄱ, ㄴ   ② ㄱ, ㄹ
③ ㄴ, ㄷ   ④ ㄴ, ㄷ, ㄹ

정답해설 에너지 대사 과정에 관한 설명 중 옳은 것은 ㄴ, ㄷ, ㄹ이다.

| 정답 | 11 ②   12 ②   13 ①, ③   14 ④

ㄱ. 해당과정 중 수소이온이 방출되고 NADH가 생성된다. 즉, NADH에서 수소이온이 떨어져 나와 피루브산과 만나 젖산을 생성한다.

15 운동 중 혈중 포도당 농도를 유지하기 위한 호르몬에 대한 설명으로 옳지 <u>않은</u> 것은?

① 성장호르몬 – 간에서 포도당신생합성 증가
② 코티솔 – 중성지방으로부터 유리지방산으로 분해 촉진
③ 노르에피네프린 – 골격근 조직 내 유리지방산 산화 억제
④ 에피네프린 – 간에서 글리코겐 분해 촉진 및 조직의 혈중 포도당 사용 억제

정답해설 노르에피네프린은 부신수질에서 분비되며 지방조직 및 근육의 지방 분해를 촉진한다.

16 운동 중 수분과 전해질 균형에 관한 설명으로 옳은 것만을 모두 고른 것은?

┌─보기─┐

ㄱ. 장시간의 중강도 운동 시 혈장량과 알도스테론 분비는 감소한다.
ㄴ. 땀 분비로 인한 혈장량 감소는 뇌하수체 후엽의 항이뇨호르몬 분비를 유도한다.
ㄷ. 충분한 수분 섭취 없이 장시간 운동 시 체내 수분 재흡수를 위해 레닌–안지오텐신 II 호르몬이 분비된다.
ㄹ. 운동에 의한 땀 분비는 수분 상실을 초래하며 혈중 삼투질 농도를 감소시킨다.

① ㄱ, ㄷ   ② ㄱ, ㄹ
③ ㄴ, ㄷ   ④ ㄴ, ㄹ

정답해설 운동 중 수분과 전해질 균형에 관한 설명으로 옳은 것은 ㄴ, ㄷ이다.

ㄱ. 장시간 중강도 운동 시 수분 손실로 인해 혈장량이 감소하지만 수분 손실을 막기 위해 알도스테론과 항이뇨호르몬 분비가 증가하며 신장에서 수분을 재흡수하여 혈장량이 증가된다.
ㄹ. 운동 시 수분 손실은 혈장량 감소를 일으키며 삼투질 농도는 증가한다.

17 〈표〉는 참가자의 폐환기 검사 결과이다. 〈보기〉에서 옳은 것만을 모두 고른 것은?

참가자	1회 호흡량 (mL)	호흡률 (회/min)	분당 환기량 (mL/min)	사강량 (mL)	폐포 환기량 (mL/min)
주은	375	20	( )	150	( )
민재	500	15	( )	150	( )
다영	750	10	( )	150	( )

┌─보기─┐

ㄱ. 세 참가자의 분당환기량은 동일하다.
ㄴ. 다영의 폐포 환기량은 분당 6L/min이다.
ㄷ. 주은의 폐포 환기량이 가장 크다.

① ㄱ, ㄴ   ② ㄱ, ㄷ
③ ㄴ, ㄷ   ④ ㄱ, ㄴ, ㄷ

정답해설

ㄱ. 분당환기량(mL/min)은 1회 호흡량(mL) × 호흡률(회/min)이다. 따라서 분당환기량은 동일하다.
ㄴ. 폐포환기량(mL/min)은 [1회 호흡량(mL) – 사강량(mL)] × 호흡률(회/min)이다. 즉, 1회 호흡량에서 폐포까지 도달하지 못하여 호흡 교환에 관여하지 않는 사강량을 제하여 호흡수와 곱해야 한다. 참고로 사강량은 항상 일정하다.

18 1회 박출량(stroke volume) 증가 요인으로 옳지 <u>않은</u> 것은?

① 심박수 증가
② 심실 수축력 증가
③ 평균 동맥혈압(MAP) 감소
④ 심실 이완기말 혈액량(EDV) 증가

정답해설 심박수의 증가는 정맥회귀량을 줄여 1회 박출량을 감소시킬 수 있다.

Tip 1회 박출량을 결정하는 요인
• 이완기말 용적(EDV) = 전부하 : 심실 수축 이전 혈액의 양
• 심장 수축력 : 심장근육을 수축할 수 있는 힘
• 후부하(afterload) : 심실 수축 시 심장에 걸리는 저항(부하)과 관련

| 정답 | 15 ③   16 ③   17 ①   18 ①

19 골격근 섬유에 관한 설명으로 옳은 것은?

① 근수축에 필요한 칼슘(Ca^{2+})은 근형질세망에 저장되어 있다.
② 운동단위(motor unit)는 감각뉴런과 그것이 지배하는 근섬유의 결합이다.
③ 신경근 접합부(neuromuscular junction)에서 분비되는 근수축 신경전달물질은 에피네프린이다.
④ 지연성 근통증은 골격근의 신장성(eccentric) 수축보다 단축성(concentric) 수축 시 더 쉽게 발생한다.

정답해설 근수축에 필요한 칼슘(Ca^{2+})은 근형질세망에 저장되어 있다.

오답해설

② 감각뉴런이 아니라 운동뉴런이다.
③ 에피네프린이 아니라 아세틸콜린이다.
④ 신장성 수축에서 더 쉽게 발생된다.

20 지근섬유(Type I)와 비교되는 속근섬유(Type II)의 특성으로 옳은 것은?

① 높은 피로 저항력
② 근형질세망의 발달
③ 마이오신 ATPase의 느린 활성
④ 운동신경세포(뉴런)의 작은 직경

정답해설 근형질세망은 근육세포에 발달되어 있는 소포체의 일종으로 골격근에서는 근육섬유 전체 용적의 약 13%를 차지하고 있으며, 근육의 근원섬유 (지름 1μm) 주위를 둘러싸는 형태로 발달한 편평한 형질그물망 구조를 하고 있다. 근 수축에 중요한 칼슘 이온(Ca^{2+})을 저장하기 위해 특이하게 변형된 형태를 하고 있다.

오답해설

①, ③, ④는 지근섬유가 가지고 있는 특징이다.

운동역학

01 뉴턴(I. Newton)의 3가지 법칙과 관련이 없는 것은?

① 외력이 가해지지 않으면, 정지하고 있는 물체는 계속 정지하려 한다.
② 가속도는 물체에 가해진 힘에 비례한다.
③ 수직 점프를 할 때, 지면을 강하게 눌러야 높게 올라갈 수 있다.
④ 외력이 가해지지 않으면, 물체가 가진 각운동량은 변하지 않는다.

정답해설 문제의 오류 혹은 모두 정답으로 볼 수 있다.
① 제1법칙 관성의 법칙에 대한 설명
② 제2법칙 가속도의 법칙에 대한 설명
③ 제3법칙 작용-반작용의 법칙에 대한 설명
④ 각운동량 보존의 법칙을 설명하고자 한 것 같으나 이 역시 뉴턴의 운동법칙에 포함됨

02 〈보기〉에서 힘(force)에 관한 설명으로 옳은 것을 모두 고른 것은?

┌ 보기 ┐

ㄱ. 움직임을 일으키는 원인으로 에너지이다.
ㄴ. 질량과 가속도의 곱으로 결정된다.
ㄷ. 단위는 N(Newton)이다.
ㄹ. 크기를 갖는 스칼라(scalar)이다.

① ㄱ, ㄴ   ② ㄱ, ㄹ
③ ㄴ, ㄷ   ④ ㄷ, ㄹ

정답해설 힘(force)에 관한 설명으로 옳은 것은 ㄴ, ㄷ이다.
오답해설
ㄱ. 힘은 움직임을 일으키는 원인으로 벡터의 물리량이다.
ㄹ. 크기와 방향을 갖는 벡터이다.

| 정답 | 19 ①   20 ② / 01 ①, ②, ③, ④   02 ③

03 쇼트트랙 경기에서 원운동을 할 때 원심력과 구심력에 관한 설명으로 옳은 것은?

① 원심력과 구심력은 크기가 같고, 방향이 반대이다.

② 원심력은 원운동을 하는 선수의 질량과 관계가 없다.

③ 원심력을 극복하는 방법으로 반지름을 작게 하여 원운동을 한다.

④ 신체를 원운동 중심의 방향으로 기울이는 것은 접선속도를 크게 만들기 위함이다.

> **정답해설** 원심력과 구심력에 대한 설명으로 옳다.

> **오답해설**
> ② 선수의 질량이 크면 원심력도 크며 질량이 작으면 원심력도 작다.
> ③ 원심력은 질량이나 속도가 커질수록 커지며 반지름이 작아질수록 커진다.
> ④ 속도를 줄이지 않기 위해 구심방향으로의 힘을 증가시키는 동작이다.

04 선운동량 또는 충격량에 관한 설명으로 옳은 것은?

① 선운동량은 질량과 속도를 더하여 결정되는 물리량이다.

② 충격량은 충격력과 충돌이 가해진 시간의 곱으로 결정되는 물리량이다.

③ 시간에 따른 힘 그래프에서 접선의 기울기는 충격량을 의미한다.

④ 충격량이 선운동량으로 전환되기 위해서는 먼저 충격량이 토크로 전환되어야 한다.

> **정답해설** 충격량에 대한 설명으로 옳다.

> **오답해설**
> ① 선운동량은 질량과 선속도의 곱으로 결정한다.
> ③ 시간에 따른 힘 그래프에서 접선의 기울기는 시간에 따른 힘의 변화율로 볼 수 있다.
> ④ 토크로 전환될 시 각운동(회전운동)을 일으키게 된다.

05 운동학적(kinematic) 분석과 운동역학적(kinetic) 분석에 관한 설명으로 옳지 <u>않은</u> 것은?

① 일률, 속도, 힘은 운동역학적 분석요인이다.

② 운동학적 분석은 움직임을 공간적·시간적으로 분석한다.

③ 근전도 분석, 지면반력 분석은 운동역학적 분석방법이다.

④ 신체중심점의 위치변화, 관절각의 변화는 운동학적 분석요인이다.

> **정답해설** 속도는 운동학적 분석 요인이다.

06 〈보기〉에서 물리량에 대한 설명으로 옳은 것만 고른 것은?

> ─┤보기├─
> ㄱ. 압력은 단위면적당 가해지는 힘이며 벡터이다.
> ㄴ. 일은 단위시간당 에너지의 변화율이며 벡터이다.
> ㄷ. 마찰력은 두 물체의 마찰로 발생하는 힘이며 스칼라이다.
> ㄹ. 토크는 회전을 일으키는 효과이며 벡터이다.

① ㄱ, ㄴ

② ㄱ, ㄹ

③ ㄴ, ㄷ

④ ㄷ, ㄹ

> **정답해설** 압력, 마찰력 등의 힘은 방향성을 갖기 때문에 벡터의 물리량이다.

> **오답해설**
> ㄴ. 단위시간당 에너지 변화율은 '일률'이며 '스칼라의 물리량이다.
> ㄷ. 마찰력은 두 물체의 마찰로 발생하며 '벡터의 물리량'이다.

| 정답 | 03 ① 04 ② 05 ① 06 ②

07 〈보기〉에서 항력과 관련된 설명으로 옳은 것만 고른 것은?

┌─보기─┐

ㄱ. 육상의 원반 투사 시, 최적의 공격각(attack angle)은 $\dfrac{항력}{양력}$이 최대일 때의 각도이다.

ㄴ. 야구에서 투구 시 공에 회전을 넣어 커브 구질을 만든다.

ㄷ. 파도와 같이 물과 공기의 접촉면에서 형성된 난류에 의하여 발생하기도 한다.

ㄹ. 날아가는 골프공의 단면적(유체의 흐름방향에 수직인 물체의 면적)에 비례한다.

① ㄱ, ㄴ   ② ㄱ, ㄹ

③ ㄴ, ㄷ   ④ ㄷ, ㄹ

정답해설 ㄷ, ㄹ이 옳은 설명이다.

오답해설

ㄱ. 공격각 : 유체를 들이받는(공격하는) 물체의 각도 즉, 항력과 양력의 비율로 항력 대비 양력이 얼마나 생성되는가를 표현하는 것으로, 값이 작을수록 항력에 비해 양력이 크다는 의미이며 움직임(비행, 이동)에 도움이 됨을 알 수 있다. 따라서 양력효율지수가 낮은 것을 최적의 공격각으로 볼 수 있다.

ㄴ. 양력에 관한 설명(마그누스효과)이다.

08 2차원 영상분석에서 배율법(multiplier method)에 관한 설명으로 옳지 않은 것은?

① 동작이 수행되는 평면에 직교하게 카메라를 설치한다.

② 분석대상이 운동평면에서 벗어나면 투시오차(perspective error)가 발생할 수 있다.

③ 체조의 공중회전(somersault)과 트위스트(twist)와 같은 운동 동작을 분석하는 데 주로 활용된다.

④ 기준자(reference ruler)는 영상평면에서의 분석대상 크기를 실제 운동 평면에서의 크기로 조정하기 위해 사용된다.

정답해설 체조의 공중회전과 트위스트는 2대 이상의 카메라를 사용하는 3차원 영상분석을 활용해야 한다.

09 〈보기〉에서 각운동에 관한 설명으로 옳은 것만 고른 것은?

┌─보기─┐

ㄱ. 각속력은 벡터이고, 각속도(angular velocity)는 스칼라이다.

ㄴ. 각속력(angular speed)은 시간당 각거리(angular distance)이다.

ㄷ. 각가속도(angular acceleration)는 시간당 각속도의 변화량이다.

ㄹ. 각거리는 물체의 처음과 마지막 각위치의 변화량이다.

① ㄱ, ㄴ   ② ㄱ, ㄹ

③ ㄴ, ㄷ   ④ ㄷ, ㄹ

정답해설 ㄴ, ㄷ이 옳은 설명이다.

오답해설

ㄱ. 각속력은 스칼라이며 각속도는 벡터이다.

ㄹ. 각거리는 물체가 움직인 전체 각도이다.

10 〈보기〉의 ㉠~㉣에 들어갈 내용이 바르게 제시된 것은?

┌─보기─┐

• (㉠)가 커질수록 부력도 커진다.

• (㉡)가 올라갈수록 부력은 작아진다.

• (㉢)는 수중에서의 자세 변화에 따라 달라진다.

• (㉣)은 물에 잠긴 신체의 부피에 비례하여 수직으로 밀어 올리는 힘이다.

	㉠	㉡	㉢	㉣
①	신체의 밀도	신체의 온도	무게중심의 위치	부력
②	유체의 밀도	신체의 온도	무게중심의 위치	항력
③	신체의 밀도	물의 온도	부력중심의 위치	항력
④	유체의 밀도	물의 온도	부력중심의 위치	부력

정답해설 〈보기〉는 부력에 대한 설명이다. 부력은 중력에 대항해 유체(액체, 기체)로부터 윗 방향으로 받는 힘으로 부력의 크기는 물체가 밀어낸 유체의 크기와 같다.

부력 = 유체의 밀도 × 유체에 잠김 물체의 부피 × 중력가속도

| 정답 | 07 ④   08 ③   09 ③   10 ④

11 〈보기〉와 같이 조건을 (A)에서 (B)로 변경하였을 때, ㉠~㉢에 들어갈 내용으로 바르게 나열한 것은? (단, 각운동량 그리고 줄과 공의 질량은 변화가 없는 것으로 가정)

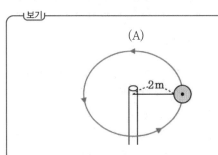

┌─ 보기 ─────────────────────────┐

(A)

• 회전축에서 공의 중심까지 거리 : 2m
• 회전속도 : 1회전/sec

(B)

회전축에서 공까지의 거리를 1m로 줄이면, 회전반경이 (㉠)로 줄어들고 관성모멘트가 (㉡)로 감소하기 때문에 공의 회전속도는 (㉢)로 증가한다.

└────────────────────────────┘

	㉠	㉡	㉢
①	$\frac{1}{2}$	$\frac{1}{2}$	2회전/sec
②	$\frac{1}{2}$	$\frac{1}{4}$	2회전/sec
③	$\frac{1}{4}$	$\frac{1}{2}$	4회전/sec
④	$\frac{1}{2}$	$\frac{1}{4}$	4회전/sec

정답해설

㉠ 회전축에서 공까지의 거리(r)가 반으로 줄어드는 것으로 ㉠은 $\frac{1}{2}$이다.

㉡ 관성모멘트 공식은 mr^2이며 이 중 반지름 값이 $\frac{1}{2}$로 줄어들기 때문에 관성모멘트는 제곱에 비례하므로 ㉡은 $\frac{1}{4}$이다.

㉢ 문제의 조건에서 각운동량에 변화가 없기 때문에 전체 각운동량은 mr^2w이며 이때 반지름이 $\frac{1}{2}$로 줄어들면 각속도(w)는 반비례하기 때문에 ㉢은 4배 빨라지면서 초당 4회전을 하게 된다.

12 인체에 적용되는 지레(levers)의 원리에 관한 설명으로 옳지 <u>않은</u> 것은?

① 1종 지레에서 축(받침점)은 힘점과 저항점(작용점) 사이에 위치하고 역학적 이점이 1보다 크거나 작을 수 있다.
② 2종 지레는 저항점이 힘점과 축 사이에 위치하고 역학적 이점이 1보다 크다.
③ 3종 지레에서 힘점은 축과 저항점 사이에 위치하고 역학적 이점이 1보다 크다.
④ 지면에서 수직 방향으로 발뒤꿈치를 들고 서는 동작(calf raise)은 2종 지레이다.

정답해설 3종 지레 : 힘점이 받침점과 작용점 사이에 존재하고, 운동범위와 속도에 이득이며 역학적 이점이 1보다 항상 작다. 핀셋, 젓가락, 윗몸일으키기 등이 있다.

13 〈그림〉의 수직점프(vertical jump) 동작에 관한 운동역학적 특성을 바르게 설명한 것은? (단, 외력과 공기 저항은 작용하지 않는 것으로 가정)

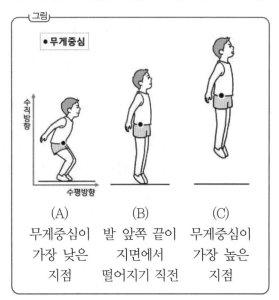

(A)	(B)	(C)
무게중심이 가장 낮은 지점	발 앞쪽 끝이 지면에서 떨어지기 직전	무게중심이 가장 높은 지점

| 정답 | 11 ④　12 ③　13 ④

① (A)부터 (B)까지 한 일(work)은 위치에너지의 변화량과 같다.
② (A)부터 (B)까지 넙다리네갈레근(대퇴사두근, quadriceps)은 신장성 수축(eccentric contraction)을 한다.
③ (B)부터 (C)까지 무게중심의 수직가속도는 증가한다.
④ (C) 지점에서 인체 무게중심의 수직속도는 0m/sec이다.

정답해설 (C) 지점에서 인체 무게중심의 수직속도는 0m/sec이다.

오답해설
① 위치변화가 이루어지고 지면반력을 생성하여 운동에너지와 위치에너지를 얻게 되었다. 따라서 (A)~(B) 구간의 운동에너지와 위치에너지 합의 변화량과 같거나 역학적에너지의 변화량과 같다.
② 다리를 펴는 동작은 대퇴사두근의 단축성 수축이 일어난다.
③ (B)~(C)에서 수직속도는 감소하며 수직가속도는 -9.8m/s로 일정하다.

14 회전운동에 관한 설명으로 옳지 <u>않은</u> 것은?
① 회전하는 물체의 접선속도는 각속도와 반지름의 곱으로 구한다.
② 회전하는 물체의 각속도는 호의 길이를 소요시간으로 나누어 구한다.
③ 인체의 관성모멘트(moment of inertia)는 회전축의 방향에 따라 변한다.
④ 토크는 힘의 연장선이 물체의 중심에서 벗어난 지점에 작용할 때 발생한다.

정답해설 물체의 각속도는 호의 길이가 아닌 물체가 회전한 각도를 소요시간으로 나누어 구한다.
※ A형과 B형 문제의 보기가 서로 다르게 인쇄되어 ③번이 추가 정답으로 인정됨. ③번은 맞는 설명

15 인체의 무게중심에 관한 설명으로 옳지 <u>않은</u> 것은?
① 무게중심은 인체 외부에 위치할 수 있다.
② 무게중심의 위치는 안정성에 영향을 준다.
③ 무게중심은 토크의 합이 '0'인 지점이다.
④ 무게중심의 위치는 동작의 변화와 관계없이 일정하다.

정답해설 무게중심의 위치는 동작의 변화에 따라 변할 수 있으며 인체 외부에 위치할 수도 있다.

Tip 인체의 무게중심
인체의 각 부위에 분포된 질량의 평균 위치(= 질량중심)로 자세에 따라 분절의 상대적 위치와 무게중심이 변하며 신체 외부에도 존재한다.

16 중력가속도의 개념에 관한 설명으로 옳지 <u>않은</u> 것은?
① 중력가속도의 크기는 $9.8m/sec^2$이다.
② 중력가속도는 지구 중심방향으로 작용한다.
③ 인체의 무게는 질량과 중력가속도의 곱으로 산출한다.
④ 토스한 배구공이 상승하는 과정에서는 중력가속도의 영향을 받지 않는다.

정답해설 배구공이 상승하는 과정에 음의 가속도로 영향을 준다. 최고 높이까지 속도가 줄어들다가 수직속도가 0이 되며 이후 양의 가속도로 속도가 빨라진다.

17 인체의 근골격계에 관한 설명으로 옳은 것은?

① 골격근의 수축은 관절에서 회전운동을 일으키지 못한다.

② 인대(ligament)는 골격근을 뼈에 부착시키는 역할을 한다.

③ 작용근(주동근, agonist)은 의도한 운동을 발생시키는 근육이다.

④ 팔꿈치관절에서 굽힘근(굴근, flexor)의 수축은 관절의 각도를 커지게 한다.

정답해설 작용근(주동근, agonist)은 의도한 운동을 발생시키는 근육으로 옳은 설명이다.

오답해설

① 골격근의 수축은 골격근의 움직임 특성에 따라 회전운동을 일으킬 수 있다.

② 골격근을 뼈에 부착시키는 역할은 힘줄(건)이며 인대는 뼈와 뼈의 연결부위이다.

④ 굽힘근(굴근)의 수축은 관절의 각도를 작게 한다(굴곡을 일으킨다).

18 기저면의 변화를 통해 안정성을 증가시킨 동작으로 옳지 <u>않은</u> 것은?

① 산에서 내려오며 산악용 스틱을 사용하여 지면을 지지하기

② 씨름에서 상대방이 옆으로 당기자 다리를 좌우로 벌리기

③ 평균대 외발서기 동작에서 양팔을 좌우로 벌리기

④ 스키점프 착지 동작에서 다리를 앞뒤로 교차하여 벌리기

정답해설 양팔을 좌우로 벌리면 관성모멘트가 커지면서 회전안정성이 올라가게 된다.

Tip

• 기저면 : 인체 또는 물체가 지면과 접촉하는 각 점들로 연결된 전체 면적

• 안정성 : 물체가 정적, 동적 자세의 균형을 잃지 않고 평형을 유지하려는 상태

• 안정성을 높이는 동작 전략 : 신체중심을 낮게 유지, 기저면을 넓게 유지, 신체중심을 기저면의 중앙에 근접하게 유지

19 역학적 일(work)과 일률(power)의 개념을 바르게 설명한 것은?

① 일의 단위는 watt 또는 joule/sec이다.

② 일률은 힘과 속도의 곱으로 산출한다.

③ 일률은 이동한 거리를 고려하지 않는다.

④ 일은 가해진 힘의 크기에 반비례한다.

정답해설 일률은 힘과 속도의 곱으로 산출한다.

오답해설

① 일의 정의는 힘을 가했을 때 일어난 변화의 크기로 단위는 J(Joule, 주울) 또는 Nm/1J=1Nm이다. watt는 일률을 나타낸다.

③ 이동한 거리를 고려한다.

④ 힘의 크기에 비례한다.

20 운동역학을 스포츠 현장에 적용한 사례로 적절하지 <u>않은</u> 것은?

① 멀리뛰기에서 도약력 측정을 위한 지면반력 분석

② 다이빙에서 각운동량 산출을 위한 3차원 영상분석

③ 축구에서 운동량 측정을 위한 웨어러블 센서(wearable sensor)의 활용

④ 경기장 적응을 위해 가상현실을 활용한 양궁 심상훈련 지원

정답해설 심상훈련은 스포츠심리학에서 사용되는 현장적용이다.

| 정답 | 17 ③ 18 ③ 19 ② 20 ④

한국체육사

01 〈보기〉에서 한국체육사에 관한 설명으로 옳은 것만을 모두 고른 것은?

┌─보기─┐
ㄱ. 한국 체육과 스포츠의 시대별 양상을 연구한다.
ㄴ. 한국 체육과 스포츠를 역사학적 방법으로 연구한다.
ㄷ. 한국 체육과 스포츠에 관한 역사 기술은 사실 확인보다 가치 평가가 우선한다.
ㄹ. 한국 체육과 스포츠의 과거를 살펴보고, 이를 통해 현재를 직시하고 미래를 조망한다.
└────┘

① ㄱ, ㄴ, ㄷ   ② ㄱ, ㄴ, ㄹ
③ ㄱ, ㄷ, ㄹ   ④ ㄴ, ㄷ, ㄹ

정답해설 체육사란 사회적·시간적 변화에 따른 각 시대의 체육관이나 그 방법 등을 사(史)적으로 연구하는 분야로 ㄱ, ㄴ, ㄹ은 옳은 설명이다.

오답해설
ㄷ. 역사 연구에서는 사실 확인이 가치 평가보다 우선되어야 한다.

02 〈보기〉에서 신체활동이 행해진 제천의식과 부족국가가 바르게 연결된 것만을 모두 고른 것은?

┌─보기─┐
ㄱ. 무천 – 신라   ㄴ. 가배 – 동예
ㄷ. 영고 – 부여   ㄹ. 동맹 – 고구려
└────┘

① ㄱ, ㄴ   ② ㄷ, ㄹ
③ ㄱ, ㄴ, ㄹ   ④ ㄴ, ㄷ, ㄹ

정답해설 제천행사는 파종과 수확을 할 때 하늘을 숭배하고 제사하는 원시 종교 의식으로 각종 무예, 유희, 음주가무 등이 실시되었다.

오답해설
ㄱ. 무천 – 동예
ㄴ. 가배 – 신라

03 〈보기〉에 해당하는 부족국가시대 신체활동의 목적은?

┌─보기─┐
중국 역사 자료인 『위지·동이전(魏志·東夷傳)』에 따르면, "나이 어리고 씩씩한 청년들의 등가죽을 뚫고 굵은 줄로 그곳을 꿰었다. 그리고 한 장(一丈) 남짓의 나무를 그곳에 매달고 온종일 소리를 지르며 일을 하는데도 아프다고 하지 않고, 착실하게 일을 한다. 이를 큰사람이라 부른다."
└────┘

① 주술의식
② 농경의식
③ 성년의식
④ 제천의식

정답해설 위지동이전은 중국 진(晉)의 진수(陳壽)가 편찬한 「삼국지(三國志)」 속에 들어 있는 사서(史書)이다. 큰사람으로 불리우는 신체활동 중 하나로 성년의식이 있었는데 이는 육체적 고통을 극복한 성인을 일컫는 풍습이다.

04 〈보기〉에서 삼국시대의 무예에 관한 설명으로 옳은 것만을 모두 고른 것은?

┌─보기─┐
ㄱ. 신라 : 궁전법(弓箭法)을 통해 인재를 등용하였다.
ㄴ. 고구려 : 경당(扃堂)에서 활쏘기 교육이 이루어졌다.
ㄷ. 백제 : 훈련원(訓鍊院)에서 무예 시험과 훈련이 행해졌다.
└────┘

① ㄱ, ㄴ
② ㄱ, ㄷ
③ ㄴ, ㄷ
④ ㄱ, ㄴ, ㄷ

정답해설 ㄱ, ㄴ이 옳은 설명이다.

오답해설
ㄷ. 훈련원 : 조선시대 무예연습과 병서강습을 가르치는 무인 양성관련 공식 교육기관

| 정답 | 01 ②   02 ②   03 ③   04 ①

05 고려시대 최고 교육기관과 무학(學) 교육이 바르게 연결된 것은?

① 성균관(成均館) - 대빙재(待聘齋)
② 성균관(成均館) - 강예재(講藝齋)
③ 국자감(國子監) - 대빙재(待聘齋)
④ 국자감(國子監) - 강예재(講藝齋)

> **정답해설** 국자감(國子監)은 문무관 8품 이상의 귀족 자제를 위한 고려시대 최고의 종합교육기관(7재라는 교육과정 존재)으로 국자감에 설치된 강예재(講藝齋)는 국학의 7재(七齋) 중 무학(武學)을 통해 장수(將帥)를 육성하는 무학교육기관이다.

> **오답해설**
> 성균관(成均館) : 고려 국자감을 계승하여 중앙, 초시에 합격한 유생(생원, 진사)을 교육하고, 유교 덕목을 갖춘 인재를 양성하고 과거를 통해 관리를 모집하였다.

06 고려시대의 신체활동에 관한 설명으로 옳지 <u>않은</u> 것은?

① 기격구(騎擊毬) : 서민층이 유희로 즐겼다.
② 궁술(弓術) : 국난을 대비하여 장려되었다.
③ 마술(馬術) : 무인의 덕목 중 하나로 장려되었다.
④ 수박(手搏) : 무관이나 무예 인재의 선발에 활용되었다.

> **정답해설** 격구(擊毬)는 폴로 경기에서 유래하였고 군사훈련인 기창, 기검, 기사를 능숙하게 하기 위함이었다.

> **Tip** 고려시대에 말을 타고 행한 격구의 방식이 조선시대에 와서 말을 타지 않고 걸어서 행하는 놀이로 변형되었는데, 이 보격구를 「조선왕조실록」에 타구(打毬) 또는 봉희(捧戲)라고 기록하였으며, 후세에 와서는 장구(杖球), 장치기 혹은 얼레공이라고 하였다.

07 석전(石戰)의 성격에 관한 설명으로 옳지 <u>않은</u> 것은?

① 관료 선발에 활용되었다.
② 명절에 종종 행해지던 민속놀이였다.
③ 전쟁에 대비한 군사훈련에 활용되었다.
④ 실전 부대인 석투군(石投軍)과 관련이 있었다.

> **정답해설** 석전(石戰)은 삼국시대부터 내려오던 민속 스포츠이자 오락으로 양편으로 나누어 서로 마주 보고 돌을 던지던 놀이이다.

08 조선시대 서민층이 주로 행했던 민속놀이와 설명으로 옳지 <u>않은</u> 것은?

① 추천(鞦韆) : 단오절이나 한가위에 즐겼다.
② 각저(角觝), 각력(角力) : 마을 간의 겨룸이 있었는데, 풍년 기원의 의미도 있었다.
③ 종정도(從政圖), 승경도(陞卿圖) : 관직 체계의 이해와 출세 동기 부여의 뜻이 담겨 있었다.
④ 삭전(索戰), 갈전(葛戰) : 농경사회의 대표적인 민속놀이로서 농사의 풍흉(豐凶)을 점치는 의미도 있었다.

> **정답해설** 종이 말판 위에서 주사위 또는 5각형의 나무막대인 윤목(輪木)을 굴려 나온 수대로 말을 이동하여, 먼저 퇴(退)한 사람이 승리하는 놀이는 관직 체계를 내용으로 삼고 있으며 승경도(陞卿圖), 종정도(從政圖), 승관도(勝官圖) 등으로도 불린다.

09 조선시대의 무예서에 관한 설명으로 옳지 <u>않은</u> 것은?

① 『무예도보통지(武藝圖譜通志)』 : 정조의 명에 따라 24기의 무예가 수록, 간행되었다.
② 『무예신보(武藝新譜)』 : 사도세자의 주도 하에 18기의 무예가 수록, 간행되었다.
③ 『권보(拳譜)』 : 광해군의 명에 따라 『무예제보』에 수록되지 않은 4기의 무예가 수록, 간행되었다.
④ 『무예제보(武藝諸譜)』 : 선조의 명에 따라 전란 중에 긴급하게 필요했던 단병기 6기가 수록, 간행되었다.

> **정답해설** 권보(拳譜)(1604)는 조선시대에 편찬된 무예서로 맨손무예인 권법을 위한 전문서이다.

| 정답 | 05 ④ 06 ① 07 ① 08 ③ 09 ③

10 〈보기〉에서 조선시대의 궁술에 관한 설명으로 옳은 것만을 모두 고른 것은?

┌─보기─┐
ㄱ. 군사 훈련의 수단이었다.
ㄴ. 무과(武科) 시험의 필수 과목이었다.
ㄷ. 심신 수련을 위한 학사사상(學射思想)이 강조되었다.
ㄹ. 불국토사상(佛國土思想)을 토대로 훈련이 이루어졌다.
└─────┘

① ㄱ, ㄴ 　　　　② ㄷ, ㄹ
③ ㄱ, ㄴ, ㄷ 　　④ ㄴ, ㄷ, ㄹ

정답해설 ㄱ, ㄴ, ㄷ이 옳은 설명이다.

오답해설
ㄹ. 불국토사상은 신라시대 화랑도와 관련된 내용이다.

Tip 불국토사상
이 땅이 불국토(부처님이 교화하는 국토)라고 여기는 불교 교리로 신라의 율사가 당나라 유학 후 전개한 호국 사상

11 고종의 교육입국조서(敎育立國詔書)에서 삼양(三養)이 표기된 순서는?

① 덕양(德養), 체양(體養), 지양(智養)
② 덕양(德養), 지양(智養), 체양(體養)
③ 체양(體養), 지양(智養), 덕양(德養)
④ 체양(體養), 덕양(德養), 지양(智養)

정답해설 개화기의 교육개혁 중 고종의 교육입국조서는 1895년 반포되었으며 학교 관련 규약 제정이다. 소학교 및 고등과정에 체조가 정식과목으로 채택되는 데 영향을 미쳤으며 덕양(德養), 체양(體養), 지양(智養)의 삼양(三養)을 강조하였다.

12 〈보기〉에서 설명하는 개화기의 기독교계 학교는?

┌─보기─┐
• 헐벗(H. B. Hulbert)이 도수체조를 지도하였다.
• 1885년 아펜젤러(H. G. Appenzeller)가 설립하였다.
• 과외활동으로 야구, 축구, 농구 등의 스포츠를 실시하였다.
└─────┘

① 경신학당 　　　　② 이화학당
③ 숭실학교 　　　　④ 배재학당

정답해설 배재학당은 1885년 아펜젤러가 일반교육을 목적으로 설립한 최초의 근대적 사립학교이며 외국선교단체에 의해 기독교 확장 수단으로 설립된 선교단체 교육기관이다.

13 개화기 학교 운동회에 관한 설명으로 옳지 않은 것은?

① 민족의식을 고취하는 역할을 하였다.
② 초기에는 구기 종목이 주로 이루어졌다.
③ 사회체육 발달의 촉진제 역할을 하였다.
④ 근대스포츠의 도입과 확산에 기여하였다.

정답해설 최초의 운동회는 1896년 영국인 선교사 허치슨에 의해 영어 학교에서 개최한 화류회(花柳會)이며 운동회에서 실시된 종목은 초기에 주로 육상에서 축구, 씨름 등으로 확산되었다.

14 다음 중 개화기에 설립된 체육단체가 아닌 것은?

① 대한체육구락부
② 조선체육진흥회
③ 대동체육구락부
④ 황성기독교청년회운동부

정답해설 조선체육진흥회(1942년)는 일제강점기에 조선체육회를 해산시킨 뒤 일제말기에 일본의 주관으로 설립된 체육단체이다.

| 정답 | 10 ③ 11 ① 12 ④ 13 ② 14 ②

개화기 체육단체

① 대한체육구락부(1906) : 우리나라 최초의 근대적인 체육단체
③ 대동체육구락부(1908) : 사회진화론적 자강론에 입각. 권성연, 조상호 등에 의해 조직
④ 황성기독교청년회 운동부(1906) : 선교사 회장 터너와 총무 질레트 등에 의해 설립

15 〈보기〉의 활동을 주도한 체육사상가는?

┌─보기─┐

• 체조 강습회 개최
• 체육 활동의 저변 확대를 위해 대한국민체육회 창립
• 체육 활동을 통한 애국심 고취를 위해 광무학당 설립

① 서재필
② 문일평
③ 김종상
④ 노백린

정답해설 노백린(1875~1926) : 신민회를 조직하고 "대한국민체육회"의 설립 과정에 발기인으로 참가하였으며, 병식체조 일변도의 학교체육 문제점을 바로 잡기 위하여 1907년 우리나라 최초의 체조강습회를 개최하였다.

16 일제강점기의 체육사적 사실에 관한 설명으로 옳지 <u>않은</u> 것은?

① 원산학사가 설립되었다.
② 체조교수서가 편찬되었다.
③ 학교에서 체조가 필수 과목이 되었다.
④ 황국신민체조가 학교체육에 포함되었다.

정답해설 원산학사는 1883년(고종 20) 개화기시대에 민간인에 의해 설립된 최초의 근대식 사립학교이다.

Tip 원산학사의 교과과정은 문무반 공통으로 산수, 과학, 기계, 농업 등이며 특수과목으로 문예반에는 경서를, 무예반은 병서를 가르쳤으며 문예반 50명, 무예반 200명을 선발하였다.

17 〈보기〉에서 일제강점기의 조선체육회에 관한 설명으로 옳은 것만을 모두 고른 것은?

┌─보기─┐

ㄱ. '전조선축구대회'를 창설하였다.
ㄴ. 조선체육협회에 강제로 흡수되었다.
ㄷ. 국내 운동가, 일본 유학 출신자 등이 설립하였다.
ㄹ. 종합체육대회 성격의 전조선종합경기대회를 개최하였다.

① ㄱ, ㄴ
② ㄷ, ㄹ
③ ㄴ, ㄷ, ㄹ
④ ㄱ, ㄴ, ㄷ, ㄹ

정답해설 ㄱ, ㄴ, ㄷ, ㄹ 모두 옳은 설명이다.

Tip 조선체육회
• 조선체육회는 국내 운동가, 일본 유학 출신자 등에 의해 1920년 설립
• 현 대한체육회(1948)의 전신으로 현대 올림픽 스포츠 발전 주도
• 1920년 첫 사업으로 제1회 전조선야구대회 개최(오늘날 전국체육대회의 시작)
• 1938년 일제에 의해 해산되어 조선체육협회로 통합

18 〈보기〉의 괄호 안에 들어갈 일제강점기의 체육사상가는?

┌─보기─┐

(　　)은/는 '체육 조선의 건설'이라는 글에서 사회를 강하게 하는 것은 구성원의 힘을 강하게 하는 것이며, 그 방법은 교육이며, 여러 교육의 기초는 체육이라고 강조하였다.

① 박은식
② 조원희
③ 여운형
④ 이기

정답해설 여운형(1886~1947) : 조선체육의 아버지. 조선중앙일보 사장으로 '체육조선의 건설' 강조. 대한올림픽위원회 초대 위원장

| 정답 |　15 ④　　16 ①　　17 ④　　18 ③

19 대한민국 정부의 체육정책 담당 부처의 변천 순서가 옳은 것은?

① 체육부 → 문화체육관광부 → 문화체육부
② 체육부 → 문화체육부 → 문화체육관광부
③ 문화체육부 → 체육부 → 문화체육관광부
④ 문화체육부 → 문화체육관광부 → 체육부

정답해설 대한민국 정부의 체육정책 담당 부처의 변천 순서는 '체육부(1982년) → 문화체육부(1993년) → 문화체육관광부(2008년)' 순이다.

20 〈보기〉는 국제대회에서 한국 여자 대표팀이 거둔 성과를 나타낸 것이다. 〈보기〉의 ㉠~㉢에 들어갈 종목이 바르게 제시된 것은?

┌─보기─────────────────────┐
- (㉠) : 1973년 사라예보 세계선수권대회에서 단체전 우승 달성
- (㉡) : 1976년 몬트리올 올림픽대회에서 구기 종목 사상 최초의 동메달 획득
- (㉢) : 1988년 서울 올림픽대회에서 당시 최강국을 이기고 금메달 획득
└──────────────────────────┘

	㉠	㉡	㉢
①	배구	핸드볼	농구
②	배구	농구	핸드볼
③	탁구	핸드볼	배구
④	탁구	배구	핸드볼

정답해설
- 1973년 세계탁구선수권대회 단체전 석권 및 스포츠 선수 최초 훈장수여. 이에리사, 정현숙, 박미라 등
- 1976년 몬트리올 올림픽 여자 배구 동메달. 최초의 구기 종목 동메달 획득
- 1988년 서울올림픽에서 여자 핸드볼 금메달. 최초의 구기종목 금메달 획득

특수체육론

01 장애인복지법(1989)에 근거하여 최초로 설립된 장애인 체육 행정조직은?

① 대한장애인체육회
② 대한민국상이군경회
③ 한국장애인복지체육회
④ 한국소아마비아동특수보육협회

정답해설 서울패럴림픽대회가 개최된 후 장애인 체육을 관장할 전문 기구의 필요성이 인식되면서 한시적으로 서울장애인올림픽조직위원회를 승계한 재단법인 한국장애인복지체육회가 1989년에 설립되었고 이후 한국장애인복지체육회는 장애인복지법에 근거한 우리나라 최초의 장애인 체육 행정 조직이 되었다.

02 장애인스포츠지도사의 역할로 옳지 <u>않은</u> 것은?

① 장애인의 독특한 요구(unique needs)를 확인한다.
② 장애인의 기능 회복을 위한 치료 서비스를 제공한다.
③ 장애인에게 적합한 지도환경과 지도내용을 결정한다.
④ 스포츠와 관련된 과제, 환경 등을 장애인의 요구에 맞게 변형한다.

정답해설 기능 회복을 위한 치료 서비스는 의료인의 역할이다. 장애인 스포츠지도사의 역할은 장애 유형에 따른 운동 방법 등의 지식을 겸비하고 해당 자격 종목과 관련하여 장애인을 대상으로 전문 체육 혹은 생활 체육을 지도하는 것이다.

| 정답 | 19 ② 20 ④ / 01 ③ 02 ②

03 〈보기〉의 ㉠~㉣에 들어갈 용어를 옳게 나열한 것은?

┌─〈보기〉─────────────────────┐
│ • (㉠) : 개인의 행동특성을 다양한 형태의 │
│   증거를 근거로 종합적으로 판단 │
│   (⑩ 배치)하는 과정 │
│ • (㉡) : 수집된 자료에 근거하여 가치 판단 │
│   을 내리는 과정 │
│ • (㉢) : 행동특성을 수량화하는 과정 │
│ • (㉣) : 운동기술과 지식 등을 측정하기 위 │
│   한 도구 │
└─────────────────────────────┘

	㉠	㉡	㉢	㉣
①	사정	평가	검사	측정
②	평가	사정	측정	검사
③	사정	평가	측정	검사
④	평가	사정	검사	측정

정답해설
㉠ 사정 : 문제를 확인하고 교육적 의사 결정, 즉 평가에 필요한 자료를 수집하는 과정
㉡ 평가 : 검사 도구로 측정하여 수집된 자료를 근거로 가치 판단을 통하여 교육적 의사결정을 내리는 마지막 과정
㉢ 측정 : 인간의 행동 특성에 대하여 검사 도구를 이용해서 정보 자료를 모으고, 이를 기호로 나타내는 과정
㉣ 검사 : 개인의 지식이나 능력을 일정한 조건에 따라 체계적으로 관찰하기 위해 도구 혹은 특정 절차를 이용하여 자료를 수집하는 기술

04 TGMD-3(Test of Gross Motor Development-3)에 대한 설명으로 옳은 것은?

① 3세~6세 아동만을 대상으로 한다.
② 규준참조평가도구로 사용할 수 없다.
③ 6가지의 이동기술 검사항목과 5가지의 공(ball) 기술 항목을 검사한다.
④ 각 검사항목의 수행 준거를 정확하게 수행하면 1점, 정확하게 수행하지 못하면 0점을 부여한다.

정답해설 TGMD-3은 초등학생의 대근 운동의 기본 운동 기술 수행 능력 검사이며 검사 대상은 3세~10세 특수교육 대상자이며 체육학자, 물리치료사 등이 사용할 수 있는 규준 참조 검사이다. 평가는 이동 운동 6개, 공 조작 운동 7개 영역 검사로 총 13개의 기본 운동 능력이 있다.

05 미국 장애인교육법(IDEA, 1997)에서 요구하고 있는 개별화교육프로그램(IEP)의 필수 구성 요소가 아닌 것은?

① 부모의 동의
② 학생의 현재 수행 수준
③ 학생에게 정기적으로 통지하는 방법
④ 측정할 수 있고 구체적인 연간계획과 장기목표

정답해설 학생이 아닌 부모에 대한 정기적인 통지 방법에 해당한다.

06 〈보기〉에서 설명하는 원시반사(primitive reflex)는?

┌─〈보기〉─────────────────────┐
│ • 누운 자세에서 머리를 좌우로 돌렸을 때 나타 │
│   나는 반응이다. │
│ • 뒤통수 쪽의 팔과 다리는 굽혀지고, 얼굴 쪽의 │
│   팔과 다리는 펴진다. │
│ • 뇌성마비장애인은 반사가 사라지지 않고 남아 │
│   있다. │
└─────────────────────────────┘

① 비대칭 긴장성 목반사
② 모로반사
③ 긴장성 미로 반사
④ 대칭성 긴장성 목반사

정답해설 비대칭 긴장성 목반사에 대한 설명이다.

Tip 비대칭 긴장성 목반사
• 시기 : 0~6개월
• 자극 : 누운 자세에서 머리를 오른쪽이나 왼쪽으로 향하게 함
• 반응행동 : 얼굴 돌린 방향의 팔다리는 뻗고 반대쪽은 굽힘

| 정답 | 03 ③   04 ④   05 ③   06 ①

07 〈보기〉에서 설명하는 특수체육 수업방식은?

> ┌ 보기 ┐
>
> 지도자는 효과적인 농구 수업을 위해 체육관의 각기 다른 구역에 여러 가지의 과제를 준비했다. 한 가지 과제에서 시작하여 주어진 활동을 마치거나 지도자가 신호하면 학습자들은 다음 과제의 수행장소로 이동한다. 지도자는 각각의 과제를 수행하는 곳을 돌며 도움이 필요한 학습자를 지도한다.

① 스테이션 수업
② 대그룹 수업
③ 협력학습 수업
④ 또래교수 수업

정답해설 한 학급을 소규모의 집단으로 분류하여 기술을 연습할 수 있도록 하며, 각 스테이션을 구성하여 순환하는 형식으로 수업을 진행하는 것을 스테이션 수업이라 한다.

08 〈보기〉는 D. Ulrich(1985)이 제시한 대근운동발달 단계이다. ㉠에 들어갈 내용으로 옳은 것은?

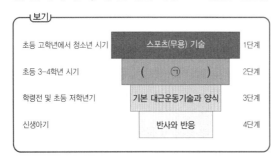

초등 고학년에서 청소년 시기	스포츠(무용) 기술	1단계
초등 3~4학년 시기	(㉠)	2단계
학령전 및 초등 저학년기	기본 대근운동기술과 양식	3단계
신생아기	반사와 반응	4단계

① 자세조절기술
② 물체조작기술
③ 감각지각운동기술
④ 리드-업 게임과 기술

정답해설 대근운동 영역 단계 중 초등 3~4학년 시기에 해당하는 내용은 간이게임과 관련된 기술에 해당한다. 따라서 모두 정답에 해당된다.

09 운동발달의 관점에서 조작성 운동양식에 관한 설명으로 옳지 <u>않은</u> 것은?

① 3세에는 몸으로 끌어안으며 공을 받는다.
② 2~3세에는 다리를 펴고 제자리에 서서 공을 찬다.
③ 2~3세에는 앞을 보고 상하 방향으로 공을 친다.
④ 4~5세에는 던지는 팔과 반대쪽 발을 앞으로 내밀며 공을 던진다.

정답해설 4~5세에는 던지는 팔과 같은 쪽 발을 앞으로 내민다.

10 T6(흉추 6번) 이상의 손상이 있는 선수의 체력운동 시 고려사항으로 옳지 <u>않은</u> 것은?

① 근육량이 적은 선수는 유산소 운동보다는 무산소 운동이 적절하다.
② 유산소 운동 중 젖산이 급격히 생성되므로 긴 휴식시간과 에너지원 보충이 필요하다.
③ 땀을 흘리는 피부 면적이 좁아 더위에서 운동하면 체온이 급격히 올라가는 것을 고려해야 한다.
④ 교감신경에 손상이 있는 경우, 심박수를 운동과정과 회복과정 그리고 운동처방에 사용한다.

정답해설 흉추 6번(T6) 이상에 손상을 입으면 혈류 이송 체계가 손상되어 심장이 심박수와 심박출량을 증가시키기 위한 자극을 직접적으로 받지 못하여 심박수를 120~130bpm 이상 증가시키지 못한다. 따라서 심박수를 이용한 운동처방이 불가하며 상황에 따라 유, 무산소 운동을 병행하는 것이 더욱 효과적이다.

|정답| 07 ① 08 ①, ②, ③, ④ 09 ④ 10 ①, ④

11 〈표〉의 ⑦~ⓒ에 해당하는 행동관리 기법을 바르게 나열한 것은?

성별 (나이)	남자(14세)	장소	수영장
장애유형	지적장애	프로그램	수영하기
문제행동	멈춰 서서 친구 방해하기		
상황	• 지도자 A : 한국(가명)이는 수영할 때 반복적으로 멈춰 서서 친구들을 방해해요. 그때마다 잘못된 행동이라고 지적을 해도 계속하네요. • 지도자 B : 우선 ⑦ 문제행동이 발생하면 바로 일정 시간 동안 물 밖에 있도록 하세요. 물과 좀 멀리요. • 지도자 A : 알겠습니다. 한국이는 수중 활동을 좋아하고 물에 있으면 행복해하거든요. • 지도자 B : 다른 기법도 있어요. ⓒ 문제행동을 했을 때 한국이에게 이미 주어진 정적강화물을 상실하게 하는 방법도 있어요. ⑦과 ⓒ 기법으로 문제행동의 빈도가 감소한다면, 큰 틀에서 (ⓒ)이 됩니다.		

	⑦	ⓒ	ⓒ
①	타임아웃	반응대가	부적 벌
②	타임아웃	용암	정적 벌
③	소거	반응대가	정적 벌
④	소거	용암	부적 벌

정답해설

⑦ 타임아웃 : 정해진 시간에 정적 강화의 환경에서 대상자가 문제 행동을 나타낼 경우 대상자를 그 환경에서 퇴출시켜 제외하는 방법

ⓒ 반응대가 : 어떤 특권이나 점수를 잃게 되는 것으로 이전에 획득한 강화를 박탈하는 방법

ⓒ 부적 벌 : 특정한 행동의 발생 빈도를 줄이기 위해 자극(처벌)을 줄이거나 제거하는 것, 좋아하는 보상을 제거하여 행동을 감소하게 하는 방법

12 미국지적장애및발달장애협회(AAIDD, 2021)의 지적장애 정의에 근거하여 〈보기〉의 ⑦~ⓒ에 들어갈 내용이 바르게 나열된 것은?

보기

• 표준화 검사를 통해 산출된 지능지수 점수가 (⑦) 표준편차 이하이다.
• 적응행동의 (ⓒ) 기술은 식사, 옷 입기, 작업 기술, 건강과 안전, 일과 계획, 전화사용 등이 포함된다.
• (ⓒ) 이전에 발생한다.

	⑦	ⓒ	ⓒ
①	-2	실제적	20세
②	-2	개념적	20세
③	-2	실제적	22세
④	-2	개념적	22세

정답해설 지적장애는 지적 기능, 적응 행동, 시작 연령 22세 이전 등 3가지의 기준을 충족해야 하며, 지적 기능은 지수가 평균으로부터 -2 표준편차 이하이다.

13 〈보기〉가 설명하는 장애유형에 관한 설명으로 옳지 않은 것은?

보기

• 21번 염색체가 삼염색체(trisomy 21)이다.
• 의학적 문제(선천성 심장질환, 근시 등)가 있을 수 있다.
• 인종, 국적, 종교, 사회적 지위 등과 관계없이 발생하는 보편성을 지니고 있다.

① 염색체 중 상염색체(autosome chromosome)에 문제가 있다.
② 대부분 포만 중추의 문제로 저체중 발생 빈도가 매우 높다.
③ 근육의 저긴장성 때문에 지도자의 관리하에 근력 운동이 필요하다.
④ 경추 정렬(atlantoaxial instability)의 문제 때문에 운동 참여 시 척수손상에 대해 특히 주의한다.

	㉠	㉡	㉢
①	소뇌	기저핵	불수의적
②	기저핵	중뇌	수의적
③	소뇌	연수	불수의적
④	기저핵	소뇌	수의적

14 〈보기〉가 설명하는 스페셜올림픽의 종목은?

┌─〈보기〉─────────────────┐
- 경기장은 3.66m × 18.29m 크기의 직사각형이다.
- 공식 경기는 단식 경기, 복식 경기, 팀 경기 등이 있다.
- 한 팀당 4개의 공을 소유하고, 표적구에 가까이 던진 팀이 점수를 획득하는 경기이다.
└────────────────────────┘

① 보체(bocce)   ② 플로어볼(floorball)

③ 보치아(boccia)   ④ 넷볼(netball)

16 〈보기〉에 근거하여 밑줄 친 ㉠에 대한 지도전략으로 옳지 않은 것은?

┌─〈보기〉─────────────────┐
- 틀에 박힌 일이나 의례적인 행동에 집착한다.
- 발달 수준에 맞게 친구 관계를 형성하지 못한다.
- 지도자가 "공을 던져라" 라고 지시하면, "공을 던져라" 라는 말을 반복한다.
- ㉠ 정해진 경로로 이동하지 않거나 시간이나 장소의 갑작스러운 변화에 저항한다.
└────────────────────────┘

① 체육활동에 대한 시각적 일과표를 제공한다.

② 체육활동을 일정한 규칙과 순서로 진행한다.

③ 지도할 때 그림 카드, 의사소통 보드 등을 활용한다.

④ 참여자의 선호도보다는 지도자의 의도대로 진행한다.

15 〈표〉는 운동기능에 따른 뇌성마비의 분류체계이다. 〈표〉의 ㉠~㉢에 들어갈 내용을 바르게 나열한 것은?

구분	경직형 (spastic)	운동실조형 (ataxia)	무정위운동형 (athetoid)
손상 부위	운동피질	(㉠)	(㉡)
근 긴장도	과긴장성	저긴장성	근 긴장의 급격한 변화
운동 특성	• 관절 가동 범위의 제한 • 가위 보행	• 평형성 부족 • 협응력 부족	• (㉢) 움직임 • 머리 조절의 어려움

17 척수 손상 장애인의 특성에 관한 지도자의 대처로 옳지 <u>않은</u> 것은?

① 욕창이 생기지 않도록 자세를 자주 바꾸게 한다.

② 기립성 저혈압의 경우 압박 스타킹을 착용하도록 한다.

③ 자율신경 반사이상(autonomic dysreflexia)이 발생할 때 고강도 순환 운동으로 전환한다.

④ 운동 중에 과도하게 체온이 상승하는 것을 예방하기 위해 물을 분무해 주면서 휴식을 취하도록 한다.

> **정답해설** 척수 손상 장애인의 자율 신경 반응으로 혈압이 비정상적으로 상승하는 특징을 가지고 있어 고강도 순환운동은 고혈압으로 인한 뇌 및 장기 손상을 초래할 수 있다.

18 시각장애인의 지도전략으로 옳지 <u>않은</u> 것은?

① 스포츠 참여는 안전을 위해 개인 종목만 지도한다.

② 시범은 잔존시력 범위에서 보이면서 언어적 설명을 병행하는 것이 효과적이다.

③ 지도자는 지도할 때 시각장애인에게 신체 접촉의 형태, 방법, 이유 등을 구체적으로 안내한다.

④ 전맹의 경우 스포츠 동작에 대한 이해도를 높이기 위해 관절이 굽어지는 인체 모형을 사용할 수 있다.

> **정답해설** 시력의 장애로 인해 스포츠 활동을 제한할 수 없다. 다만 잔존 시력의 수준, 스포츠 형태, 시각장애 발생 시기 등을 고려하여 개인 종목 및 다양한 스포츠에 참여하도록 하여 도전과 시도를 통해 자신감을 가질 수 있도록 해야 한다.

19 진행성 근이영양증(Muscular Dystrophy : MD)에 관한 설명으로 옳지 <u>않은</u> 것은?

① 디스트로핀(dystrophin) 단백질 결손과 관련된 유전질환이다.

② 근위축은 규칙적인 근력 및 근지구력 운동으로 예방할 수 있다.

③ 듀센형(Duchenne MD) 장애인은 대부분 평균 이상의 지적 능력을 보인다.

④ 듀센형 장애인은 종아리 근육에 가성비대(pseudohypertrophy)가 나타난다.

> **정답해설** 근이영양증은 여러 근육군의 퇴화가 서서히 진행되는 유전성 질환이며, 호흡 장애와 심장 질환 등의 합병증을 유발하는 질환으로 근력 및 근지구력 운동을 통해 근육군의 퇴화와 근위축을 예방할 수 없다. 또한 정상아의 평균 지능 분포의 1 표준편차 정도가 저하된 경미한 지능 장애가 확인된다.

20 제시어와 〈보기〉의 수어 ㉠~㉢을 바르게 나열한 것은?

┌ 보기 ┐		
㉠	㉡	㉢
두 주먹을 어깨 앞에서 위, 아래로 움직인다.	검지와 중지를 교대로 움직이며 손등 방향으로 움직인다.	검지와 중지를 펴서 화살표와 같이 교대로 내민다.

	수영	운동	스케이트
①	㉠	㉡	㉢
②	㉠	㉢	㉡
③	㉡	㉠	㉢
④	㉢	㉠	㉡

> **정답해설** ㉠ 운동, ㉡ 수영, ㉢ 스케이트에 해당한다.

| 정답 | 17 ③   18 ①   19 ②, ③   20 ③

유아체육론

01 효과적 학습경험 설계를 위한 유아체육 지도자의 교수전략으로 옳지 <u>않은</u> 것은?

① 각 유아에게 적합한 수준에서 연습할 수 있도록 개별화된 학습경험을 제공해야 한다.
② 유아의 실제학습시간(ALT)을 증가시킬 수 있는 환경을 조성해야 한다.
③ 유아의 능력 수준을 고려한 학습과제를 제공하고, 연습 시간을 최대한 확보해준다.
④ 새로운 기능 학습 시에는 수업 초반에 제시한 과제 수준을 일관되게 유지한다.

정답해설 지도자는 유아의 운동능력과 개인차를 고려하며, 창의력 있게 체육활동을 경험하도록 지도해야 한다.

02 유아의 운동기술 연습 시 지도자의 적합한 시범으로 옳지 <u>않은</u> 것은?

① 시범에서 언어적 표현을 보다 많이 활용할 때 더 효과적이다.
② 시범은 추가적 학습단서(learning cue)와 함께 제공될 때 더 효과적이다.
③ 다양한 각도에서 이루어진 시범을 통해 정확한 정보를 제공한다.
④ 자주 실수하는 동작에 대해 반복적인 시범을 보여준다.

정답해설 지도자가 말로 설명하는 것보다 행동으로 표현하는 것이 더 효과적이다.

03 유아 신체활동의 내적 참여동기를 증진시키는 효과적 교수전략으로 옳지 <u>않은</u> 것은?

① 유아의 능력과 과제 난이도를 고려한 프로그램 제공을 통해 몰입을 돕는다.
② 학습과제 범위 내에서 유아에게 자율적 선택권을 부여한다.
③ 활동적으로 참여하는 유아를 격려하고 칭찬한다.
④ 프로그램 내 과제 수준을 동일하게 제공한다.

정답해설 참여동기 증진을 위해 과제 내 수준을 동일(단순)하게 제공하는 것이 아니라 이동성, 조작성, 안정성 등 다양한 프로그램을 구성하여 지도하는 것이 효과적이다.

04 유아의 지각-운동 발달에 관한 설명으로 옳지 <u>않은</u> 것은?

① 유아기는 지각-운동 발달의 최적기이다.
② 지각이란 감각수용세포가 자극으로 들어온 정보를 뇌로 전달하는 것을 뜻한다.
③ 지각-운동 발달은 아동의 운동능력을 나타내는 중요 요소 중 하나이다.
④ 유아기의 지각-운동 학습경험이 많을수록 다양한 운동상황에 반응하는 적응력이 발달된다.

정답해설 지각은 신경 자극으로 다양한 신체의 감각기관을 통해 들어온 주변 환경의 정보가 뇌로 전달되어 뇌에서 이를 수용, 분석 처리하는 과정이다. 감각수용세포가 자극으로 들어온 정보를 뇌로 전달하는 것은 감각의 과정이다.

05 〈보기〉가 설명하는 것은?

┌─ 보기 ─────────────────────────┐
• 체온이 40° C 이상으로 오른다.
• 땀을 전혀 흘리지 않거나 과도하게 많이 흘린다.
• 신체 내 열을 외부로 발산하지 못해 고체온 발생 및 중추신경계의 이상을 보인다.
• 신속한 체온감소 조치와 병원 후송이 필요하다.
└──────────────────────────────┘

① 일사병   ② 열사병
③ 고체온증   ④ 열경련

정답해설 열사병에 대한 설명이다.

오답해설

① 일사병 : 고온에 노출되어 심부 전체 온도가 섭씨 37도~40도 사이로 상승하여 적절한 심박출을 유지할 수 없으나 중추신경계 이상은 없는 상태
③ 고체온증 : 과도한 고온에 노출 또는 신체의 열발산이 원활하지 않아 고체온 상태로 발생하는 신체 이상 증상
④ 열경련 : 극심한 고온에서 장시간 운동, 과도한 발한 등으로 발생하는 심각한 근육 경련 증상

| 정답 | 01 ④   02 ①   03 ④   04 ②   05 ②

06 〈보기〉의 ㉠~㉢에 해당하는 설명과 유아체육 프로그램의 구성원리가 올바르게 제시된 것은?

┌─ 보기 ─────────────────────────┐
㉠ 차기(kicking)의 개념 학습 후, 정지된 공에서 빠르게 움직이는 공의 순으로 수업을 설계한다.
㉡ 대근육 운동에서 소근육 운동으로 확장된 움직임 수업을 설계한다.
㉢ 발달 단계에 따른 민감기를 고려한 움직임 수업을 설계한다.
└────────────────────────────────┘

	㉠	㉡	㉢
①	연계성	전면성	특이성
②	다양성	방향성	적합성
③	연계성	방향성	적합성
④	다양성	적합성	개별성

정답해설

㉠ 연계성 : 기초부터 향상된 단계까지 잘 조직된 운동 발달 프로그램 제공 원리
㉡ 방향성 : 성장과 발달은 방향성을 가지고 발달한다는 원리
㉢ 적합성 : 유아기는 발달 단계에 따라 가장 많은 영향을 받는 민감기로 이를 고려한 적절한 운동을 적용한다는 원리

07 〈보기〉의 ㉠~㉢에 들어갈 용어가 바르게 제시된 것은?

┌─ 보기 ──────────────────────────────┐
㉠	• 일정 시기가 되면 자연히 발생되는 양적인 변화과정이다. • 신장, 체중, 신경조직, 세포증식의 확대에 의한 증가를 뜻한다.
㉡	• 신체, 운동, 심리적 측면에서 전 생애에 걸쳐 일어나는 체계적이고 연속적인 변화를 뜻한다. • 변화하는 속도에는 개인차가 있으며, 상승적 변화 분 아니라 하강적 변화도 포함한다.
㉢	• 기능을 더 높은 수준으로 발전할 수 있도록 하는 질적변화를 뜻한다. • 신체적, 생리적 변화분 아니라 행동 변화까지 포함한다.
└────────────────────────────────────┘

	㉠	㉡	㉢
①	성숙	발달	성장
②	발달	성숙	성장
③	성장	발달	성숙
④	발달	성장	성숙

정답해설 ㉠ 성장, ㉡ 발달, ㉢ 성숙에 대한 설명이다.

08 〈보기〉는 대근운동발달검사-Ⅱ(Test of Gross Motor Development-Ⅱ : TGMD-Ⅱ)의 영역별 검사항목이다. ㉠, ㉡에 들어갈 항목이 바르게 연결된 것은?

┌─ 보기 ──────────────────────────────────┐
구분	영역	세부 검사항목
대근운동 기술	이동 기술	달리기, 제자리멀리뛰기, 외발뛰기(hop), (㉡), 립(leap), 슬라이드(slide)
	(㉠) 기술	공 던지기(over-hand throw), 공 받기, 공 치기(striking), 공 차기, 공 굴리기, 공 튕기기(dribble)
└───┘

	㉠	㉡
①	안정성	갤롭(gallop)
②	물체 조작	피하기(dodging)
③	안정성	피하기(dodging)
④	물체 조작	갤롭(gallop)

정답해설 ㉠ 물체 조작, ㉡ 갤롭(gallop)에 대한 설명이다.

Tip 기본 움직임 기술에 대한 대근운동발달검사(TGMD)

• 이동 운동(하지 근력, 리듬감, 상/하체 협응 평가)
 - 달리기(run) : 뛰기　　　 - 슬라이드(slide) : 옆으로 뛰기
 - 갤롭(gallop) : 말 뛰기　　- 홉(hop) : 한 발 뛰기
 - 립(leap) : 도약 후 두 발 크게 벌려 뛰기
 - 멀리뛰기(horizontal jump) : 제자리 멀리뛰기
• 조작 운동(수행 자세 및 과정 평가)
 - 치기(strike) : 막대로 공 치기　 - 받기(catch) : 공 받기
 - 차기(kick) : 공 차기　　　 - 던지기(throw) : 공 던지기
 - 굴리기(underhand roll) : 공 굴리기
 - 튀기기(dribble) : 제자리 공 튀기기

| 정답 | 06 ③　07 ③　08 ④

09 〈보기〉는 인지발달 관점에 따른 주요 이론의 내용이다. ㉠~㉣에 들어갈 용어가 바르게 제시된 것은?

┌─ 보기 ─┐

이론	발달단계	주요 개념	인지발달의 방향
인지발달 단계 이론	감각운동기, 전조작기, 구체적 조작기 (㉡)	(㉢), 동화, 조절	내부 → 외부
(㉠)	연속적 발달단계	내면화, (㉣), 비계설정	외부 → 내부

	㉠	㉡	㉢	㉣
①	정보처리 이론	형식적 조작기	부호화	기억기술
②	사회문화적 이론	형식적 조작기	평형화	근접발달 영역
③	정보처리 이론	성숙적 조작기	부호화	근접발달 영역
④	사회문화적 이론	성숙적 조작기	평형화	기억기술

정답해설 ㉠ 사회문화적 이론, ㉡ 형식적 조작기, ㉢ 평형화, ㉣ 근접발달영역에 해당한다.

Tip
- 인지발달 이론 : 인간의 지적 능력과 학습 능력이 단계를 통해 발달한다는 이론(감각 운동기, 전조작기, 구체적 조작기, 형식적 조작기 구분, 주요 개념은 도식, 동화, 조절, 평형화, 조직화로 구분)
- 사회문화적 이론 : 사회문화적 맥락 속 사회적 상호작용과 언어가 인지발달에 미치는 영향에 관한 이론(주요 개념은 비계설정, 근접발달영역, 내면화 등)

10 반사 움직임 시기의 '정보 부호화 단계(information encoding stage)'에 대한 설명으로 옳지 <u>않은</u> 것은?

① 피질의 발달과 특정 환경적 억제 요인의 감소 현상이 일어난다.

② 태아기를 거쳐 생후 약 4개월까지 관찰될 수 있는 불수의적 움직임의 특징을 보인다.

③ 뇌 중추는 다양한 강도와 지속시간을 가진 여러 자극에 대해 불수의적 반응을 유발할 수 있다.

④ 뇌하부 중추는 운동 피질보다 더 많이 발달하며 태아와 신생아의 움직임을 제어하는데 필수적이다.

정답해설 영아기에는 감소 현상이 아니라 증가 현상이 일어난다.

11 체육과 교육과정(2022)에서 추구하는 핵심적인 신체활동 역량의 내용이 <u>아닌</u> 것은?

① 움직임 수행 역량 : 운동, 스포츠, 표현 활동 과정에서 동작에 필요한 지식, 기능, 태도를 다양한 상황에 적용하며 발달한다.

② 건강관리 역량 : 체육과 내용 영역에서 학습한 신체활동을 일상생활에서 실천하며 함양한다.

③ 신체활동 문화 향유 역량 : 각 신체활동 형식의 특성을 이해하고 인류가 축적한 문화적 소양을 내면화하여 공동체 속에서 실천하면서 길러진다.

④ 자기 주도성 역량 : 신체적으로 활동적인 삶을 사는 데 필요한 움직임을 다양한 환경에서 수행하고 적용함으로써 길러진다.

정답해설 자기 주도성 역량은 체육과 교육과정(2022)의 핵심적인 신체활동 역량 내용이 아니다.

Tip 체육과 교육과정(2022) 핵심적인 신체활동 역량

- 움직임 수행 역량 : 움직임 관련 지식 이해, 움직임의 목적과 환경에 적합하게 움직임 기술 수행, 움직임 수행에 필요한 가치와 태도 실천
- 건강관리 역량 : 건강 관련 지식 이해, 생애 전반에 건강 증진 및 관리, 건강 증진과 관리에 필요한 가치와 태도 실천
- 신체활동 문화 향유 역량 : 신체활동의 고유한 문화 특성 이해, 신체활동 문화를 일상생활에서 누리며 다양한 문화 양식에 내재한 가치 태도 실천

12 〈보기〉의 지도자별 교수 방법이 바르게 연결된 것은?

┌─〈보기〉─────────────────────
- A 지도자 : 콘을 지그재그로 통과하면서 드리블하는 시범을 보이고 따라 하게 유도한다. 실수하거나 느린 아이들은 지적하면서 동작을 수정해준다.
- B 지도자 : 아이들이 개별적으로 볼을 가지고 놀면서 자유롭게 드리블을 하게 한다. 모든 공간을 쓸 수 있게 허용한다. 어떠한 신체 부위를 사용하든지 관여하지 않는다.
- C 지도자 : 인사이드 드리블, 아웃사이드 드리블 등 다양한 유형의 기술을 시범 보인다. 이후에 아이들이 자신이 좋아하거나 잘하는 기술 위주로 자유롭게 선택하여 연습할 수 있도록 유도한다.
- D 지도자 : 활동 전 아이들에게 어떻게 하면 콘을 건드리지 않고 드리블해 나갈 수 있을지를 질문한 후 실제 활동을 하게 한다. 이후 다양한 수준을 가진 아이들의 수행을 관찰하게 한다.
└─────────────────────────────

① A 지도자 : 탐색적(exploratory) 방법
② B 지도자 : 과제 중심 접근(task-oriented) 방법
③ C 지도자 : 지시적 교수법(command style teaching)
④ D 지도자 : 안내-발견적(guide-discovery) 방법

정답해설 안내-발견적 교수 방법은 교사가 사전에 결정된 학습 목표에 맞게 적절한 질문을 하고 유아가 표현하고 실험할 수 있는 기회와 이를 통해 사전에 결정된 학습 목표에 접근하는 방법이다.

오답해설
① A 지도자 : 지시적 교수 방법
② B 지도자 : 탐색적 교수 방법
③ C 지도자 : 과제 중심 접근 교수 방법

13 〈보기〉는 퍼셀(M. Purcell)이 제시한 동작교육 과정에 관한 내용이다. ㉠~㉢에 해당하는 용어가 바르게 연결된 것은?

┌─〈보기〉─────────────────────
- (㉠) : 전신의 움직임, 신체 부분의 움직임
- (㉡) : 수준, 방향
- (㉢) : 시간, 힘
- 관계 : 파트너/그룹, 기구·교수 자료
└─────────────────────────────

	㉠	㉡	㉢
①	공간 인식	노력	신체 인식
②	신체 인식	공간 인식	노력
③	노력	신체 인식	공간 인식
④	신체 인식	노력	공간 인식

정답해설 ㉠ 신체 인식, ㉡ 공간 인식, ㉢ 노력에 해당한다.

14 〈보기〉는 인간행동의 '역학적 요인'이다. ㉠~㉢에 들어갈 용어가 바르게 연결된 것은?

┌─〈보기〉─────────────────────
- 안정성 요인 : 중력 중심, 중력선, (㉠)
- 힘을 가하는 요인 : 관성, (㉡), 작용/반작용
- 힘을 받는 요인 : 표면적, (㉢)
└─────────────────────────────

	㉠	㉡	㉢
①	지지면	가속도	거리
②	가속도	거리	지지면
③	지지면	거리	가속도
④	거리	가속도	지지면

정답해설 ㉠ 지지면, ㉡ 가속도, ㉢ 거리에 해당한다.

|정답| 12 ④　13 ②　14 ①

- 안정성 요인
  - 중력 중심 : 지구의 중력은 중력 중심에 집중, 인체의 중심은 모든 질량과 중량이 한 점에 집중된 곳, 중력의 중심이 높이가 낮으면 안정성은 높아짐
  - 중력선 : 중력(인체) 중심으로부터 수직 하방을 향하는 선, 중력선이 지지면의 중앙에 위치할수록 안정성이 높아짐
  - 지지면 : 물체가 지면에 접촉하고 있을 때 접촉점을 연결시킨 면적, 지지면이 클수록 안정성이 높아짐
- 힘을 가하는 요인
  - 관성 : 외력이 작용하지 않으면 모든 물체는 그 상태를 유지하려고 함
  - 가속도 : 어떤 물체에 작용하는 힘은 물체에 작용하는 힘의 크기에 비례하는 가속도 유발
  - 작용/반작용 : 물체가 다른 물체에 힘을 작용하면 다른 물체로 힘을 작용한 물체에 크기가 같고 방향이 반대인 힘이 작용
- 힘을 받는 요인
  - 표면적 : 역학적 관점에서 힘을 받는 요인, 인체의 표면에 작용하는 힘
  - 거리 : 역학적으로 일을 한 것은 물체(인체)의 위치 변화를 통해 거리가 생겼다는 것

15 〈표〉는 미국스포츠의학회(ACSM, 2022)의 '어린이와 청소년을 위한 FITT(빈도, 강도, 시간, 형태) 권고사항'이다. ㉠~㉢에 들어갈 용어가 바르게 연결된 것은?

구분	유산소 운동	저항 운동	뼈 강화 운동
형태	여러 가지 스포츠를 포함한 즐겁고 (㉠)에 적절한 활동	신체활동은 (㉡)되지 않은 활동이나 (㉡)되고 적절하게 감독할 수 있는 활동으로 구성	달리기, 줄넘기, 농구, 테니스 등과 같은 활동
시간	하루 (㉢) 이상의 운동시간이 포함되도록 함		

	㉠	㉡	㉢
①	기술 향상	분절화	60분
②	성장 발달	분절화	40분
③	성장 발달	구조화	60분
④	기술 향상	구조화	40분

정답해설 ㉠ 성장 발달, ㉡ 구조화, ㉢ 60분에 해당한다.

16 기본 움직임 과제들의 '기술 내 발달 순서(intraskill sequences)'에 관한 설명으로 옳지 <u>않은</u> 것은?

① 기본 움직임 패턴에서 신체 부위들의 발달 속도는 서로 다를 수 있다.
② 기본 움직임 기술의 습득 및 성숙은 과제·개인·환경 요인들에 영향을 받는다.
③ 움직임 기술의 발달 단계 구분은 움직임 패턴의 특수성이나 관찰자의 정교함에 영향을 받지 않는다.
④ 갤러휴(D. Gallahue)와 클렐랜드(F. Cleland)는 운동기술의 발달 순서에 대해 시작, 초보, 성숙으로 분류하였다.

정답해설 움직임 기술의 발달 단계 구분은 움직임 패턴의 특수성이나 관찰자의 정교함에 영향을 받는다.

17 '국민체력100'에서 제시하는 유아기 체력측정에 관한 설명으로 옳은 것만을 모두 고른 것은?

─〈보기〉─
ㄱ. 체력측정은 건강체력과 운동체력 항목으로 나뉜다.
ㄴ. 건강체력 측정의 세부항목으로는 10m 왕복오래달리기, 상대악력, 윗몸말아올리기, 앉아윗몸앞으로굽히기 등이 있다.
ㄷ. 운동체력 측정의 세부항목으로는 5m×4 왕복달리기, 제자리 멀리뛰기, 3×3 버튼누르기 등이 있다.

① ㄱ, ㄴ
② ㄱ, ㄷ
③ ㄴ, ㄷ
④ ㄱ, ㄴ, ㄷ

정답해설 ㄱ, ㄴ, ㄷ 모두 옳은 설명에 해당한다.

|정답| 15 ③ 16 ③ 17 ④

18 유소년 운동프로그램 구성의 기본원리에 대한 설명으로 옳은 것만을 모두 고른 것은?

─ 보기 ─
ㄱ. 가역성의 원리 : 운동을 중단하면 운동의 효과가 없어지므로 꾸준히 지속하는 것이 중요하다.
ㄴ. 전면성의 원리 : 운동을 부상 없이 효과적으로 수행하기 위해서는 운동강도 및 운동량을 점차적으로 증가시켜야 한다.
ㄷ. 점진성의 원리 : 신체의 특정 부위에 치중하지 않고, 전신 운동을 통해 신체를 균형 있게 발달시킨다.
ㄹ. 과부하의 원리 : 운동강도가 일상적인 활동보다 높아야 체력이 증진된다.

① ㄱ, ㄹ
② ㄴ, ㄷ
③ ㄱ, ㄷ, ㄹ
④ ㄴ, ㄷ, ㄹ

정답해설 ㄱ. 가역성의 원리, ㄹ. 과부하의 원리에 대한 옳은 설명이다.

오답해설
ㄴ. 전면성의 원리 : 신체의 모든 기관 및 체력 요소를 균형 있게 발달시켜야 한다는 원리
ㄷ. 점진성의 원리 : 운동을 효과적으로 수행하기 위해 운동강도 및 운동량을 점진적으로 증가시켜야 하는 원리

19 〈표〉는 갤러휴(D. Gallahue)의 운동에 대한 2차원 모델이다. ㉠~㉢에 들어갈 내용이 바르게 연결된 것은?

운동발달 단계	움직임 과제의 의도된 기능		
	안정성	이동	조작
반사 움직임 단계	직립 반사	걷기 반사	(㉢)
초보 움직임 단계	(㉠)	포복하기	잡기
기본 움직임 단계	한발로 균형잡기	걷기	던지기
전문화 움직임 단계	축구 페널티킥 막기	(㉡)	야구 공치기

	㉠	㉡	㉢
①	포복하기	축구 골킥하기	손바닥 파악반사
②	머리와 목 제어	육상 허들 넘기	손바닥 파악반사
③	포복하기	육상 허들 넘기	목 가누기 반사
④	머리와 목 제어	축구 골킥하기	목 가누기 반사

정답해설 ㉠ 머리와 목 제어, ㉡ 육상 허들 넘기, ㉢ 손바닥 파악반사에 해당한다.

Tip 갤러휴(D. Callahue) 2차원 모델

운동 발달 단계	움직임 과제의 의도된 기능		
	안정성 (정적 및 동적 움직임 상황에서의 신체 균형)	이동 (신체의 장소 이동)	조작 (물체와 힘을 주고받는 것)
반사 움직임 단계 (태아기와 초기 유아기 피질 하에서 통제되는 불수의적 움직임)	- 직립 반사 - 목 자세 반사 - 몸통 자세 반사	- 기기 반사 - 걷기 반사 - 수영 반사	- 손바닥 파악반사 - 발바닥 파악반사 - 당김 반사
초보 움직임 단계 (성숙에 의해 영향을 받는 유아 움직임)	- 머리와 목 제어 - 몸통 제어 - 지지 없이 앉기 - 서기	- 포복하기 - 기기 - 직립하여 걷기	- 내밀기 - 잡기 - 놓기
기본 움직임 단계 (아동의 기본 움직임 기술)	- 한 발로 균형 잡기 - 낮은 범 위 걷기 - 축성 움직임	- 걷기 - 달리기 - 점프하기 - 깡충뛰기	- 던지기 - 잡기 - 차기 - 치기
전문화 움직임 단계 (후기 아동기와 그 이후 복합적 기술)	- 체조 평균대 연습 - 축구 페널티킥 막기	- 100m 달리기 - 육상 허들 넘기 - 사람 많은 거리에서 걷기	- 축구 페널티킥 하기 - 야구 공치기

20 〈보기〉의 동작에서 성숙단계로 발달하도록 지도하는 방법으로 적절하지 <u>않은</u> 것은?

〈시작 단계의 드리블 동작〉

① 두 발을 벌리고, 내민 발의 반대편 손을 앞으로 내밀어 드리블하도록 지도한다.
② 허리 높이에서 몸통을 약간 앞으로 기울여 드리블하도록 지도한다.
③ 공을 튀길 때 손목 스냅을 이용하여 공을 바닥 쪽으로 밀어내도록 지도한다.
④ 공을 튀길 때 손바닥으로 공을 때리도록 지도한다.

정답해설 공을 튀길 때 손바닥으로 공을 때리도록 지도하는 단계는 시작 단계에서 초보 단계로 발달하도록 지도하는 방법이다.

노인체육론

01 노화에 따른 생리적 변화로 옳은 것은?

① 1회 박출량 증가
② 동·정맥산소차 감소
③ 근육의 산화능력 증가
④ 심장근육의 수축시간 감소

정답해설 노화로 인한 생리적 변화로 동·정맥산소차 감소, 1회 박출량 감소, 근육 산화능력 감소, 심장근의 수축시간 증가 등이 일어난다.

02 〈보기〉가 설명하는 노화이론은?

〈보기〉
항체의 이물질에 대한 식별능력이 저하되어 이물질이 계속 체내에 있으면서 부작용을 일으켜 노화 촉진

① 유전적노화이론
② 교차연결이론
③ 사용마모이론
④ 면역반응이론

정답해설 〈보기〉가 설명하는 노화이론은 면역반응이론이다.

오답해설
① 유전적노화이론 : 인체 내의 노화 속도를 결정하는 데 있어 유전적인 역할에 초점을 둔 이론
② 교차연결이론 : 노화로 인해 결합 조직의 분자들이 교차 결합하여 혈관, 소화계, 근육, 인대 등의 탄력성을 감소시킨다는 이론
③ 사용마모이론 : 노화로 인해 기관들이 점진적으로 퇴화한다는 이론

03 〈보기〉가 설명하는 노화의 특징은?

〈보기〉
• 노화는 신체기능에 부정적 영향을 미쳐 사망을 초래한다.
• 나이가 들면서 신체기능이 더 좋아지면 노화가 아니다.

① 보편성
② 내인성
③ 점진성
④ 쇠퇴성

| 정답 | 20 ④ / 01 ② 02 ④ 03 ④

정답해설 〈보기〉가 설명하는 노화의 특징은 쇠퇴성이다.

오답해설

① 보편성 : 노화에 따른 변화는 누구에게나 동일하게 일어난다는 특징
② 내인성 : 노화는 질병이나 사고가 아닌 내적인 변화에 의존한다는 특징
③ 점진성 : 노화에 따라 기관의 구조와 기능이 점진적으로 감소한다는 특징

04 〈보기〉에서 설명하는 노인의 행동 변화 이론은?

─ 보기 ─

• 인간의 행동 변화는 환경의 영향, 개인의 내적 요인, 행동 요인에 영향을 받는다.
• 자아효능감은 행동 변화와 밀접한 관련이 있다.
• 운동지도자의 격려를 통해 지속적으로 운동 프로그램에 참여한다.

① 지속성이론(continuity theory)
② 건강신념모형(health belief theory)
③ 사회인지이론(social cognitive theory)
④ 계획행동이론(planned behavior theory)

정답해설 사회인지이론에 대한 설명이다.

오답해설

① 지속성이론 : 개인의 행동은 일관성과 지속성을 유지하려는 경향이 있다는 이론
② 건강신념모형 : 개인의 건강에 대한 신념이 행동에 영향을 미친다고 보는 이론
④ 계획행동이론 : 자신의 신념과 행동을 연결하는 이론

05 노인 폐질환에 관한 설명으로 옳지 않은 것은?

① 천식의 증상은 운동으로 악화되지 않는다.
② 만성폐쇄성폐질환자의 기도저항은 호흡근 약화를 초래한다.
③ 만성폐쇄성폐질환의 주요 증상은 호흡곤란, 가래, 만성적인 기침이다.
④ 천식 환자의 운동유발성기관지수축은 추운 환경, 대기오염, 스트레스에 의해 촉발된다.

정답해설 천식의 증상은 운동으로 악화될 수 있으며, 운동유발성 천식 발작에 주의해야 한다.

06 한국형 노인체력검사(국민체력 100)의 측정항목과 측정방법의 연결이 옳지 않은 것은?

	측정항목	측정방법
①	협응력	8자 보행
②	심폐지구력	6분 걷기
③	상지 근 기능	덤벨 들기
④	유연성	앉아 윗몸 앞으로 굽히기

정답해설 한국형 노인체력검사(국민체력 100)에서 상지 근 기능은 상대악력(%)으로 측정한다.

07 노인의 생활 기능 분류에서 도구적 일상생활 활동(Instrumental Activities of Daily Living : IADLs)에 해당하는 것은?

① 요리
② 목욕
③ 옷 입기
④ 화장실 사용

정답해설 노인의 생활 기능 분류에서 도구적 일상생활 활동에 해당하는 것은 요리이다.

08 미국스포츠의학회(ACSM, 2022)가 제시한 노인의 운동지침으로 옳지 않은 것은?

① 유연성 운동 : 약간의 불편감이 느껴질 정도로 30~60초 동안의 정적 스트레칭
② 유산소 운동 : 중강도로 주 5일 이상 또는 고강도로 주 3일 이상의 대근육 운동
③ 파워 운동 : 빠른 속도로 1RM의 60% 이상의 고강도 근력운동을 10~14회 반복
④ 저항 운동 : 8~10종의 대근육군 운동, 초보자는 1RM의 40~50% 강도의 체중부하운동

정답해설 파워 운동 : 빠른 속도로 1RM의 30~60% 이상의 중강도, 세트당 6~10회 반복하는 단관절과 다관절 운동(1~3세트)이 포함되어야 한다.

| 정답 |　04 ③　　05 ①　　06 ③　　07 ①　　08 ③

09 노인의 신체기능검사에 관한 설명으로 옳지 <u>않은</u> 것은?

① 6분 걷기 검사는 6분 동안 걸을 수 있는 최대거리(m)로 심폐지구력을 평가하고, 장거리 보행이나 계단 오르기 등의 일상생활 동작과 관련이 있다.

② 기능적 팔 뻗기 검사(FRT)는 균형을 잃지 않고 팔이 닿을 수 있는 최대거리를 측정하여 동적 평형성을 평가하고, 노인의 낙상 위험도 범주 분류에 사용된다.

③ 노인체력검사(SFT)의 어깨 유연성을 평가하는 '등 뒤에서 손잡기' 검사는 머리 위로 옷을 벗거나, 자동차에서 안전벨트를 매는 동작과 관련된 항목이다.

④ 단기신체기능검사(SPPB)는 보행 속도, 균형 능력 및 의자 앉았다 일어나기 시간의 점수를 합산하여 평가하고 점수가 높을수록 더 낮은 기능을 의미한다.

정답해설 단기신체기능검사(SPPB)는 총 12점으로 보행속도(4점), 균형 능력(4점) 및 의자 앉았다 일어나기(4점)의 점수를 합산하여 평가하고 점수가 높을수록 더 높은 기능을 의미한다.

10 〈보기〉에서 〈표〉의 특성을 가진 노인의 운동처방에 관한 설명으로 옳은 것만을 모두 고른 것은? (단, ACSM, 2022 기준)

표

- 나이 : 68세
- 성별 : 남
- 흡연
- 신장 : 170cm
- 체중 : 65kg
- BMI : $22.5kg/m^2$
- 혈압 : SBP 129mmHg, DBP 88mmHg
- LDL-C : 123mg/dL, HDL-C : 41mg/dL
- 공복시 혈당 : 98mg/dL
- 근력운동의 경험 없음
- 지난 3개월 동안 주 2회, 20분 정도의 천천히 걷기 운동
- 걷기 운동 시 별다른 신체적 증상 없으나 가끔 종아리 통증이 느껴짐

보기

ㄱ. 심혈관질환 위험요인의 양성 위험요인은 1개이다.

ㄴ. 선별알고리즘에 따라 중강도 운동 시 의료적 허가가 권장되지 않는다.

ㄷ. 운동자각도(10점 척도) 5~6의 빠르게 걷는 유산소 운동을 한다.

ㄹ. 1RM의 40~50%의 강도로 대근육군을 활용한 근력 강화 운동을 한다.

ㅁ. 과체중이므로 체중감량을 위한 운동처방을 해야 한다.

① ㄱ, ㄴ, ㄷ

② ㄱ, ㄹ, ㅁ

③ ㄴ, ㄷ, ㄹ

④ ㄷ, ㄹ, ㅁ

정답해설 〈표〉의 특성을 가진 노인의 운동처방에 관한 설명으로 옳은 것은 ㄴ, ㄷ. ㄹ이다.

오답해설

ㄱ. 심혈관질환 위험요인은 연령(남자 ≥ 45세), 흡연, 신체활동부족 총 3가지이다.

ㅁ. BMI 수치가 22.5kg/m²이기 때문에 정상이다.

11 페르브뤼헌과 예터(L. Verbrugge & A. Jette, 1994)의 장애과정 모델에서 장애에 이르는 과정을 옳게 나열한 것은?

① 손상 → 기능적 제한 → 병 → 장애

② 병 → 손상 → 기능적 제한 → 장애

③ 손상 → 병 → 기능적 제한 → 장애

④ 병 → 기능적 제한 → 손상 → 장애

정답해설 페르브뤼헌과 예터의 장애과정 모델에서 장애에 이르는 과정은 '병 → 손상 → 기능적 제한 → 장애' 순이다.

12 에릭슨(Erikson, 1986)의 심리사회적 단계가 옳게 나열된 것은?

연령 증가
→

① 생산적 대 정체 → 자아 주체성 대 절망 → 친분 대 고독
② 친분 대 고독 → 생산적 대 정체 → 자아 주체성 대 절망
③ 자아 주체성 대 절망 → 생산적 대 정체 → 친분 대 고독
④ 생산적 대 정체 → 친분 대 고독 → 자아 주체성 대 절망

정답해설 에릭슨의 심리사회적 단계는 '신뢰 대 불신 → 자율 대 수치와 회의 → 주도 대 죄책감 → 역량 대 열등감 → 독자성 대 역할 혼동 → 친분 대 고독 → 생산적 대 정체 → 자아 주체성 대 절망' 순이다.

13 〈보기〉에서 설명하는 것은?

┌─보기─┐
• 죽상동맥경화 병변이 특징인 질환이다.
• 위험요인은 연령, 흡연, 고혈압, 당뇨병, 이상지질혈증이다.
• 주요 증상은 체중부하 움직임 시 하지의 간헐적 파행이다.
└─────┘

① 뇌졸중(stroke)
② 근감소증(sarcopenia)
③ 신장질환(kidney disease)
④ 말초동맥질환(peripheral arterial disease)

정답해설 〈보기〉는 말초동맥질환에 대한 설명이다.

오답해설
① 뇌졸중 : 혈전이나 출혈로 인해 발생하는 뇌순환 기능의 갑작스럽고 심각한 쇠퇴로, 뇌경색으로 귀착된다.
② 근감소증 : 노화로 인한 근육의 감소로 인해 기능이 저하되는 질환이다.
③ 신장질환 : 고혈압, 당뇨, 유전, 약물 남용 등에 의해 다양한 형태로 나타날 수 있는 질환이다.

14 노화에 따른 호흡계 변화로 옳은 것은?

① 잔기량의 감소
② 흉곽의 경직성 감소
③ 생리학적 사강의 감소
④ 호흡기 중추신경 활동에 대한 민감성 감소

정답해설 노화에 따른 대표적인 호흡계의 변화로 잔기량 증가, 흉곽의 경직성 증가, 생리학적 사강의 증가, 호흡기 중추신경 활동에 대한 민감성 감소 등이 있다.

15 〈보기〉에서 노인 당뇨병 환자의 운동 효과로 옳은 것만을 모두 고른 것은?

┌─보기─┐
ㄱ. 인슐린 저항성 증가
ㄴ. 체지방 감소
ㄷ. 죽상동맥경화 합병증 위험 감소
ㄹ. 인슐린 민감성 감소
ㅁ. 골격근의 포도당 수송 능력 감소
ㅂ. 당뇨병 전단계에서 제2형 당뇨병으로의 진행 예방
└─────┘

① ㄱ, ㄴ, ㅂ
② ㄴ, ㄷ, ㄹ
③ ㄴ, ㄷ, ㅂ
④ ㄹ, ㅁ, ㅂ

정답해설 당뇨병 환자의 운동효과로는 혈당의 조절을 돕고(제2형 당뇨병), 인슐린의 효능을 높여주며(제1형 당뇨병) 심혈관계 질환(동맥경화증 : 심장병, 중풍)의 발생 위험을 감소시킨다. 또한 말초조직에서의 인슐린 작용의 증가 효과로 고혈당을 개선시키고 인슐린의 요구량을 감소시킬 수 있다.

16 세계보건기구(World Health Organization)가 제시한 노인의 신체활동에 대한 심리적 단기 효과는?

① 이완(relaxation)
② 기술 획득(skill acquisition)
③ 인지 향상(cognitive improvement)
④ 운동제어와 수행(motor control and performance)

`정답해설` 세계보건기구가 제시한 노인의 신체활동에 대한 심리적 단기 효과는 이완이다.

17 노화에 따른 인지기능 변화로 옳지 <u>않은</u> 것은?

① 유동성 지능의 감소
② 결정성 지능의 감소
③ 단기 기억력의 감소
④ 인지 처리 속도의 지연

`정답해설` 노화에 따른 인지기능 변화로 결정성 지능이 증가한다.

18 노인의 근·골격계 질환에 관한 권장 운동으로 옳지 <u>않은</u> 것은?

① 골다공증 : 골밀도 증가를 위한 수영
② 관절염 : 관절 부담을 적게 주는 자전거 운동
③ 척추질환 : 단축된 결합조직을 이완시키는 유연성 운동
④ 근감소증 : 넘어짐을 예방하기 위한 체중부하 근력 운동

`정답해설` 수영은 골다공증 및 관절이상 환자의 체중 부하를 줄이기 위한 운동방법 중 하나로 골밀도 증가를 위한 운동방법이라고 하기에는 적합하지 않다.

19 〈보기〉에서 치매 노인에게 적합한 운동 형태로 옳은 것만을 모두 고른 것은?

┌─보기─────────────────────┐
ㄱ. 계단 오르내리기
ㄴ. 밴드를 이용한 저항 운동
ㄷ. 물건 들고 안전하게 보행하기
ㄹ. 대근육군을 사용하는 자전거 타기
└──────────────────────────┘

① ㄱ, ㄴ, ㄷ, ㄹ   ② ㄴ, ㄷ, ㄹ
③ ㄷ, ㄹ   ④ ㄹ

`정답해설` ㄱ, ㄴ, ㄷ, ㄹ 모두 치매 노인에게 적합한 운동 형태이다.

20 노인 운동 시 위험관리에 관한 지침으로 옳은 것만을 모두 고른 것은?

┌─보기─────────────────────┐
ㄱ. 신체활동 프로그램 시작 전에 신체적 기능에 따라 참여자들을 선별한다.
ㄴ. 심정지 노인의 심폐소생술 시행 중에는 자동심장충격기를 사용하지 않는다.
ㄷ. 시각적 문제가 있는 경우 적절한 조명과 거울로 된 벽, 방향 표시를 한다.
ㄹ. 청각적 문제가 있는 경우 잘 들리지 않는 귀 쪽으로 큰 소리로 이야기하며 지도한다.
ㅁ. 심장질환의 징후인 가슴통증, 호흡곤란, 불규칙한 심박수가 나타나면 운동을 바로 중단한다.
└──────────────────────────┘

① ㄱ, ㄴ, ㄹ   ② ㄱ, ㄷ, ㅁ
③ ㄴ, ㄷ, ㅁ   ④ ㄷ, ㄹ, ㅁ

`정답해설` 노인 운동 시 위험관리에 관한 지침으로 옳은 것은 ㄱ, ㄷ, ㅁ이다.

`오답해설`
ㄴ. 심정지 노인의 심폐소생술 시행 중에는 자동심장충격기를 사용해야 한다.
ㄹ. 청각적 문제가 있는 경우 잘 들리는 귀 쪽으로 적정소리로 이야기하며 지도해야 한다.

| 정답 | 16 ①   17 ②   18 ①   19 ①, ②, ③, ④   20 ②

CHAPTER 02

2023 스포츠지도사 2급류 A형 필기시험

스포츠교육학

01 〈보기〉에서 설명하는 스포츠 교육 평가의 신뢰도 검사 방법은?

┌─ 보기 ─
• 동일한 검사에 대해 시간 차이를 두고 2회 측정해서 측정값을 비교해 차이가 작으면 신뢰도가 높고, 크면 신뢰도가 낮은 것으로 판단한다.
• 첫 번째와 두 번째 측정 사이의 시간 차이가 너무 길거나 짧으면 신뢰도가 낮게 나올 수 있다.

① 검사-재검사 ② 동형 검사
③ 반분 신뢰도 검사 ④ 내적 일관성 검사

정답해설 〈보기〉에서 설명하는 스포츠 교육 평가의 신뢰도 검사 방법은 '검사-재검사'이다.

오답해설
② 동형 검사 : 동일 구인을 측정하는 두 개 검사지를 개발하여 각 결과 점수 사이 상관관계로 신뢰도 추정
③ 반분 신뢰도 검사 : 1회 검사를 두 부분으로 나누어서 두 부분 사이 상관관계로 신뢰도 추정
④ 내적 일관성 검사 : 하나의 측정 도구에서 문항 사이의 연관성 유무를 가지고 내적으로 일관성을 파악하여 측정 문항의 신뢰도 추정

02 〈보기〉의 수업 장면에서 활용한 모스턴(M. Mosston)의 교수 스타일에 관한 설명으로 적절하지 않은 것은?

┌─ 보기 ─

신체활동	축구
학습목표	인프런트킥으로 상대방 수비수를 넘겨 동료에게 패스할 수 있다.

수업 장면

지도자 : 네 앞에 상대방 수비수가 있을 때, 수비수를 넘겨 동료에게 패스하려면 어떻게 공을 차야 할까?

학습자 : 상대방 수비수를 넘길 수 있을 정도의 높이로 공을 띄워야 해요.

지도자 : 그럼, 발의 어느 부분으로 공의 밑 부분을 차면 수비수를 넘길 수 있을까?

학습자 : 발등과 발 안쪽의 중간 지점이요. (손가락으로 엄지발가락을 가리킨다)

지도자 : 좋은 대답이야. 그럼, 우리 한 번 상대방 수비수를 넘기는 킥을 연습해볼까?

① 지도자는 논리적이며 계열적인 질문을 설계해야 한다.
② 지도자는 질문에 대한 학습자의 해답을 검토하고 확인한다.
③ 지도자는 학습자에게 예정된 해답을 즉시 알려준다.
④ 지도자는 학습자와 지속적으로 상호작용하며 의사결정을 한다.

정답해설 유도 발견형 스타일 : 논리적인 순서로 설계된 질문에 대한 해답을 찾아가는 과정을 통해 미리 정해진 개념을 발견(교사 질문에 대응하며 기능, 개념을 발견)

03 로젠샤인(B. Rosenshine)과 퍼스트(N. Furst)가 제시한 학습성취와 관련된 지도자 변인에 해당하지 않는 것은?

① 지도자의 경력
② 명확한 과제 제시
③ 지도자의 열의
④ 프로그램의 다양화

정답해설 지도자의 경력은 학습성취와 관련된 지도자 변인과 관련 없다.

Tip 로젠샤인(B. Rosenshine), 퍼스트(N. Furst) 학습성취 지도자 변인
• 명확한 과제 제시 • 프로그램의 다양화
• 교사의 열의 • 과제 지향성
• 학생의 학습 기회

|정답| 01 ① 02 ③ 03 ①

04 링크(J. Rink)가 제시한 교수 전략(teaching strategy) 중 한 명의 지도자가 수업에서 공간을 나누어 두 가지 이상의 과제를 동시에 진행하는 것은?

① 자기 교수(self teaching)
② 팀 티칭(team teaching)
③ 상호 교수(interactive teaching)
④ 스테이션 교수(station teaching)

정답해설 스테이션 교수에 대한 설명이다.

오답해설
① 자기 교수 : 교사의 도움 없이 학생들 스스로 학습 활동을 진행
② 팀 티칭 : 두 명 이상의 교사들이 팀을 이루어서 동시에 학생들을 지도
③ 상호 교수 : 능숙한 학생이 경험이 다소 부족한 학생과 짝을 이루어 학습 활동을 진행

05 〈보기〉는 국민체육진흥법(시행 2022.8.11.) 제18조의3 '스포츠윤리센터의 설립'에 관한 내용이다. ㉠, ㉡에 들어갈 용어가 바르게 연결된 것은?

> ┌─ 보기 ─
> 체육의 (㉠) 확보와 체육인의 (㉡)를 위하여 스포츠윤리센터를 설립한다.

	㉠	㉡
①	정당성	권리 강화
②	정당성	인권 보호
③	공정성	권리 강화
④	공정성	인권 보호

정답해설 제18조의3(스포츠윤리센터 설립)
체육의 (공정성) 확보와 체육인의 (인권 보호)를 위하여 스포츠윤리센터를 설립한다.

06 스포츠 교육 프로그램의 지도 원리에 관한 설명이 적절하지 <u>않은</u> 것은?

① 개별성의 원리 : 개인차를 고려한 다양한 수준별 지도
② 효율성의 원리 : 학습자 스스로 내용을 파악하고 문제해결

③ 적합성의 원리 : 지도자의 창의적인 지도 활동의 선정과 활용
④ 통합성의 원리 : 교수·학습 내용의 다양화와 신체활동의 총체적 체험

정답해설 효율성의 원리 : 보다 과학적으로 스포츠교육 지도법을 활용하여 참가자를 효율적으로 지도

07 직접교수모형에 관한 설명으로 적절하지 <u>않은</u> 것은?

① 학습 영역의 우선순위는 심동적 영역이다.
② 스키너(B. Skinner)의 조작적 조건화 이론에 근거한다.
③ 지도자 중심으로 의사결정이 이루어져 학습자의 과제참여 비율이 감소한다.
④ 수업의 단계는 전시과제 복습, 새 과제 제시, 초기과제 연습, 피드백과 교정, 독자적 연습, 본시 복습의 순으로 진행된다.

정답해설 직접교수모형은 학생이 연습에 높은 비율로 참여하도록 시간과 자원을 효율적으로 이용하는 데 목적이 있다.

08 스포츠기본법(시행 2022.6.16.) 제7조 '스포츠 정책 수립·시행의 기본원칙' 중 국가와 지방자치단체의 스포츠 정책에 관한 고려사항에 해당하지 <u>않는</u> 것은?

① 스포츠 활동을 존중하고 사회 전반에 확산되도록 할 것
② 스포츠 대회 참가 목적을 국위선양에 두어 지원할 것
③ 스포츠 활동 참여와 스포츠 교육의 기회가 확대되도록 할 것
④ 스포츠의 가치를 존중하고 스포츠의 역동성을 높일 수 있을 것

정답해설 제7조(스포츠 정책 수립·시행의 기본원칙)
국가와 지방자치단체는 스포츠에 관한 정책을 수립하고 시행할 때에는 다음 각 호의 사항을 충분히 고려하여야 한다.
1. 스포츠권을 보장할 것
2. 스포츠 활동을 존중하고 사회전반에 확산되도록 할 것

| 정답 | 04 ④ 05 ④ 06 ② 07 ③ 08 ②

3. 국민과 국가의 스포츠 역량을 높이기 위한 여건을 조성하고 지원할 것
4. 스포츠 활동 참여와 스포츠 교육의 기회가 확대되도록 할 것
5. 스포츠의 가치를 존중하고 스포츠의 역동성을 높일 수 있을 것
6. 스포츠 활동과 관련한 안전사고를 방지할 것
7. 스포츠의 국제 교류·협력을 증진할 것

09 모스턴(M. Mosston)의 포괄형(inclusion) 교수 스타일에 관한 설명으로 적절하지 <u>않은</u> 것은?

① 지도자는 발견 역치(discovery threshold)를 넘어 창조의 단계로 학습자를 유도한다.
② 지도자는 기술 수준이 다양한 학습자들의 개인차를 수용한다.
③ 학습자가 성취 가능한 과제를 선택하고 자신의 수행을 점검한다.
④ 과제 활동 전, 중, 후 의사결정의 주체는 각각 지도자, 학습자, 학습자 순서이다.

정답해설 포괄형 교수 스타일은 기존 지식의 재생산(모방)을 강조하는 수업이다.

10 〈보기〉에서 설명하는 링크(J. Rink)의 학습 과제 연습 방법은?

┌─ 보기 ─┐
• 복잡한 운동 기술의 경우, 기술의 주요 동작이나 마지막 동작을 초기 동작보다 먼저 연습하게 한다.
• 테니스 서브 과제에서 공을 토스하는 동작을 연습하기 전에 공을 라켓에 맞추는 동작을 먼저 연습한다.
└────────┘

① 규칙 변형　　　　② 역순 연쇄
③ 반응 확대　　　　④ 운동수행의 목적 전환

정답해설 역순 연쇄에 대한 설명이다.

오답해설
① 규칙 변형 : 경기규칙 변화로 난이도를 학습자 수준에 맞추어 조절

③ 반응 확대 : 학습 내용을 새로운 활동에 적용한 경험으로 발전시키는 것
④ 운동수행 목적 전환 : 효율적인 운동수행을 위해 운동수행 난이도를 조절하는 것

11 〈보기〉에 해당하는 쿠닌(J. Kounin)의 교수 기능은?

┌─ 보기 ─┐
• 지도자가 자신의 머리 뒤에도 눈이 있다는 듯이 학습자들의 행동을 파악하는 것
• 지도자가 학습자들 간에 발생하는 사건을 인지하는 것
└────────┘

① 접근통제(proximity control)
② 긴장 완화(tension release)
③ 상황이해(with-it-ness)
④ 타임아웃(time-out)

정답해설 상황이해에 대한 설명이다.

오답해설
① 접근통제 : 방해 행동 학생에게 교사가 가까이 접근하거나 접촉하는 것
② 긴장 완화 : 긴장 완화를 위해 유머를 활용하는 것
④ 타임아웃 : 위반 행동에 대한 벌칙으로 일정 시간 체육 활동 참가를 제한하는 행동 수정 기법

12 〈보기〉에서 활용된 스포츠 지도 행동의 관찰기법은?

┌─ 보기 ─┐
• 지도자 : 강 감독　• 수업내용 : 농구 수비전략
• 관찰자 : 김 코치　• 시간 : 19 : 00~19 : 50

	피드백의 유형	표기(빈도)		비율
대상	전체	∨∨∨∨∨	(5회)	50%
	소집단	∨∨∨	(3회)	30%
	개인	∨∨	(2회)	20%
성격	긍정	∨∨∨∨∨∨∨∨	(8회)	80%
	부정	∨∨	(2회)	20%
구체성	일반적	∨∨∨	(3회)	30%
	구체적	∨∨∨∨∨∨∨	(7회)	70%
└────────┘

PART 01

① 사건 기록법(event recording)
② 평정 척도법(rating scale)
③ 일화 기록법(anecdotal recording)
④ 지속시간 기록법(duration recording)

정답해설 사건 기록법에 대한 설명으로 관찰자는 관찰하려는 행동 범위를 결정하여 결정한 행동의 수업 중 발생 빈도를 체크하여 행동의 빈도로 수업을 평가하는 방법이다.

오답해설
② 평정 척도법 : 관찰자가 관찰하려는 행동에 대한 구체적 수준을 관찰하고 판단하여 그 수준에 수치를 부여하는 방법
③ 일화 기록법 : 관찰자가 광범위한 행동 범위를 결정하고 범위와 관련된 사건과 행동을 사실적으로 기록하는 방법
④ 지속시간 기록법 : 관찰할 행동을 선정하고 행동의 시간이 얼마나 사용되는지 측정하는 방법

13 배구 수업에서 운동기능이 낮은 학습자의 참여 증진을 위한 스포츠 지도 방법으로 적절하지 않은 것은?

① 네트 높이를 낮춘다.
② 소프트한 배구공을 사용한다.
③ 서비스 라인을 네트와 가깝게 위치시킨다.
④ 정식 게임(full-sided game)으로 운영한다.

정답해설 운동기능이 낮은 학습자의 참여 증진을 위해 정식 게임이 아닌 변형 게임으로 운영한다.

Tip 그리핀(L. Griffin), 미첼(S. Mitchell), 오슬린(J. Oslin)의 이해중심 게임 모형에서 변형 게임 구성 시 개념
• 대표성 : 변형 게임은 반드시 정식 게임을 대표할 수 있어야 함(실제 상황 포함)
• 과장성 : 전술 기능 개발에 초점을 두도록 상황이 과장되어야 함(전술 문제 초점)

14 메이거(R. Mager)가 제시한 학습 목표 설정의 요소가 아닌 것은?

① 설정된 운동수행 기준
② 운동수행에 필요한 상황과 조건
③ 학습자에게 기대되는 성취행위
④ 목표 달성이 불가능할 경우의 대처방안

정답해설 메이거(R. Mager) 학습 목표 설정 요소
• 설정된 운동수행 기준
• 운동수행에 필요한 상황과 조건
• 성취행위, 기능, 지식

15 〈보기〉에서 메츨러(M. Metzler)의 탐구수업모형에 관한 설명으로 옳은 것을 모두 고른 것은?

┌─ 보기 ─────────────────────
│ ㉠ 모형의 주제는 '문제해결자로서의 학습자'이다.
│ ㉡ 학습 영역의 우선순위는 심동적, 인지적, 정의적 순이다.
│ ㉢ 지도자는 학습자가 '생각하고 움직이기'를 할 수 있도록 과제를 제시한다.
│ ㉣ 지도자의 질문에 학습자가 바로 대답하지 못하는 경우 즉시 답을 알려준다.
└────────────────────────────

① ㉠, ㉢   ② ㉡, ㉢
③ ㉠, ㉡, ㉢   ④ ㉠, ㉡, ㉣

정답해설 메츨러(M. Metzler)의 탐구수업모형에 관한 설명으로 옳은 것은 ㉠, ㉢이다.

오답해설
㉡ 학습 영역의 우선순위는 인지적, 심동적, 정의적 순이다.
㉣ 지도자가 문제를 설정하고 학생에게 답을 찾기 위한 기회를 준다.

16 스포츠 참여자 평가에서 심동적(psychomotor) 영역에 해당하는 것은?

① 몰입   ② 심폐지구력
③ 협동심   ④ 경기 규칙 이해

정답해설 심동적 영역은 신체기능, 움직임의 발달을 포함한 기술, 신체적 능력, 움직임 등이다.
• 정의적 영역 : 태도, 가치관, 도덕성, 학습 동기, 자아개념, 자기효능감, 대인관계 등
• 인지적 영역 : 지적 과정으로 지식의 기억, 사고, 문제해결, 창의력 등

| 정답 |　13 ④　　14 ④　　15 ①　　16 ②

17 〈보기〉에 해당하는 운동기능의 학습 전이(transfer) 유형은?

> ─보기─
> 야구에서 배운 오버핸드 공 던지기가 핸드볼에서 오버핸드 공 던지기 기능으로 전이되는 경우이다.

① 대칭적 전이　　② 과제 내 전이
③ 과제 간 전이　　④ 일상으로의 전이

정답해설 과제 간 전이 : 기능이나 과제 학습이 다른 기능이나 과제로 전이되는 것

Tip 학습의 전이
- 정적 전이 : 학습한 기능이 새로운 기능의 학습에 도움이 되는 것
- 부적 전이 : 선행학습의 결과가 후행학습에 방해를 일으키는 것
- 순행 전이 : 먼저 배운 과제의 수행 경험이 나중에 배우는 과제의 학습에 영향을 주는 것
- 역행 전이 : 나중에 배운 과제 수행이 전에 학습한 기능에 영향을 주는 것
- 중립적 전이 : 선행학습이 후행학습에 영향을 미치지 않는 것
- 과제 간 전이 : 기능이나 과제의 학습이 다른 기능이나 과제로 전이되는 것
- 과제 내 전이 : 한 가지 조건에서 학습한 기능이 다른 조건으로 전이되는 것
- 대칭적 전이 : 한쪽 팔과 다리로 연습한 내용이 반대쪽 팔과 다리 연습에 영향을 미치는 것

18 스포츠 교육 프로그램의 구성요소에 관한 설명으로 적절하지 <u>않은</u> 것은?

① 평가 : 프로그램을 개선하는 데 도움을 준다.
② 내용 : 스포츠 지도의 철학, 이념 또는 비전이다.
③ 지도법 : 프로그램을 체계적으로 전달하는 방법이다.
④ 목적 및 목표 : 일반적인 목표와 구체적인 목표로 구분할 수 있다.

정답해설 스포츠 교육 프로그램의 구성요소 중 내용은 가르쳐야 하는 내용의 학습 목표, 학습자의 능력·지식·태도, 소요되는 총 시간 등을 고려해 교육내용을 선정하고 순서를 결정하는 과정

19 메츨러(M. Metzler)의 개별화지도모형의 주제로 적절한 것은?

① 지도자가 수업 리더 역할을 한다.
② 나는 너를, 너는 나를 가르친다.
③ 유능하고, 박식하며, 열정적인 스포츠인으로 성장한다.
④ 학습자가 가능한 한 빨리, 필요한 만큼 천천히 학습 속도를 조절한다.

정답해설 학생은 학습 능력에 따라 자신의 속도에 맞게 학습하며, 학생은 자기 주도적인 학습자가 된다.

오답해설
① 직접교수 모형　② 동료교수 모형　③ 스포츠교육 모형

20 학교체육진흥법 시행령(시행 2021.4.21.) 제3조 '학교운동부지도자의 자격기준 등'에서 제시한 학교운동부지도자 재임용의 평가 내용이 <u>아닌</u> 것은?

① 복무 태도
② 학교운동부 운영 성과
③ 인권교육 연 1회 이상 이수 여부
④ 학생선수의 학습권 및 인권 침해 여부

정답해설 인권교육 연 1회 이상 이수 여부는 학교운동부지도자의 자격기준이 아니다.

Tip 제3조(학교운동부지도자의 자격기준 등)
① 학교의 장은 법 제12조 제7항에 따라 「국민체육진흥법」 제2조 제6호에 따른 체육지도자 중에서 학교운동부지도자를 임용할 수 있다.
② 학교운동부지도자의 급여는 학교의 장이 지도경력과 실적을 고려하여 정한다.
③ 학교운동부지도자는 다음 각 호의 직무를 수행한다.
　1. 학생선수에 대한 훈련계획 작성, 지도 및 관리
　2. 학생선수의 각종 대회 출전 지원 및 인솔
　2의 2. 훈련 및 각종 대회 출전 시 학생선수의 안전관리
　3. 경기력 분석 및 훈련일지 작성
　4. 훈련장의 안전관리
④ 학교의 장은 학교운동부지도자를 재임용할 때에는 다음 각 호의 사항을 평가한 후 그 결과에 따라 재임용 여부를 결정해야 한다.
　1. 제3항 각 호의 직무수행 실적
　2. 복무 태도
　3. 학교운동부 운영 성과
　4. 학생선수의 학습권 및 인권 침해 여부

| 정답 | 17 ③　18 ②　19 ④　20 ③

스포츠사회학

01 〈보기〉에서 스포츠의 교육적 순기능으로만 묶인 것은?

┌─보기─┐
㉠ 학교와 지역사회의 통합
㉡ 평생체육의 연계
㉢ 스포츠의 상업화
㉣ 학업활동의 격려
㉤ 참여기회의 제한
㉥ 승리지상주의
└────┘

① ㉠, ㉡, ㉣　　　　② ㉠, ㉢, ㉤
③ ㉡, ㉢, ㉣　　　　④ ㉡, ㉤, ㉥

㉠ 사회 통합, ㉡ 사회 선도, ㉣ 전인 교육으로 스포츠의 교육적 순기능에 해당한다.

㉢, ㉤, ㉥은 스포츠의 교육적 역기능에 해당한다.

02 〈보기〉에서 코클리(J. Coakley)의 상업주의에 따른 스포츠의 변화에 관한 설명으로 옳은 것을 모두 고른 것은?

┌─보기─┐
㉠ 스포츠 조직의 변화 : 스포츠 조직은 경품 추첨, 연예인의 시구와 같은 의전행사에 관심을 갖게 되었다.
㉡ 스포츠 구조의 변화 : 스포츠의 심미적 가치보다 영웅적 가치를 중시하게 되었다.
㉢ 스포츠 목적의 변화 : 아마추어리즘보다 흥행에 입각한 프로페셔널리즘을 추구하게 되었다.
㉣ 스포츠 내용의 변화 : 프로 농구의 경우, 전·후반제에서 쿼터제로 변경되었다.
└────┘

① ㉠, ㉡　　　　② ㉠, ㉢
③ ㉡, ㉢, ㉣　　　　④ ㉠, ㉢, ㉣

㉠, ㉢이 옳은 설명이다.

상업주의에 따른 스포츠의 변화
• 경기보다는 세속적인 경기 외적 사실을 중요시함
• 아마추어리즘보다는 프로페셔널리즘 추구 성향

• 스포츠 경기는 대중 매체, 구단주(대표), 대회 후원기업의 영위를 위한 목적
• 스포츠 경기를 흥미와 이익 창출을 위한 영업적 도구로 사용(전시 효과에 대한 요구 증대)
• 올림픽과 같은 이벤트들은 경기보다 기업을 위한 홍보 수단으로 활용

㉡ 스포츠 내용 변화
㉣ 스포츠 구조 변화

03 〈보기〉에서 설명하는 스포츠 세계화의 원인은?

┌─보기─┐
'코먼웰스 게임(commonwealth games)'은 영연방국가들이 참가하는 스포츠 메가 이벤트로, 영연방국가의 통합에 기여하는 측면이 있다. 영국의 스포츠로 알려진 크리켓과 럭비는 대부분 영국의 식민지였던 영연방국가에서 인기가 있다.
└────┘

① 제국주의　　　　② 민족주의
③ 다문화주의　　　　④ 문화적 상대주의

〈보기〉에서 설명하는 스포츠 세계화의 원인은 제국주의로서 스포츠를 피식민지 국민에 대한 동화 정책으로 활용하는 것이다.

04 〈보기〉에 해당하는 케년(G. Kenyon)의 스포츠 참가유형은?

┌─보기─┐
• 특정 선수의 사인볼 수집
• 특정 스포츠 관련 SNS 활동
• 특정 스포츠 물품에 대한 애착
└────┘

① 일탈적 참가　　　　② 행동적 참가
③ 정의적 참가　　　　④ 인지적 참가

② 특정 선수의 사인볼 수집은 행동적 참가
③ 특정 스포츠 관련 SNS 활동은 정의적 참가
④ 특정 스포츠 물품에 대한 애착은 인지적 참가

05 〈보기〉의 ㉠, ㉡에 해당하는 거트만(A. Guttmann)의 근대스포츠 특징은?

┌─보기─
• (㉠) : 국제스포츠조직은 규칙의 제정, 대회의 운영, 종목 진흥 등의 역할을 담당한다.
• (㉡) : 투수라는 같은 포지션 내에서도 선발, 중간, 마무리 등으로 구분된다.
└─

	㉠	㉡
①	관료화	평등성
②	합리화	평등성
③	관료화	전문화
④	합리화	전문화

정답해설 ㉠은 관료화, ㉡은 전문화이다.

Tip 거트만(A. Guttmann) 근대스포츠의 특성
세속주의, 전문화, 관료화, 기록 추구, 평등화, 합리화, 계량화

06 스나이더(E. Snyder)가 제시한 스포츠 사회화의 전이 조건이 **아닌** 것은?

① 참가의 가치
② 참가의 정도
③ 참가의 자발성 여부
④ 사회화 주관자의 위신과 위력

정답해설 참가의 가치는 스나이더가 제시한 스포츠 사회화의 전이 조건이 아니다.

Tip 스포츠를 통한 사회화 전이 조건
• 참여의 정도
• 참여의 자발성 여부
• 사회관계에 따른 가치(주관자의 위력 등)
• 참가의 개인적, 사회적 특성

07 〈보기〉는 버렐(S. Birrell)과 로이(J. Loy)의 스포츠 미디어를 통해 충족할 수 있는 욕구에 관한 설명이다. ㉠~㉢에 해당하는 용어가 바르게 연결된 것은?

┌─보기─
• (㉠) 욕구 : 스포츠 경기의 결과, 선수와 팀에 대한 통계적 지식을 제공해 준다.
• (㉡) 욕구 : 스포츠에 대한 흥미와 흥분을 제공해 준다.
• (㉢) 욕구 : 다른 사회집단과 경험을 공유하게 하며 공동체 의식을 갖게 한다.
└─

	㉠	㉡	㉢
①	정의적	인지적	통합적
②	인지적	통합적	정의적
③	정의적	통합적	인지적
④	인지적	정의적	통합적

정답해설 ㉠은 인지적 욕구, ㉡은 정의적 욕구, ㉢은 통합적 욕구이다.

Tip 버렐(Birrell)과 로이(Loy) 스포츠 미디어 충족 욕구 유형
인지적 욕구, 정의적 욕구, 통합적 욕구, 도피적 욕구

08 〈보기〉의 ㉠, ㉡에 해당하는 용어가 바르게 연결된 것은?

┌─보기─
• (㉠) : 국민의 관심이 높은 스포츠 경기를 무료 혹은 저렴한 비용으로 시청할 수 있는 권리를 말한다.
• (㉡) : 선수 개인의 사생활을 중심으로 대중을 자극하고 호기심에 호소하는 흥미 위주의 스포츠 관련 보도를 지칭한다.
└─

	㉠	㉡
①	독점 중계권	뉴 저널리즘 (new journalism)
②	보편적 접근권	옐로 저널리즘 (yellow journalism)
③	독점 중계권	옐로 저널리즘 (yellow journalism)
④	보편적 접근권	뉴 저널리즘 (new journalism)

> **정답해설** ㉠ 보편적 접근권, ㉡ 옐로 저널리즘에 해당한다.

> **오답해설**
> • 독점 중계권 : 방송을 중계할 권리를 독점으로 가지고 있는 것
> • 뉴 저널리즘 : 기존 방식이 아닌 소설 작가 기법으로 상황에 대한 표현을 실감나게 전달

09 〈보기〉에서 설명하는 프로스포츠의 제도는?

> **보기**
> • 프로스포츠 구단이 소속 선수와의 계약을 해지하고 다른 구단에게 해당 선수를 양도받을 의향이 있는지 공개적으로 묻는 제도이다.
> • 기량이 떨어지거나 심각한 부상을 당한 선수를 방출하는 수단으로 이용하고 있다.

① 보류 조항(reserve clause)
② 웨이버 조항(waiver rule)
③ 선수대리인(agent)
④ 자유계약(free agent)

> **정답해설** 웨이버 조항 : 구단에서 해당 선수에 대한 권한을 포기하는 조항

> **오답해설**
> ① 보류조항 : 선수계약 체결 권리를 보류하여 자유로운 계약과 이적을 막는 조항
> ③ 선수 대리인 : 선수로부터 위임받은 권리로 선수 대리인 업무를 수행하는 것
> ④ 자유계약 : 계약 기간 소속 팀 활동 후 다른 팀과 자유롭게 계약을 맺어 이적할 수 있는 제도

10 스포츠 일탈의 순기능에 관한 사례로 적절하지 **않은** 것은?

① 승부조작 사례를 보고 많은 선수들이 경각심을 갖는다.
② 아이스하키 경기에서 허용된 주먹다짐은 잠재된 공격성을 해소시켜 준다.
③ 스포츠에서 선수들의 약물복용이 지속되면 경기의 공정성이 훼손된다.
④ 높이뛰기에서 배면뛰기 기술의 창안은 기록 경신에 기여하고 있다.

> **정답해설** ③은 스포츠 일탈 역기능의 사례로 스포츠의 질서와 예측 가능성을 위협하고 긴장과 불안을 조성한다.

11 〈보기〉는 스트렌크(A. Strenk)가 제시한 국제정치에서 스포츠의 기능에 관한 설명이다. ㉠~㉢에 해당하는 내용이 바르게 연결된 것은?

> **보기**
> • (㉠) : 2002년 한일월드컵 4강 진출로 대한민국이 축구 강국으로 인식
> • (㉡) : 1980년 모스크바올림픽에서 서방 국가들의 보이콧 선언
> • (㉢) : 1936년 베를린올림픽에서 나치즘의 정당성과 우월성 과시

	㉠	㉡	㉢
①	외교적 도구	정치이념 선전	국위선양
②	국위선양	외교적 항의	정치이념 선전
③	국위선양	외교적 도구	외교적 항의
④	외교적 도구	외교적 항의	정치이념 선전

> **정답해설**
> ㉠ 국위선양 : 스포츠를 통해 자국의 존재와 가치 부각
> ㉡ 외교적 항의 : 국제적 갈등 상황으로 선수단 입국 거부, 경기 불참 등 항의
> ㉢ 정치이념 선전 : 스포츠 경기의 승리 등으로 특정 정치 체제의 우월성 과시

| 정답 | 09 ② 10 ③ 11 ②

12 〈보기〉에서 설명하는 부르디외(P. Bourdieu)의 문화자본 유형은?

┌─ 보기 ─────────────────────────────┐
• 테니스의 경기 기술뿐만 아니라 경기 매너도 습득하게 된다.
• 스포츠 활동처럼 몸으로 체득하게 되는 성향을 의미한다.
• 획득하는 데 시간이 오래 걸리고, 타인에게 양도나 전이, 교환이 어렵다.
└────────────────────────────────────┘

① 체화된(embodied) 문화자본
② 객체화된(objectified) 문화자본
③ 제도화된(institutionalized) 문화자본
④ 주체화된(subjectified) 문화자본

정답해설 〈보기〉는 체화된 문화자본에 대한 설명이다.

Tip 부르디외(P. Bourdieu) 문화자본 유형
• 체화된(embodied) 문화자본 : 경제 자본이 외부에 축적된 자원인 점과 다르게 소유에서 존재로 전이된 자본. 신체와 결합된 성향으로 체화된 개인의 능력 등
• 객체화된(objectified) 문화자본 : 문화적 생산물로서 문학작품, 도서, 기념물 등
• 제도화된(institutionalized) 문화자본 : 문화적 능력을 제도적으로 증명한 학문적 내용으로 국가공인 자격증, 학위 등

13 〈보기〉에서 투민(M. Tumin)이 제시한 스포츠계층의 특성 중 보편성(편재성)에 해당하는 것으로만 묶인 것은?

┌─ 보기 ─────────────────────────────┐
㉠ 스포츠는 인기종목과 비인기종목으로 구분된다.
㉡ 과거에 비해 운동선수들의 지위가 향상되고 있다.
㉢ 종합격투기는 체급에 따라 대전료와 중계권료 등에 차등이 있다.
㉣ 계층에 따라 스포츠 참여 빈도, 유형, 종목이 달라지며, 이러한 차이는 개인의 삶에 영향을 미친다.
└────────────────────────────────────┘

① ㉠, ㉡   ② ㉠, ㉢
③ ㉡, ㉣   ④ ㉢, ㉣

정답해설 보편성(편재성) : 스포츠계층은 어디서나 존재하는 보편적인 사회적, 문화적 현상이다.

오답해설
㉡ 역사성, ㉣ 영향성

14 〈보기〉의 밑줄 친 ㉠, ㉡을 설명하는 집합행동 이론이 바르게 연결된 것은?

┌─ 보기 ─────────────────────────────┐
• 이 코치 : 어제 축구 봤어? 경기 도중 관중폭력이 발생했잖아.
• 김 코치 : ㉠ 나는 그 경기를 경기장에서 직접 봤는데 관중들의 야유 소리가 점점 커지면서 관중폭력이 일어났어.
• 이 코치 : ㉡ 맞아! 그 경기 이전에 이미 관중의 인종차별 사건이 있었잖아. 만약 인종차별이 먼저 발생하지 않았다면, 어제 경기에서 그런 관중폭력은 없었을 거야.
└────────────────────────────────────┘

	㉠	㉡
①	전염이론	규범생성이론
②	수렴이론	부가가치이론
③	전염이론	부가가치이론
④	수렴이론	규범생성이론

정답해설
㉠ 전염이론 : 병이 전염되는 것과 같이 군중 소수의 영향을 받아 관중폭력이 발생
㉡ 부가가치이론 : 집단행동이 일어나기 위해서는 어떤 조건들이 순차적으로 조합을 이루어야 함

오답해설
• 수렴이론 : 개인이 가지고 있던 반사회적 생각들이 모여 군중을 방패삼아 표출된 것이 관중폭력
• 규범생성이론 : 동질성이 없던 개인이 집단으로 발전하는 과정에서 핵심 구성원이 적절한 행동을 암시하고, 나머지 구성원이 동조하여 새로운 규범이 만들어지면서 집단행동 발생

| 정답 | 12 ①   13 ②   14 ③

15 메기(J. Magee)와 서덴(J. Sugden)이 제시한 스포츠 노동이주의 유형에 관한 설명 중 적절하지 <u>않은</u> 것은?

① 개척자형 : 스포츠 보급을 통해 금전적 보상을 추구하는 유형

② 정착민형 : 영구적으로 정착할 수 있는 곳을 찾는 유형

③ 귀향민형 : 해외에서의 스포츠 경험을 바탕으로 자국으로 복귀하는 유형

④ 유목민형 : 개인의 취향대로 흥미로운 장소를 돌아다니면서 스포츠에 참여하는 유형

정답해설 개척자형은 새로운 영역과 운명 등을 처음으로 열어 가는 유형이다.

Tip 메기(J. Magee)와 서덴(J. Sugden) 스포츠 노동이주 유형

• 유목민형 : 종목의 특성으로 국가 간 이동이 발생하여 흥미로운 장소를 돌며 스포츠를 즐기는 유형

• 정착민형 : 영구적인 거주지를 가지고 약 1년 주기로 이어지는 생활 유형

• 개척자형 : 새로운 영역, 운명, 진로 등을 처음으로 개척하고 만들어가는 유형

• 귀향민형 : 스포츠 노동 이주로 해외로 이주하였다가 고향으로 돌아오는 유형

• 추방자형 : 자국에서 운동선수로 활동이 어려워 망명하는 유형

• 용병형 : 경제적 보상이 우선으로 돈 버는 데만 관심이 있는 유형

16 〈보기〉는 코클리(J. Coakley)가 제시한 스포츠 일탈에 관한 설명이다. ㉠, ㉡에 해당하는 용어가 바르게 연결된 것은?

┌─보기─┐
• (㉠)에 따르면 스포츠 일탈이 용인되는 범위는 사회적으로 타협하는 과정을 통해 구성된다.
• (㉡)는 과훈련(over-training), 부상 투혼 등을 거부감 없이 무비판적으로 수용하는 것이다.
└────┘

	㉠	㉡
①	상대론적 접근	과소동조
②	절대론적 접근	과잉동조
③	절대론적 접근	과소동조
④	상대론적 접근	과잉동조

정답해설
㉠ 상대론적 접근 : 특정 사회구조와 제도의 일치 여부로 일탈을 판단하는 관점
㉡ 과잉동조 : 과훈련과 같은 규칙이나 규범을 무비판적으로 수용하여 한계를 벗어나는 행위

오답해설
• 절대론적 접근 : 어떤 사회에서든 통용되는 보편적 기준이 있음(스포츠맨십, 법률 등에 대한 준수 여부로 일탈 구분)
• 과소동조 : 훈련이나 경기의 규칙이나 규범을 몰랐거나 알면서도 무시하여 일어난 일탈행위

17 스포츠사회화를 이해하기 위한 사회학습이론의 관점으로 적절하지 <u>않은</u> 것은?

① 상과 벌을 통해 행동이 변화한다.

② 다른 사람의 행동을 관찰하여 모방이 일어난다.

③ 사회화 주관자의 가르침을 통해 행동이 변화한다.

④ 개인은 자신이 처해있는 상황을 스스로 학습하고 변화한다.

정답해설 사회학습이론은 스스로 학습하고 변화하는 것이 아닌 인간의 심리적 특성과 사회적 행동이 사회적 과정을 통해 학습된다는 이론으로 개인의 사회적 학습 방법으로는 강화, 관찰학습, 코칭이 있다.

오답해설
① 강화, ② 관찰학습, ③ 코칭

18 〈보기〉에서 설명하는 스포츠의 정치적 속성은?

┌─보기─┐
에티즌(D. Eitzen)과 세이지(G. Sage)에 의하면 다양한 팀, 리그, 선수단체 및 행정기구는 각각의 특성에 따라 불평등하게 배분된 자원과 권한을 갖게 되고, 더 많은 권한을 갖기 위해 대립적 갈등을 겪게 된다.
└────┘

① 보수성   ② 긴장관계
③ 권력투쟁   ④ 상호의존성

정답해설 권력투쟁 : 선수와 팀, 경쟁 리그, 행정기구 등의 스포츠 조직에는 불평등하게 배분된 권력이 존재한다.

| 정답 | 15 ①   16 ④   17 ④   18 ③

19 〈보기〉에서 설명하는 맥퍼슨(B. McPherson)의 스포츠 미디어 이론은?

┌─보기─────────────────────────┐
│ • 대중매체를 통한 개인의 스포츠 소비 형태는 │
│   중요타자의 가치와 소비행동에 의해 영향을 │
│   받는다. │
│ • 스포츠 수용자 역할로의 사회화는 스포츠에 │
│   참여하는 가족 구성원으로부터 받은 스포츠 │
│   소비에 대한 승인 정도가 중요하게 작용한다. │
└──────────────────────────────┘

① 개인차 이론
② 사회범주 이론
③ 문화규범 이론
④ 사회관계 이론

정답해설 사회관계 이론 : 인간의 정보 선택 및 해석은 주변의 영향이 크게 작용한다. 주로 준거집단의 영향이 크게 작용하며, 중요타자와의 사회관계가 영향을 미친다.

20 〈보기〉에서 설명하는 스포츠사회학 이론은?

┌─보기─────────────────────────┐
│ • 일상에서 특정 물건을 소비하는 것은 자신의 │
│   계급 위치를 상징화하는 행위이다. │
│ • 자원과 시간의 소비가 요구되는 스포츠에 참 │
│   여하는 것은 계급 표식 행위이다. │
│ • 고가의 스포츠용품, 골프 회원권 등의 과시적 │
│   소비 양상이 나타난다. │
└──────────────────────────────┘

① 갈등이론   ② 구조기능이론
③ 비판이론   ④ 상징적 상호작용론

정답해설 갈등이론, 구조기능이론, 비판이론, 상징적 상호작용 이론 모두 〈보기〉에서 설명하는 스포츠사회학 이론에 해당한다.

---

01 스포츠심리학의 주된 연구의 동향과 영역에 포함되지 <u>않는</u> 것은?

① 인지적 접근과 현장 연구
② 경험주의에 기초한 성격 연구
③ 생리학적 항상성에 관한 연구
④ 사회적 촉진 및 각성과 운동수행의 관계 연구

정답해설 생리학적 항상성 연구는 스포츠심리학의 주된 연구 영역에 포함되지 않는다.

02 데시(E. Deci)와 라이언(R. Ryan)이 제시한 자기결정이론(self-determination theory)에서 외적동기 유형으로 분류되지 <u>않는</u> 것은?

① 무동기(amotivation)
② 확인 규제(identified regulation)
③ 통합 규제(integrated regulation)
④ 의무감 규제(introjected regulation)

정답해설 무동기는 외적동기 유형으로 분류되지 않는다.

Tip 데시(E. Deci), 라이언(R. Ryan) 자결성 이론 4가지 외적동기 유형
• 외적 규제 : 보상을 위한 목적(자기결정 수준이 가장 낮은 동기)으로 행동하는 유형
• 통합 규제 : 자신이 가지고 있는 가치와 생각이 스포츠와 일치할 때 나타나는 유형(자기결정 수준이 가장 높은 동기)
• 내사(의무감) 규제 : 죄책감, 창피함 등을 피하기 위한 목적으로 행동하는 유형
• 확인 규제 : 개인적으로 중요하다 생각되는 것을 인식하기 때문에 행동하는 유형

03 〈보기〉에서 설명하는 개념은?

┌─보기─────────────────────────┐
│ 체육관에서 관중의 함성과 응원 소리에도 불구 │
│ 하고, 작전타임에서 코치와 선수는 서로 의사 │
│ 소통이 가능하다. │
└──────────────────────────────┘

① 스트룹 효과(Stroop effect)
② 지각협소화(perceptual narrowing)
③ 무주의 맹시(inattention blindness)
④ 칵테일파티 효과(cocktail party effect)

|정답| 19 ④ 20 ①, ②, ③, ④ / 01 ③ 02 ① 03 ④

정답해설 칵테일파티 효과로 필요한 특정 정보에 선택적 지각으로 주의를 기울이거나 의식하는 것이다.

오답해설

① 스트룹 효과 : 일치하지 않는 자극에 그 자극을 보고 실행하는 것으로, 일치하는 자극을 보고 실행하는 것보다 더 늦어지는 현상

② 지각 협소화 : 각성 수준이 높아 주의하는 폭이 좁아지는 현상

③ 무주의 맹시 : 눈이 특정 위치를 향하고 있으나 주의가 다른 곳에 있어 눈이 향한 위치의 대상이 지각되지 못하는 현상

04 〈표〉는 젠타일(A. Gentile)의 이차원적 운동기술분류이다. 야구 유격수가 타구된 공을 잡아서 1루로 송구하는 움직임이 해당하는 곳은?

구분		동작의 요구(기능)			
		신체 이동 없음 (신체의 안정성)		신체 이동 있음 (신체의 불안정성)	
		물체 조작 없음	물체 조작 있음	물체 조작 없음	물체 조작 있음
환경적 맥락	안정적인 조절 조건	동작 시도 간 환경 변이성 없음			
		동작 시도 간 환경 변이성			
	비안정적 조절 조건	동작 시도 간 환경 변이성 없음	①	③	
		동작 시도 간 환경 변이성		②	④

정답해설 야구는 개방운동기술로 신체 위치가 변화하는 상황에서 도구를 사용하기 때문에 환경적 맥락은 비안정적 조절 조건이며 동작 시도 간 환경 변이성이 있고 동작의 요구는 신체 이동이 있고, 물체 조작이 있다.

Tip 젠타일의 환경적 맥락과 동작의 기능에 근거한 운동 기술분류 방법

• 환경적 맥락 : 환경적 상황이 변하지 않는 안정상태와 환경적 상황이 변하는 비안정적 조절로 구분, 조절적 상황에 동작 간 가변성이 '있다' 또는 '없다'로 구분

• 동작의 기능 : 운동기술이 신체의 움직임을 포함하는지 또는 다른 물체를 조작하는 것을 포함하는지에 따라 신체 이동, 물체 조작으로 구분

05 뉴웰(K. Newell)이 제시한 움직임 제한(constraints) 요소의 유형이 다른 것은?

① 운동능력이 움직임을 제한한다.

② 인지, 동기, 정서상태가 움직임을 제한한다.

③ 신장, 몸무게, 근육형태가 움직임을 제한한다.

④ 과제목표와 특성, 규칙, 장비가 움직임을 제한한다.

정답해설 ④는 과제 제한 요소이며, ①, ②, ③은 개인 제한 요소이다.

Tip 뉴웰(K. Newell) 움직임 제한 요소

• 개인 제한 요소 : 구조적 측면과 기능적 측면으로 구분. 구조적 측면은 키, 몸무게, 근육 형태, 질량 변화 등 신체 물리적 특성, 기능적 측면은 기억이나 주의 형태 등과 같은 인지적 요인

• 환경 제한 요소 : 물리 환경적 측면과 사회 문화적 측면으로 구분. 물리 환경적 측면은 운동 수행에 직접적 영향을 주는 온도, 습도, 중력, 지지면 형태 등과 같은 요인, 사회 문화적 측면은 성별, 문화, 인종 등과 같은 요인

• 과제 제한 요소 : 운동 행동 과제 특성으로 발생하는 제한 요소로 운동목표, 규칙, 사용 장비 등 과제에 따른 제한 요소

06 〈보기〉에서 설명하는 게셀(A. Gesell)과 에임스(L. Ames)의 운동발달의 원리가 아닌 것은?

┌─ 보기 ─

• 머리에서 발 방향으로 발달한다.

• 운동발달은 일련의 방향성을 갖는다.

• 운동협응의 발달순서가 있다.

　– 양측 : 상지 혹은 하지의 양측을 동시에 움직이는 형태를 보인다.

　– 동측 : 상하지를 동시에 움직이는 형태를 보인다.

　– 교차 : 상하지를 동시에 움직이는 형태를 보인다.

• 운동기술의 습득 과정에서 몸통이나 어깨 근육을 조절하는 능력을 먼저 갖추고, 이후에 팔, 손목, 손, 그리고 손가락 근육을 조절하는 능력을 갖춘다.

└────────

① 머리 - 꼬리 원리(cephalocaudal principle)

② 중앙 - 말초 원리(proximodistal principle)

③ 개체발생적 발달 원리(ontogenetic development principle)

④ 양측 - 동측 - 교차 운동협응의 원리[bilateral - unilateral(ipsilateral) - crosslateral principle]

> **정답해설** 개체발생적 발달 원리는 환경적 요인에 영향을 받아 학습 과정을 통하여 획득되는 운동 원리이다.

07 스포츠를 통한 인성 발달 전략에 대한 설명으로 옳지 않은 것은?

① 상황에 맞는 바람직한 행동을 설명한다.

② 도덕적으로 적절한 행동에 대하여 설명한다.

③ 바람직한 행동을 강화하고, 적대적 공격행동은 처벌한다.

④ 격한 상황에서 자신의 감정을 공격적으로 표출하도록 격려한다.

> **정답해설** 공격적으로 표출하지 않도록 격려하는 것이 좋다.

08 〈보기〉에서 설명하는 목표의 유형은?

┌─ 보기 ─────────────────────────┐
• 운동기술을 잘 수행하기 위해서 필요한 핵심 행동에 중점을 둔다.
• 자기효능감과 자신감을 높이고 인지 불안을 낮추는 데 도움이 된다.
• 자신의 운동수행에 대한 목표를 달성하는 데 중점을 두는 목표로 달성의 기준점이 자신의 과거 기록이 된다.
└────────────────────────────┘

① 과정목표와 결과목표

② 수행목표와 과정목표

③ 수행목표와 객관적목표

④ 객관적목표와 주관적목표

> **정답해설**
> • 수행목표 : 운동수행의 목표를 달성하는 데 중점을 두는 목표로 달성의 기준점이 자신의 과거 기록이 된다.
> • 과정목표 : 운동기술을 잘 수행하기 위해서 필요한 핵심 운동에 중점을 두고, 과정에 보다 중점을 둔 목표 개념으로 자기효능감과 자신감을 높이고 인지 불안을 낮추는 데 도움이 된다.

09 스미스(R. Smith)와 스몰(F. Smol)이 개발한 유소년 지도자 훈련 프로그램인 CET(Coach Effectiveness Training)의 핵심 원칙이 아닌 것은?

① 자기관찰

② 운동도식

③ 상호지원

④ 발달모델

> **정답해설** 운동도식은 CET(Coach Effectiveness Training)의 핵심 원칙이 아니다.

> **Tip** 유소년 지도자 훈련프로그램 CET 핵심 원칙 5가지
> 1) 자기관찰 : 지도자 스스로 자기 코칭 행동 관찰(역할 연기, 시범 등)
> 2) 상호지원 : 선수들 사이 상호 의무를 중시하고, 팀원들의 단결 촉진
> 3) 발달모델 : 노력 중심의 긍정적인 발달환경 제공
> 4) 긍정적 접근 : 긍정적 강화와 격려(처벌, 적대적인 대응 자제)
> 5) 선수참여 : 의사 결정 과정에 선수참여

10 균형유지와 사지협응 및 자세제어에 주된 역할을 하는 뇌 구조(영역)는?

① 소뇌(cerebellum)

② 중심고랑(central sulcus)

③ 대뇌피질의 후두엽(occipital lobe of cerebrum)

④ 대뇌피질의 측두엽(temporal lobe of cerebrum)

> **정답해설** 소뇌
> • 중심고랑 : 전두엽과 두정엽이 나누어진 경계선. 앞쪽은 1차 운동피질, 뒤쪽은 1차 감각피질
> • 대뇌피질의 후두엽 : 시각 기능 담당
> • 대뇌피질의 측두엽 : 관자놀이에 위치하며 청각, 언어, 후각 기능 담당

11 골프 퍼팅 과제를 100회 연습한 뒤, 24시간 후에 동일 과제에 대해 수행하는 검사는?

① 속도검사(speed test)

② 파지검사(retention test)

③ 전이검사(transfer test)

④ 지능검사(intelligence test)

| 정답 | 07 ④ 08 ② 09 ② 10 ① 11 ②

정답해설 파지검사

- 속도검사 : 제한된 시간에 수행 능력을 측정하는 검사
- 전이검사 : 이전 학습이 후속 학습에 영향을 미쳤는지를 검사
- 지능검사 : 지적 능력을 수치로 나타내기 위하여 만든 검사

12 〈보기〉에서 설명하는 일반화된 운동프로그램 (generalized motor program)의 불변 특성 (invariant feature) 개념은?

〈보기〉

A 움직임 시간(movement time) = 500ms			
하위 움직임 1 = 25%	하위 움직임 2 = 25%	하위 움직임 3 = 25%	하위 움직임 4 = 25%

B 움직임 시간(movement time) = 900ms			
하위 움직임 1 = 25%	하위 움직임 2 = 25%	하위 움직임 3 = 25%	하위 움직임 4 = 25%

- A 움직임 시간은 500ms, B 움직임 시간은 900ms 로 서로 다르다.
- 4개의 하위 움직임 구간의 시간적 구조 비율 은 변하지 않는다.
- 단, A와 B 움직임은 모두 동일인이 수행한 동 작이며, 하위움직임 구성도 4개로 동일함

① 어트랙터(attractor)
② 동작유도성(affordance)
③ 상대적 타이밍(relative timing)
④ 절대적 타이밍(absolute timing)

정답해설 상대적 타이밍

- 어트랙터 : 매우 안정된 상태로 시스템이 선호하는 행동 상태
- 동작유도성 : 유기체, 환경, 과제 상호 관계에서 나타날 수 있는 동작의 가능성

- 절대적 타이밍 : 목표의 전체시간과 실제의 전체시간의 계산된 값으로 전체 힘, 근육 선택 등과 같이 가변적인 특성을 가지며, 매개 변수화 및 수량화 학습에 지표로 사용

13 〈보기〉에서 구스리(E. Guthrie)가 제시한 '운동 기술 학습으로 인한 변화'에 관한 설명으로 옳은 것을 모두 고른 것은?

〈보기〉

ㄱ 최대의 확실성(maximum certainty)으로 운동과제를 수행할 수 있다.
ㄴ 최소의 인지적 노력(minimum cognitive effect)으로 운동과제를 수행할 수 있다.
ㄷ 최소의 움직임 시간(minimum movement time)으로 운동과제를 수행할 수 있다.
ㄹ 최소의 에너지 소비(minimum energy expenditure)로 운동과제를 수행할 수 있다.

① ㄱ, ㄴ, ㄷ
② ㄱ, ㄷ, ㄹ
③ ㄴ, ㄷ, ㄹ
④ ㄱ, ㄴ, ㄷ, ㄹ

정답해설 ㄱ, ㄷ, ㄹ이 옳은 설명이다.

오답해설

ㄴ 최소의 인지적 노력 : 신체적 움직임보다 인지적인 과정을 중요시하기에 운동기술이라고 볼 수 없다.

14 〈보기〉에 제시된 공격성에 관한 설명과 이론(가설)이 바르게 연결된 것은?

〈보기〉

- (ㄱ) 환경에서 관찰과 강화로 공격행위를 학습한다.
- (ㄴ) 인간의 내부에는 공격성을 유발하는 에너지가 존재한다.
- (ㄷ) 좌절(예 목표를 추구하는 행위가 방해받는 경험)이 공격 행동을 유발한다.
- (ㄹ) 좌절이 무조건 공격행동을 유발하지 않고, 공격행동이 적절하다는 외부적 단서가 있을 때 나타난다.

|정답| 12 ③   13 ②   14 ①

① ㉠ 사회학습이론, ㉡ 본능이론,
㉢ 좌절 - 공격 가설, ㉣ 수정된 좌절 - 공격
가설,

② ㉠ 사회학습이론, ㉡ 본능이론,
㉢ 수정된 좌절 - 공격 가설, ㉣ 좌절 - 공격
가설,

③ ㉠ 본능이론, ㉡ 사회학습이론,
㉢ 좌절 - 공격 가설, ㉣ 수정된 좌절 - 공격
가설

④ ㉠ 본능이론, ㉡ 사회학습이론,
㉢ 수정된 좌절 - 공격 가설, ㉣ 좌절 - 공격
가설

정답해설
㉠ 사회학습이론 : 공격성은 환경에서 학습된다는 것
㉡ 본능이론 : 인간의 타고난 특성이라는 것
㉢ 좌절-공격 가설 : 좌절로 인한 분노로 공격이 일어난다는 것
㉣ 수정된 좌절-공격 가설 : 좌절이 무조건 공격으로 나타나기보다 공격 행동이 적절하다는 단서가 있을 때 공격이 일어난다는 것

15 〈보기〉에서 하터(S. Harter)의 유능성 동기이론 모형에 관한 설명으로 옳은 것을 고른 것은?

보기
㉠ 심리적 요인과 관련된 단일차원의 구성개념이다.
㉡ 실패 경험은 부정적 정서를 갖게 하여 유능성 동기를 낮추고, 결국에는 운동을 중도 포기하게 한다.
㉢ 성공 경험은 자기효능감과 긍정적 정서를 갖게 하여 유능성 동기를 높이고, 숙달(mastery)을 경험하게 한다.
㉣ 스포츠 상황에서 성공하기 위한 능력이 있다는 확신의 정도나 신념으로 특성 스포츠 자신감과 상태 스포츠 자신감으로 구분한다.

① ㉠, ㉡   ② ㉠, ㉣
③ ㉡, ㉢   ④ ㉡, ㉣

정답해설 ㉡, ㉢이 옳은 설명이다.
오답해설
㉠ 심리적 요인과 관련된 다차원적 구성개념이다.
㉣ 스포츠 자신감 모형에 대한 설명이다.

16 〈보기〉에서 설명하는 용어는?

보기
번스타인(N. Bernstein)은 움직임의 효율적 제어를 위해 중추신경계가 자유도를 개별적으로 제어하지 않고, 의미 있는 단위로 묶어서 조절한다고 설명하였다.

① 공동작용(synergy)
② 상변이(phase transition)
③ 임계요동(critical fluctuation)
④ 속도 - 정확성 상쇄 현상(speed - accuracy trade - off)

정답해설 공동작용에 대한 설명이다.
오답해설
② 상변이 : 안정성의 변화로 협응 구조의 형태가 변하는 현상
③ 임계요동 : 시스템 변이가 일어나는 임계점 접근에 따라 요동의 증폭이 증가되어 변이가 일어나는 임계점 바로 직전에 요동이 가장 커지는 현상
④ 속도-정확성 상쇄 현상 : 운동 속도가 빨라지면 운동의 정확성이 감소되는 현상

17 〈보기〉에서 연구 결과를 통해 확인할 수 있는 목표설정에 관한 설명으로 옳은 것을 고른 것은?

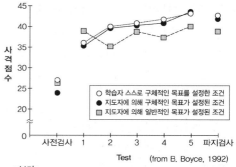
Test   (from B. Boyce, 1992)

보기
㉠ 목표설정이 운동의 수행과 학습에 효과적이다.
㉡ 학습자에게 어려운 목표를 설정하도록 조언해야 한다.
㉢ 구체적인 목표를 설정했던 집단에서 더 높은 학습 효과가 나타났다.
㉣ 구체적이고 도전적인 목표를 향해 전념하도록 격려하는 것은 운동의 수행과 학습의 효과를 감소시킨다.

| 정답 | 15 ③ 16 ① 17 ②

① ㉠, ㉡   ② ㉠, ㉢
③ ㉡, ㉢   ④ ㉡, ㉣

목표설정은 ㉠, ㉢과 같이 크게 두 가지 상황을 고려해야 한다.
㉠ 목표설정이 운동의 수행과 학습에 효과적이다.
㉢ 구체적인 목표를 설정했던 집단에서 더 높은 학습 효과 가 나타난다.

18 〈보기〉에서 설명하는 피드백 유형은?

┌─보기─┐

높이뛰기 도약 스텝 기술을 연습하게 한 후에 지도자는 학습자의 정확한 도약 기술 습득을 위 해 각 발의 스텝번호(지점)를 바닥에 표시해주 었다.

① 내적 피드백(intrinsic feedback)
② 부적 피드백(negative feedback)
③ 보강 피드백(augmented feedback)
④ 부적합 피드백(incongruent feedback)

보강 피드백은 학습자가 스스로 받아들이는 정 보가 아니라 지도자가 제공하거나 영상(신호) 등을 통해 외 부에서 제공되는 정보들이다.

① 내적 피드백 : 학습자의 내부(근육, 관절 등) 감각 시스 템으로부터 제공되는 정보들이다.

19 〈보기〉는 칙센트미하이(M. Csikszentmihalyi) 가 주장한 몰입의 개념이다. ㉠~㉣에 들어갈 개 념이 바르게 연결된 것은?

┌─보기─┐

• (㉠)과 (㉡)이 균형을 이루는 상황에서 운 동 수행에 완벽히 집중하는 것을 몰입(flow) 이라 한다.
• (㉡)이 높고, (㉠)이 낮으면 (㉢)을 느낀다.
• (㉡)이 낮고, (㉠)이 높으면 (㉣)을 느낀다.

	㉠	㉡	㉢	㉣
①	기술	도전	불안	이완
②	도전	기술	각성	무관심
③	기술	도전	각성	불안
④	도전	기술	이완	지루함

㉠ 기술, ㉡ 도전, ㉢ 불안, ㉣ 이완에 해당한다.

20 학습된 무기력(learned helplessness) 상태에 있 는 학습자에게 귀인 재훈련(attribution retraining) 을 위한 적절한 전략은?

① 실패의 원인을 외적 요인에서 찾게 한다.
② 능력의 부족을 긍정적으로 받아들이게 한다.
③ 운이 따라 준다면 다음에 성공할 수 있다고 지도한다.
④ 실패의 원인을 노력 부족이나 전략의 미흡으 로 받아들이게 한다.

학습된 무기력 귀인 재훈련 : 실패의 원인을 내 적 요인에서 찾게 하고, 노력 부족이나 전략 미흡과 같이 불안정적이지만 통제 가능한 귀인으로 받아들이게 하는 것이 좋다. 귀인 재훈련은 실패해도 미래에 성공할 수 있다는 기 대감을 높이고 정서적 긍정 체험을 하면 수행이 좋아진다.

스포츠윤리

01 스포츠맨십(sportsmanship) 행위가 아닌 것은?

① 패자에게 승리의 우월성 과시
② 악의없는 순수한 경쟁
③ 패배에 대한 겸허한 수용
④ 승자에 대한 아낌없는 박수

정답해설 패자에게 승리의 우월성을 과시하는 것은 스포츠맨십 행위가 아니다.

02 〈보기〉에서 스포츠에 관한 결과론적 윤리관에 해당하는 것으로만 고른 것은?

> ─보기─
> ㉠ 경기에서 지더라도 경기규칙은 반드시 준수해야 한다.
> ㉡ 개인의 최우수선수상 수상보다 팀의 우승이 더 중요하다.
> ㉢ 운동선수는 훈련과정보다 경기에서 승리하는 것이 더 중요하다.
> ㉣ 스포츠 경기는 페어플레이를 중시하기 때문에 승리를 위한 불공정한 행위를 해서는 안 된다.

① ㉠, ㉢   ② ㉠, ㉣
③ ㉡, ㉢   ④ ㉢, ㉣

정답해설 결과론적 윤리관에 해당하는 것은 ㉡, ㉢이다. ㉠, ㉣은 의무론적 윤리관이다.

03 스포츠에서 나타나는 인종차별에 관한 설명으로 적절하지 않은 것은?

① 경기실적 향상을 위해 우수한 외국 선수를 귀화시키기도 한다.
② 개인의 운동기량을 인종 전체로 일반화시켜 편견과 차별이 심화되기도 한다.
③ 스포츠미디어는 인종에 대한 편견과 차별을 재생산하기도 한다.
④ 일부 관중들은 노골적으로 특정 인종을 비하하는 모욕 행위를 표출하기도 한다.

정답해설 경기실적 향상을 위해 우수한 외국 선수를 귀화시키는 것은 인종차별이 아닌 경기력 향상을 위한 전략이며, 다양한 문화를 향유하는 하나의 과정이다.

04 스포츠윤리 이론 중 덕윤리의 특징으로 적절하지 않은 것은?

① 스포츠 상황에서의 행위의 정당성보다 개인의 인성을 강조한다.
② 비윤리적 행위는 궁극적으로 스포츠인의 올바르지 못한 품성에서 비롯된다.
③ '어떠한 행위를 하는 선수가 되어야 하는가'보다 '무엇이 올바른 행위인지'를 판단하는 데 더 주목한다.
④ 스포츠인의 미덕을 드러내는 행동은 옳은 것이며, 악덕을 드러내는 행동은 그릇된 것으로 간주한다.

정답해설 ③의 내용은 의무론의 특징이다.

05 〈보기〉에서 스포츠윤리의 역할로 적절한 것으로만 고른 것은?

> ─보기─
> ㉠ 스포츠 상황에서 행동의 옳고 그름을 판단할 수 있는 원리 탐구
> ㉡ 스포츠 현상을 사실적으로 기술하는 방법 탐구
> ㉢ 스포츠 현상의 미학적 탐구
> ㉣ 윤리적 원리와 도덕적 덕목에 기초하여 스포츠인에게 요구되는 행위 탐구

① ㉠, ㉡
② ㉠, ㉣
③ ㉡, ㉢
④ ㉡, ㉣

정답해설 스포츠윤리의 역할로 적절한 것은 ㉠, ㉣이다.

오답해설
㉡은 스포츠윤리가 아닌 가치판단의 특징이며, ㉢은 스포츠의 철학적 역할에 대한 내용이다.

| 정답 | 01 ①   02 ③   03 ①   04 ③   05 ②

06 〈보기〉의 괄호 안에 공통으로 들어갈 용어는?

┌─ 보기 ─────────────────────────────┐
- 칸트(I. Kant)에게 도덕성의 기준은 (   )이다.
- 칸트에 의하면, 페어플레이도 (   )이/가 없으면 도덕적이라 볼 수 없다.
- (   )은/는 도덕적인 선수가 갖추어야 할 내적인 태도이자 도덕적 행위의 필요충분 조건이다.
└────────────────────────────────────┘

① 행복
② 선의지
③ 가언명령
④ 실천

정답해설 칸트의 이론이며, 선의지는 결과가 아닌 동기 또는 의도 때문에 선하다는 의미이다.

07 〈보기〉에서 스포츠 선수의 유전자 도핑을 반대해야 하는 이유로 적절한 것을 모두 고른 것은?

┌─ 보기 ─────────────────────────────┐
㉠ 선수의 신체를 실험 대상화하여 기계나 물질로 이해하도록 만들기 때문
㉡ 유전자조작 인간과 자연적 인간 사이에 갈등을 초래하기 때문
㉢ 생명체로서 인간의 본질을 훼손하고 존엄성을 부정하기 때문
㉣ 선수를 우생학적 개량의 대상으로 만들기 때문
└────────────────────────────────────┘

① ㉠, ㉢
② ㉡, ㉢
③ ㉠, ㉡, ㉣
④ ㉠, ㉡, ㉢, ㉣

정답해설 ㉠, ㉡, ㉢, ㉣ 모두 스포츠선수의 유전자 도핑을 반대해야 하는 이유에 해당한다.

08 〈보기〉의 괄호 안에 들어갈 정의(justice)의 유형은?

┌─ 보기 ─────────────────────────────┐
운동선수의 신체는 훈련으로 만들어지기도 하지만 유전적 요인으로 결정되는 경우가 많다. 농구와 배구선수의 키는 타고난 우연성에 해당한다. 일반적으로 스포츠 경기에서는 이러한 불평등 문제에 (   ) 정의를 적용하지 않는다. 왜냐하면 스포츠는 전적으로 개인의 자발적인 선택의 문제이기 때문이다.
└────────────────────────────────────┘

① 자연적   ② 절차적
③ 분배적   ④ 평균적

정답해설 모든 사람이 동등한 대우를 받아야 한다는 것이 평균적 정의이다. 그러나 스포츠 환경이나 결과에 동등한 대우가 주어질 수 없기 때문에 평균적 정의를 적용하지 않는다.

09 〈보기〉에서 A선수의 판단 근거가 되는 윤리이론의 난점에 관한 설명으로 적절한 것은?

┌─ 보기 ─────────────────────────────┐
농구경기 4쿼터 종료 3분 전, 감독에게 의도적 파울을 지시받은 A선수는 의도적 파울이 팀 승리에 기여할 수 있지만, 상대 선수에게 위협을 가하거나 자칫 부상을 입힐 수 있기 때문에 도덕적으로 옳지 않다고 판단했다.
└────────────────────────────────────┘

① 사회 전체의 이익을 고려하지 않는 경우가 발생한다.
② 상식적이고 보편적인 도덕직관과 충돌하는 판단을 내릴 수 있다.
③ 행위의 결과를 즉각 산출하기 어려울 경우에 명료한 지침을 제시하지 못할 수 있다.
④ 도덕을 수단적으로 인식한다는 점에서 근본적인 도덕개념들과 양립하기 어렵다.

정답해설 〈보기〉의 내용은 의무론에 의해 판단한 것이다. 의무론의 난점은 사회 전체의 이익을 고려하지 않는 경우가 발생한다는 것이다.

| 정답 | 06 ②   07 ④   08 ④   09 ①

10 〈보기〉의 괄호 안에 공통으로 들어갈 용어는?

┌─보기─┐

예진 : 스포츠에는 규칙으로 통제된 (   )이 존재해. 대표적으로 복싱과 태권도와 같은 투기종목은 최소한의 안전장치가 마련되고, 그 속에서 힘의 우열이 가려지는 것이지. 따라서 스포츠 내에서 폭력은 용인된 폭력과 그렇지 않은 폭력으로 구분할 수 있어!

승현 : 아니, 내 생각은 달라! 스포츠 내에서의 폭력과 일상 생활에서의 폭력은 본질적으로 동일하지. 그래서 (   )은 존재할 수 없어.

└────────┘

① 합법적 폭력　　　② 부당한 폭력
③ 비목적적 폭력　　④ 반사회적 폭력

[정답해설] 격투스포츠의 합법적 폭력에 대한 찬성과 반대 의견이다.

11 〈보기〉에서 국제수영연맹(FINA)이 기술도핑을 금지한 이유는?

┌─보기─┐

2008년 베이징올림픽 수영종목에서는 25개의 세계신기록이 쏟아져 나왔다. 주목할만한 것이 23개의 세계신기록이 소위 최첨단 수영복이라 불리는 엘지알 레이서(LZR Racer)를 착용한 선수들에 의해 수립되었다는 것이다. 그러나 이 같은 수영복을 하나의 기술도핑으로 간주한 국제수영연맹은 2010년부터 최첨단 수영복의 착용을 금지하였다.

└────────┘

① 효율성 추구　　　② 유희성 추구
③ 공정성 추구　　　④ 도전성 추구

[정답해설] 전신수영복은 기술도핑으로 공정성에 문제가 있어 금지되었다.

12 〈보기〉에서 나타난 현준과 수연의 공정시합에 관한 관점이 바르게 연결된 것은?

┌─보기─┐

현준 : 승부조작은 경쟁적 스포츠의 본래적 가치를 훼손시키는 행위지만, 경기규칙을 위반하지 않았다면 윤리적으로 문제없는 것이 아닌가?

수연 : 나는 경기규칙을 위반하지 않았다 하더라도, 스포츠의 역사적·사회적 보편성과 정당성 속에서 형성되고 공유된 에토스(shared ethos)에 충실해야 한다고 생각해! 그래서 스포츠의 가치를 근본적으로 훼손시키는 승부조작은 추구해서도, 용인되어서도 절대 안돼!

└────────┘

	현준	수연
①	물질만능주의	인간중심주의
②	형식주의	비형식주의
③	비형식주의	형식주의
④	인간중심주의	물질만능주의

[정답해설]
• 현준(형식주의) : 경기규칙에 명시된 것만을 경기규칙으로 보는 주의
• 수연(비형식주의) : 경기규칙뿐만 아니라 관습의 윤리적인 측면도 규칙에 포함하려는 주의

13 〈보기〉의 ㉠, ㉡과 관련된 맹자(孟子)의 사상이 바르게 연결된 것은?

┌─보기─┐

㉠ 농구 경기에서 자신과 부딪쳐서 부상을 당해 병원으로 이송되는 상대 선수를 걱정해 주는 마음
㉡ 배구 경기에서 자신의 손에 맞고 터치 아웃된 공을 심판이 보지 못해서 자기 팀이 득점을 했을 때 스스로 부끄러워하는 마음

└────────┘

	㉠	㉡
①	수오지심(羞惡之心)	측은지심(惻隱之心)
②	측은지심(惻隱之心)	수오지심(羞惡之心)
③	사양지심(辭讓之心)	시비지심(是非之心)
④	측은지심(惻隱之心)	사양지심(辭讓之心)

| 정답 | 10 ①　11 ③　12 ②　13 ②

14 장애인의 스포츠 참여를 지원하는 방법으로 적절하지 **않은** 것은?

① 장애인이 접근 가능한 장소의 확보
② 활동에 필요한 장비 및 기구의 안정적 지원
③ 비장애인과의 통합수업보다 분리수업 지향
④ 일회성 체험이 아닌 지속적인 클럽활동 보장

15 스포츠의 지속 가능한 발전에 관한 설명으로 적절하지 **않은** 것은?

① 새로운 스포츠 시설의 개발 금지
② 스포츠 시설의 개발과 자연환경의 공존
③ 건강한 인간과 건강한 자연환경의 공존
④ 스포츠만의 환경 운동이 아닌 국가적, 국제적 협력과 공조

16 〈그림〉은 스포츠윤리규범의 구조이다. ㉠~㉢에 해당하는 용어가 바르게 연결된 것은?

- ㉠
  - 스포츠의 정신적 가치
  - 인간의 보편적 미덕
- ㉡
  - 동등한 경쟁조건
  - 정정당당함
- ㉢
  - 행위 규정
  - 시합의 조건

	㉠	㉡	㉢
①	규칙준수	스포츠맨십	페어플레이
②	스포츠맨십	페어플레이	규칙준수
③	페어플레이	규칙준수	스포츠맨십
④	스포츠맨십	규칙준수	페어플레이

17 국민체육진흥법(시행 2022.8.11.) 제18조의3 '스포츠윤리센터의 설립'에 관한 사항으로 옳지 **않은** 것은?

① 스포츠윤리센터는 문화체육관광부 장관이 감독한다.
② 스포츠윤리센터의 정관에 기재할 사항은 국무총리령으로 정한다.
③ 스포츠윤리센터가 아닌 자는 스포츠윤리센터 또는 이와 비슷한 명칭을 사용하지 못한다.
④ 스포츠윤리센터의 장은 문화체육관광부 장관의 승인을 받아 관계 행정 기관 소속 임직원의 파견 또는 지원을 요청할 수 있다.

18 〈보기〉에서 국제육상경기연맹(IFFA)이 출전금지를 판단한 이유는?

┌ 보기 ┐
2011년 대구세계육상선수권대회에서 남아프리카공화국의 의족 스프린터 피스토리우스(O. Pistorius)는 비장애인육상경기에 참가 신청을 했으나, 국제육상경기연맹은 경기에 사용되는 의족의 탄성이 피스토리우스에게 유리하다는 이유로 출전을 허용하지 않았다고 한다.

① 인종적 불공정　　② 성(性)적 불공정
③ 기술적 불공정　　④ 계급적 불공정

| 정답 | 14 ③　15 ①　16 ②　17 ②　18 ③

19 스포츠에서 나타나는 성차별의 원인이 <u>아닌</u> 것은?

① 사회적 성 역할의 고착화

② 차이를 차별로 정당화하는 논리

③ 신체구조와 운동능력에 대한 편견

④ 여성성을 해치는 스포츠에의 여성 참가 옹호

정답해설 여성성을 해치는 스포츠에서의 여성 참가 옹호는 성차별이 아닌 성차별을 완화하는 것이라 볼 수 있다.

20 스포츠에서 심판윤리에 관한 설명으로 옳지 <u>않은</u> 것은?

① 심판의 사회윤리는 협회나 종목단체의 도덕성과 밀접한 관련이 있다.

② 심판은 공정하고 엄격한 도덕적 원칙을 적용해야 한다.

③ 심판의 개인윤리는 청렴성, 투명성 등의 인격적 도덕성을 의미한다.

④ 심판은 '이익동등 고려의 원칙'에 따라 전력이 약한 팀에게 유리한 판정을 할 수 있다.

정답해설 심판은 객관적이고 중립적인 공정에 따라 판정해야 한다.

운동생리학

01 ATP를 합성하는 데 사용되는 에너지원이 <u>아닌</u> 것은?

① 근중성지방　　② 비타민C

③ 글루코스　　　④ 젖산

정답해설 에너지는 탄수화물, 지방, 단백질의 형태로 음식물에 들어 있다가 세포 내 분해를 통해 저장된 에너지를 방출한다. 체내의 잠재적 에너지원은 ATP와 PC, 혈청 글루코스, 간 및 근육의 글리코겐, 혈청 유리 지방산, 근육 및 지방조직에서의 중성지질, 근육 단백질 등이 포함된다.

02 근수축에 필수적인 Ca^{2+} 이온을 저장, 분비하는 근육 세포 내 소기관은?

① 근형질세망(sarcoplasmic reticulum)

② 위성세포(satellite cell)

③ 미토콘드리아(mitochondria)

④ 근핵(myonuclear)

정답해설 안정 시 칼슘은 근형질세망에 많은 양이 저장된다. 신경자극이 발생하면 근신경연접에서 아세틸콜린이 분비되며 그 다음 단계로 근형질세망의 소포에서 칼슘이 방출되어 트로포닌에 부착되고 트로포마이오신의 위치를 변화시킨다.

오답해설

② 위성세포(satellite cell) : 새로운 근육생성 시 nucleus의 공급원으로써 근육의 성장 및 발달에 중요한 역할, 즉, 근섬유 재생과 성장과정을 조절하는 줄기세포

③ 미토콘드리아(mitochondria) : 진핵생물의 세포 안에서 ATP를 합성하고 세포 호흡을 담당하는 세포 소기관

03 운동 후 초과산소섭취량(EPOC)에 영향을 미치는 요인으로 적절하지 <u>않은</u> 것은?

① 운동 중 증가한 체온

② 운동 중 증가한 젖산

③ 운동 중 증가한 호르몬(에피네프린, 노르에피네프린)

④ 운동 중 증가한 크레아틴인산(phosphocreatine, PC)

|정답| 19 ④　20 ④　/　01 ②　02 ①　03 ④

정답해설 안정 상태에서 운동으로 전환이 되면 ATP 생성이 시작되며 시간이 지날수록 근육 내 PC농도는 급격히 저하된다.

Tip
- 운동 후 대사율의 규모, 지속시간, 운동강도에 따라 기여
- 운동 후 초과산소섭취량에 기여하는 요소 : 근육 내 PC 재합성, 젖산염이 포도당으로 전환, 근육과 혈액의 산소를 저장, 체온상승, 운동 후 심박수 및 호흡수 상승, 호르몬의 상승 등

04 수중 운동 시 체온유지를 위한 요인으로 옳지 않은 것은?

① 폐활량
② 체지방량
③ 운동강도
④ 물의 온도

정답해설 폐활량 : 최대한 공기를 들여 마신 후 최대한 배출시킬 수 있는 공기의 양

Tip
- 운동 시 체온조절 : 간뇌의 시상하부에서 체온조절중추를 작동
- 수의적 근육운동 및 불수의적(떨림) 운동으로 열을 생성
- 증가된 체온을 피부혈관 확장과 발한(땀)으로 열을 발산
- 음성피드백 : 체온 증가 → 발한, 피부혈류 증가
  체온 감소 → 떨림, 피부혈류 감소

05 운동강도 증가에 따라 동원되는 근섬유 순서로 옳은 것은?

① Type Ⅱa섬유 → Type Ⅱx섬유 → Type Ⅰ섬유
② Type Ⅱx섬유 → Type Ⅱa섬유 → Type Ⅰ섬유
③ Type Ⅰ섬유 → Type Ⅱa섬유 → Type Ⅱx섬유
④ Type Ⅰ섬유 → Type Ⅱx섬유 → Type Ⅱa섬유

정답해설 운동강도가 증가함에 따라 근섬유의 동원은 다르게 나타난다.

Tip
- 속근 : 백근, FT, Type Ⅱx, Type Ⅱa
- 지근 : 적근, ST, Type Ⅰ
- 수축속도(Vmax) : Type Ⅱx(가장 빠름) → Type Ⅱa(중간) → Type Ⅰ(낮음)

06 장기간 규칙적 유산소 훈련의 결과로 최대 운동 시 나타나는 심폐기능의 적응으로 옳은 것을 모두 고른 것은?

┌─ 보기 ─┐
ⓐ 최대산소섭취량 증가
ⓑ 심장용적과 심근수축력 증가
ⓒ 심박출량 증가
└─────┘

① ㉠, ㉡ ② ㉠, ㉢
③ ㉡, ㉢ ④ ㉠, ㉡, ㉢

정답해설 규칙적인 운동에 대한 순환계 반응은 다음과 같다.
- 최대 심박출량과 1회 박출량의 증가
- 심박수의 변화(지구력 훈련에 관련된 선수의 최대심박수는 감소)
- 최대유산소능력의 향상
- 총 근육혈류량의 증가

07 항상성 유지를 위한 신체 조절 중 부적 피드백(negative feedback)이 아닌 것은?

① 세포외액의 CO_2 조절
② 체온 상승에 따른 땀 분비 증가
③ 혈당 유지를 위한 호르몬 조절
④ 출산 시 자궁 수축 활성화 증가

정답해설 출산 시 자궁 수축 활성화 증가는 정적 피드백(positive feedback)이다. 즉, 초기자극을 증가시키는 역할로 자극과 같은 방향에서 일어나는 것을 말한다.

Tip
- 부적 피드백(negative feedback) : 항상성을 유지하기 위해 각 요소들을 일반 수치로 되돌리는 역할
- 여성이 출산할 때의 분만 수축 상승 : 아기의 머리가 자궁 하부로 이동할 때 증가한 압력이 자궁경부의 감각 수용기 자극 → 뇌로 신경 신호 전달 → 뇌하수체에서 옥시토신 호르몬 방출 → 혈액을 거쳐 자궁으로 전달되어 수축을 더욱 활성화 → 진통이 지속되면서 자궁경부는 더 많은 자극이 주어져 자궁 수축이 더 활성화 → 출산이 일어날 때까지 자궁수축이 더 강해짐 → 출산 후 옥시토신 방출을 위한 자극(압력)이 중지되고 정적 피드백 메커니즘 멈춤

| 정답 | 04 ① 05 ③ 06 ④ 07 ④

08 운동 중 1회 박출량(stroke volume) 증가 원인으로 옳지 **않은** 것은?

① 대동맥압 증가에 따른 후부하(after load) 증가
② 호흡펌프작용에 의한 정맥회귀(venous return) 증가
③ 골격근 수축에 의한 근육펌프작용 증가
④ 교감신경 자극에 의한 심근 수축력 증가

정답해설 1회 박출량(stroke volume) : 심실이 수축할 때 배출되는 혈액의 양
1회 박출량 = 이완기말 용적(end diastolic volume, EDV) − 수축기말 용적(end systolic volume, ESV)

Tip 1회 박출량은 좌심실 크기 증대 또는 정맥환류량의 증대(이완기 혈액량)로 인한 이완기말 용적 증가와 심근 수축력의 증가, 심장에서 나가는 혈류저항(심박출량의 감소) 등 세 가지 요인에 의해 증가

09 〈보기〉의 ㉠, ㉡에 들어갈 내용이 바르게 연결된 것은?

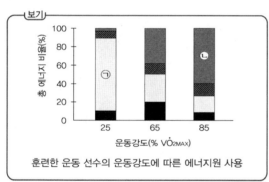

훈련한 운동 선수의 운동강도에 따른 에너지원 사용

	㉠	㉡
①	혈중 포도당	근중성지방
②	혈중 유리지방산	근글리코겐
③	근글리코겐	혈중 포도당
④	근중성지방	혈중 유리지방산

정답해설 〈보기〉는 운동강도가 근육 연료 사용에 미치는 영향에 대한 그림이다.

Tip **운동강도와 연료 선택**
• 운동강도의 강약에 따라 결정됨
• 운동강도가 증가하면서 지방보다 탄수화물에서 공급되는 에너지가 많은 운동강도 지점인 연료교차(crossover) 지점이 있음
 − 속근 섬유 사용 − 혈중 에프네프린 수준의 증가

10 운동 중 소뇌의 기능에 대한 설명으로 옳은 것을 모두 고른 것은?

보기
㉠ 골격근 운동 조절의 최종 단계 역할
㉡ 빠른 동작의 정확한 수행을 위한 통합 조절
㉢ 고유수용기로부터 유입되는 정보를 활용하여 동작 수정

① ㉠, ㉡   ② ㉠, ㉢
③ ㉡, ㉢   ④ ㉠, ㉡, ㉢

정답해설 소뇌 : 신체 평형과 자세의 조정, 운동의 조절에 기여하는 기관
• 제동 효과 : 운동 중 진자 운동 시 소뇌가 제동 효과를 발휘하여 운동 조절
• 스피드 지각 효과 : 운동 중 물체에 접근하거나 물체가 자신에게 접근해 오는 속도 인식

Tip **대뇌**
• 복잡한 운동의 조직화, 학습된 경험의 저장, 감각정보의 수용
• 운동피질 : 수의적 운동과 관련

11 운동에 따른 환기량의 변화로 옳은 것을 모두 고른 것은?

보기
㉠ 운동 시작 직전에는 운동 수행에 대한 기대감으로 환기량이 증가할 수 있다.
㉡ 운동 초기 환기량 변화의 주된 요인은 경동맥에 위치한 화학수용기 반응이다.
㉢ 운동강도가 증가하면 1회 호흡량은 감소하고 호흡수는 현저히 증가한다.
㉣ 회복기 환기량은 운동 중 생성된 체내 수소이온 및 이산화탄소 농도와 관련 있다.

① ㉠, ㉡   ② ㉠, ㉢
③ ㉠, ㉣   ④ ㉡, ㉢, ㉣

정답해설 **운동 시 환기량 변화 영향 요인**
• 운동 시작 전 : 운동 수행에 대한 기대감으로 환기량 증가(대뇌피질 자극)
• 운동 초기 : 근육이나 관절수용기(근방추, 골지건)로부터의 자극으로 환기량 증가

| 정답 | 08 ①   09 ②   10 ③   11 ③

- 운동 중 : 대사과정의 산물(CO_2, H, K)등에 의해 환기량 증가
- 운동 후 : 체내 생성된 수소이온과 이산화탄소의 배출을 위해 감소

ⓛ 경동맥에 위치한 화학수용기 즉, 경동맥소체는 동맥 산소분압, 이산화탄소분압, pH의 변화에 민감함. 동맥 이산화탄소분압의 증가는 경동맥소체를 자극해 호흡조절 중추에 호흡을 증가시키는 신호를 보냄

ⓒ 중강도에서 고강도의 운동 시 호흡량과 호흡빈도가 모두 증가함에 따라 상승됨. 그러나 고강도에서 초고강도 운동 시 환기량 증가는 호흡 빈도의 증가로 인해 이루어짐

12 〈보기〉의 ⊙, ⓛ에 들어갈 내용이 바르게 연결된 것은?

보기

1개의 포도당 분해에 따른 유산소성 ATP 생성		
대사적 과정	고에너지 생산	ATP 누계
해당작용	2 ATP	2
	2 NADH	7
피루브산에서 아세틸조효소A 까지	2 NADH	12
⊙	2 ATP	14
	6 NADH	29
	2 FADH$_2$	ⓛ
합계		ⓛ ATP

	⊙	ⓛ
①	크렙스회로	32
②	β 산화	32
③	크렙스회로	35
④	β 산화	35

유산소성 ATP의 계산
- 해당작용 통해서 2ATP, 2NADH(5ATP)생성 = 7ATP
- 피르부산에서 아세틸조효소A로 변환되면서 2NADH(5ATP) 생성 = 5ATP
- 크렙스회로 통해서 2GTP(2ATP), 6NADH(15ATP), 2FADH (3ATP) 생성 = 20ATP
  ⇒ 7 + 5 + 20 = 32ATP 생성(포도당 연료 시), 글리코겐을 연료로 사용하면 +1해서 33ATP 생성

13 체중이 80kg인 사람이 10METs로 10분간 달리기 했을 때 소비 칼로리는? (단, 1MET=3.5㎖ · kg^{-1} · min^{-1}, O$_2$ 1L 당 5Kcal 생성)

① 130Kcal
② 140Kcal
③ 150Kcal
④ 160Kcal

운동 시 에너지 소비량은 안정 시 산소섭취량과의 곱이다.
(10METs × 3.5 × 10min × 80kg) ÷ 200 = 140kcal

- 대사 방정식 : (METs × 3.5 × kg) ÷ 200 = Kcal/min
- 총 산소섭취량을 소비칼로리로 환산
- 80kg × 35METs × 10min = 28,000ml(28L)
  28L × 5kcal = 140Kcal

14 〈보기〉는 신경 세포의 안정 시 막전위에 영향을 주는 Na$^+$과 K$^+$에 대한 그림이다. ⊙~ⓔ에 들어갈 내용이 바르게 연결된 것은?

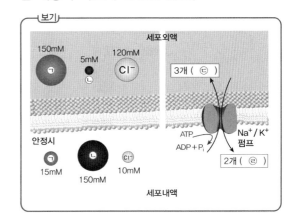

	⊙	ⓛ	ⓒ	ⓔ
①	K$^+$	Na$^+$	Na$^+$	K$^+$
②	Na$^+$	K$^+$	Na$^+$	K$^+$
③	K$^+$	Na$^+$	K$^+$	Na$^+$
④	Na$^+$	K$^+$	K$^+$	Na$^+$

- 안정막전위(분극상태) : 자극을 받지 않은 안정 시 세포막 내외에 존재하는 전압차를 의미
- 세포 밖에는 나트륨(Na$^+$)이 많고, 세포 내에서는 칼륨 (K$^+$)이 많음
- 세포막 안쪽이 음전위(-K), 바깥쪽이 양전위(+Na)의 성질
- 세포막을 경계로 하는 두 전극사이의 전위차(전압)는 신경에서 -70mV

| 정답 | 12 ① 13 ② 14 ②

- 혈장막에서의 나트륨(소듐)/칼륨(포타슘) 펌프 작용으로 인한 나트륨과 칼륨 교환 작용으로 ATP 에너지를 필요로 함
- 3개의 나트륨 분자를 세포 밖으로 내보내고 2개의 칼륨 분자를 안으로 들이는 과정을 위한 능동적인 펌프 작용이 일어남

15 〈보기〉의 최대산소섭취량 공식에서 장기간 지구성 훈련에 의해 증가되는 요소를 모두 고른 것은?

┌─ 보기 ─┐

최대산소섭취량 = ㉠ 최대1회박출량 × ㉡ 최대심박수 × ㉢ 최대동정맥산소차

└────┘

① ㉠   ② ㉠, ㉡
③ ㉠, ㉢   ④ ㉡, ㉢

정답해설 규칙적인 운동에 따른 순환계의 적응으로 최대산소섭취량이 향상되는데 그 원인은 최대심박출량의 증가 때문이며, 최대산소섭취량의 향상은 최대심박출량과 동정맥산소차 모두의 증가에 의한 결과이다. 또한 동정맥산소차의 증가는 최대근혈류량 증가를 감당할 수 있는 훈련된 근육의 모세혈관 밀도 증가 때문인데 모세혈관 밀도가 클수록 근육을 통과하는 적혈구의 이동을 느리게 만들어 산소 확산에 필요한 충분한 시간을 제공한다.

오답해설

㉡ 최대심박수 = 220 - 나이(age)

16 〈보기〉의 내용이 모두 증가되었을 때 향상되는 건강체력 요소는?

┌─ 보기 ─┐

- 모세혈관의 밀도
- 미토콘드리아의 수와 크기
- 동정맥 산소차(arterial - venous oxygen difference)

└────┘

① 유연성   ② 순발력
③ 심폐지구력   ④ 근력

정답해설 심폐지구력 : 심장, 폐, 순환계가 움직이는 근육에 효율적으로 산소를 공급하는 능력

오답해설

① 유연성 : 부상 없이 최대 관절가동범위에 걸쳐 부드럽게 관절을 움직이는 능력
② 순발력 : 근육이 순간적으로 빨리 수축하면서 나는 힘
④ 근력 : 근육에서 발생되는 힘의 최대근력

17 1시간 이내의 중강도 운동 시 시간 경과에 따라 혈중 농도가 점차 감소하는 호르몬은?

① 에피네프린(epinephrine)
② 인슐린(insulin)
③ 성장호르몬(growth hormone)
④ 코르티솔(cortisol)

정답해설 인슐린의 특징

- 세포 내부로의 글루코스 이동 촉진
- 글리코겐 생성 증가
- 글루코스 신생합성 감소
- 혈액 속의 글루코스 양 감소
- 단백질과 지방 대사에 관련, 세포의 아미노산 흡수를 증가시키고 단백질과 지방 합성을 촉진

오답해설 운동 중 글루코스 대사 조절

① 에피네프린(epinephrine) : 글리코겐 분해 가속
③ 성장호르몬(growth hormone) : 유리지방산의 동원 증가
④ 코르티솔(cortisol) : 단백질 분해를 증가시켜 아미노산이 간에서 글루코스 신생합성에 사용되도록 도움

Tip 운동 중 지방 대사 조절

- 유리지방산은 지방세포와 근섬유 내부에 트라이글리세라이드 형태로 저장
- 트라이글리세라이드는 유리지방산과 글리세롤로 분해, 4가지 호르몬에 의해 활성화(코티졸, 에피네프린, 노르에피네프린, 성장호르몬)

18 〈보기〉에서 설명하는 고유수용기는?

┌─ 보기 ─┐

- 감각 및 운동신경의 말단이 연결되어 있다.
- 감마운동뉴런을 통해 조절된다.
- 근육의 길이 정보를 중추신경계로 보낸다.

└────┘

① 근방추(muscle spindle)
② 골지건기관(Golgi tendon organ)
③ 자유신경종말(free nerve ending)
④ 파치니안 소체(Pacinian corpuscle)

정답해설 〈보기〉는 감각신경(구심성) 고유수용기 중 근방추에 대한 설명이다.

* 근방추 : 근육의 길이에 반응하는 수용체, 근육의 신전에 관한 정보 전달

| 정답 | 15 ③   16 ③   17 ②   18 ①

② 골지건기관(Golgi tendon organ) : 장력에 반응하는 수용체, 근수축에 관한 정보 전달
③ 자유신경종말(free nerve ending) : 통각 수용기, 조직 전체에 주로 분포
④ 파치니안 소체(Pacinian corpuscle) : 동적 관절수용기, 가속되는 자극이나 진동자극에 민감하게 반응

19 근력 결정요인으로 옳지 <u>않은</u> 것은?

① 근육 횡단면적　　② 근절의 적정 길이
③ 근섬유 구성비　　④ 근섬유막 두께

근섬유막의 두께는 근력을 결정하는 요인에 해당하지 않는다.

Tip　근력을 증가시키는 생리적 기전
• 신경적인 요인
　- 훈련 초기의 근력증가는 근육의 크기증대가 아닌 신경 적응현상
　- 근력훈련에서 신경의 적응현상은 운동단위의 동시 발화성의 향상과 동원능력의 향상 때문
• 근육의 크기 증대
　- 근력 훈련은 Type I과 Type II 섬유형태의 크기를 증대, Type I보다 Type II 섬유형태에서 더 많은 변화가 일어남
　- 근비대와 근섬유 증식

20 상완이두근의 움직임에 대한 근육 수축 형태로 옳지 <u>않은</u> 것은?

① 자세를 유지할 때-등척성 수축
② 턱걸이 올라갈 때-단축성 수축
③ 턱걸이 내려갈 때-신장성 수축
④ 공을 던질 때-등속성 수축

공 던지기는 근육의 길이가 변화하면서 장력을 발생시키는 등장성 수축에 해당된다.

Tip
• 등척성 수축 : 근섬유 길이의 변화 없이 장력이 발생하는 수축
• 등장성 수축 : 근섬유 길이의 변화와 관절각의 변화를 통한 수축으로 단축성과 신장성 수축으로 구분
• 등속성 수축 : 장력이 발생할 때 관절각이 동일한 속도로 운동하는 수축

운동역학

01 운동역학(sports biomechanics)의 내용으로 적절한 것은?

① 스포츠 현상을 사회학적 연구 이론과 방법으로 설명하는 학문이다.
② 운동에 의한 생리적·기능적 변화를 기술하고 설명하는 학문이다.
③ 스포츠 수행에 영향을 주는 심리적 요인을 설명하는 학문이다.
④ 스포츠 상황에서 인체에 발생하는 힘과 그 효과를 설명하는 학문이다.

운동역학 : 운동 중 인체에 작용하는 힘 또는 그 힘에 의한 움직임 자체의 운동 현상을 규명하는 학문

① 스포츠 사회학에 해당한다.
② 운동생리학에 해당한다.
③ 스포츠 심리학에 해당한다.

02 근육의 신장(원심)성 수축(eccentric contraction) 이 <u>아닌</u> 것은?

① 스쿼트의 다리를 굽히는 동작에서 큰볼기근 (대둔근, gluteus maximus)의 수축
② 팔굽혀펴기의 팔을 펴는 동작에서 위팔세갈 래근(상완삼두근, triceps brachii)의 수축
③ 턱걸이의 팔을 펴는 동작에서 넓은등근(광배근, latissimus dorsi)의 수축
④ 윗몸일으키기의 뒤로 몸통을 펴는 동작에서 배곧은근(복직근, rectus abdominis)의 수축

신장(원심)성 수축은 근육의 길이가 길어지면서 장력이 발생하는 것으로 상완삼두근은 단축성 수축이 일어난다.

|정답| 19 ④　20 ④　/　01 ④　02 ②

03 단위 시간당 이동한 변위(displacement)를 나타내는 벡터량은?

① 속도(velocity)

② 거리(distance)

③ 가속도(acceleration)

④ 각속도(angular velocity)

> **정답해설** 속도(velocity) : 단위시간에 움직인 변위(직선거리)를 나타내는 벡터량

> **오답해설**
> ② 거리(distance) : 물체가 한 위치에서 다른 위치로 이동하였을 때 그 물체가 지나간 궤적의 총 길이, 크기가 나타내는 스칼라량
> ③ 가속도(acceleration) : 단위 시간에 따른 속도의 변화율, 단위 시간에 대한 속도의 변화량, 속도의 크기 변화나 방향 변화 혹은 크기와 방향의 변화를 고려한 벡터량
> ④ 각속도(angular velocity) : 각변위/소요시간, 크기와 방향 모두 포함

04 지면반력기(force plate)를 통해 얻을 수 있는 변인이 <u>아닌</u> 것은?

① 걷기 동작에서 디딤발에 가해지는 힘의 방향

② 외발서기 동작에서 디딤발 압력중심(center of pressure)의 이동거리

③ 서전트 점프 동작에서 발로 지면에 힘을 가한 시간

④ 달리기 동작의 체공기(non-supporting phase)에서 발에 작용하는 힘의 크기

> **정답해설** 지면반력기는 인체가 지면에 작용한 힘에 대한 반작용력인 지면반력을 측정하는 것으로 체공(사전적 의미 : 항공기나 기구 따위가 공중에 머물러 있음)기에 대한 힘의 크기는 측정할 수 없다.

05 인체의 시상(전후)면(sagittal plane)에서 수행되는 움직임이 <u>아닌</u> 것은?

① 인체의 수직축(종축)을 중심으로 회전하는 피겨스케이팅 선수의 몸통분절 움직임

② 페달링하는 사이클 선수의 무릎관절 굴곡/신전 움직임

③ 100m 달리기를 하는 육상 선수의 발목관절 저측/배측굴곡 움직임

④ 앞구르기를 하는 체조 선수의 몸통분절 움직임

> **정답해설** 인체의 수직축(종축)을 중심으로 회전하는 피겨스케이팅 선수의 몸통분절 움직임은 장축과 횡단면에서 일어난다.

> **Tip**
> • 전후면 : 인체의 전후로 형성되어 인체를 좌우로 나누는 평면
> • 좌우측과 전후면(운동축과 운동면의 관계) : 사이클의 다리동작, 앞/뒤 공중돌기, 윗몸일으키기 등

06 〈보기〉에서 복합운동(general motion)에 해당하는 것을 모두 고른 것은?

> ┌─ 보기 ─┐
> ㉠ 커브볼로 던져진 야구공의 움직임
> ㉡ 페달링하면서 직선구간을 질주하는 사이클 선수의 대퇴(넙다리) 분절 움직임
> ㉢ 공중회전하면서 낙하하는 다이빙 선수의 몸통 움직임

① ㉠   ② ㉠, ㉢

③ ㉡, ㉢   ④ ㉠, ㉡, ㉢

> **정답해설** 복합운동(general motion)
> • 선운동(병진운동)과 각운동(회전운동)이 동시에 일어나는 운동
> • 대부분의 인체 운동은 복합운동이기 때문에 일반운동이라 함(스포츠 현장에서의 운동이 해당됨)

07 인체 무게중심에 대한 설명으로 옳은 것은? (단, 공기저항은 무시함)

① 무게중심은 항상 신체 내부에 위치한다.

② 체조 선수는 공중회전하는 동안 무게중심을 지나는 축을 중심으로 회전하게 된다.

③ 지면에 선 상태로 팔을 위로 올리면 무게중심은 아래로 이동한다.

④ 서전트 점프 이지(take-off) 후, 공중에서 팔을 위로 올리면 무게중심은 위로 이동한다.

| 정답 | 03 ①   04 ④   05 ①   06 ④   07 ②

정답해설 인체 무게중심

- 인체 각 분절마다 무게중심 존재, 이러한 분절들은 무게가 균형을 이루는 점이 전신의 무게 중심(신체중심)
- 자세에 따라 분절의 상대적 위치가 변하고, 무게중심도 수시로 변하며, 신체 외부에도 존재
- 남성보다 여성의 무게중심이 낮고, 동양인의 무게중심이 서양인보다 낮으며, 유아는 성인보다 높음

08 농구 자유투에서 투사된 농구공의 운동에 대한 설명으로 옳은 것은? (단, 공기저항은 무시함)

① 농구공 질량중심의 수직속도는 일정하다.

② 최고점에서 농구공 질량중심의 수평속도는 0m/s가 된다.

③ 최고점에서 농구공 질량중심은 수평방향으로 등속도 운동을 한다.

④ 최고점에서 농구공 질량중심은 수직방향으로 등속도 운동을 한다.

정답해설 최고점에서 농구공 질량중심은 수평방향으로 등속도 운동을 하고, 수직방향으로는 등가속도 운동을 한다.

Tip 투사체의 포물선 운동

- 최고 높이까지는 속도가 점차 감소하고 중력의 영향으로 떨어지기 시작하면서부터는 등가속도 운동을 한다.
- 공의 수평가속도는 0m/s^{2}이다.
- 공의 수직가속도는 중력가속도와 같다.
- 공의 투사각도, 투사속도, 투사높이는 투사거리에 영향을 미친다.

09 〈그림〉과 같이 공이 지면(수평 고정면)에 충돌하는 상황에 관한 설명으로 옳은 것은? (단, 공의 충돌 전 수평속도 및 수직속도는 같음)

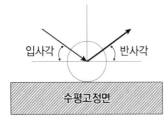

입사각   반사각

수평고정면

① 충돌 후, 무회전에 비해 백스핀된 공의 수평속도가 크다.

② 충돌 후, 무회전에 비해 톱스핀된 공의 수직속도가 크다.

③ 충돌 후, 무회전에 비해 톱스핀된 공의 반사각이 크다.

④ 충돌 후, 무회전된 공과 백스핀된 공의 리바운드 높이는 같다.

정답해설 공의 충돌 전 수평속도 및 수직속도가 같다는 조건에서 공이 지면에 충돌하는 상황은 불완전탄성충돌이라고 할 수 있다. 따라서 불완전탄성충돌인 경우 (0 < 탄성계수 < 1) 물체는 일시적으로 변했다가 다시 원래상태로 돌아온다(리바운드 되는 농구공, 축구의 킥, 야구공의 배팅, 테니스공).

10 〈그림〉에서 달리기 선수의 질량은 60kg이며 오른발 착지 시 무게중심의 수평속도는 2m/s이다. A와 B의 면적이 각각 80N · s와 20N · s일 때, 오른발 이지(take-off) 순간 무게중심의 수평속도는?

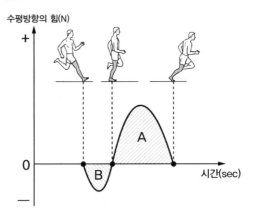

수평방향의 힘(N)

A

B

0   시간(sec)

① 3m/s   ② 4m/s

③ 5m/s   ④ 6m/s

정답해설

운동량(P = m · v)과 충격량(I = F · t)을 가지고 수평 속도를 구하는 문제이다.

- (60kg × 2m/s) + (−20N · s + 80N · s) = 180m/s
- 180m/s ÷ 60kg = 3m/s

Tip

- 운동량 : 물체가 운동하고 있는 상태를 나타내는 물리량 (P = m · v, 운동량 = 질량 · 속도)
- 충격량 : 물체에 작용한 충격의 정도(I = F · t, 충격량 = 충격력 · 시간)

| 정답 | 08 ③   09 ④   10 ①

11 〈보기〉의 ㉠, ㉡에 들어갈 용어가 바르게 연결한 것은?

┌─ 보기 ─────────────────────────┐
│ 농구선수는 양손 체스트패스 캐치 동작에서 공을 │
│ 몸쪽으로 당겨 받는다. 그 과정에서 공을 받는 │
│ (㉠)은 늘리고 (㉡)은 줄일 수 있다. │
└──────────────────────────────┘

	㉠	㉡
①	시간	충격력(impact force)
②	충격력	시간
③	충격량(impulse)	시간
④	충격력	충격량

정답해설
- 운동량(P = m · v)과 충격량(I = F · t)에 대한 문제이다.
- 농구공이 운동량(질량 · 속도)이고, 공을 당겨 받는 손이 충격량이라고 볼 수 있다.
- 팔을 펴서 공을 바로 받는다면 공을 받는 시간은 줄어들 수 있지만 손에 받는 충격량은 클 것이다. 그러나 몸쪽으로 천천히 당겨온다면 운동량은 동일하겠지만 시간은 늘어난다.

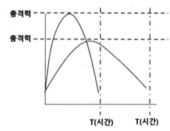

12 역학적 일(work)을 하지 않은 것은?

① 역도 선수가 바닥에 있던 100kg의 바벨을 1m 높이로 들어 올렸다.
② 레슬링 선수가 상대방을 굴려서 1m 옆으로 이동시켰다.
③ 체조 선수가 철봉에 매달려 10초 동안 정지해 있었다.
④ 육상 선수가 달려서 100m를 이동했다.

정답해설 일은 물체가 작용한 힘으로서 철봉에 매달려 정지해 있다면 일(work)에 해당되지 않는다.

Tip 일(work)
- 물체에 힘을 작용하여 물체가 움직였다면, 작용한 힘이 물체에 일을 했다는 것을 의미
- 단위는 J(Joule, 주울) 또는 Nm/1J = 1Nm

13 마그누스 효과(Magnus effect)에 관한 내용이 아닌 것은?

① 레인에서 회전하는 볼링공의 경로가 휘어지는 현상
② 커브볼로 투구된 야구공의 경로가 휘어지는 현상
③ 사이드스핀이 가해진 탁구공의 경로가 휘어지는 현상
④ 회전(탑스핀)이 걸린 테니스공이 아래로 빠르게 떨어지는 현상

정답해설 마그누스 효과 : 물체가 회전하면서 유체 속을 진행할 때 압력이 높은 곳에 낮은 곳으로 양력이 작용하여 경로가 휘어지는 현상

Tip
- 양력 : 유체(공기나 물) 속의 물체에 운동방향의 수직방향으로 작용하는 힘
- 유체 : 액체와 기체를 합쳐 부르는 용어

14 스키점프 동작의 역학적 에너지에 대한 설명으로 옳지 않은 것은? (단, 공기저항은 무시함)

① 운동에너지는 지면 착지 직전에 가장 크다.
② 위치에너지는 수직 최고점에서 가장 크다.
③ 운동에너지는 스키점프대 이륙 직후부터 지면 착지 직전까지 동일하다.
④ 역학적 에너지는 스키점프대 이륙 직후부터 지면 착지 직전까지 보존된다.

정답해설 운동에너지는 운동하고 있는 물체가 가진 에너지로 움직이는 물체가 생기는 운동에너지는 그 운동체 속도의 제곱에 비례한다. 따라서 운동량은 속도에 비례관계, 운동에너지는 속도의 제곱에 비례관계이다. 즉, 스키점프대 이륙 직후부터 지면 착지 직전까지 운동에너지는 동일하지 않다고 할 수 있다.

|정답| 11 ① 12 ③ 13 ① 14 ③

15 〈보기〉의 그림에 제시된 덤벨 컬(dumbbell curl) 운동에서 팔꿈치관절 각도(θ)와 팔꿈치관절에 발생되는 회전력(torque)의 관계를 옳게 나타낸 그래프는? (단, 덤벨 컬 운동은 등각속도 운동임)

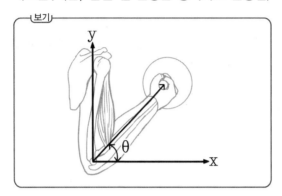

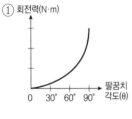
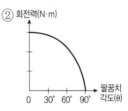
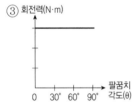
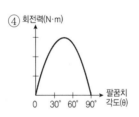

정답해설
- 물체를 회전시켜 각운동량을 만드는 힘을 토크라고 하며, 돌림힘 또는 회전력이라고 한다.
- 암컬 동작 시 모멘트암(팔꿈치관절과 상완이두근의 착점의 거리)의 길이에 따라 토크가 달라진다.
- 신전 및 굴곡 상태 : 모멘트암의 거리가 짧으면 토크가 감소하고, 90도 상태에서 토크가 가장 크게 발휘된다. 따라서 〈보기〉에 제시된 그림의 경우, 팔꿈치 각도가 커질수록 회전력은 줄어든다.

16 인체 지레에 대한 설명 중 옳은 것은?
① 지레에서 저항팔이 힘팔보다 긴 경우에는 힘에 있어서 이득이 있다.
② 1종지레는 저항점이 받침점과 힘점 사이에 있는 형태로, 팔굽혀펴기 동작이 이에 속한다.
③ 2종지레는 받침점이 힘점과 저항점 사이에 있는 형태로, 힘에 있어서 이득이 있다.

④ 3종지레는 힘점이 받침점과 저항점 사이에 있는 형태로, 운동의 범위와 속도에 있어서 이득이 있다.

정답해설 3종 지레 : 핀셋과 같이 힘이 작용점(저항점)과 받침점 사이에서 작용되는, 즉 가운데서 힘이 작용되는 유형의 지레로, 힘이 가운데 있기 때문에 작용팔(RA)이 항상 큼 (바벨운동)

Tip
- 1종 지레 : 작용점(R)과 힘점(F) 사이에 받침점(A)이 있는 지레
- 2종 지레 : 받침점(A)과 힘점(F) 사이에 작용점(R)이 있는 지레
- 3종 지레 : 작용점(R)과 받침점(A) 사이에서 힘점(F)이 있는 지레

17 〈보기〉의 ㉠~㉢에 들어갈 내용을 바르게 연결한 것은?

보기
다이빙 선수의 공중회전 동작에서는 다이빙 플랫폼 이지(take-off) 직후에 다리와 팔을 회전축 가까이 위치시켜 관성모멘트를 (㉠)시킴으로써 각속도를 (㉡)시켜야 한다. 입수 동작에서는 팔과 다리를 최대한 펴서 관성모멘트를 (㉢)시킴으로써 각속도를 (㉣)시켜야 한다.

	㉠	㉡	㉢	㉣
①	증가	감소	증가	감소
②	감소	증가	증가	감소
③	감소	감소	증가	증가
④	증가	증가	감소	감소

정답해설
- 다이빙 입수 전 몸을 펴면 관성모멘트가 증가하여 회전속도가 감소하고 입수동작을 조절하기 쉽다.
- 다이빙 입수 시 수면과 수직방향으로 몸을 최대로 신전시켜서 관성모멘트를 최대화하고 각속도를 최소화 해야 한다.

Tip
- 관성모멘트 : 외부의 토크가 회전 운동을 변화시키려 할 때 저항하는 물체의 회전 관성이다.
- 각운동량이 보존되는 상황에서 관성모멘트와 각속도를 곱한 전체 값은 일정하다. 즉, 각운동량이 보존될 때, 관성모멘트를 변화시켜 각속도를 변화시킬 수 있으며, 관성모멘트와 각속도는 반비례한다.

| 정답 | 15 ② 16 ④ 17 ②

18 30m/s의 수평투사속도로 야구공을 던질 때, 야구공의 체공시간이 2초라면 투사거리는? (단, 공기저항은 무시함)

① 15m ② 30m ③ 60m ④ 90m

> **정답해설** 초당 30m를 이동하는 야구공의 체공시간이 2초인 경우 수평성분은 등속운동을 하기에 30 × 2 = 60m가 된다.
> • 투사체 운동(포물선) : 어떤 힘에 의해 공중으로 던져진 물체의 운동이다.
> • 수평성분(물체에 작용하는 중력; 등가속도 운동)과 수직성분(투사 시 생성된 초기 속도; 등속운동)에 의해 움직임이 결정된다.
>
> **Tip** 투사궤도에 영향을 미치는 요인 : 투사각도, 투사속도, 투사높이

19 일률(power)의 단위가 아닌 것은?

① N · m/s ② kg · m/s^2
③ Joule/s ④ Watt

> **정답해설** kg · m/s^{2}은 힘 또는 뉴턴(N)의 단위
>
> **Tip** 일률(Power)
> • 단위시간당 한 일의 양, 일의 빠르기를 나타내는 물리량 (일을 시간으로 나눈 값)
> • 단위는 Watt 혹은 J/s, J(일의 단위) = F(힘) × S(이동거리) = N(힘) × m(이동거리)

20 〈보기〉의 ㉠~㉢에 들어갈 내용을 바르게 연결한 것은?

┌─ 보기 ─
│ 신체의 정적 안정성을 높이기 위해서는 기저면(base of support)을 (㉠), 무게중심을 (㉡), 수직 무게중심선을 기저면의 중앙과 (㉢) 위치시키는 것이 효과적이다.
└─

	㉠	㉡	㉢
①	좁히고	높이고	가깝게
②	좁히고	높이고	멀게
③	넓히고	낮추고	가깝게
④	넓히고	낮추고	멀게

> **정답해설** 안정성을 높이는 동작
> • 신체중심을 낮게 유지
> • 기저면을 넓게 유지
> • 신체중심을 기저면의 중앙에 근접하게 유지

한국체육사

01 체육사 연구에서 사관(史觀)에 관한 설명으로 적절하지 <u>않은</u> 것은?

① 유물사관, 관념사관, 진보사관, 순환사관 등이 있다.
② 체육 역사에 대한 견해, 해석, 관념, 사상 등을 의미한다.
③ 체육 역사가의 관점으로 다양한 과거의 역사적 사실을 해석한다.
④ 과거 체육과 관련된 사실을 담고 있는 역사 자료를 의미한다.

> **정답해설** 객관적 사실을 담고 있는 역사 자료는 사료에 해당한다.
>
> **Tip**
> • 사관(史觀) : 역사가의 역사적 인식과 가치관의 해석 원리에 따라 그 기준이 달라지는 것
> • 사료(史料) : 과거의 사실을 객관적으로 밝히는 연구로 모든 역사연구의 기초적인 단계로 사료(史料)에 근거하여 규명. 즉, 역사를 고찰하는 데 있어 단서가 되는 자료
>   – 물적 사료 : 유물, 유적, 현존하는 모든 물질적 유산 등
>   – 기록 사료 : 문헌, 구전 등
>   – 구술 사료 : 과거 기억에 대한 증언 등

02 〈보기〉의 ㉠~㉢에 들어갈 용어가 바르게 연결된 것은? (단, 시대구분은 나현성의 방식을 따름)

┌─ 보기 ─
│ • (㉠) 이전은 무예를 중심으로 한 무사 체육 등의 (㉡) 체육을 강조하였다.
│ • (㉠) 이후는 「교육입국조서(敎育立國詔書)」를 통한 학교 교육에 기반을 둔 (㉢) 체육을 강조하였다.
└─

	㉠	㉡	㉢
①	갑오경장(1894)	전통	근대
②	갑오경장(1894)	근대	전통
③	을사늑약(1905)	전통	근대
④	을사늑약(1905)	근대	전통

| 정답 | 18 ③ 19 ② 20 ③ / 01 ④ 02 ①

한국체육사에서는 갑오경장(1895)을 기점으로 전통 체육과 근대 체육으로 나누는 것이 일반적이다. 즉, 제도화된 근대 체육이 출발한 것은 1894년 갑오경장부터이다.

Tip 교육입국조서

갑오개혁 이후 1895년에 고종이 조직으로 발표한 교육에 관한 특별 조소로서 '국가의 부강은 국민의 교육에 있다.'는 내용으로 교육의 실제는 덕육(德育), 체육(體育), 지육(智育)에 있다하여 근대적 교육의 삼대강령을 지적하고 있다.

03 〈보기〉에서 설명하는 민속놀이는?

┌보기┐
- 사희(柶戲)라고도 불리었다.
- 부여의 사출도(四出道)라는 관직명에서 유래되었다.
- 남녀노소 누구나 즐길 수 있으며, 장소에 크게 구애받지 않은 놀이였다.

① 바둑　　　　　　② 장기
③ 윷놀이　　　　　④ 주사위

정답해설 윷놀이 : 한자로는 척사, 척사희, 사희 등으로 표현된다. 말 그대로 '윷을 던진다'의 의미이며, 정월 초하루부터 대보름까지 4개의 윷가락을 던지고 그 결과에 따라 말[馬]을 사용하여 승부를 겨루는 전통놀이이다. 당시 부여의 사출도라는 관직의 이름에서 연유하였다.

Tip 사출도(四出道)

부여연맹체의 왕도(王都)에서 사방으로 통하는 큰길과 그 길을 중심으로 형성된 4개의 지역단위

04 화랑도에 관한 설명으로 옳지 <u>않은</u> 것은?

① 진흥왕 때에 조직이 체계화되었다.
② 세속오계는 도의교육(道義敎育)의 핵심이었다.
③ 신체미 숭배 사상, 국가주의 사상, 불국토 사상이 중시되었다.
④ 서민층만을 대상으로 한 청소년단체로서 문무겸전(文武兼全)을 추구하였다.

정답해설
- 화랑도(花郞徒)란 신라 때 청소년으로 조직되었던 수양단체이며, 진흥왕(576년)때 원화도를 개편하여 체계화하였다.

- 문무겸전은 조선시대의 체육사상으로 '문식(文識)과 무략(武略)을 다 갖춘다'는 뜻이다.

Tip 화랑도 체육의 특징
- 세속오계(世俗五戒)를 바탕으로 우수 인재 양성
- 교육적 목적은 군사적 측면과 교육적 측면으로 구분
- 화랑도 체육의 의미 : 심신일체론적 사상에 기반한 전인교육 지향

05 〈보기〉에서 설명하는 신체활동은?

┌보기┐
- 가죽 주머니로 공을 만들어 발로 차는 놀이였다.
- 한 명, 두 명, 열 명 등 다양한 형식으로 실시되었다.
- 〈삼국사기(三國史記)〉와 〈삼국유사(三國遺事)〉에 따르면 김유신과 김춘추가 이 신체활동을 하였다.

① 석전(石戰)　　　　② 축국(蹴鞠)
③ 각저(角抵)　　　　④ 도판희(跳板戲)

정답해설 축국(蹴鞠) : 가죽 주머니로 공을 만들어 발로 차고 노는 게임

오답해설
① 석전(石戰) : 동편과 서편으로 나누어서 하는 돌팔매질(돌싸움) 놀이
③ 각저(角抵) : 두 사람이 서로 맞잡고 힘을 겨루는 경기로 각력, 각희, 상박, 쟁교 등으로 불림
④ 도판희(跳板戲) : 널빤지 양쪽 끝에 한 사람씩 올라가서 번갈아 뛰어오르는 놀이('축판희'라고도 함)

06 〈보기〉에서 민속놀이와 주요 활동 계층이 바르게 연결된 것으로만 묶인 것은?

┌보기┐
㉠ 풍연(風鳶) – 귀족
㉡ 격구(擊毬) – 서민
㉢ 방응(放鷹) – 귀족
㉣ 추천(鞦韆) – 서민

① ㉠, ㉡　　　　　　② ㉢, ㉣
③ ㉠, ㉣　　　　　　④ ㉡, ㉢

정답해설

ⓒ 방응(放鷹) : 매를 길러 꿩이나 새를 사냥하는 일종의 수렵인 매사냥으로 귀족사회의 스포츠에 해당

ⓔ 추천(鞦韆) : 부녀자들이 그네를 타고 노는 놀이로 서민 사회의 스포츠와 오락에 해당

오답해설

㉠ 풍연(風鳶) : 종이에 댓가지를 가로세로 붙이고 실로 벌이줄을 매어 공중에 날리는 놀이로 서민 사회의 스포츠와 오락에 해당

㉡ 격구(擊毬) : 페르시아 폴로 경기에서 유래한 마상 스포츠로 귀족 사회 스포츠 및 오락에 해당

Tip 고려시대 민속 스포츠(서민사회 vs 귀족사회)
• 서민사회 : 씨름(각저, 각력 상박, 각지 등), 석전(편을 나누어 돌팔매질을 하며 승부를 겨룸), 추천, 풍연(지연)
• 귀족사회 : 격구, 방응, 투호(화살 같은 막대기를 항아리 안에 넣는 게임)

07 고려시대 수박(手搏)에 관한 설명으로 옳지 않은 것은?

① 관람형 무예 경기로 성행되었다.
② 응방도감(鷹坊都監)에서 관장하였다.
③ 무인 선발의 기준과 수단이 되었다.
④ 무예 수련과 군사훈련 등의 목적으로 활용되었다.

정답해설 응방도감 : 고려·조선시대 매[응(鷹)]의 사육과 사냥을 맡은 관청

Tip
• 수박(手搏) : 맨손과 발을 이용하여 상대방을 공격하고 방어하는 격투
• 수박희(手搏戲) : 인재 선발을 위한 기준, 승자에게 벼슬을 주어 출세를 위한 방법으로 활용, 무신 반란의 주요 원인 중 하나

08 〈보기〉에서 조선시대의 훈련원에 관한 설명으로 옳은 것을 모두 고른 것은?

┌─ 보기 ─┐
㉠ 성리학 교육을 담당하였다.
㉡ 활쏘기, 마상무예 등의 훈련을 실시하였다.
㉢ 무인 양성과 관련된 공식적인 교육기관이었다.
㉣ 〈무경칠서(武經七書)〉, 〈병장설(兵將說)〉 등의 병서 습득을 장려하였다.
└──────┘

① ㉠, ㉡　　　　② ㉢, ㉣
③ ㉡, ㉢, ㉣　　④ ㉠, ㉡, ㉢, ㉣

정답해설 훈련원 : 무예훈련과 병서강습을 가르치는 무인 양성관련 교육기관

오답해설
㉠ 조선시대 성리학을 담당한 곳은 서원이며, 성리학(性理學)은 12세기에 남송의 주희(朱熹)가 집대성한 유교의 주류 학파이다. 주희가 주창한 성즉리(性卽理)를 축약한 명칭이 성리학의 어원이다.

09 조선시대 궁술(弓術)에 관한 설명으로 옳지 않은 것은?

① 육예(六藝) 중 어(御)에 해당하였다.
② 무관 선발을 위한 무과 시험의 한 과목이었다.
③ 대사례(大射禮), 향사례(鄕射禮) 등으로 행해졌다.
④ 왕, 무관, 유학자 등 다양한 계층에서 실시하였다.

정답해설 궁술은 육예 중 사(射)에 속하며, 마술(馬術)이 어(御)에 해당한다.

Tip
• 육예(六藝) : 예(禮)는 예용(禮容), 악(樂)은 음악(音樂), 사(射)는 궁술(弓術), 어(御)는 마술(馬術), 서(書)는 서도(書道), 수(數)는 수학(數學)
• 궁술(弓術)
 - 교육적 궁술 : 육예(六藝)의 하나로 활쏘기를 통한 인간형성을 지향하는 유교적 교육의 한 방식으로 인식
 - 스포츠 성격의 궁술 : 무술로서 발달하여 스포츠로 변화하였으며 전쟁 기술이 아닌 일종의 게임으로 승부
 - 편사(便射) : 5인 이상 편을 구성하여 각 선수가 맞힌 화살의 총수로 승부를 겨루는 궁술대회

10 〈보기〉에서 설명하는 조선시대의 무예서는?

┌─ 보기 ─┐
• 24종류의 무예가 기록되어 있다.
• 정조의 명령하에 국가사업으로 간행되었다.
• 한국, 중국, 일본의 관련 문헌 145권이 참조되었다.
└──────┘

| 정답 | 07 ② 　08 ③ 　09 ① 　10 ③

① 무예제보(武藝諸譜)

② 무예신보(武藝新譜)

③ 무예도보통지(武藝圖譜通志)

④ 무예제보번역속집(武藝諸譜翻譯續集)

정답해설 무예도보통지(武藝圖譜通志) : 1790년 무예제보(武藝諸譜)와 무예신보(武藝新譜)를 근간으로 한·중·일 삼국의 책 145종을 참고하여 새로운 훈련 종목을 더한 후 간행한 무예 훈련 교범

오답해설

① 무예제보(武藝諸譜) : 1598년 한교(韓嶠)가 편찬된 우리나라에서 가장 오래된 무예서로 6기(六技)(곤봉, 등패, 장창, 당파, 낭선, 쌍수도) 수록

② 무예신보(武藝新譜) : 1759년 사도세자가 모든 정사를 대리하던 중 기묘년(1759)에 명하여 12가지 기예를 넣어 편찬한 무예서

④ 조선무서 출간의 흐름은 '무예제보 → 무예제보번역속집 → 무예신보 → 무예도보통지'로 흘러감[무예제보번역속집은 무예제보에 넣지 못했던 일본의 지지(地志), 토속(土俗), 구술(寇術, 왜구의 기술), 검제(劍制)를 덧붙여 편찬한 것]

11 〈보기〉에서 설명하는 개화기 민족사립학교는?

┌─── 보기 ───┐
• 1907년에 이승훈이 설립하였다.
• 대운동회를 매년 1회 실시하였다.
• 체육은 주로 군사훈련의 성격을 띠었다.
└─────────────┘

① 오산학교

② 대성학교

③ 원산학사

④ 숭실학교

정답해설 〈보기〉는 오산학교에 대한 설명으로, 1907년에 이승훈이 민족 교육을 위해 평안북도 정주에 세운 4년제 중등 과정의 학교이다. 민족의식을 가진 실력 있는 인재를 길러 나라의 자주독립을 이루는 것을 목표로 하였다.

오답해설

② 대성학교 : 1908년 국권회복운동의 일환으로 도산 안창호가 평양에 설립한 중등 교육기관이다.

③ 원산학사 : 1883년(고종 20) 민간에 의해 함경남도 원산에 설립된 중등학교로 종래 한국 최초의 학교로 알려진 배재학당보다 2년 앞서 설립된 것으로 밝혀져 한국 최초의 근대 학교로 일컬어진다.

④ 숭실학교 : 1897년 평양에 설립되었던 중·고등교육기관으로 미국 선교사 베어드(Baird,W.M.)가 평양에 설립한 미션계의 교육기관이다.

12 개화기의 체육사적 사실에 관한 설명으로 옳은 것은?

① 동래무예학교는 문예반 50명, 무예반 200명을 선발하였다.

② 개화기 최초의 운동회는 일본인 학교에서 주관한 화류회(花柳會)였다.

③ 양반들이 주도하여 배재학당, 이화학당, 경신학당 등 미션스쿨을 설립하였다.

④ 고종은 「교육입국조서(敎育立國詔書)」를 반포하고, 덕양, 체양, 지양을 강조하였다.

정답해설 고종의 '교육입국조서(敎育立國詔書)'는 1895년에 반포하고, 덕양(德養), 체양(體養), 지양(智養) 즉 삼양(三養)을 강조하였다. 소학교 및 고등과정에 체조가 정식과목으로 채택되는 데 영향을 미쳤고, 교육의 기회가 전국민적으로 확대되는 데 기여하였다.

오답해설

① 원산학사에 대한 설명이다.

② 최초 운동회는 영어 학교에서 개최한 화류회였다.

③ 배재학당, 이화학당, 경신학교 그리고 광혜원까지 모두 외국선교단체의 의해 기독교 확장 수단으로 설립된 선교단체 교육기관이다.

13 개화기의 체육단체에 관한 설명으로 옳은 것은?

① 청강체육부 : 탁지부 관리들이 친목 도모를 위해 1902년에 조직하였고, 최초로 연식정구를 도입하였다.

② 회동구락부 : 최성희, 신완식 등이 1910년에 조직하였고, 정례적으로 축구 시합을 하였다.

③ 무도기계체육부 : 우리나라 최초 기계체조 단체로서 이희두와 윤치오가 1908년에 조직하였다.

④ 대동체육구락부 : 체조 교사인 조원희, 김성집, 이기동 등이 주축이 되어 보성중학교에서 1909년에 조직하였고, 병식체조를 강조하였다.

정답해설 무도기계체육부 : 1908년 무관 학교장이던 이희두와 윤치오(尹致旿)에 의하여 발기·조직된 단체. 우리나라 최초의 기계체조 단체, 군인 체육 기관의 시초. 습사(궁도 경기의 연습)·승마·유술·격검(검도) 실시

오답해설
① 청강체육부(1910년) : 중동학교 재학생인 최성희, 신완식 등이 조직한 단체. 매주 정례적으로 축구 게임 실시. 우리나라 최초 교내 체육 활동
② 회동구락부(1902년) : 우리나라에서 연식 정구(테니스)를 제일 먼저 행한 단체
④ 대동체육구락부(1908) : 사회 진화론적 자강론에 입각하여 체육의 가치를 국가의 부강과 존폐의 근간으로 인식. 체육 계몽 운동을 통해 강력한 국가 건설 지향

14 일제강점기 체육에 관한 사실로 옳지 <u>않은</u> 것은?

① 박승필은 1912년에 유각권구락부를 설립해 권투를 지도하였다.

② 조선체육협회는 1920년에 동아일보사 후원으로 설립되었다.

③ 서상천은 1926년에 일본체육회 체조학교를 졸업하고, 역도를 소개하였다.

④ 손기정은 1936년에 베를린올림픽경기대회 마라톤 종목에서 우승하였다.

정답해설
② 1920년 동아일보사 후원으로 설립된 기관은 조선체육회이다.
③ 서상천은 1923년 일본 체조학교를 졸업하였다.

15 〈보기〉에서 설명하는 단체는?

┌─ 보기 ─┐
• 외국인 선교사가 근대스포츠인 야구, 농구, 배구를 도입하였다.
• 1916년에 실내체육관을 준공하여, 다양한 실내스포츠를 활성화하였다.
└─────┘

① 황성기독교청년회   ② 대한체육구락부
③ 조선체육회   ④ 조선체육협회

정답해설 〈보기〉에서 설명하는 단체는 황성기독교청년회이다.

오답해설
② 대한체육구락부(1906) : 우리나라 최초의 근대적인 체육단체로 운동회 및 친선경기 등을 통해 체육계에 기여
③ 조선체육회(1920) : 현 대한체육회의 전신으로 한국 현대 올림픽 운동과 스포츠 발전을 주도한 민족체육단체
④ 조선체육협회(1919) : 일제강점기 조선 내 스포츠 단체를 관리하기 위해 1918년 조선에 있는 정구단이 모여 만들어진 "경성정구회"와 1919년 1월 만들어진 "경성야구협회"가 통합

16 〈보기〉에서 박정희 정부 때 실시한 체력장 제도에 관한 설명으로 옳은 것을 모두 고른 것은?

┌─ 보기 ─┐
㉠ 1971년부터 실시되었다.
㉡ 1973년부터는 대학입시에 체력장 평가가 포함되었다.
㉢ 국제체력검사표준화위원회에서 정한 기준과 종목을 대상으로 하였다.
㉣ 시행 종목에는 100m 달리기, 제자리멀리뛰기, 팔굽혀 매달리기(여자), 턱걸이(남자), 윗몸일으키기, 던지기가 있었다.
└─────┘

① ㉠, ㉡   ② ㉢, ㉣
③ ㉠, ㉡, ㉢   ④ ㉠, ㉡, ㉢, ㉣

정답해설 〈보기〉 모두 옳은 설명이다.

Tip
• 박정희 정권(1960-1979)에 실시한 체력장은 학생들의 기초체력 향상을 위하여 교육부에서 실시하는 중·고등학생에 대한 체력검정을 지칭하는 용어이다.

| 정답 | 13 ③   14 ②, ③   15 ①   16 ④

• 1972년 학생들의 기초체력을 향상시키기 위해 체력장제도를 실시하였다[문교부(현 교육부)는 1971년 10세-17세 전학년을 대상으로 체력검사 실시하였고, 이를 바탕으로 1972년부터 상급학교에 진학하고자 하는 중·고등학생을 대상으로 체력장 제도를 실시함].

17 〈보기〉에서 설명하는 스포츠 경기 종목은?

┌─ 보기 ─────────────────────────────┐
│ • 1988년 제24회 서울올림픽경기대회에서 시범 │
│   종목으로 채택되었다. │
│ • 2000년 제27회 시드니올림픽경기대회에서 정 │
│   식 종목으로 채택되었다. │
│ • 2007년에 정부는 이 종목을 진흥하기 위한 법 │
│   률을 제정하였다. │
└────────────────────────────────────┘

① 유도   ② 복싱
③ 태권도   ④ 레슬링

정답해설 〈보기〉는 태권도에 대한 설명이다.

Tip 태권도는 무기 없이 손과 발을 이용해 공격 또는 방어하는 무도로, 발차기 기술을 특징으로 하는 현대에 형성된 전통무예이자 무술이다. 1988년 하계 올림픽에서 시범 종목으로 채택되었으며, 2000년 하계 올림픽부터 정식 종목으로 채택되었다.

18 1948년 제5회 동계올림픽경기대회에 관한 설명으로 옳지 않은 것은?

① 개최지는 스위스 생모리츠였다.
② 제2차세계대전을 일으킨 독일과 일본도 출전하였다.
③ 광복 이후 최초로 태극기를 단 선수단이 파견되었다.
④ 이효창, 문동성, 이종국 선수는 스피드스케이팅 종목에 출전하였다.

정답해설
② 제2차 세계대전을 일으킨 독일과 일본은 추축국(제2차 세계대전 당시 연합국과 싸웠던 나라들이 형성한 국제동맹을 가리키는 말로, 독일, 이탈리아, 일본의 세 나라가 중심이었다.) 조치로 인해 출전금지 당했다.
④ 이효창, 이종국, 문동성 그리고 최용진 감독은 1948년 생모리츠 동계올림픽에 스피드 스케이팅 국가대표로 선발되었으나 경기 전 문동성 선수의 부상으로 최용진 감독이 대신 500m 경기에 출전하였다.

Tip
• 제2차 세계 대전 이후 최초의 올림픽이며, 대한민국이 태극기를 들고 처음으로 참가한 올림픽(1948년 1/30-2/8)
• 그 해에 열린 하계 올림픽이 1948년 7월 말에 치러졌기 때문에 태극기를 앞세워 출전한 최초의 올림픽

19 대한민국에서 개최된 하계아시아경기대회가 아닌 것은?

① 1986년 제10회 서울아시아경기대회
② 2002년 제14회 부산아시아경기대회
③ 2014년 제17회 인천아시아경기대회
④ 2018년 제18회 평창아시아경기대회

정답해설 2018년에는 평창에서 제23회 동계올림픽이 개최되었다.

20 1991년에 남한과 북한이 단일팀으로 탁구 종목에 참가한 국제경기 대회는?

① 제41회 지바세계선수권대회
② 제27회 시드니올림픽경기대회
③ 제28회 아테네올림픽경기대회
④ 제6회 포르투갈세계청소년선수권대회

정답해설 제41회 세계 탁구 선수권 대회는 일본 지바현에서 1991년 4월 24일에서 5월 6일까지 개최되었고, 남북 단일팀인 코리아 팀이 단일팀 우승을 하였다.

Tip **남북스포츠 친선교류**
• 1990년 남북통일축구대회(평양과 서울에서 번갈아 열림)
• 1991년 지바세계탁구선수권대회, 포르투갈 세계청소년축구선수권대회 남북단일팀 구성
• 1999년 남북통일농구대회, 남북노동자축구대회
• 2000년 남북통일탁구대회, 시드니올림픽 공동입장
• 2002년 태권도시범경기
• 2003년 제주도 민족통일 평화축전
• 2004년 아테네올림픽 공동입장

| 정답 | 17 ③   18 ②, ④   19 ④   20 ①

특수체육론

01 국제 기능 · 장애 · 건강 분류(International Classification Functioning, Disability and Health : ICF)에 제시된 장애에 대한 개념적 특징이 <u>아닌</u> 것은?

① 환경적 요인에 의하여 누구나가 장애인이 될 수 있음을 강조한다.
② 유형과 정도가 같은 장애인들이 동일한 활동에 참여하도록 한다.
③ 기능과 장애는 건강 상태와 개인적 · 환경적 요인들의 상호작용이다.
④ 장애는 개인, 주변의 태도, 환경적 장벽 사이 상호작용의 결과이다.

> **정답해설**
> ① 환경적 요인분만 아니라 신체적, 개인적, 사회적 요인에 의하여 장애인이 될 수 있다.
> ② 유형과 정도가 같은 장애인들이어도 서로 다른 환경에 맞는 활동에 참여하도록 해야 한다.

02 〈보기〉에서 미국 관보(Federal Register, 1977)가 체육을 정의한 내용에 해당하는 것을 모두 고른 것은?

> **보기**
> ㉠ 건강과 운동 체력의 발달
> ㉡ 특수체육, 적응체육, 움직임교육, 운동발달을 포함
> ㉢ 수중활동, 무용, 개인과 집단의 게임과 스포츠에서의 기술 발달
> ㉣ 기본운동기술과 양식(fundamental motor skills and patterns)의 발달

① ㉠, ㉡   ② ㉡, ㉢
③ ㉠, ㉢, ㉣   ④ ㉠, ㉡, ㉢, ㉣

> **정답해설** 〈보기〉에 제시된 내용은 모두 미국 관보(Pederal Register, 1977)가 체육을 정의한 내용에 해당한다.

03 블룸(B. Bloom)이 분류한 교육 목표 영역에 따라 장기목표를 제시하고자 한다. 〈보기〉의 요인과 교육 목표 영역이 바르게 연결된 것은?

> **보기**
> ㉠ 긍정적 자아, 사회적 능력, 즐거움과 긴장 이완
> ㉡ 운동의 기술과 양식, 체력, 여가활동에 필요한 기술
> ㉢ 놀이와 게임 행동, 창조적 표현, 인지 – 운동 기능과 감각통합

	㉠	㉡	㉢
①	인지적 영역	정의적 영역	심동적 영역
②	인지적 영역	심동적 영역	정의적 영역
③	정의적 영역	심동적 영역	인지적 영역
④	정의적 영역	인지적 영역	심동적 영역

> **정답해설**
> ㉠ 정의적 영역에 해당되는 요인이다.
> ㉡ 심동적 영역에 해당되는 요인이다.
> ㉢ 인지적 영역에 해당되는 요인이다.

04 개별화전환계획(Individualized Tansition Plan : ITP)에 관한 설명으로 적절하지 <u>않은</u> 것은?

① 장애학생과의 인터뷰를 통해 신체활동 선호도를 알아본다.
② 지역사회 체육시설을 활용하여 사회적응기술을 가르친다.
③ 장애학생을 위한 신체활동 프로그램이 지역사회에도 있는지를 확인한다.
④ 장애학생의 현재 및 미래의 기대치를 논하기보다는 과거의 활동에 주안점을 둔다.

> **정답해설** 개별화전환계획은 장애학생 개개인의 능력을 고려하여 조정된 교육 내용을 지도하는 과정을 의미하며, 장애학생의 과거, 현재, 미래의 활동에 기대치를 볼 수 있다.

05 〈보기〉에서 설명하는 장애학생건강체력평가(Physical Activity Promotion System for Student with Disabilities : PAPS‑D)에 해당하는 것은?

┌─보기─┐

장애학생건강체력평가는 개인의 건강 체력이 동일 장애조건을 가진 사람들 중 어느 정도인지에 대한 정보를 제공한다.

① 비형식적 검사   ② 비표준화 검사

③ 규준 참조 검사   ④ 준거 참조 검사

정답해설 〈보기〉는 장애학생건강체력평가(PAPS-D) 중 규준 참조 검사에 대한 설명이다.

06 〈보기〉는 피바디 운동 발달 검사 – 2(Peabody Development Motor Scales – 2 : PDMS – 2)의 평가영역이다. ㉠에 해당하는 것은?

┌─보기─┐

㉠ (   )   ㉡ 움켜쥐기

㉢ 시각 – 운동 통합   ㉣ 비이동 운동

㉤ 이동 운동   ㉥ 물체적 조작

① 반사   ② 손 – 발 협응

③ 달리기   ④ 블록 쌓기

정답해설 피바디 운동 발달 검사-2(Peabody Development Motor Scales-2 : PDMS-2)의 평가영역은 반사, 움켜쥐기, 시각-운동 통합, 비이동 운동, 이동 운동, 물체적 조작이 있다.

07 갤러휴(D. Gallahue)와 오즈먼(J. Ozmun)이 제시한 운동 발달의 단계가 아닌 것은?

① 지각운동   ② 기본운동

③ 기초운동   ④ 전문화된 운동

정답해설 갤러휴와 오즈먼이 제시한 운동 발달 단계에는 기본운동, 기초운동, 전문화된 운동이 있다.

08 쉐릴(C. Sherrill)이 제시한 특수체육 서비스 전달체계의 실천요소에 대한 설명이 아닌 것은?

① 계획 : 개인의 요구는 물론 학교와 지역사회의 철학에 따라 적절한 체육의 목적을 설정하는 것을 의미한다.

② 사정 : 개인과 환경에 대한 검사, 측정, 평가로 구성되는 과정이다.

③ 교수/상담/지도 : 최적의 운동 수행을 도모하기 위해 심리·운동적 요소들을 변화시키는 과정이다.

④ 평가 : 장애인의 학습 정도와 프로그램의 효과를 확인하는 비연속적인 과정이다.

정답해설 평가는 장애인의 학습 정도와 프로그램의 효과를 확인하는 연속적인 과정 중 하나이다.

09 개별화교육계획(Individualized Education Program : IEP)의 기능 중 〈보기〉의 설명에 해당하는 것은?

┌─보기─┐

계획된 목표와 학생의 진보가 어느 정도 일치하고 있는가를 확인하기 위한 기능

① 의사소통 기능

② 통합 기능

③ 평가 기능

④ 관리 기능

정답해설 〈보기〉는 개별화교육계획의 기능 중 학생의 진보가 일치하는가를 보고 확인하기 위한 기능인 평가 기능에 대한 설명이다.

|정답| 05 ③   06 ①   07 ①   08 ④   09 ③

10 〈보기〉의 ㉠～㉣을 블룸(B. Bloom)의 교육 목표 영역과 바르게 연결한 것은?

┌─ 보기 ─────────────────────┐
㉠ 지각(perception)
㉡ 가치화(valuing)
㉢ 반사적 운동(reflex movement)
㉣ 적용(application)
└───────────────────────────┘

① 정의적 영역 : ㉡, ㉣
② 심동적 영역 : ㉠, ㉢
③ 인지적 영역 : ㉠, ㉡
④ 정의적 영역 : ㉢, ㉣

정답해설 블룸(B. Bloom)의 교육 목표 영역
• 정의적 영역 : 긴장 이완과 즐거움, 사회적 능력의 증대, 긍정적 자아 형성
• 심동적 영역 : 체력 향상, 지각, 운동 스킬과 패턴, 반사적 운동 등
• 인지적 영역 : 인지적, 운동적 기능의 감각 통합, 창조적 표현능력, 놀이(게임) 행동

11 〈보기〉에서 설명하는 장애 유형은?

┌─ 보기 ─────────────────────┐
㉠ 또래 친구와 인사를 하거나 함께 놀지 않는다.
㉡ 출석을 불러도 반응하지 않거나 눈을 맞추지 않는다.
㉢ 비닐과 같은 특정 물건을 반복적으로 만지거나 냄새를 맡는 행동을 한다.
㉣ '공을 차'라고 지시했지만, 지시를 이해하지 못하고 '공을 차'라는 말만 반복한다.
└───────────────────────────┘

① 청각장애
② 지적장애
③ 뇌병변장애
④ 자폐성장애

정답해설 〈보기〉는 장애 유형 중 자폐성장애에 대한 설명이다.

12 〈표〉에서 제시된 수업목표가 추구하는 지각운동 영역은?

프로그램	골볼교실	장애유형	시각장애	장애정도	1급
내용	참여를 위한 사전 교육				
목표	• 자신의 포지션을 찾아갈 수 있다. • 팀 벤치 에어리어를 찾아갈 수 있다. • 상대 팀 골라인의 위치를 찾을 수 있다.				

① 신체상(body image)
② 방향정위(orientation)
③ 신체 정렬(physical alignment)
④ 동측협응(ipsilateral coordination)

정답해설 〈표〉에서 제시된 수업목표가 추구하는 지각운동 영역은 방향정위이다. 시각장애는 방향 탐색 및 이동에 다소 어려움이 있기 때문에 청각과 촉각 등 다른 감각을 더욱 세밀하게 활용할 수 있다.

13 〈보기〉에서 설명하는 청각장애의 유형은?

┌─ 보기 ─────────────────────┐
㉠ 청력 손실이 60～70dB을 넘지 않는다.
㉡ 소리를 외이에서 내이로 전달하는 과정에서 문제가 생긴다.
㉢ 중이염, 고막 손상, 외이도 염증 등에 의해서 발생하기도 한다.
㉣ 후천적인 원인에 의해 발생하는 경우가 많으며, 보청기 착용의 효과가 좋다.
└───────────────────────────┘

① 혼합성 난청(mixed hearing loss)
② 감소성 난청(reductive hearing loss)
③ 전음성 난청(conductive hearing loss)
④ 감각신경성 난청(sensorineural hearing loss)

정답해설 〈보기〉는 청각장애의 유형 중 전음성 난청에 관한 설명이다. 전음성 난청은 소리가 전달되지 못하는 일반적인 청력의 손실 상태를 말한다.

| 정답 | 10 ② 11 ④ 12 ② 13 ③

14 〈표〉는 피아제(J. Piaget)가 제시한 인지발달단계에 따른 지도 목표를 기술한 것이다. 지도 목표가 적절한 것을 모두 고른 것은?

프로 그램	축구 교실	장애 유형	지적 장애	장애 정도	1~3급
목적	슛과 패스 기술 익히기				
인지발달 단계	지도 목표				
감각 운동기	㉠ 다양한 종류의 공을 다루면서 공에 대한 도식이 형성되도록 한다.				
전 조작기	㉡ 공을 세워놓고 차기 기술을 지도한다.				
구체적 조작기	㉢ 공 차기를 슛과 패스로 구분하여 지도한다.				
형식적 조작기	㉣ 전략과 전술을 지도한다.				

① ㉠
② ㉠, ㉡
③ ㉠, ㉡, ㉢
④ ㉠, ㉡, ㉢, ㉣

지적장애는 단기 기억 및 인지적 능력에 어려움이 있고, 운동 학습 능력, 주의 집중과 체력이 낮으며 체격 이상 등의 문제를 가지고 있다.

15 〈표〉는 동호회 야구선수를 관찰한 기록이다. 관찰 내용에서 나타나는 장애 유형의 설명으로 옳지 **않은** 것은?

이름	홍길동	나이	만 42세	성별	남
날짜	2023년 4월 29일(토)	장소	잠실야구장		
관찰 내용	손과 발을 가만히 두지 못하고 여기저기 돌아다닌다.				
	대기타석에서 안절부절못하며 뛰어다닌다.				
	옆 선수에게 끊임없이 말을 한다.				
	코치의 질문이 끝나기도 전에 불쑥 말을 한다.				
	자신의 타격순서를 기다리지 못한다.				
	다른 선수의 연습 스윙을 방해하거나 참견한다.				

① 장애인복지법에서는 지적장애로 분류된다.
② 다양한 상황에서도 동일한 문제행동이 나타난다.
③ 주의력 결핍, 과잉행동 또는 충동성이 7세 이전에 나타난다.
④ 주의력 결핍, 과잉행동 또는 충동성의 평가 항목 중에서 6개 이상의 항목이 최소 6개월 이상 지속된다.

〈표〉의 관찰내용에서 나타나는 장애 유형은 「장애인복지법」에서는 정서장애로 분류된다. 정서장애에서 주의력 결핍, 과잉행동, 충동성은 8세 이후에 나타난다고 알려져 있다.

16 〈보기〉에서 설명하는 시각장애 발생의 원인은?

┌─ 보기 ─
㉠ 두통, 눈의 통증, 구토 등의 증상이 나타날 수 있다.
㉡ 시야가 좁아져서 주변 상황에 대한 정보 습득이 어렵다.
㉢ 안압이 높아지면서 시신경이 눌리거나, 혈액 공급이 원활하지 않아서 발생할 수 있다.
└──

① 백내장
② 녹내장
③ 황내장
④ 황반변성

〈보기〉에서 설명하는 시각장애 발생 원인은 녹내장이다.

| 정답 | 14 ④   15 ①, ③   16 ②

17 제시어와 〈보기〉의 수어 ㉠~㉢을 바르게 연결한 것은?

	반갑습니다	농구	고맙습니다
①	㉡	㉠	㉢
②	㉡	㉢	㉠
③	㉢	㉠	㉡
④	㉠	㉢	㉡

정답해설
㉠ 농구
㉡ 고맙습니다.
㉢ 반갑습니다.

18 〈표〉의 FITT 구분에 따른 운동 계획 중에서 **틀린** 것은?

프로그램	건강관리교실	장애유형	지체장애	장애정도	3급
운동 참여 경험	최근 3개월 동안 주 3회, 회당 30분씩 운동했다.				
의료적 문제	최근 종합검진에서 심혈관질환을 비롯한 의료적 문제가 없다고 진단받았다.				
FITT 구분	운동 계획				
① 빈도(Frequency)	운동을 주 3회(월, 수, 금) 실시한다.				
② 강도(Intensity)	최대산소섭취량의 50% 수준으로 달리기한다.				
③ 시간(Time)	준비운동 10분, 본운동 20분, 정리운동 5분으로 구성한다.				
④ 시도(Trial)	본운동을 5회 반복한다.				

정답해설 장애 유형이 지체장애인 경우 FITT 구분에 따른 운동 계획에서 본운동을 3회 반복한다.

19 〈표〉는 척수손상 위치에 따라 휠체어농구 교실 참여가 가능한지를 결정한 내용이다. ㉠~㉣ 중에서 참여 가능 여부의 결정이 옳지 **않은** 것은?

프로그램	장애 유형	장애 정도
휠체어농구 교실	척수장애	1~3급
손상 위치	잠재적 능력을 고려한 참여 가능 여부	
	가능	불가능
㉠ 흉추 1번~2번 사이		○
㉡ 흉추 2번~3번 사이	○	
㉢ 흉추 11번~12번 사이	○	
㉣ 흉추 12번~13번 사이	○	

① ㉠   ② ㉡
③ ㉢   ④ ㉣

정답해설 척수손상 위치가 흉추 1번~2번 사이인 경우에는 잠재적 능력을 고려한다면 휠체어 농구 교실에 참여가 가능하다.

20 〈보기〉에서 보치아 경기규칙으로 옳은 것만을 모두 고른 것은?

보기
㉠ 보치아의 세부 경기종목으로는 개인전, 2인 조(페어), 단체전이 있다.
㉡ 공 1세트는 적색 구 6개, 청색 구 6개, 흰색 표적구 1개로 구성된다.
㉢ 경기에 참여하기 위해서는 반드시 휠체어를 사용해야 한다.
㉣ 보조자의 도움을 받아서 투구할 수 있다.

① ㉠   ② ㉠, ㉡
③ ㉠, ㉡, ㉢   ④ ㉠, ㉡, ㉢, ㉣

정답해설 보치아 경기규칙에 관한 설명으로 ㉠, ㉡이 옳은 설명이다.

|정답| 17 ③   18 ④   19 ①   20 ②

유아체육론

01 영유아기 뇌 발달에 대한 설명으로 옳지 <u>않은</u> 것은?

① 대뇌피질은 출생 이후에도 발달한다.
② 3세의 뇌 무게는 성인의 75% 정도이다.
③ 6세경 뇌 무게는 성인의 90% 정도에 도달한다.
④ 뇌는 영유아기까지 완만하게 발달하다 이후에는 급격히 발달한다.

정답해설 영유아기 뇌는 약 6개월까지 급격하게 발달하는 경향을 보이다가 이후 완만하게 발달한다.

02 영유아의 시지각(visual perception)에서 '형태(form)지각'에 대한 설명으로 옳지 <u>않은</u> 것은?

① 신생아는 형태를 지각할 수 있으며, 직선보다 곡선을 더 선호하는 것으로 알려졌다.
② 모양을 구별하고 여러 가지 양식들을 분간할 수 있는 능력이다.
③ 자신으로부터 대상이 떨어져 있는 거리를 판단하는 능력이다.
④ 생후 6개월경에 급속히 발달한 후에 정교해진다.

정답해설 시지각은 눈을 통해서 외부의 사물을 인식하는 작용을 의미하며, 단순하게 떨어져 있는 거리를 판단하는 능력만을 의미하는 것이 아니라, 영유아의 발달에 따라 나타날 수 있는 사물을 보고 기억하는 정도나 색깔이나 형태의 크기 등 다양한 형태지각을 말한다.

03 기본움직임기술(fundamental movement skills : FMS)과 움직임 양식과의 연결이 옳지 <u>않은</u> 것은?

① 조작 운동 : 굽히기(bending), 늘리기(stretching), 직립균형(upright balance)
② 조작 운동 : 때리기(striking), 튀기기(bouncing), 되받아치기(volleying)
③ 이동 운동 : 걷기(walking), 호핑(hopping), 스키핑(skipping)
④ 이동 운동 : 점핑(jumping), 갤로핑(galloping), 슬라이딩(sliding)

정답해설 굽히기, 늘리기, 직립균형은 조작 운동이 아니라 안정성 운동 중에서 축을 이용한 기술에 해당한다.

04 유아체육 지도환경 조성 원칙에 따른 내용이 옳지 <u>않은</u> 것은?

원칙	내용
① 흥미성	호기심, 모험심 등을 표현할 수 있는 지도환경 조성
② 안전성	부드러운 마감재나 바닥 재질, 공간의 벽 등을 고려한 지도환경 조성
③ 필요성	음향시설, 냉난방시설, 활동공간의 크기 등을 고려한 지도환경 조성
④ 경제성	설비나 용구로 인한 건강 저해나 활동의 위험성이 없도록 지도환경 조성

정답해설 경제성 원칙은 설비나 용구 등이 위험성이 없도록 환경을 조성하는 것이 아니라, 경제적인 측면을 고려하여 지도환경을 조성하는 것이다.

05 전문화된(specialized) 움직임 시기의 '적용(application) 단계'에 대한 설명으로 옳지 <u>않은</u> 것은?

① 특정 활동을 찾거나 기피하기 시작한다.
② 움직임 수행의 정확성과 더불어 양적 측면이 강조된다.
③ 다양한 과제, 개인, 환경 요인 등을 토대로 어떤 활동에 참여할 것인지를 결정한다.
④ 인지능력이 저하되고 경험 토대가 축소되면서 많은 것을 학습하기가 어려워진다.

정답해설 전문화된 움직임의 시기의 적용 단계에서는 인지능력이 더 정교해지고 경험이 확대되며 많은 것을 학습한다.

06 〈보기〉에서 유소년 신체활동을 통한 자기개념 (self-concept) 발달에 대한 설명으로 옳은 것을 모두 고른 것은?

> ─ 보기 ─
> ㉠ 움직임은 긍정적인 자기개념을 촉진시킬 수 있는 최상의 방법이다.
> ㉡ 유소년에게 용기를 북돋아 주고, 생활에 모험활동이 포함되도록 한다.
> ㉢ 자신들의 한계 내에서 합리적인 수행목표를 세울 수 있도록 도와준다.
> ㉣ 실패의 가능성을 높이고, 실패와 실패지향적 경험들을 많이 제공한다.

① ㉠
② ㉠, ㉣
③ ㉡, ㉢
④ ㉡, ㉢, ㉣

> **정답해설** 유소년 신체활동을 통한 자기개념 발달로 적합한 것은 ㉡, ㉢이다.
>
> **오답해설**
> ㉠ 신체활동 자기개념에는 여러 가지 요소가 있다. 즉, 단순히 움직임을 최상의 방법이라고 하기 어렵다.
> ㉣ 내재적 동기 유발 요소로서 실패 가능성을 높이고, 경험을 많이 하는 것이 아니라 실패를 줄이는 것이 필요하다.

07 〈보기〉의 ㉠~㉢에 들어갈 용어를 옳게 나열한 것은?

> ─ 보기 ─
> • 피카(R. Pica)는 동작요소를 (㉠), 형태, (㉡), 힘, 흐름, 리듬으로 구성된다고 하였다.
> • 퍼셀(M. Purcell)은 (㉠) 인식, 신체 인식, 노력, (㉢) 같은 동작요소에 대한 이해를 바탕으로 이를 응용영역에 적용시킬 수 있어야 한다고 하였다.

	㉠	㉡	㉢
①	공간	시간	관계
②	저항	속도	무게
③	공간	관계	시간
④	무게	속도	저항

> **정답해설** ㉠ 공간, ㉡ 시간, ㉢ 관계에 대한 설명이다.

08 〈표〉의 ㉠, ㉡에 들어갈 기본움직임기술의 발달단계를 바르게 제시한 것은?

단계	(㉠)	(㉡)
움직임 기술	물구나무서기	공 차기
설명	• 삼각지지를 통한 물구나무서기 가능 • 일정하지 않은 균형점을 보이고, 간헐적으로 자세를 오랫동안 유지함 • 감각적으로 사지의 위치를 살피려고 노력함	• 차기동작 동안 양팔 흔들기가 나타남 • 팔로우 스로우가 이루어지는 동안 몸통이 허리까지 굽혀짐 • 다리 스윙이 길어지고, 달리거나 껑충 뛰어서 공에 다가감

	㉠	㉡		㉠	㉡
①	시작	시작	②	시작	성숙
③	초보	초보	④	초보	성숙

> **정답해설** 기본움직임기술의 발달단계 중 ㉠은 초보, ㉡은 성숙에 해당한다.

09 에릭슨(E. Erikson)이 제시한 심리사회발달 단계에 대한 내용의 연결이 적절하지 않은 것은?

① 단계 : 신뢰감 대 불신감
   내용 : 정체감을 확립하지 못한 경우 자신감을 가지지 못함
② 단계 : 자율성 대 수치·회의
   내용 : 근육 발달을 조절할 수 있으며 자기 주위를 탐색함
③ 단계 : 주도성 대 죄의식
   내용 : 목표나 계획을 세워 성공하고자 노력함
④ 단계 : 근면성 대 열등감
   내용 : 기초적인 인지 기술과 사회적 기술을 습득함

> **정답해설** 신뢰감 대 불신감 : 주위(부모 등)의 일관된 지지를 받으면 신뢰감을 얻으나, 주위의 지지나 보호가 부적절하면 불신감을 갖는 것

| 정답 | 06 ③ 07 ① 08 ④ 09 ①

10 〈보기〉에서 동일한 유형의 반사(reflex)나 반응(reaction)인 것을 고른 것은?

┌─보기─┐
ㄱ 모로(Moro)
ㄴ 당김(pull-up)
ㄷ 목가누기(neck righting)
ㄹ 바빈스키(Babinski)
ㅁ 비대칭목경직(asymmetrical tonix neck)
ㅂ 낙하산(parachute)
└────┘

① ㄱ, ㄴ, ㅂ   ② ㄱ, ㄹ, ㅁ
③ ㄴ, ㄷ, ㄹ   ④ ㄴ, ㄷ, ㅁ

정답해설 ㄱ 모로, ㄹ 바빈스키, ㅁ 비대칭목경직은 원시적 반사에 해당한다.

11 〈보기〉에서 '영유아 기도폐쇄' 응급처치에 관한 설명으로 옳은 것을 모두 고른 것은?

┌─보기─┐
ㄱ 1세 미만의 경우 등 두드리기 및 흉부압박이 권장된다.
ㄴ 의식이 없는 경우 혀에 의한 기도폐쇄가 있는지 확인한다.
ㄷ 등 두드리기를 할 때 머리를 가슴보다 낮게 하고, 안은 팔을 허벅지에 고정시킨다.
ㄹ 흉부를 압박할 때 등을 받치고 머리를 가슴보다 낮게 하여, 안은 팔을 무릎 위에 놓는다.
└────┘

① ㄱ, ㄴ   ② ㄱ, ㄷ
③ ㄴ, ㄷ, ㄹ   ④ ㄱ, ㄴ, ㄷ, ㄹ

정답해설 ㄱ, ㄴ, ㄷ, ㄹ 모두 옳은 설명이다.

12 〈표〉에서 체력의 구분 및 요소, 검사방법의 연결이 옳은 것을 고른 것은?

	구분	체력요소	검사방법
ㄱ	건강체력	순발력	모둠 발로 멀리뛰기
ㄴ	건강체력	심폐지구력	셔틀런(페이서, PACER)
ㄷ	운동체력	평형성	평균대 위에서 한발로 서기
ㄹ	건강체력	유연성	1분간 앉았다 일어나기

① ㄱ, ㄷ   ② ㄱ, ㄹ
③ ㄴ, ㄷ   ④ ㄴ, ㄹ

정답해설 ㄴ, ㄷ이 옳은 설명이다.

오답해설
ㄱ 수행체력, 순발력, 짧은 시간 최대 힘을 발휘하는 능력(제자리 멀리뛰기)
ㄹ 건강체력, 유연성, 관절의 가동 범위(앉아서 윗몸 굽히기)

13 초등체육 교육과정의 3~4학년군 성취기준에 대한 내용으로 옳지 않은 것은?

① 체력운동이나 스포츠활동보다 신체를 인식하고 움직이는 기초적인 이동운동을 한다.
② 기본 체력운동의 방법과 절차를 익히며 자신의 수준에 맞는 운동을 시도한다.
③ 기본 움직임 기술의 의미와 종류를 이해하고 스포츠와의 관계를 파악한다.
④ 움직임의 심미적 표현에 대한 호기심과 감수성을 나타낸다.

정답해설 건강 증진을 위해 기초적인 이동운동이 아니라 체력운동이나 스포츠활동을 실시한다.

14 스포츠 기술에 반영된 조작 운동과 지각운동 구성요소의 연결이 옳은 것은?

	스포츠 기술	조작운동	지각운동 구성요소
①	골프공 때리기, 축구공 차기	추진	안정
②	농구패스 잡기, 핸드볼패스 잡기	추진	공간
③	티볼 펀팅, 탁구공 되받아치기	흡수	시간
④	축구패스공 멈추기, 야구 공중볼 받기	흡수	공간

정답해설 축구패스공 멈추기, 야구 공중볼 받기 > 조작운동, 흡수운동 > 지각운동, 공간운동

| 정답 | 10 ②   11 ④   12 ③   13 ①   14 ④

15 〈보기〉의 대화에서 ㉠, ㉡에 들어갈 유아체육 프로그램 기본원리와 교수방법은?

> ─┤보기├─
> A 지도자 : 저는 수업에서 유아 간에 체력이나 소질 같은 개인차가 발생하는 부분이 늘 고민이었어요. 운동프로그램 구성을 위한 원리 같은 것이 있을까요?
> B 지도자 : (㉠)의 원리 같은 경우가 적용될 수 있을 것 같아요. 이 원리는 일반화된 특성뿐만 아니라 유전과 환경요인 같은 개인차를 고려하는 것을 말해요.
> A 지도자 : 그렇다면 유아가 창의성 있게 자발적으로 참여하게 하는 지도방법은 어떤 것이 있을까요?
> B 지도자 : (㉡) 방법이 효과적일 것 같아요. 이 방법은 유아 스스로의 실험과 문제해결, 자기 발견을 통해 학습이 일어나는 과정을 강조하는 방법이에요.

	㉠	㉡
①	특이성	탐색적(exploratory)
②	특이성	과제 중심 접근(task‑oriented)
③	연계성	탐색적(exploratory)
④	연계성	과제 중심 접근(task‑oriented)

정답해설 ㉠은 특이성, ㉡은 탐색적에 대한 설명이다.

16 기본 움직임 기술에 대한 대근운동발달검사(TGMD)에서 검사항목과 수행기준이 적절하지 <u>않은</u> 것은?

	기본 움직임 기술	검사항목	수행기준
①	이동운동	달리기(15m)	팔꿈치를 구부리고 팔과 다리는 엇갈려 움직인다.
②	이동운동	제자리 멀리뛰기	던지는 팔의 반대쪽 발을 내딛으며 무게를 이동시킨다.
③	조작운동	던지기(over‑hand throw)	엉덩이와 어깨를 목표지점을 향하여 회전시킨다.
④	조작운동	공 차기	디딤발로 외발 뛰기를 하면서 차는 발을 길게 뻗는다.

정답해설 제자리멀리뛰기 수행기준은 순발력 측정을 위해 제자리에서 뛰어 멀리 이동한 거리를 측정하는 것이다.

17 미국 질병통제예방센터(CDC)가 제시한 연령별 신체활동 가이드라인으로 옳지 <u>않은</u> 것은?

① 미취학 아동에게 성장과 발달을 위해 일정 시간 이상의 신체활동이 권장된다.
② 미취학 아동의 보호자는 제한적인 활동유형의 소근육 위주 놀이를 장려해야 한다.
③ 어린이와 청소년에게 매일 60분 이상의 중강도 신체활동을 장려해야 한다.
④ 어린이와 청소년들에게 연령에 적합하며, 즐겁고 다양한 신체활동에 참여할 수 있는 기회와 격려의 제공이 권장된다.

정답해설 미취학 아동의 보호자는 활동적인 습관을 만들어 줄 수 있는 다양한 활동을 장려해야 한다.

18 유치원 체육수업에서 실제학습시간(ALT)을 증가시킬 수 있는 공간 구성 전략으로 옳지 <u>않은</u> 것은?

① 유아의 호기심 및 모험심 등을 표현할 수 있는 환경 조성을 추구한다.
② 유아의 주의 집중을 위해 체육시설이나 기구를 효율적으로 배치한다.
③ 운동이 익숙해지는 시기에는 순환식보다 병렬식 위주로 기구를 배치한다.
④ 수업 중인 신체활동과 관련 없는 놀잇감 배치를 지양한다.

정답해설 운동이 익숙해지면 단순한 병렬식 운동 기구보다 순환식의 다양한 운동 기구가 더 효율적이다.

| 정답 | 15 ① 16 ② 17 ② 18 ③

19 〈표〉는 미국스포츠의학회(ACSM)의 '어린이와 청소년을 위한 FITT(빈도, 강도, 시간, 형태) 권고사항'이다. ㉠~㉢에 들어갈 용어를 바르게 연결한 것은?

구분	(㉠) 운동	(㉡) 운동	(㉢) 운동
빈도	고강도 운동을 최소 주 3일 이상 포함되도록 함	주 3일 이상	주 3일 이상
강도	중강도에서 고강도	체중 또는 8~15회 반복 가능한 무게	충격이나 기계적 부하와 같이 부하를 주는 신체활동이나 운동자극

	㉠	㉡	㉢
①	무산소	심폐체력	평형성
②	유산소	저항	평형성
③	유산소	저항	뼈 강화
④	유산소	뼈 강화	저항

정답해설 ㉠ 유산소 운동, ㉡ 저항(근력) 운동, ㉢ 뼈 강화 운동에 대한 설명이다.

20 유소년 체육활동에서 체온조절과 관련된 내용으로 지도자가 고려해야 할 사항으로 옳지 않은 것은?

① 적당한 온도 및 습도가 유지된 환경을 조성해야 한다.
② 체온조절을 위해 가능한 더운 공간에서의 활동을 장려한다.
③ 더운 여름철의 체육 활동에는 적절한 수분 보충을 장려한다.
④ 유소년은 체육활동 시 성인에 비해 열을 빨리 획득하게 된다는 것을 인지한다.

정답해설 체온조절을 위해 가능한 온도가 적절한 공간에서 활동을 장려한다.

노인체육론

01 기대수명(life expectancy)에 대한 설명으로 옳지 않은 것은?

① 나이가 증가함에 따라 변화한다.
② 기대수명과 평균수명은 동일한 개념이다.
③ 대부분의 나라에서 꾸준히 증가하고 있다.
④ 평균적으로 여성의 기대수명이 남성의 기대수명보다 높다.

정답해설 기대수명은 성별, 연령에 따라 생존할 것으로 기대되는 생존연수를 추정한 나이이고, 평균수명은 특정 지역, 나라의 평균적인 수명을 의미한다. 따라서 기대수명과 평균수명은 동일한 개념이 아니다.

02 무릎골관절염 노인의 운동을 지도할 때 고려사항으로 옳지 않은 것은?

① 저항성 운동할 때 통증을 유발하는 운동은 등척성 운동으로 대체할 수 있다.
② 불편함을 느끼기 시작하는 강도보다 낮은 강도로 운동을 시작한다.
③ 수중운동의 경우 물의 온도는 약 29~32°C를 권장한다.
④ 무릎관절에 충격이 큰 체중부하 운동을 권장한다.

정답해설 무릎골관절염을 앓고 있는 노인은 최대한 무릎관절에 충격이 적은 운동을 권장해야 한다.

03 〈보기〉에서 설명하는 운동 원리는?

┌─보기─┐
노인스포츠지도사는 일상적인 환경에서의 움직임과 연관된 동작을 포함하는 운동프로그램을 설계하고 실행해야 한다.
└────┘

① 기능 관련성 원리　② 난이도 원리
③ 점진성 원리　　　④ 과부하 원리

정답해설 〈보기〉의 내용은 기능 관련성 원리에 대한 설명이다.

04 〈보기〉에서 설명하는 것은?

> **보기**
> • 노화와 관련한 대표적인 증상 또는 질환이다.
> • 근육 위축(muscle atrophy)으로도 알려져 있다.
> • 유산소 능력, 골밀도, 인슐린 민감성 및 신진대사율 감소를 유발할 수 있다.

① 근감소증(sarcopenia)
② 근이영양증(muscular dystrophy)
③ 루게릭병(amyotrophic lateral sclerosis)
④ 근육저긴장증(muscle hypotonia)

정답해설 근감소증(sarcopenia)은 노화와 관련한 대표적인 증상 또는 질환이며, 대표적으로 근육 위축이라고도 불린다. 유산소 능력, 골밀도, 인슐린 민감성 및 신진대사율 감소를 유발할 수 있다.

05 〈보기〉에서 체중부하운동을 모두 고른 것은?

> **보기**
> ㉠ 걷기   ㉡ 등산
> ㉢ 고정식 자전거   ㉣ 스케이트
> ㉤ 수영

① ㉠, ㉢
② ㉠, ㉡, ㉣
③ ㉡, ㉢, ㉣
④ ㉡, ㉢, ㉣, ㉤

정답해설 노인 체중부하운동을 지도할 때는 활동량이 많은 과부하 운동 대신 관절을 최대한 쓰지 않을 수 있는 ㉠ 걷기, ㉡ 등산, ㉣ 스케이트 운동 등을 권장해야 한다.

06 '국민체력 100'에서 제시한 노인 체력에 대한 측정 방법과 운동 방법의 연결이 옳지 않은 것은?

체력	측정 방법	운동 방법
① 동적 평형성	의자에 앉아 3m 표적 돌아오기	베개 등 다양한 지지면 위에서 균형 걷기
② 유연성	앉아 윗몸 앞으로 굽히기	스트레칭
③ 하지 근기능	30초간 의자에 앉았다가 일어서기	밴드 잡고 앉아서 다리 밀기
④ 심폐지구력	8자 보행	고정식 자전거 타기

정답해설 측정 방법 중 8자 보행은 협응력을 보기 위한 측정 방법이다.

07 노인이 규칙적인 유산소운동을 통해 얻을 수 있는 효과로 옳지 않은 것은?

① 최대산소섭취량과 1회 박출량 증가
② 분당 환기량 증가와 안정 시 호흡수 감소
③ 말초혈관의 저항 감소와 혈관 탄력성 증가
④ 복부지방 감소와 안정 시 인슐린 분비의 증가

정답해설 노인이 규칙적인 유산소운동을 할 때, 내분비 계통에서 복부지방은 감소하고 인슐린 감수성은 증가한다.

08 〈보기〉는 만성질환 노인의 운동 효과이다. ㉠~㉢에 들어갈 용어를 바르게 연결한 것은?

> **보기**
> • 비만 노인의 체지방량이 (㉠)하고, 근육량은 유지 및 증가된다.
> • 당뇨 노인의 혈당량이 감소하고, 근육의 인슐린 민감성이 (㉡)된다.
> • 골다공증 노인의 골밀도 (㉢)가 개선되고, 낙상과 골절이 예방된다.

	㉠	㉡	㉢
①	감소	증가	감소
②	증가	증가	감소
③	감소	증가	증가
④	증가	감소	증가

정답해설 만성질환 노인의 운동 효과로는 체지방량이 감소하고, 인슐린 민감성은 증가한다. 또한 골다공증 노인의 골밀도 감소가 개선되는 효과가 있다.

| **정답** | 04 ① 05 ② 06 ④ 07 ④ 08 ① |

09 운동프로그램의 원리 중 '특수성의 원리(specificity principle)'에 대한 설명으로 옳은 것은?

① 훈련 자극 및 강도를 지속적으로 증가시켜야 한다.

② 신체의 기능 향상을 위해서는 더 강한 부하를 주어야 한다.

③ 운동의 효과는 운동 중 사용한 특정 근육 및 부위에서 나타난다.

④ 노인의 개인 특성과 운동능력 및 체력 수준을 고려하여 운동 형태를 결정해야 한다.

> **정답해설** 특수성의 원리 : 스포츠 종목 및 개인의 특성에 맞는 프로그램을 설계하여 효과적이고 더 큰 적응에 도달하기 위한 트레이닝이며, 운동 중 사용된 특정 근육 및 부위에서 운동 효과가 나타난다는 원리

10 건강한 노인의 걷기운동을 지도할 때 주의사항으로 옳지 <u>않은</u> 것은?

① 팔은 자연스럽게 앞뒤 교대로 흔들면서 걷게 한다.

② 안전한 보행을 위하여 앞꿈치, 발바닥, 뒤꿈치 지지순서로 걷게 한다.

③ 기립 안정성을 위해 배를 내밀지 않은 상태에서 허리를 바로 세우고 걷게 한다.

④ 발바닥 전체로 내딛거나 보폭을 너무 크게 하면 피로가 빨리 오고 발바닥에 통증이 발생하므로 주의시킨다.

> **정답해설** 노인에게 건강한 걷기운동을 지도할 때에는 안전한 보행을 위하여 지지 순서를 뒤꿈치, 발바닥, 앞꿈치 순으로 하여 걷게 한다.

11 〈보기〉에서 설명하는 노화와 관련된 유전인자는?

┌─ 보기 ─────────────────┐
• 세포의 분열수명을 제어
• 조로증(progeria)의 원인
└────────────────────────┘

① 마이오카인(myokine)

② 사이토카인(cytokine)

③ 글루코오스(glucose)

④ 텔로미어(telomere)

> **정답해설** 〈보기〉에서 설명하는 노화와 관련된 유전인자는 텔로미어(telomere)이다.

12 〈보기〉에서 설명하는 이론은?

┌─ 보기 ─────────────────┐
85세의 마이클 조던은 노화로 인한 신체기능 저하로 더 이상 예전의 농구기량을 보여줄 수 없게 되었다. 농구를 계속하고 싶었던 마이클 조던은 다음과 같은 전략을 수립했다.
• 농구를 계속하기로 함
• 풀코트 대신 하프코트, 40분 정규시간 대신 20분만 뛰기로 함
• 동일한 연령대의 그룹과 경기하기로 함
└────────────────────────┘

① 반두라(A. Bandura)의 자기효능감 이론

② 로우(J. Rowe)와 칸(R. Kahn)의 성공적 노화 이론

③ 펙(R. Peck)의 발달과업 이론

④ 발테스와 발테스(M. Baltes & P. Baltes)의 보상이 수반된 선택적 적정화 이론

> **정답해설** 〈보기〉는 발테스의 보상이 수반된 선택적 적정화 이론에 대한 설명이다. 마이클 조던은 성공적 노화기를 보내기 위해 지속적인 신체적, 정신적, 사회적 손실에 대한 적응력을 키우고 노인의 기능적 독립성을 유지하기 위해 운동을 한다.

13 〈보기〉의 ㉠, ㉡에 들어갈 내용을 바르게 연결한 것은?

┌─ 보기 ─────────────────┐
• 폐경으로 인한 (㉠) 감소로 골다공증 위험 증가
• 대사작용의 산물인 (㉡)의 증가가 여러 노화 관련 질환 유발
└────────────────────────┘

	㉠	㉡
①	테스토스테론	활성산소
②	테스토스테론	젖산
③	에스트로겐	활성산소
④	에스트로겐	젖산

| **정답** | 09 ③ 10 ② 11 ④ 12 ④ 13 ③

정답해설 노인은 폐경으로 인해 에스트로겐이 감소하여 골다공증의 위험이 증가하며, 대사작용의 산물인 활성산소의 증가로 여러 노화 관련 질환이 유발될 수 있다.

• 참여자와 자주 눈 마주치고 정면에서 응시
• 참여자의 말에 공감하며 경청
• 시각적 도구는 쉽게 읽을 수 있게 제작

14 〈보기〉에서 설명하는 행동 변화 이론 또는 모형은?

┌─보기─┐
• 자신의 신념(belief)과 행동(behavior)을 연결하는 이론
• 구성 요인은 태도, 주관적 규범, 지각된 행동 통제, 의도, 행동통제인식
└────┘

① 학습이론(learning theory)
② 건강신념모형(health belief model)
③ 계획행동이론(theory of planned behavior)
④ 행동변화단계모형(behavior change model)

정답해설 〈보기〉는 계획행동이론에 대한 설명으로, 이는 합리적 행위 이론에 지각된 행동 통제력이라는 변인을 추가하여 행동 의도와 행동을 예측하는 이론이다. 구성 요인은 태도, 주관적 규범, 지각된 행동 통제, 의도, 행동통제인식이 있다.

15 〈보기〉에서 노인과의 원활한 의사소통 방법으로 옳은 것을 모두 고른 것은?

┌─보기─┐
㉠ 참여자의 정면에 선다.
㉡ 시선을 한곳에 고정한다.
㉢ 적절한 눈맞춤을 한다.
㉣ 참여자를 향해 몸을 약간 기울인다.
㉤ 손은 계속 움직이며 손가락으로 지적한다.
└────┘

① ㉠, ㉡   ② ㉡, ㉤
③ ㉠, ㉢, ㉣   ④ ㉠, ㉢, ㉣, ㉤

정답해설 지도자의 의사소통 기술 및 원칙
• 언어적, 비언어적, 자기주장 기술 등을 사용한 효과적인 의사소통
• 명확하고 간결한 내용 전달
• 전문용어나 어려운 단어 미사용

16 대사당량(METs)에 대한 설명으로 옳지 <u>않은</u> 것은?

① 안정 시 MET값은 연령에 따라 다르다.
② 중강도의 신체활동 기준은 3.0~6.0METs이다.
③ 노인의 유산소 운동 시 안전한 운동강도 설정 지표로 활용된다.
④ 1MET는 휴식상태에서 체중 1kg당 1분 동안 사용하는 산소량이다.

정답해설 대사당량(METs)이란 운동강도를 나타내는 표시법으로 신체가 안전 상태를 유지하는 데 필요한 산소량을 의미한다. 안정 시 대사당량(METs)은 산소량에 따라 나타나는 값으로 연령과 관계없다.

17 〈표〉는 노인이 운동할 때 응급상황에 대한 응급 처치 방법과 목적을 제시한 것이다. ㉠~㉢에 들어갈 용어를 바르게 연결한 것은?

방법	목적
• (㉠)	• 추가적 손상 방지
• Rest(휴식)	• 심리적 안정
• Ice(냉찜질)	• (㉡)
• Compression(압박)	• 부종 감소
• Elevation(거상)	• 부종 감소
• Stabilization(고정)	• (㉢)

	㉠	㉡	㉢
①	Posture (자세)	근 경련 감소	마비 예방
②	Posture (자세)	통증, 부종, 염증 감소	마비 예방
③	Protection (보호)	통증, 부종, 염증 감소	근 경련 감소
④	Protection (보호)	마비 예방	근 경련 감소

| 정답 | 14 ③   15 ③   16 ①   17 ③

정답해설 노인 운동 시 응급처치 방법으로는 2차의 추가 손상을 방지하고자 ㉠ 보호(protection)를 해야 한다. 응급처치 시 냉찜질은 ㉡ 통증, 부종, 염증을 감소시킬 수 있으며, ㉢ 근 경련 감소를 위해서는 고정을 시켜야 한다.

18 노화로 인한 낙상의 원인으로 옳은 것은?

① 보행속도의 증가
② 자세 동요의 감소
③ 발목의 발등굽힘 증가
④ 보폭이 좁은 오리걸음 패턴

정답해설 보폭이 좁은 오리걸음 패턴으로 걸을 경우, 낙상의 위험이 있기에 지도자는 노인의 걸음걸이를 고쳐주며 지도해야 한다.

19 노화로 인한 체력 저하에 대한 설명으로 옳지 않은 것은?

① 근력은 20대에 최대치를 이루고 그 후 점차적으로 저하된다.
② 순발력은 10대에 최대치를 이루고 근력에 비해 빠르게 저하된다.
③ 평형성은 20대에 최대치를 이루고 그 후 급속히 저하된다.
④ 지구력은 근력, 순발력에 비해 느리게 저하된다.

정답해설 체력은 신체 활동을 수행할 수 있는 기능적 특성이며, 평형성은 20대에 최대치를 이룬 후 점차적으로 저하된다. 체력요소를 촉진시키기 위해서는 과부하의 원리에 따라 평상시 신체활동보다 더 많은 부하에 자극을 받아야만 증가한다.

20 생물학적 노화의 특징으로 옳지 않은 것은?

① 노화로 인한 변화는 점진적이다.
② 모든 사람에게 보편적으로 나타난다.
③ 발달과 쇠퇴를 모두 포함하는 변화이다.
④ 환경적 요인을 배제한 내재적 요인에 의해 발생한다.

정답해설 생물학적 노화의 특성에 쇠퇴성은 해당하지만, 발달과는 별개이다.

스포츠교육학

01 스포츠기본법(시행 2022.2.11.)의 용어 정의에 관한 설명으로 옳지 **않은** 것은?

① '학교스포츠'란 건강과 체력 증진을 위하여 행하는 자발적이고 일상적인 스포츠 활동을 말한다.

② '스포츠산업'이란 스포츠와 관련된 재화와 서비스를 통하여 부가가치를 창출하는 산업을 말한다.

③ '장애인스포츠'란 장애인이 참여하는 스포츠 활동(생활스포츠와 전문스포츠를 포함한다)을 말한다.

④ '전문스포츠'란 「국민체육진흥법」 제2조 제4호에 따른 선수가 행하는 스포츠 활동을 말한다.

정답해설 '학교스포츠'란 학교에서 이루어지는 스포츠 활동을 말한다. 건강과 체력 증진을 위하여 행하는 자발적이고 일상적인 스포츠 활동은 '생활스포츠'이다.

Tip 제3조(정의)

• "스포츠"란 건강한 신체를 기르고 건전한 정신을 함양하며 질 높은 삶을 위하여 자발적으로 행하는 신체활동을 기반으로 하는 사회문화적 행태를 말하며, 「국민체육진흥법」 제2조 제1호에 따른 체육을 포함한다.

• "전문스포츠"란 「국민체육진흥법」 제2조 제4호에 따른 선수(이하 "선수"라 한다)가 행하는 스포츠 활동을 말한다.

• "생활스포츠"란 건강과 체력 증진을 위하여 행하는 자발적이고 일상적인 스포츠 활동을 말한다.

• "장애인스포츠"란 장애인이 참여하는 스포츠 활동(생활스포츠와 전문스포츠를 포함한다)을 말한다.

• "학교스포츠"란 학교(「유아교육법」 제2조 제2호에 따른 유치원, 「초·중등교육법」 제2조 및 「고등교육법」 제2조에 따른 학교를 말한다. 이하 같다)에서 이루어지는 스포츠 활동(학교과정 외의 스포츠 활동과 「국민체육진흥법」 제2조 제8호에 따른 운동경기부의 스포츠 활동을 포함한다)을 말한다.

• "스포츠산업"이란 스포츠와 관련된 재화와 서비스를 통하여 부가가치를 창출하는 산업을 말한다.

• "스포츠클럽"이란 회원의 정기적인 체육활동을 위하여 「스포츠클럽법」 제6조에 따라 등록을 하고 지역사회의 체육활동 진흥을 위하여 운영되는 법인 또는 단체를 말한다.

02 〈보기〉의 ㉠, ㉡에 해당하는 취약계층 생활스포츠 지원사업이 바르게 연결된 것은?

보기

㉠ 스포츠복지 사회 구현의 일환으로 저소득층 유·청소년(만5세~18세)과 장애인(만12세~23세)에게 스포츠강좌 혜택을 받을 수 있는 일정금액의 이용권을 제공하는 사업이다.

㉡ 소외계층 청소년을 대상으로 다양한 체육활동 참여기회를 제공함으로써 참여 형평성을 높이고 사회 적응력을 배양하는 것을 목적으로 시행되는 사업이다.

	㉠	㉡
①	여성체육활동 지원	국민체력 100
②	국민체력 100	스포츠강좌이용권 지원
③	스포츠강좌이용권 지원	행복나눔스포츠교실 운영
④	행복나눔스포츠교실 운영	여성체육활동 지원

정답해설 ㉠ 스포츠강좌이용권 지원, ㉡ 행복나눔스포츠교실 운영에 대한 설명이다.

오답해설

• 여성체육활동 지원 : 초·중·고 여학생 대상 종목별 스포츠 교실 운영(15종목 600여 개소), 생애주기(임신기, 출산 후, 육아기, 갱년기) 여성체육활동 지원, 여성 환우를 대상으로 찾아가는 체력교실 사업 지원

• 국민체력 100 : 국민의 체력 및 건강증진에 목적을 두고 체력상태를 과학적인 방법으로 측정·평가하여 운동 상담 및 처방을 하는 대국민 스포츠 복지 서비스 사업

| 정답 | 01 ① 02 ③

03 〈보기〉의 발달특성을 가진 대상을 위한 스포츠 프로그램 구성 시 고려사항으로 적절하지 **않은** 것은?

┌─보기─────────────────────────┐
│ • 신체적·정서적·사회적 발달이 뚜렷하다.   │
│ • 개인의 요구와 흥미가 뚜렷하게 나타난다. │
│ • 2차 성징이 나타난다.   │
└─────────────────────────────┘

① 생활패턴 고려
② 개인의 요구와 흥미 고려
③ 정적운동 위주의 프로그램 구성
④ 스포츠 프로그램의 지속적 참여 고려

정답해설 〈보기〉는 생애주기에서 청소년의 발달 특징에 대한 설명으로, 동적 운동 위주의 프로그램 구성이 적절하다.

Tip 청소년 특징
• 급속한 신체적 변화에 따라 태도와 행동에 변화
• 2차 성징이 나타남
• 추상적·가설적 사고를 통해 지적 과업 성취
• 또래들과 어울리면서 부모로부터 독립하려는 심리가 나타남

04 〈보기〉에서 생활스포츠 프로그램의 교육목표 진술에 관한 설명으로 옳은 것만을 모두 고른 것은?

┌─보기─────────────────────────┐
│ ㉠ 프로그램의 목표는 추상적으로 진술한다.   │
│ ㉡ 학습 내용과 기대되는 행동을 동시에 진술한다. │
│ ㉢ 스포츠 참여자에게 기대하는 행동의 변화에 │
│   따라 동사를 다르게 진술한다.   │
│ ㉣ 해당 스포츠 활동이 끝났을 때 참여자에게 │
│   나타난 최종 행동 변화 용어로 진술한다.   │
└─────────────────────────────┘

① ㉠, ㉡
② ㉢, ㉣
③ ㉠, ㉡, ㉢
④ ㉡, ㉢, ㉣

정답해설 ㉡, ㉢, ㉣이 옳은 설명이다.

오답해설 ㉠ 생활체육 프로그램의 목표는 명시된 프로그램 목적을 달성하기 위해 구체적으로 진술한다.

Tip 생활체육 프로그램 목표
• 프로그램을 통해 달성하고자 하는 상태 및 운동 능력을 명시
• 목표가 프로그램 전개에 있어서 일관된 지침 역할을 하도록 설정
• 프로그램을 구성하는 스포츠 활동 내용을 구체적이고 세부적으로 기술
• 프로그램 시행 후에는 평가를 통해 목표 달성 여부를 검토할 수 있도록 기술

05 〈보기〉의 교수 전략을 포함하는 체육수업모형은?

┌─보기─────────────────────────┐
│ • 모든 팀원은 자신의 팀에 할당된 과제를 익힌 │
│   후, 교사가 되어 다른 팀에게 자신이 학습한 │
│   내용을 지도한다.   │
│ • 각 팀원들이 서로 다른 내용을 배운 다음, 동 │
│   일한 내용을 배운 사람끼리 모여 전문가 집단 │
│   을 구성한다. 이들은 자신이 배운 내용을 공 │
│   유하며, 원래 자신의 집단으로 돌아가 배운 │
│   것을 다른 팀원들에게 지도한다.   │
└─────────────────────────────┘

① 직접 교수 모형   ② 개별화 지도 모형
③ 협동학습 모형   ④ 전술게임 모형

정답해설 〈보기〉는 협동학습 모형에 대한 설명이다.

오답해설
① 직접 교수 모형 : 교사가 주도적으로 수업을 조직하고 운영하는 지도 방법으로 교사가 수업 시간과 수업 자원을 효율적으로 활용할 수 있는 모형
② 개별화 지도 모형 : 사전에 계획된 학습 과제의 계열성에 따라서 학생이 자신에게 맞는 속도로 배울 수 있으며 자기 주도적인 학습자가 되게 하며, 교사에게는 상호작용이 필요한 학생과 더 많은 상호작용을 할 수 있는 모형
④ 전술게임 모형 : 경기 위주의 전통적인 체육수업에 대안적인 지도 방법으로 게임을 실제로 행하는 가운데 필요한 전략과 전술을 강조하는 모형

| 정답 | 03 ③   04 ④   05 ③

06 메츨러(M. Metzler)의 교수·학습 과정안(수업 계획안) 작성 시 고려해야 할 구성요소 중 〈보기〉의 설명과 관련 있는 것은?

┌─〈보기〉─────────────────────┐
- 학생의 흥미를 유발시킬 수 있는 수업 도입
- 과제 제시에 적합한 모형과 단서 사용
- 학생에게 방향을 제시할 과제 구조 설명
- 다양한 과제의 계열성과 진도(차시별)
└────────────────────────┘

① 학습 목표
② 수업 맥락의 간단한 기술
③ 시간과 공간의 배경
④ 과제 제시와 과제 구조

정답해설 〈보기〉는 과제 제시와 과제 구조의 내용이다. 과제 제시는 필수 학습 과제를 학생에게 제시하기 위해 활용할 수 있는 전략이고, 과제 구조는 학생의 참여를 염두에 두고 학습 활동을 설계하는 방식이다.

Tip 교수 학습 과정안 작성 7가지 요소

1) 수업 맥락의 간단한 기술 : 학습자의 특성, 시간, 장소, 수업 차시 등의 총체적인 수업의 맥락에 대해 설명
2) 학습 목표 : 일반적으로 한 시간의 수업에서 선정하는 목표는 인지적, 정의적, 심동적 영역을 통합하여 2~3개 목표를 설정
3) 시간과 공간의 배정
   - 시간 배정 : 각 활동마다 대략적으로 추정한 분 단위로 기록하며 수업 진행 시작 시점과 종료 시점 역할
   - 공간 배정 : 각 활동에 필요한 학습환경 조직을 쉽게 알아보도록 간단한 도해로 작성
4) 학습 활동 목록 : 학습자 수행 과제 순서로 학습 활동 목록 작성
5) 과제 제시와 과제 구조
   - 과제 제시 : 필수 학습 과제를 학생에게 제시하기 위해 활용할 수 있는 전략
   - 과제 구조 : 학생의 참여를 염두에 두고 학습 활동을 설계하는 방식
6) 평가 : 평가 시기와 관리 및 절차상의 고려사항(시간 배정, 평가 운영 방법, 필요한 기구 및 자료의 조직) 포함
7) 학습 정리 및 종료 : 질문을 통해 학생에게 학습 내용의 핵심 단서를 기억하게 하고, 무엇을 학습하였으며, 그것이 중요한 이유를 재확인하도록 학습 정리 과정을 포함해 종료

07 〈보기〉에서 안전한 학습환경 유지에 관한 설명으로 옳은 것만을 모두 고른 것은?

┌─〈보기〉─────────────────────┐
㉠ 위험한 상황이 예측되더라도 시작한 과제는 끝까지 수행한다.
㉡ 안전한 수업운영에 필요한 절차를 분명히 전달하고 상기시켜야 한다.
㉢ 사전에 안전 문제를 예측하고 교구·공간·학생 등을 학습에 도움이 되는 방향으로 배열 또는 배치한다.
㉣ 새로운 연습과제나 게임을 시작할 때 지도자는 학생들의 활동을 주시하고 적극적으로 감독한다.
└────────────────────────┘

① ㉠, ㉡
② ㉡, ㉢
③ ㉠, ㉢, ㉣
④ ㉡, ㉢, ㉣

정답해설 ㉡, ㉢, ㉣이 옳은 설명이다.

오답해설 ㉠ 위험한 상황이 예측되면 즉시 과제를 멈추고 위험 요인을 제거한 후 다시 과제를 수행한다.

Tip 안전한 학습환경 유지를 위한 고려사항
- 학습장에서 안전 규칙 개발 및 공지
- 규칙 점검
- 일관성 있는 관리
- 동료 경고 체계
- 학습자가 활동에 참여하기 시작할 때 감독하기

08 헬리슨(D. Hellison)이 제시한 개인적·사회적 책임감 수준과 사례가 적절하지 **않은** 것은?

	수준	사례
①	타인의 권리와 감정 존중	타인에 대해 상호 협력적이고 다른 학생들을 돕고자 한다.
②	참여와 노력	새로운 과제에 도전하며 노력하면 성공할 수 있다고 여긴다.
③	자기 방향 설정	지도자가 없는 상황에서도 자신이 수립한 목표를 달성한다.
④	일상생활로의 전이	체육 수업을 통해 학습한 배려를 일상생활에 실천한다.

┌────────────────────────┐
| 정답 | 06 ④ 07 ④ 08 ①
└────────────────────────┘

타인에 대해 상호 협력적이고 다른 학생들을 돕고자 하는 행동 사례는 돌봄과 배려 단계이다.

헬리슨(D. Hellison) 개인적·사회적 책임감 지도 모형
- 무책임감(0단계)
- 타인의 권리와 감정 존중(1단계)
- 참여와 노력(2단계)
- 자기 방향 설정(3단계)
- 돌봄과 배려(4단계)
- 일상생활로의 전이(5단계)

09 〈보기〉의 ㉠, ㉡에 해당하는 평가 방법을 바르게 연결한 것은?

┌─보기─┐
㉠ 수업 전 학습목표에 따른 참여자 수준을 결정하고, 학습과정에서 참여자가 계속적인 오류 상황을 발생시킬 때 적절한 의사결정을 하도록 한다.
㉡ 학생들에게 자신의 높이뛰기 목표와 운동계획을 수립하게 한 다음 육상 단원이 끝나는 시점에서 종합적 목표 달성여부 확인을 위해 평가를 실시한다.

	㉠	㉡
①	진단평가	형성평가
②	진단평가	총괄평가
③	형성평가	총괄평가
④	총괄평가	형성평가

㉠ 진단평가, ㉡ 총괄평가에 대한 설명이다.

형성평가
- 교육 프로그램이나 지도 방법의 개발단계에서 이루어지는 과정 중심 평가 활동
- 지도 방법과 과정, 결과의 향상과 효율을 증진시키는 방향으로 프로그램과 지도 방법을 수정하기 위한 기능

10 다음에 해당하는 평가기법에 대한 설명으로 옳지 않은 것은?

테니스 포핸드 스트로크 과정	운동수행
• 두 발이 멈춘 상태에서 스트로크를 시도하는가?	Y/N
• 몸통 회전을 충분히 활용하는가?	Y/N
• 임팩트까지 시선을 공에 고정하는가?	Y/N
• 팔로우스로우를 끝까지 유지하는가?	Y/N

① 쉽게 제작이 가능하며 사용이 편리하다.
② 운동수행과정의 질적 평가가 불가하다.
③ 어떤 사건이나 행동의 발생 여부를 신속히 확인할 때 주로 사용한다.
④ 관찰행동을 구체적으로 정의하고 그 행동의 발생 시점을 확인할 수 있다.

체크리스트에 해당하며 운동수행과정의 질적 평가가 가능하다.

체크리스트
- 관찰 도구나 질문지로 활용
- 측정 행동, 특성 등을 나열한 목록으로 어떤 사건이나 행동 발생 여부의 신속한 확인을 위해 사용
- 제작하기가 쉽지만 좋은 목록을 구성하기 위해서는 세심한 주의가 필요
- 자료수집에서는 쉽게 '예/아니오(Y/N)'로 답하지만, 운동기능의 질적인 부분을 평가하는 경우 '우수/보통/미흡' 등의 다양한 평가 가능

11 학교체육진흥법(시행 2021.6.24.)의 제10조에서 규정하고 있는 학교장의 역할에 관한 내용으로 옳지 않은 것은?

① 학생들이 신체활동 프로그램에 참여할 수 있도록 학교스포츠클럽을 운영하여 학생들의 체육활동 참여기회를 확대하여야 한다.
② 학교스포츠클럽을 운영하는 경우 전문코치를 지정하여야 한다.

③ 학교스포츠클럽 활동 내용을 학교생활기록부에 기록하여 상급학교 진학자료로 활용할 수 있도록 하여야 한다.

④ 교육부령으로 정하는 바에 따라 일정 비율 이상의 학교스포츠클럽을 해당 학교의 여학생들이 선호하는 종목으로 운영하여야 한다.

학교의 장은 학교 스포츠 클럽을 운영하는 경우 학교 스포츠클럽 전담 교사를 지정하여야 한다.

제10조(학교 스포츠클럽 운영)

① 학교의 장은 학생들이 신체활동 프로그램에 참여할 수 있도록 학교 스포츠클럽을 운영하여 학생들의 체육활동 참여기회를 확대하여야 한다.

② 학교의 장은 제1항에 따라 학교 스포츠클럽을 운영하는 경우 학교 스포츠클럽 전담 교사를 지정하여야 한다.

③ 제2항에 따른 학교 스포츠클럽 전담 교사에게는 학교 예산의 범위에서 소정의 지도 수당을 지급한다.

④ 학교의 장은 학교 스포츠클럽 활동 내용을 학교생활기록부에 기록하여 상급학교 진학자료로 활용할 수 있도록 하여야 한다.

⑤ 학교의 장은 교육부령으로 정하는 바에 따라 일정 비율 이상의 학교 스포츠클럽을 해당 학교의 여학생들이 선호하는 종목의 학교 스포츠클럽으로 운영하여야 한다.

12 다음 ㉠~㉤에서 체육시설법 시행규칙(시행 2021.7.1.) 제22조 '체육지도자 배치기준'에 부합되는 것을 모두 고른 것은?

체육시설업의 종류	규모	배치 인원
㉠ 스키장업	• 슬로프 10면 이하 • 슬로프 10면 초과	1명 이상 2명 이상
㉡ 승마장업	• 말 20마리 이하 • 말 20마리 초과	1명 이상 2명 이상
㉢ 수영장업	• 수영조 바닥면적이 400m² 이하인 실내 수영장 • 수영조 바닥면적이 400m²를 초과하는 실내 수영장	1명 이상 2명 이상
㉣ 골프연습장업	• 20타석 이상 50타석 이하 • 50타석 초과	1명 이상 2명 이상
㉤ 체력단련장업	• 운동전용면적 200m² 이하 • 운동전용면적 200m² 초과	1명 이상 2명 이상

① ㉠, ㉡, ㉢, ㉣   ② ㉠, ㉡, ㉣, ㉤
③ ㉠, ㉢, ㉣, ㉤   ④ ㉡, ㉢, ㉣, ㉤

㉠, ㉡, ㉢, ㉣이 옳은 내용이다.

㉤ 체력단련장업 : 운동전용면적 300제곱미터 이하, 운동전용면적 300제곱미터 초과

체육시설법 시행규칙 별표 5

체육시설업의 종류	규모	배치 인원
골프장업	○ 골프코스 18홀 이상 36홀 이하 ○ 골프코스 36홀 초과	1명 이상 2명 이상
스키장업	○ 슬로프 10면 이하 ○ 슬로프 10면 초과	1명 이상 2명 이상
요트장업	○ 요트 20척 이하 ○ 요트 20척 초과	1명 이상 2명 이상
조정장업	○ 조정 20척 이하 ○ 조정 20척 초과	1명 이상 2명 이상
카누장업	○ 카누 20척 이하 ○ 카누 20척 초과	1명 이상 2명 이상
빙상장업	○ 빙판면적 1,500제곱미터 이상 3,000제곱미터 이하 ○ 빙판면적 3,000제곱미터 초과	1명 이상 2명 이상
승마장업	○ 말 20마리 이하 ○ 말 20마리 초과	1명 이상 2명 이상
수영장업	○ 수영조 바닥면적이 400제곱미터 이하인 실내 수영장 ○ 수영조 바닥면적이 400제곱미터를 초과하는 실내 수영장	1명 이상 2명 이상
체육도장업	○ 운동전용면적 300제곱미터 이하 ○ 운동전용면적 300제곱미터 초과	1명 이상 2명 이상
골프연습장업	○ 20타석 이상 50타석 이하 ○ 50타석 초과	1명 이상 2명 이상
체력단련장업	○ 운동전용면적 300제곱미터 이하 ○ 운동전용면적 300제곱미터 초과	1명 이상 2명 이상

13 국민체육진흥법(시행 2021.6.9.)에서 규정하는 생활스포츠지도사의 자격으로 옳지 <u>않은</u> 것은?

① 체육지도자의 자격은 19세 이상인 사람에게 부여한다.

② 생활스포츠지도사는 1급, 2급으로 구분한다.

③ 2급 생활스포츠지도사는 2급 생활스포츠지도사 자격검정에 합격하고, 연수과정을 이수한 사람으로 한다.

④ 1급 생활스포츠지도사는 자격 종목의 2급 생활스포츠지도사 자격을 취득한 후 3년 이상 해당 자격 종목의 지도경력이 있는 사람으로 한다.

정답해설

① 체육지도자의 자격은 만 18세 이상인 사람에게 부여한다.
④ 1급 생활스포츠지도사 자격 요건 내용이다.

Tip 생활스포츠지도사 2급 응시자격

• 만 18세 이상인 사람
• 2급 생활스포츠지도사 자격을 가지고 보유한 자격 종목이 아닌 다른 종목의 자격을 취득하려는 사람
• 해당 자격종목의 유소년 또는 노인 스포츠지도사 자격을 가지고 동일한 종목의 자격을 취득하려는 사람
• 2급 장애인스포츠지도사 자격을 가지고 보유한 자격 종목이 아닌 다른 종목(국민체육진흥법시행령 별표1 제3호의 비고에서 다른 종목으로 보는 경우를 포함)의 자격을 취득하려는 사람
• 유소년 또는 노인스포츠지도사 자격을 가지고 보유한 자격 종목이 아닌 다른 종목의 자격을 취득하려는 사람

14 〈보기〉의 ㉠, ㉡에 해당하는 단계가 바르게 연결된 것은?

┌─ 보기 ─────────────────────────┐
마튼스(R. Martens)가 제시한 전문체육 프로그램 개발 6단계는 ㉠ _____, 선수 이해, 상황 분석, 우선순위 결정 및 목표 설정, ㉡ _____, 연습계획 수립이다.
└──────────────────────────────┘

	㉠	㉡
①	스포츠에 대한 이해	공간적 맥락 고려
②	선수 발달 단계에 대한 이해	전술 선택
③	선수단(훈련) 규모 설정	체력상태의 이해
④	선수에게 필요한 기술 파악	지도 방법 선택

정답해설 ㉠ 선수에게 필요한 기술 파악, ㉡ 지도 방법 선택이 들어가야 옳다.

Tip 마튼스(R. Martens)의 전문체육 프로그램 개발을 위한 6단계

• 1단계 : 선수에게 필요한 기술 파악
• 2단계 : 선수 이해
• 3단계 : 상황 분석
• 4단계 : 우선순위 결정 및 목표 설정
• 5단계 : 지도 방법 선택
• 6단계 : 연습 계획 수립

15 ㉠, ㉡에 해당하는 용어가 바르게 연결된 것은?

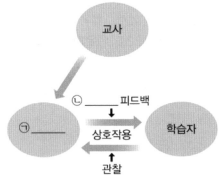

〈동료교수모형의 수업방식〉

	㉠	㉡
①	관찰자	교정적
②	개인교사	중립적
③	개인교사	교정적
④	교사	가치적

정답해설 ㉠ 개인교사, ㉡ 교정적이 들어가야 옳다.

| 정답 | 13 ①, ④   14 ④   15 ③

동료교수모형 용어
- 개인교사 : 임시로 교사 역할을 담당하는 학생
- 학습자 : 개인교사의 관찰 및 감독 속에서 연습하는 학생
- 조(짝) : 개인교사/학습자가 짝으로 구성된 단위
- 학생 : 개인교사와 학습자 역할을 수행하지 않는 학생

피드백
- 교정적 피드백 : 실수 또는 문제점 등을 규정하고 과제를 재연습시키며 운동수행의 정확성에 초점 가진 피드백
- 중립적 피드백 : 만족과 불만족 표시가 불분명한 피드백
- 가치적 피드백 : 긍정적 또는 부정적 판단(가치)의 단어가 포함된 피드백

	㉠	㉡
①	개별기술	복합기술
②	개방기술	폐쇄기술
③	시작형 기술	세련형 기술
④	부분기술	전체기술

정답해설 젠틸(A. Gentile)의 스포츠 기술은 환경의 안정성을 기준으로 개방기술, 폐쇄기술로 분류

Tip
- 개방기술 : 환경적 조건이 동적인 상황에서 수행되는 기술
- 폐쇄기술 : 환경적 조건이 정적인 상황에서 수행되는 기술

16 그리핀(L. Griffin), 미첼(S. Mitchell), 오슬린(J. Oslin)의 이해중심게임 모형에서 변형게임 구성 시 반영해야 할 2가지 핵심 개념은?

① 전술과 난이도
② 연계성과 위계성
③ 공간의 특성과 학습자
④ 대표성과 과장성

정답해설 변형게임은 정식 게임을 대표할 수 있어야 하고, 전술 기능 개발이 가능하도록 상황이 과장되어야 한다.

Tip 그리핀(L. Griffin), 미첼(S. Mitchell), 오슬린(J. Oslin) 이해중심게임 모형 변형게임 구성 핵심 개념
- 대표성 : 게임의 형식이 학생이 정식게임에 참여할 때 접하는 실제 상황을 포함해야 함(모의 연습 상황이지만 실제 경기를 대표할 수 있는 형태)
- 과장성 : 학생이 오직 움직임 전술 문제만 초점을 두도록 게임 형식 설정해야 함(한 가지 수행을 분절화해 번복 수행과 다양한 참여 방식으로 게임 형식의 과장된 특징이 나타나게 함)

17 〈보기〉의 ㉠, ㉡에 해당하는 젠틸(A. Gentile)의 스포츠 기술이 바르게 연결된 것은?

┌ 보기 ┐
㉠ _____은 환경의 변화나 상태에 의해 변화되는 기술을 말한다. ㉡ _____은 상대적으로 환경적 조건이 안정적이며 외부 조건이 대부분 변하지 않는 속성이 있다.
└────┘

18 〈보기〉와 같이 종목을 구분하는 근거로 적합한 것은?

┌ 보기 ┐
- 영역형 : 농구, 축구, 하키, 풋볼
- 네트형 : 배드민턴, 배구, 탁구
- 필드형 : 야구, 소프트볼, 킥볼
- 표적형 : 당구, 볼링, 골프
└────┘

① 포지션의 수
② 게임전술의 전이 가능성
③ 기술(skill)의 특성
④ 선수의 수

정답해설 〈보기〉는 게임전술의 전이 가능성으로 분류한 것이다.

Tip 게임 분류라는 개념으로 유사한 형태로 분류될 수 있는 게임 간 공통적 속성을 규명하여 각 게임의 속성과 구조를 쉽게 이해한다(야구, 소프트볼, 킥볼의 유사한 기술과 전술들을 배우며 포지션별 개념을 쉽게 이해할 수 있음).

19 〈보기〉의 설명에 해당하는 피드백 유형은?

┌ 보기 ┐
- 모스턴(M. Mosston)이 제시한 피드백 유형이며, 사실적으로 행동을 기술한다.
- 판단이나 수정 지시를 하지 않으나, 피드백 진술의 의미를 변경할 수 있다.
- 다른 피드백 형태로 옮겨가는 특징을 가지고 있다.
└────┘

| 정답 | 16 ④   17 ②   18 ②   19 ③

① 교정적 피드백(corrective statements)

② 가치적 피드백(value statements)

③ 중립적 피드백(neutral statements)

④ 불분명한 피드백(ambiguous statements)

정답해설 〈보기〉는 중립적 피드백에 대한 설명이다.

오답해설

① 교정적 피드백 : 수행의 개선과 관련된 방법들을 제공하는 피드백이다.

② 가치적 피드백 : 긍정적 또는 부정적 판단(가치)의 단어가 포함되는 피드백이다.

④ 불분명한 피드백 : 활동 수행에 관하여 정확한 정보를 제공해주지 않는 피드백이다.

20 링크(J. Rink)의 내용발달 단계가 순서대로 연결된 것은?

① 시작과제 - 확대과제 - 세련과제 - 적용과제

② 적용과제 - 시작과제 - 확대과제 - 세련과제

③ 세련과제 - 적용과제 - 시작과제 - 확대과제

④ 확대과제 - 세련과제 - 적용과제 - 시작과제

정답해설 링크(J. Rink)의 내용발달 단계는 '시작과제 → 확대과제 → 세련과제 → 적용과제' 순서이다.

Tip 링크(J. Rink)의 내용발달 단계

• 시작(전달) 과제
  - 교사가 학생들에게 가장 먼저 제시하는 과제(새롭게 가르칠 기능 및 전략)

• 확대 과제
  - 간단한 과제에서 복잡한 과제로, 쉬운 과제에서 어려운 과제로 발전(과제 간 발달과 과제 내 발달로 분류)
  - 과제 간 발달 : 쉬운 기능에서 어려운 기능으로 발전
  - 과제 내 발달 : 같은 기능 내에서, 단순한 내용에서 복잡한 내용으로 발전

• 세련 과제
  - 운동수행 질에 초점을 가지고 목표의 범위를 좁히고 수행의 질적 발달에 대한 학습자의 책무성을 강하게 부여할 때 효과적(지도자가 학습자에게 유익한 피드백 제공 가능)

• 적용(응용) 과제
  - 확대와 세련을 통해서 습득된 기능을 실제 및 유사한 상황에서 사용할 수 있도록 지도(응용 과제는 지도 마지막 과정이 아닌 지도의 모든 과정에 배치 가능)

스포츠사회학

01 〈보기〉에서 스포츠의 사회적 기능을 설명한 파슨즈(T. Parsons) AGIL 모형의 구성요소는?

┌─보기─┐

• 스포츠는 사회구성원에서 현실에 적합한 사고, 감정, 행동양식 등을 학습할 수 있는 장을 마련해준다.

• 스포츠는 개인의 체력 및 건강증진을 도모하여 효율적으로 사회활동에 참여할 수 있게 한다.

└────┘

① 적응   ② 목표성취

③ 사회통합   ④ 체제유지 및 관리

정답해설 〈보기〉는 파슨즈의 AGIL 모형의 구성요소에서 적응에 관한 내용이다.

Tip 파슨즈(T. Parsons)의 AGIL 모형

• 사회 통합 : 스포츠가 사회 구성원을 결집시키고 조직에 대한 일체감 조성

• 적응 : 스포츠가 사회 구성원에게 현실 적합한 사고, 감정, 행동 양식 등을 학습시켜 사회 구성원으로 문제없이 살아가도록 도움

• 목표 성취 : 스포츠는 사회 제도의 목적을 달성하는 데 동원 가능한 수단을 합법화하고 그것을 재확인하게 함

• 체제 유지 및 긴장 처리 : 스포츠는 전체 사회의 규범과 가치를 개인에게 학습하게 하고 내면화시켜 사람들을 순응시키는 기능을 함

02 에티즌(D. Eitzen)과 세이지(G. Sage)가 제시한 스포츠의 정치적 속성이 아닌 것은?

① 보수성   ② 대표성

③ 권력투쟁   ④ 상호배타성

정답해설 ④은 상호배타성이 아니라 상호의존성이다.

Tip 에티즌과 세이지의 스포츠의 정치적 속성

• 대표성 : 스포츠 의식은 후원 기관에 대한 충성심을 상징적으로 재확인하는 기능

• 권력 투쟁 : 선수와 구단주 사이, 경쟁 리그 사이, 행정 기구 등 스포츠 조직에는 불평등하게 배분되는 권력이 존재함

- 상호의존성 : 스포츠와 정치의 결합은 정부 기관이 관계될 때 더욱 드러남(예 기업이 프로 스포츠 구단을 운영하면 조세 감면 혜택을 받는 사례)
- 보수성 : 스포츠 제도적 특성은 질서와 법의 표본(스포츠는 보수적 성향을 지니고 있어 현 상황을 지속하려는 경향)

03 〈보기〉에서 설명하는 사회학습이론의 구성요소는?

┌─보기─┐

상과 벌은 행동의 학습과 수행에 긍정적·부정적 영향을 미친다. 스포츠 현장에서 스포츠에 내재된 가치, 태도, 규범에 그릇된 행위는 벌을 통해 중단되거나 회피된다.

① 강화
② 코칭
③ 관찰학습
④ 역할학습

정답해설 〈보기〉는 사회학습이론 중 강화에 대한 설명이다. 사회학습이론은 사회적 행동을 습득하고 수행하는 과정을 규명하는 이론이며, 스포츠 역할의 학습 접근 방법으로 강화, 코칭, 관찰 학습이 있다.

04 〈보기〉에 해당하는 스포츠사회화 과정이 바르게 연결된 것은?

┌─보기─┐

- (㉠) : 손목수술 후유증으로 인해 골프선수를 그만두게 되었다.
- (㉡) : 골프의 매력에 빠져 골프선수가 되어 사회성, 체력, 준법정신이 함양되었다.
- (㉢) : 아빠와 함께 골프연습장에 자주 가면서 골프를 배우게 되었다.
- (㉣) : 골프선수 은퇴 후 골프아카데미 원장으로 부임하면서 골프꿈나무를 양성하게 되었다.

	㉠	㉡	㉢	㉣
①	스포츠로의 재사회화	스포츠를 통한 사회화	스포츠로의 사회화	스포츠 탈사회화
②	스포츠로의 재사회화	스포츠로의 사회화	스포츠를 통한 사회화	스포츠 탈사회화
③	스포츠 탈사회화	스포츠를 통한 사회화	스포츠로의 사회화	스포츠로의 재사회화
④	스포츠 탈사회화	스포츠로의 사회화	스포츠를 통한 사회화	스포츠로의 재사회화

정답해설 〈보기〉는 스포츠 사회화 과정의 내용이다. 스포츠 사회화 과정은 스포츠로의 사회화 → 스포츠를 통한 사회화 → 스포츠 탈사회화 → 스포츠로의 재사회화 과정을 의미한다.
㉠ 부상으로 인해 골프선수를 그만두었기에 스포츠 탈사회화
㉡ 골프의 매력으로 골프선수가 되는 사회화 과정이 되었기에 스포츠를 통한 사회화
㉢ 아빠를 통해서 처음 골프를 접하고 학습을 하는 과정이기에 스포츠로의 사회화
㉣ 골프를 은퇴하였으나 골프아카데미 원장으로 부임하였기에 스포츠로의 재사회화

05 학원엘리트스포츠를 지지하는 입장이 아닌 것은?

① 애교심을 강화시킬 수 있다.
② 학교의 자원 및 교육시설을 독점할 수 있다.
③ 지위 창출의 수단, 사회이동의 기제로 작용할 수 있다.
④ 사회에서 요구되는 책임감, 성취감, 적응력 등을 배양시킬 수 있다.

정답해설 ②는 학원(엘리트) 스포츠의 역기능에 대한 내용이다. 학원(엘리트) 스포츠의 역기능은 지도자의 폭력 문제, 인권침해, 승리 지상주의, 비인간적 훈련, 성폭력, 학습권 제한 등이 있다.

| 정답 | 03 ① 04 ③ 05 ②

- 역량 개발의 기회 부여
- 정서의 순화
- 체육 활동의 흥미 유발
- 학교 내 통합
- 지역 사회와 통합
- 학업 활동 촉진(긍정적)

06 〈보기〉의 내용과 관련이 깊은 사회학 이론은?

┌─보기─┐
- 미시적 관점의 이론이다.
- 인간은 사회제도나 규칙에 대해 능동적으로 사고하고 의미를 부여하며 행동한다.
- 스포츠 팀의 주장은 리더십이 필요하기 때문에 점차 그 역할에 맞는 리더십을 발휘한다.
└──────┘

① 갈등이론
② 교환이론
③ 상징적 상호작용론
④ 기능주의이론

정답해설 〈보기〉는 사회학 이론에서 상징적 상호작용론의 내용이다.

Tip 상징적 상호작용론
- 인간의 실체는 타자와 상호 과정에서 구성되기에 그 실체는 행위자의 입장에서 이해해야 한다는 이론
- 사회·문화 현상에 대하여 미시적 관점으로 개인의 능동적인 사고 과정과 행위의 선택, 타자와 의사소통 과정으로 봄
- 사람들이 서로 의미를 교환하고 상황을 정의하는 과정에서 인간의 능동적 사고와 행위의 측면을 이해해야 한다는 이론

07 정치의 스포츠 이용 방법에 관한 설명 중 옳은 것은?

① 태권도를 보면 대한민국 국기(國伎)라는 동일화가 일어난다.
② 정부의 3S(sports, screen, sex) 정책은 스포츠를 이용하는 상징의 대표적인 방법이다.
③ 스포츠 이벤트에서 국가 연주, 선수 복장, 국기에 대한 의례 등은 상징의식에 해당한다.
④ 올림픽에서 금메달 수상 장면을 보면서 내가 획득한 것처럼 눈물을 흘리는 것은 상징화에 해당한다.

정답해설 ③은 정치의 스포츠 이용 방법 중 상징과 관련된 내용이다.

Tip 정치의 스포츠 이용 방법
- 상징(상징화)
  국가주의, 민족주의, 인종주의, 지역주의, 분리주의
- 동일화
  사고와 감정 등을 동일하게 형성하여 공통된 행동으로 나타나도록 유도하는 것
- 조작
  정치 권력이 단기적 효과를 위해 상징과 동일화보다는 선동적 조작을 이용하는 것

08 〈보기〉에서 설명하는 투민(M. Tumin)의 스포츠 계층 형성 과정은?

┌─보기─┐
- 스포츠 종목에서 요구되는 우수한 운동수행 능력을 갖추어야 한다.
- 뛰어난 경기력뿐만 아니라 탁월한 개인적 특성을 갖추어야 한다.
- 스포츠 팀 구성원으로 자신의 능력이 팀 승리에 미치는 영향력이 커야 한다.
└──────┘

① 평가
② 지위의 분화
③ 보수부여
④ 지위의 서열화

정답해설 〈보기〉는 투민의 스포츠 계층의 형성 과정 중 지위의 서열화에 대한 내용이다.

Tip 투민(M. Tumin)의 스포츠 계층의 형성 과정
- 지위의 분화 : 업무의 범위와 역할에 대한 권한과 책임이 구분되는 과정
- 지위의 서열화 : 역할 담당을 위해 개인적 특성에 따라 서열이 형성
- 평가 : 평가를 통한 적절한 지위를 배열. 평가적 판단 요소는 권위, 인기, 호감 등으로 구성
- 보수 부여 : 평가된 각 지위에 따라 자원이 배분되는 과정 (분화 및 서열화)

09 〈보기〉의 내용과 관련 있는 용어는?

┌─〈보기〉─────────────────────┐
│ • 로버트슨(R. Roberston)이 제시한 용어이다. │
│ • LA 다저스팀이 박찬호 선수를 영입하여 좋은 │
│   경기력을 펼치면서 메이저리그 경기가 한국 │
│   에서 인기가 높아졌다. │
│ • 맨체스터 유나이티드팀이 박지성 선수를 영 │
│   입하면서 프리미어리그 경기가 한국에서 인 │
│   기가 높아졌다. │
└────────────────────────────┘

① 세방화(Glocalization)
② 스포츠화(Sportization)
③ 미국화(Americanization)
④ 세계표준화(Global Standerdization)

정답해설 〈보기〉는 세방화(Glocalization)에 대한 내용으로, 세계화(Globalization)와 현지화(Localization)를 합성한 용어이다. 세계화를 추구하면서 현지의 문화와 특성을 반영하는 것이다.

오답해설

② 스포츠화(Sportization) : 불규칙적 신체적 활동에서 스포츠 경기를 지배하는 규칙과 제도를 갖춘 스포츠로 문명화되는 과정
③ 미국화(Americanization) : 기술, 미디어, 사회, 정치 등에서 미국 문화와 비즈니스가 다른 국가에 영향을 미치는 것
④ 세계표준화(Global Standardization) : 모든 국가가 제품의 종류, 품질, 모양, 크기 등이 일정한 기준에 따라 통일되는 것

10 국제사회에서 발생한 스포츠 사건에 관한 설명으로 옳은 것은?

① 남아프리카 공화국은 아파르트헤이트(apartheid)로 인해 국제대회 참여가 거부되었다.
② 구소련의 아프가니스탄 침공을 이유로 1984년 LA올림픽경기대회에 많은 자유 진영 국가가 불참하였다.
③ 2018년 평창동계올림픽경기대회에서 메달 획득을 위해 여자아이스하키 남북 단일팀이 결성되었다.
④ 1936년 베를린올림픽경기대회에서 검은구월단 무장단체가 선수촌에 침입하여 이스라엘 선수를 살해하였다.

정답해설 아파르트헤이트(apartheid)는 남아프리카 공화국 정권을 잡은 백인들이 시행한 유색인종 차별정책을 의미한다.

오답해설

② 1980년 모스크바 올림픽 경기에 구소련의 아프가니스탄 침공 항의로 미국 불참
③ 남북 단일팀 결성은 메달 획득이 아닌 국제 이해와 평화를 위해 구성
④ 검은 구월단 사건은 1972년 뮌헨올림픽 경기에서 발생

11 〈보기〉의 설명은 머튼(R. Merton)의 아노미(anomie) 이론에 대한 것이다. ㉠~㉢에 해당하는 적응유형이 바르게 연결된 것은?

┌─〈보기〉─────────────────────┐
│ • 도피주의 – 스포츠에 내재된 비인간성, 승리 │
│   지상주의, 상업주의 학업 결손 등에 염증을 │
│   느껴 스포츠 참가 포기 │
│ • (㉠) – 승패에 집착하지 않고 참가에 │
│   의의를 두는 것, 결과보다는 경기 내용 중시 │
│ • (㉡) – 불법 스카우트, 금지 약물 복용, │
│   경기장 폭력, 승부조작 등 │
│ • (㉢) – 전략적 시간 끌기 작전, 경기규 │
│   칙이 허용하는 범위 내에서의 파울 행위 등 │
└────────────────────────────┘

	㉠	㉡	㉢
①	혁신주의	동조주의	의례주의
②	의례주의	혁신주의	동조주의
③	의례주의	동조주의	혁신주의
④	혁신주의	의례주의	동조주의

정답해설 머튼의 아노미 이론은 사회 구성원이 일반적으로 받아들이는 문화적 목표와 그 사회가 인정하는 제도적 수단 사이에 차이로 발생하는 갈등 현상을 의미한다.
㉠ 결과보다 경기 내용을 중요하게 하는 것은 의례주의이다.
㉡ 목표 성취를 위해 수단과 방법을 가리지 않고 성공하려는 행위는 혁신주의이다.
㉢ 제도화된 수단을 따르며 목표를 성취하려는 행위는 동조주의이다.

| 정답 | 09 ①　10 ①　11 ②

12 〈보기〉의 내용을 기든스(A. Giddens)의 사회계층이동 준거와 유형으로 바르게 묶은 것은?

┌─보기─┐
- K는 가난한 가정에서 태어나 끊임없는 훈련을 통해 축구 월드스타가 되었다.
- 월드스타가 되고 난 후, 축구장학재단을 만들어 개발도상국에 축구학교를 설립하여 후진양성에 큰 역할을 하고 있다.
└──────┘

	이동 주체	이동 방향	시간적 거리
①	개인	수직이동	세대 내 이동
②	개인	수평이동	세대 간 이동
③	집단	수직이동	세대 간 이동
④	집단	수평이동	세대 내 이동

정답해설 〈보기〉에서 사회 이동의 주체는 K라는 개인, 이동 방향은 가난한 가정에서 노력을 통해 축구 월드스타가 되었기에 수직 이동, 축구장학재단을 통해 후진양성을 하는 것은 개인 생애에서 발생한 변화로 세대 내 이동이다.

Tip 사회 이동의 유형
- 이동 방향에 따른 구분
  - 수직 이동(상승 및 하강 이동) : 계층 구조 내에서 집단 또는 개인이 지녔던 기존의 지위에 대한 상하 변화
  - 수평 이동 : 계층적 지위의 변화가 없는 이동으로 단순한 자리 이동
- 시간적 거리(기간)에 따른 구분
  - 세대 간 이동 : 한 세대에서 다음 세대로 이어지는 과정에서 발생한 사회적·경제적 지위의 변화
  - 세대 내 이동 : 한 개인의 생애를 통하여 발생하는 사회적·경제적 지위의 변화
- 사회 이동의 주체에 따른 구분
  - 개인 이동 : 개인의 능력과 노력으로 사회적 상승 기회 실현
  - 집단 이동 : 유사한 집단이 어떤 계기를 통해 집합적으로 이동

13 〈보기〉에서 설명하는 스포츠 미디어 이론은?

┌─보기─┐
대중들은 능동적 수용자로서 특수한 심리적 욕구를 만족시키기 위해 매스미디어를 적극 이용한다. 이에 미디어 수용자는 인지적, 정의적, 도피적, 통합적 욕구를 충족시키기 위해 스포츠를 주제로 다루는 매스미디어를 이용한다.
└──────┘

① 사회범주이론　　　② 개인차이론
③ 사회관계이론　　　④ 문화규범이론

정답해설 〈보기〉는 개인차이론에 대한 설명이다.

오답해설
① 사회범주이론 : 인간은 자신이 소속된 사회 구조적 위치나 배경에 영향을 받아 생각이나 행동 양식을 구성하는데, 비슷한 환경에서 생활하면 생각이나 행동도 비슷해진다는 내용이다.
③ 사회관계이론 : 인간이 정보를 선택하고 해석하는 데 주변 사람의 영향이 크게 작용하는데, 자신이 소속된 사회의 중요 타자와의 사회관계에서 영향을 받게 된다는 내용이다.
④ 문화규범이론 : 대중매체가 사회 규범에 영향을 미치게 되어 수용자는 그 규범에 따라서 생각과 행동을 하게 된다는 내용이다.

14 〈보기〉에서 코클리(J. Coakley)가 제시한 상업주의와 관련된 스포츠 규칙 변화의 충족 조건으로 옳은 것만을 모두 고른 것은?

┌─보기─┐
㉠ 경기의 속도감 향상
㉡ 관중의 흥미 극대화
㉢ 득점 방법의 단일화
㉣ 상업적인 광고 시간 할애
└──────┘

① ㉠, ㉡　　　　　② ㉢, ㉣
③ ㉠, ㉡, ㉢　　　④ ㉠, ㉡, ㉣

정답해설 상업주의로 스포츠 규칙은 보다 더 속도감 있게 변화하고, 관중의 흥미를 극대화하는 방향으로 전개되었으며, 상업적인 광고 시간 할애가 늘어났다.

오답해설
㉢ 상업주의에 따른 득점 방법이 다양화되었다(예 농구의 3점 슛 도입 등).

|정답| 12 ①　13 ②　14 ④

15 〈보기〉에서 설명하는 프로스포츠의 제도는?

> **보기**
> • 프로스포츠리그의 신인선수 선발 방식 중 하나이다.
> • 신인선수 쟁탈에 따른 폐단을 막기 위해 도입되었다.
> • 계약금 인상 경쟁을 막기 위한 방법으로 고안되었다.

① FA(free agent)
② 샐러리 캡(salary cap)
③ 드래프트(draft)
④ 최저연봉(minimum salary)

정답해설 〈보기〉에서 설명하는 프로스포츠의 제도는 드래프트(draft)이다.

오답해설
① 자유계약(free agent) : 일정 기간 소속된 팀에서 활동한 후 다른 팀과 자유롭게 계약을 맺어 이적할 수 있는 제도
② 샐러리 캡(salary cap) : 선수 연봉에 상한선을 두는 것
④ 최저연봉제(minimum salary) : 선수 계약에 최저연봉을 보장하는 것

16 〈보기〉에서 대중매체가 스포츠에 미치는 영향에 해당되는 것만을 모두 고른 것은?

> **보기**
> ㉠ 대중매체의 기술이 발전한다.
> ㉡ 스포츠 인구가 증가한다.
> ㉢ 새로운 스포츠 종목이 창출된다.
> ㉣ 미디어 콘텐츠를 제공한다.
> ㉤ 경기규칙과 경기일정이 변경된다.
> ㉥ 스포츠 용구가 변화한다.

① ㉠, ㉡, ㉢   ② ㉠, ㉢, ㉣
③ ㉠, ㉢, ㉣, ㉤   ④ ㉡, ㉢, ㉤, ㉥

정답해설 ㉠, ㉣은 스포츠가 대중매체에 미친 영향이다.

Tip 스포츠가 미디어에 미치는 영향
• 미디어 기술의 발전   • 미디어 콘텐츠 제공
• 미디어 장비의 확대   • 스포츠 보도 위상 제고
• 미디어 이윤 창출 기여

17 스포츠의 교육적 순기능 중 사회선도 기능이 아닌 것은?

① 여권신장
② 학교 내 통합
③ 평생체육과의 연계
④ 장애인의 삶의 질 향상

정답해설 학교 내 통합은 스포츠의 교육적 순기능 중 사회 통합 기능이다.

Tip 사회 선도
• 여권 신장 : 스포츠는 남녀평등의 의식 개선과 여성의 권리 신장에 도움
• 평생 체육과 연계 : 평생 즐길 수 있는 신체 활동의 유형, 실천 방법, 기능, 지식, 태도 등을 연계하여 삶을 보다 가치 있게 함
• 장애인의 삶의 질 향상 : 장애인의 소외된 신체 활동을 활성화하여 신체 기능의 퇴화를 예방하고, 긍정적인 사회생활을 하도록 유도

18 다음 ㉠~㉣에서 코클리(J. Coakley)가 제시한 일탈적 과잉동조를 유발하는 스포츠 윤리규범의 유형과 특징으로 옳은 것만을 모두 고른 것은?

	유형	특징
㉠	구분짓기규범	다른 선수와 구별되기 위해 탁월성을 추구해야 한다.
㉡	인내규범	위험을 받아들이고 고통 속에서도 경기에 참여해야 한다.
㉢	몰입규범	경기에 헌신해야 하며 이를 그들의 삶에서 우선순위에 두어야 한다.
㉣	도전규범	스포츠에서 성공을 위해 장애를 극복하고 역경을 헤쳐 나가야 한다.

① ㉠, ㉡
② ㉡, ㉢
③ ㉠, ㉢, ㉣
④ ㉠, ㉡, ㉢, ㉣

정답해설 코클리(J. Coakley)가 제시한 일탈적 과잉 동조를 유발하는 스포츠 윤리 규범의 유형에는 구분 짓기 규범, 인내 규범, 몰입 규범, 도전 규범이 있다.

| 정답 | 15 ③   16 ④   17 ②   18 ④

Tip 코클리(J. Coakley)가 제시한 일탈적 과잉 동조를 유발하는 스포츠 윤리 규범의 유형

- 구분 짓기 규범 : 다른 선수와의 차별성을 위해 탁월성을 추구해야 하고 승리하고자 하는 노력을 강조한다.
- 인내 규범 : 경쟁 과정에서 발생하는 고통을 받아들이고 고통을 견뎌 내야 진정한 운동선수로 인정받을 수 있다고 강조
- 몰입 규범 : 스포츠를 삶의 우선순위에 두어 경기 및 팀을 위해 자신을 희생하고 경기에 헌신해야 한다고 강조
- 도전 규범 : 목표가 지나치게 강조되어 성공해야 한다는 의무감으로 고난과 역경을 극복해 나아가는 노력을 강조

19 맥루한(M. McLuhan)의 매체이론에 관한 설명으로 옳지 않은 것은?

① 핫(hot) 미디어 스포츠는 관람자의 감각 참여성이 낮다.

② 쿨(cool) 미디어 스포츠는 관람자의 감각 몰입성이 높다.

③ 핫(hot) 미디어 스포츠는 경기 진행 속도가 빠르다.

④ 쿨(cool) 미디어 스포츠는 메시지의 정의성이 낮다.

정답해설 핫(hot) 미디어 스포츠는 경기 진행 속도가 느리다.

Tip

핫(hot) 미디어 스포츠	쿨(cool) 미디어 스포츠
• 낮은 감각 참여와 몰입 상태	• 높은 감각 참여와 몰입 상태
• 계획적, 직접적으로 전달되는 메시지	• 즉흥적, 일시적으로 전달되는 메시지
• 메시지 자체의 높은 정의성	• 매체 자체의 낮은 정의성
• 정적, 개인 스포츠, 공격과 수비가 구분된 스포츠	• 동적, 팀 스포츠, 공격과 수비가 구분되지 않는 스포츠
• 검도, 골프, 권투, 레슬링, 배드민턴, 볼링, 빙상, 사격, 수중 발레, 태권도, 승마, 테니스 등	• 경마, 농구, 럭비, 배구, 자동차 경주, 미식축구, 아이스하키, 하키, 축구, 핸드볼 등

20 스포츠 세계화의 특징으로 옳지 않은 것은?

① 스포츠 시장의 경계가 국경을 초월해 전 세계로 확대되었다.

② 모든 나라의 전통스포츠(folk sports)가 세계적으로 확대되었다.

③ 세계인이 표준화된 스포츠 상품과 스포츠 문화를 소비하게 되었다.

④ 프로스포츠 시장의 이윤 극대화로 빈익빈 부익부 현상이 심화되었다.

정답해설 스포츠 세계화는 서구 스포츠가 전 세계적 스포츠 문화로 확대될 가능성이 있다.

Tip 세계화와 스포츠의 양상

- 첨단 기술과 정보 혁명으로 스포츠가 행해지는 공간적 거리를 무의미하게 만들었고, 스포츠 정보를 거래하는 데 드는 비용과 시간의 중요도가 높아짐
- 전 세계에서 표준화된 스포츠 상품과 스포츠 문화를 소비
- 프로 스포츠의 이윤 극대화로 빈익빈 부익부 현상 심화
- 국제 스포츠의 불평등 문제는 개선되고 있으나 서구 스포츠가 전 세계적 스포츠 문화로 확대될 가능성이 있음
- 국제 스포츠 경쟁에서 국가 간 경쟁은 축소, 국제 스포츠 조직의 확대로 범세계적 교류 증진

스포츠심리학

01 〈보기〉는 레빈(K. Lewin, 1935)이 주장한 내용이다. ㉠, ㉡에 들어갈 개념으로 바르게 묶인 것은?

┌─보기─
• 인간의 행동은 (㉠)과 (㉡)에 의해 결정된다.
• (㉠)과 (㉡)의 상호작용으로 행동은 변화한다.
└──

	㉠	㉡
①	개인(person)	환경(environment)
②	인지(cognition)	감정(affect)
③	감정(affect)	환경(environment)
④	개인(person)	인지(cognition)

정답해설 레빈(K. Lewin)은 인간의 행동(Behavior)은 개인(Person) 특성과 환경(Environment) 작용으로 결정된다고 주장하였으며, $B = f(P, E)$ 공식을 제안했다.

02 아동의 운동 발달을 평가할 때 심리적 안정을 도모하기 위한 평가 방법으로 옳은 것은?

① 평가장소에 도착하면 환경에 대한 탐색 시간을 주지 말고 평가를 바로 진행한다.
② 아동의 평가 민감성을 높이기 위해 평가라는 단어를 강조한다.
③ 운동 도구를 사용하여 평가할 때 탐색할 기회를 제공한다.
④ 아동과 공감대를 형성하지 않는다.

정답해설 운동발달 평가의 평가대상자가 아동(유아)인 점을 고려할 경우는 아동의 운동발달적 특징뿐만 아니라 심리적 요소에 대한 배려가 필요하다.
• 평가대상자가 평가를 바로 진행하지 않고 환경에 대한 탐색의 시간을 준다.
• 평가대상자가 관심을 둘 수 있는 주제에 대화를 통하여 공감대를 형성한다.
• 평가가 진행될 과제와 절차에 대하여 설명한다.
• 평가대상자가 민감하게 반응할 수 있으므로 평가라는 단어를 사용하지 않는다.
• 도구를 사용하는 평가를 한다면 평가대상자가 도구를 탐색할 기회를 제공한다.

03 〈보기〉에 제시된 일반화된 운동프로그램(Generalized Motor Program : GMP)에 관한 설명으로 바르게 묶인 것은?

┌─보기─
㉠ 인간의 운동은 자기조직(self-organization)과 비선형성(nonlinear)의 원리에 의해 생성되고 변화한다.
㉡ 불변매개변수(invariant parameter)에는 요소의 순서(order of element), 시상(phasing), 상대적인 힘(relative force)이 포함된다.
㉢ 가변매개변수(variant parameter)에는 전체 동작지속시간(overall duration), 힘의 총량(overall force), 선택된 근육군(selected muscles)이 포함된다.
㉣ 환경정보에 대한 지각 그리고 동작의 관계(perception-action coupling)를 강조한다.
└──

① ㉠, ㉡ ② ㉠, ㉢
③ ㉡, ㉢ ④ ㉢, ㉣

정답해설 ㉡, ㉢이 옳은 설명에 해당한다.

오답해설

㉠ 다이나믹 시스템 이론 : 인간의 운동은 자기조직(Self-organization)과 비선형성(nonlinear)의 원리에 의해 생성되고 변화한다.
㉣ 생태학적 이론 : 환경정보에 대한 지각 그리고 동작의 관계(perception-action coupling)를 강조한다.

04 〈보기〉에서 설명하는 개념은?

┌─보기─
• 자극반응 대안 수가 증가할수록 선택반응시간도 증가한다.
• 투수가 직구와 슬라이더 구종에 커브 구종을 추가하여 무작위로 섞어 던졌을 때 타자의 반응시간이 길어졌다.
└──

① 피츠의 법칙(Fitts' law)
② 파워 법칙(power law)
③ 임펄스 가변성 이론(impulse variability theory)
④ 힉스의 법칙(Hick's law)

정답해설 〈보기〉에서 설명하는 개념은 힉스의 법칙(Hick's law)이다.

| 정답 | 01 ① 02 ③ 03 ③ 04 ④

오답해설

① 피츠의 법칙(Fitts' law)은 동작 속도와 정확성의 관계를 수학적 원리로 설명한 것이다.

② 파워 법칙(power law)은 시간과 연습량 증가에 따라 수행 능력이 좋아지는 것이다.

③ 임펄스 가변성 이론(impulse variability theory)은 단위 시간에 작용한 힘의 양이며, 근육 수축을 통해 생성된 힘이 사지를 움직이는 데 작용한 힘의 크기이다.

05 〈보기〉에 제시된 번스타인(N. Bernstein)의 운동학습 단계에 대한 설명으로 바르게 묶인 것은?

보기

㉠ 스케이트를 탈 때 고관절, 슬관절, 발목관절을 활용하여 추진력을 갖게 한다.

㉡ 체중 이동을 통해 추진력을 확보하며 숙련된 동작을 실행하게 한다.

㉢ 스케이트를 신고 고관절, 슬관절, 발목관절을 하나의 단위체로 걷게 한다.

	㉠	㉡	㉢
①	자유도 풀림	반작용 활용	자유도 고정
②	반작용 활용	자유도 풀림	자유도 고정
③	자유도 풀림	자유도 고정	반작용 활용
④	반작용 활용	자유도 고정	자유도 풀림

정답해설 ㉠ 자유도 풀림 단계, ㉡ 반작용 활용 단계, ㉢ 자유도 고정 단계에 해당한다.

Tip 번스타인(N. Bernstein) 운동학습의 단계

자유도 고정 단계 - 자유도 풀림 단계 - 반작용의 활용 단계 구분

• 자유도 고정 단계 : 새로운 운동기술을 학습하고자 할 때는 처음 수행하는 데 동원되는 신체의 자유도를 고정하게 된다. 운동 동작을 수행하는 데 동원되는 모든 관절의 각도를 일정하게 유지하는 것이다.

• 자유도 풀림 단계 : 학습자는 고정했던 자유도를 풀어서 사용 가능한 자유도의 수를 증가시키게 된다. 이 단계에서 동작과 관련된 운동역학 요인과 근육의 공동작용, 관절의 상호 움직임 등의 변화가 일어난다.

• 반작용의 활용 단계 : 수행자와 환경 간의 상호작용으로 관성과 마찰력 같은 반작용 현상이 일어난다. 이 단계를 숙련단계라고 한다.

06 레이데크와 스미스(T. Raedeke & Smith, 2001)의 운동선수 탈진 질문지(Athlete Burnout Questionnaire : ABQ)의 세 가지 측정 요인이 아닌 것은?

① 성취감 저하(reduced sense of accomplishment)

② 스포츠 평가절하(sport devaluation)

③ 경쟁상태불안(competitive state anxiety)

④ 신체적/정서적 고갈(physical, emotional exhaustion)

정답해설 경쟁상태불안(Competitive state anxiety)은 경쟁 및 시합 상황의 일반적인 스포츠 상황에서 나타나는 불안을 측정하는 요인이다.

Tip 레이데크와 스미스(T. Raedeke & A. Smith)의 탈진(선수번아웃) 측정 요인

• 성취감 저하(reduced sense of accomplishment) : 기술과 능력 측면에서 개인 목표 달성의 불가 또는 기대에 미치지 못한 수행

• 스포츠 평가절하(sport devaluation) : 흥미 상실, 무관심, 억울함 등이 특징

• 신체적·정서적 고갈(physical, emotional exhaustion) : 과도한 훈련 및 시합 등으로 인한 신체적·정서적 에너지 소진

07 웨이스와 아모로스(M. Weiss & A. Amorose, 2008)가 제시한 스포츠 재미(sport enjoyment)의 영향요인으로 옳지 않은 것은?

① 인지능력

② 사회적 소속

③ 동작 자체의 감각 체험

④ 숙달과 성취

정답해설 인지능력은 단순한 것에서 복잡한 것까지 모든 종류의 과업을 수행하기 위한 뇌 기반의 기술 및 지식 획득 등을 말한다.

Tip 웨이스와 아모로스(M. Weiss & A. Amorose, 2008)가 제시한 스포츠 행동 모델

|정답| 05 ① 06 ③ 07 ①

08 〈보기〉에 제시된 도식이론(schema theory)에 관하여 옳은 설명으로 묶인 것은?

┌─보기─────────────────────────────┐
ⓘ 빠른 움직임과 느린 움직임을 구분하여 설명
  한다.
ⓛ 재인도식은 피드백 정보가 없는 빠른 운동을
  조절하는 역할을 한다.
ⓒ 회상도식은 과거의 실제결과, 감각귀결, 초
  기조건의 관계를 바탕으로 형성된다.
ⓔ 200ms 이상의 시간이 필요한 느린 운동 과
  제의 제어에는 회상도식과 재인도식이 모두
  동원된다.
└─────────────────────────────────┘

① ㉠, ㉡   ② ㉡, ㉢
③ ㉠, ㉣   ④ ㉢, ㉣

정답해설 도식이론(schema theory)은 폐쇄회로 이론의 피드백과 개방회로 이론의 운동 프로그램의 개념을 통합하여 운동 행동 원리를 설명한 것이다.
• 회상도식(recall schema) : 현재 수행하고자 하는 운동과 유사한 과거의 운동 결과를 근거로 새로운 운동을 계획하는 것으로 빠른 움직임을 조절하기 위해 동원된다.
• 재인도식(recognition schema) : 피드백 정보를 통하여 잘못된 동작을 평가하고 수정하는 것으로써 느린 움직임을 조절하기 위해 동원된다.
• 200ms 이상의 시간이 필요한 느린 운동과제의 제어에는 회상도식과 재인도식이 모두 동원된다.

09 〈보기〉에 제시된 심리적 불응기(Psychological Refractory Period : PRP)에 관하여 옳은 설명으로 묶인 것은?

┌─보기─────────────────────────────┐
㉠ 1차 자극에 대한 반응을 수행하고 있을 때 2
  차 자극을 제시할 경우, 2차 자극에 대해 반
  응시간이 느려지는 현상이다.
㉡ 1차 자극과 2차 자극간의 시간차가 10ms 이
  하로 매우 짧을 때 나타난다.
㉢ 페이크(fake) 동작의 사용 빈도를 높일 때
  효과적이다.
㉣ 1차와 2차 자극을 하나의 자극으로 간주하
  는 현상을 집단화라고 한다.
└─────────────────────────────────┘

① ㉠, ㉡   ② ㉡, ㉢
③ ㉢, ㉣   ④ ㉠, ㉣

정답해설 심리적 불응기(Psychological Refractory Period : PRP)
• 먼저 제시된 자극에 대한 반응을 수행하고 있을 때 또 다른 자극을 제시할 경우에는 두 번째 자극에 대한 반응시간이 느려지는 현상을 의미한다.
• 집단화(grouping)는 첫 번째 자극과 두 번째 자극을 하나의 자극으로 간주하는 현상이다.

10 인간 발달의 특징에 관한 설명으로 옳지 않은 것은?

① 개인적 측면은 발달에 영향을 미치는 요인이 개인마다 달라서 나타나는 현상이다.
② 다차원적 측면은 개인의 신체적·정서적 특성과 같은 내적 요인 그리고 사회 환경과 같은 외적 요인으로 나눌 수 있다.
③ 계열적 측면은 기기와 서기의 단계를 거친 후에야 자신의 힘으로 스스로 걸을 수 있게 되는 것이다.
④ 질적 측면은 현재 나타나고 있는 움직임 양식이 과거 움직임의 경험이 축적되어 나타나는 것이다.

정답해설 ④은 질적 측면이 아닌 종합적 측면이다.

Tip NASPE(National Association for Sports and Physical Education)
• 질적 측면 : 반드시 움직임의 효율성이 높아지는 것 같은 동작의 질적 변화 수반
• 종합적 측면 : 현재 나타나고 있는 움직임의 형태는 과거의 움직임이 축적된 종합적 형태
• 계열적 측면 : 운동 형태가 일정한 순서에 의하여 나타나듯 운동 발달 과정에서도 순차적 특성
• 방향적 측면 : 발달은 궁극적인 목적이 있음. 훈련이나 연습의 결과 또는 노화나 질병 등으로 운동 발달은 진보 또는 퇴보할 수도 있음
• 다차원적 측면 : 개인의 신체적, 정서적 특성과 같은 내적 요인과 사회 환경이나 연습 조건과 같은 외적 요인으로 구분
• 개인적 측면 : 발달에 미치는 영향은 개인마다 차이가 있어 나타나는 현상

| 정답 | 08 ③   09 ④   10 ④

11 시각탐색에 사용되는 안구 움직임의 형태로 옳지 않은 것은?

① 지각의 협소화(perceptual narrowing)
② 부드러운 추적 움직임(smooth pursuit movement)
③ 전정안구반사(vestibulo-ocular reflex)
④ 빠른 움직임(saccadic movement)

정답해설 지각의 협소화(perceptual narrowing)는 각성 수준이 증가함에 따라 주의를 기울일 수 있는 폭이 점점 좁아지는 현상이다.

Tip 시각탐색을 위한 안구의 움직임 형태

- 부드러운 추적 움직임(smooth pursuit movement)
- 전정안구반사(vestibular-ocular reflex)
- 빠른 움직임(Saccadic movement)
- 빠른 움직임과 추적 움직임이 조화를 이루는 움직임 (optokinetic nys-tagmus)

12 〈보기〉에 제시된 불안과 운동수행의 관계를 설명하는 이론은?

┌─보기─
- 선수가 불안을 어떻게 '해석'하느냐에 따라 운동수행이 달라질 수 있다.
- 선수는 각성이 높은 상태를 기분 좋은 흥분상태로 해석할 수도 있지만 불쾌한 불안으로 해석할 수도 있다.
└─

① 역U가설(inverted-U hypothesis)
② 전환이론(reversal theory)
③ 격변이론(catastrophe theory)
④ 적정기능지역이론(zone of optimal functioning theory)

정답해설 〈보기〉는 전환이론(reversal theory)에 대한 설명이다.

오답해설
① 역U가설(inverted-U hypothesis) : 각성이 아주 낮거나 지나치게 높으면 수행에 방해가 되어 중간 정도의 각성 수준이 최고의 운동수행을 발휘한다는 이론
③ 격변이론(catastrophe theory) : 인지 불안과 신체적 각성을 동시에 고려해서 수행의 관계를 예측, 3차원 구조이며, 비선형적 관계를 예측하는 복잡한 이론

④ 적정기능지역이론(zone of optimal functioning theory) : 선수 및 운동 종목에 따라 적정한 각성 수준이 다르고, 각성 수준이 특정 범위 안에 있을 경우 높은 운동수행 수준을 보인다는 이론

13 〈보기〉의 ㉠과 ㉡에 들어갈 알맞은 용어는?

┌─보기─
- (㉠)은 불안을 감소시키기 위해 자기최면을 사용하여 무거움과 따뜻함을 실제처럼 느끼도록 유도하는 방법이다.
- (㉡)은/는 불안을 유발하는 자극의 목록을 작성한 후, 하나씩 차례로 적용하여 유발 감각 자극에 대한 민감도를 줄여 불안 수준을 감소시키는 방법이다.
└─

	㉠	㉡
①	바이오피드백 (biofeedback)	체계적 둔감화 (systematic desensitization)
②	자생훈련 (autogenic training)	바이오피드백 (biofeedback)
③	점진적 이완 (progressive relexation)	바이오피드백 (biofeedback)
④	자생훈련 (autogenic training)	체계적 둔감화 (systematic desensitization)

정답해설
㉠ 자생훈련은 스스로 최면상태에 도달하여 신체의 온도 변화를 느끼는 훈련
㉡ 체계적 둔감화는 불안이나 스트레스에 둔감해지도록 하는 훈련

오답해설
- 바이오 피드백 : 정서 상태를 간접적인 방법으로 알아낼 수 있는 생체 신호를 측정하여 긴장을 완화하는 훈련
- 점진적 이완 : 자기관리를 통해 자율 신경계의 기능을 조절하고 스트레스를 완화하는 훈련

| 정답 | 11 ① 12 ② 13 ④

14 와이너(B.Weiner)의 경기 승패에 대한 귀인이론에 관한 설명으로 옳지 **않은** 것은?

① 노력은 내적이고 불안정하며 통제 가능한 요인이다.

② 능력은 내적이고 안정적이며 통제 불가능한 요인이다.

③ 운은 외적이고 불안정하며 통제 불가능한 요인이다.

④ 과제난이도는 외적이고 불안정하며 통제할 수 있는 요인이다.

정답해설 과제난이도는 외적이며, 안정적이며, 통제 불가능하다.

Tip 와이너(Weiner)의 3차원 귀인 모델

구분	귀인 요소			
	능력	노력	운	과제난이도
내적·외적	내적	내적	외적	외적
안정적·불안정적	안정적	불안정적	불안정적	안정적
통제 가능·통제 불가능	통제 불가능	통제 가능	통제 불가능	통제 불가능

15 〈보기〉에 제시된 심상에 대한 이론과 설명이 바르게 묶인 것은?

─보기─

㉠ 심리신경근 이론에 따르면 심상을 하는 동안에 실제 동작에서 발생하는 근육의 전기 반응과 유사한 전기 반응이 근육에서 발생한다.

㉡ 상징학습 이론에 따르면 심상은 인지 과제(바둑)보다 운동 과제(역도)에서 더 효과적이다.

㉢ 생물정보 이론에 따르면 심상은 상상해야 할 상황조건인 자극 전제와 심상의 결과로 일어나는 반응전제로 구성된다.

㉣ 상징학습 이론에 따르면 생리적 반응과 심리 반응을 함께하면 심상의 효과는 낮아진다.

① ㉠, ㉡
② ㉠, ㉢
③ ㉡, ㉢
④ ㉢, ㉣

정답해설 심상에 대한 이론과 설명으로 옳은 것은 ㉠, ㉢이다.

오답해설

㉡ 상징학습 이론에 따르면 운동(역도) 과제보다 인지(바둑) 과제를 할 때 심상 효과가 더 높다.

㉣ 상징학습 이론에 따르면 생리적 반응과 심리 반응을 함께하면 심상 효과가 향상된다.

16 〈보기〉에 제시된 첼라드라이(P. Chelladerai)의 다차원리더십 모델에 관한 설명으로 옳게 묶인 것은?

─보기─

㉠ 리더의 특성은 리더의 실제 행동에 영향을 준다.

㉡ 규정 행동은 선수에게 규정된 행동을 말한다.

㉢ 선호 행동은 리더가 선호하거나 바라는 선수의 행동을 말한다.

㉣ 리더의 실제 행동과 선수의 선호 행동이 다르면 선수의 만족도가 낮아진다.

① ㉠, ㉡
② ㉠, ㉣
③ ㉡, ㉢
④ ㉢, ㉣

정답해설 ㉠, ㉣이 옳은 설명이다.

Tip 다차원적 리더십 모형

리더십의 효율성은 상황적 요인과 코치와 선수의 특성에 의해 결정된다고 주장한다.

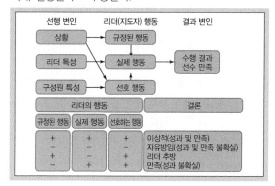

- 지도자의 행동에 영향을 미치는 선행 변인은 상황의 요인, 리더의 특성, 구성원의 특성이 있다.
- 리더의 특성은 리더의 실제 행동에 영향을 준다.
- 지도자가 하려는 행동에는 규정 행동, 실제 행동, 선호 행동이 있다.
- 규정 행동은 조직에서 지도자가 취해야 하는 행동이다.
- 실제 행동은 지도자가 실제로 한 행동이다.
- 선호 행동은 선수가 바라는 지도자의 행동이다.
- 지도자의 실제 행동과 운동선수의 선호 행동에 차이가 있으면 선수의 수행 결과 및 만족도가 낮아진다.
- 운동선수의 수행 결과 및 만족도는 지도자의 행동에 다시 영향을 준다.

17 〈보기〉에서 설명하는 운동심리 이론(모형)은?

┌─보기─┐
- 지역사회가 여성 전용 스포츠 센터를 확충한다.
- 정부가 운동 참여에 대한 인센티브 정책을 수립한다.
- 가정과 학교에서 운동 참여를 지지해주는 분위기를 만든다.
└────┘

① 사회생태모형(social ecological model)
② 합리적행동이론(theory of reasoned action)
③ 자기효능감이론(self-efficacy theory)
④ 자결성이론(self-determination theory)

정답해설 〈보기〉에서 설명하는 운동심리 이론(모형)은 사회생태모형(social ecological model)이다.

오답해설
② 합리적 행동 이론 : 개인이 운동을 하려고 하는 의도가 있으면 운동을 하고, 의도가 없으면 운동을 하지 않는다는 이론
③ 자기효능감 이론 : 특정 상황에서 주어진 과제를 성공적으로 수행할 수 있다는 신념
④ 자기결정성 이론 : 자결성에서 내적동기와 외적동기를 설명하는 인지적 동기이론으로, 개인의 행동이 스스로 동기부여가 되고 스스로 결정된다는 것에 초점

18 프로차스카(J. O. Prochaska)의 운동변화단계 모형(Transtheoretical Model)에 관한 설명으로 옳은 것은?

① 변화 단계와 자기효능감과의 관계는 U자 형태다.
② 인지적·행동적 변화과정을 통해 운동 단계가 변화한다.
③ 변화 단계가 높아짐에 따라 운동에 대해 기대할 수 있는 혜택은 점진적으로 감소한다.
④ 무관심 단계는 현재 운동에 참여하지 않지만, 6개월 이내에 운동을 시작할 의도가 있다.

정답해설 프로차스카(J. O. Prochaska)의 운동변화단계 모형(Transtheoretical Model)에서는 인지적·행동적 변화과정을 통해 운동 단계가 변화한다.

오답해설
① 변화 단계와 자기효능감의 관계는 비례해서 직선적으로 높아지는 경향이 있다.
③ 변화 단계가 높아짐에 따라 운동에 대해 기대할 수 있는 혜택 인식은 증가한다.
④ 무관심 단계는 현재 운동을 하지 않고, 앞으로도 운동을 할 의도가 없다.

19 한국스포츠심리학회가 제시한 스포츠 심리상담사 상담윤리에 대한 설명으로 옳지 않은 것은?

① 스포츠심리상담사는 자신의 전문영역과 한계 영역을 명확하게 인식해야 한다.
② 스포츠심리상담사는 상담 과정에서 얻은 정보를 이용할 때 고객과 미리 상의해야 한다.
③ 스포츠심리상담사는 상담 효과를 알리기 위해 상담에 참여한 사람으로부터 좋은 평가나 소감을 요구해야 한다.
④ 스포츠심리상담사는 타인에게 역할을 위임할 때는 전문성이 있는 사람에게만 위임하여야 하며 그 타인의 전문성을 확인해야 한다.

정답해설 스포츠 심리상담사는 상담에 참여한 사람으로부터 좋은 평가나 소감을 요구하지 않는다.

| 정답 | 17 ① 18 ② 19 ③

20 〈보기〉에 제시된 폭스(K. Fox)의 위계적 신체적 자기개념 가설(hypothesized hierarchical organization of self-perception)에 관한 설명으로 바르게 묶인 것은?

> ─〈보기〉─
> ㉠ 신체적 컨디션은 매력적 신체를 유지하는 능력이다.
> ㉡ 신체적 자기 가치는 전반적 자기존중감의 상위영역에 속한다.
> ㉢ 신체 매력과 신체적 컨디션은 신체적 자기가치의 하위영역에 속한다.
> ㉣ 스포츠 유능감은 스포츠 능력과 스포츠 기술 학습능력에 대한 자신감이다.

① ㉠, ㉡ ② ㉠, ㉢
③ ㉡, ㉣ ④ ㉢, ㉣

정답해설
- 스포츠 유능감은 운동 능력, 스포츠 기술 학습 능력, 스포츠에서 자신감 인식
- 신체적 힘은 근력, 근력 발달, 근력이 요구되는 상황에서 자신감 인식
- 신체 매력은 외모에 매력 인식, 매력적 신체를 유지하는 능력, 외모에 대한 자신감
- 신체적 컨디션은 신체 컨디션, 스테미너, 체력에 대한 인식, 운동을 지속할 수 있는 능력, 운동과 피트니스 상황에서 자신감
- 신체적 자기 가치는 신체적 자아에 대한 행복, 만족, 자부심, 존중, 자신감의 일반적인 인식

스포츠윤리

01 '도덕적 선(善)'의 의미를 내포한 것은?

① 축구 경기에서 득점과 연결되는 '좋은' 패스
② 피겨스케이팅 경기에서 고난도의 '좋은' 연기
③ 농구 경기에서 상대 속공을 차단하는 수비수의 '좋은' 반칙
④ 경기에 패배했음에도 불구하고 상대팀에게 박수를 보내는 '좋은' 매너

정답해설 '도덕적 선(善)'의 의미를 내포한 것은 ④이다. ①, ②, ③은 '좋은 경기력'에 해당된다.

Tip 선(善)의 의미
- 개인이 지니는 도덕적 강조로 긍정적 평가
- 윤리와 도덕은 선을 나타내는 표상

02 〈보기〉에서 ㉠, ㉡에 들어갈 용어가 바르게 연결된 것은?

> ─〈보기〉─
> 롤스(J. Rawls)는 (㉠)이 인간 발전의 조건이며, 모든 이의 관점에서 선이 된다고 하였다. 스포츠는 신체적 (㉡)을 훈련과 노력으로 극복하며, 기회의 균등이 정의로 작용하고 있음을 보여준다. 즉 인간이 갖는 신체적 능력이 (㉡)은 오히려 (㉠)을 개발할 기회를 마련해주며, 이를 통해 스포츠 전체의 선(善)이 강화된다.

	㉠	㉡
①	탁월성	평등
②	규범성	조건
③	탁월성	불평등
④	규범성	불평등

정답해설 ㉠ 탁월성, ㉡ 불평등에 대한 설명이다.

Tip 롤스(J. Rawls)는 정의의 제2원칙에서 차등의 원칙과 공정한 기회균등의 원칙을 이야기했다. 정의로운 저축 원칙과 양립하며 최소 수혜자에게 최대 이득이 되고, 공정한 기회균등의 조건 아래 모든 사람에게 개방된 직책과 직위가 결부되게끔 편성되어야 한다는 의미이다.

|정답| 20 ④ / 01 ④ 02 ③

03 〈보기〉에서 가치판단에 해당하는 것만을 모두 고른 것은?

> ┌ 보기 ┐
> ㉠ 체조경기에서 선수들의 연기는 아름답다.
> ㉡ 건강을 위해서는 고지방 음식을 피해야 한다.
> ㉢ 시합이 끝난 후 상대방에게 인사를 하는 것은 옳은 행위이다.
> ㉣ 이상화는 2010년 밴쿠버동계올림픽경기대회에서 금메달을 획득하였다.

① ㉠, ㉢   ② ㉡, ㉢
③ ㉠, ㉡, ㉢   ④ ㉠, ㉡, ㉢, ㉣

> **정답해설** ㉠, ㉡, ㉢이 가치판단에 해당된다.

> **Tip** 가치판단
> • 사리분별적 가치판단 : 일반적인 상식선에서 무엇이 옳고 그른 행동인지 개인이 판단
> • 도덕적인 가치판단 : 나뿐만 아니라 상대방까지 고려하여 어떤 것이 옳은 것인지 가치를 판단
> • 미적 가치판단 : 실질적 목적에 대한 판단이 아니라 어떤 사물의 눈에 보이지 않는 가치를 고려한 판단

	사실판단	가치판단
의미	객관적인 사실에 근거한 판단으로 사실 세계에 대한 경험적 판단	주관적 가치에 근거한 판단으로 옳고 그름에 대한 가치적 판단
특징	참과 거짓 구분 가능	참과 거짓 구분의 불분명
사례	• 김연아는 올림픽에서 금메달을 땄다. • 2002년 월드컵에서 4강 신화를 달성했다. • 감독의 선수 처벌은 불법이다.	• 페어플레이는 좋은 행위이다. • 추신수는 정직한 선수이다. • 감독은 선수를 체벌해서는 안 된다.

04 〈보기〉에서 설명하는 윤리 이론으로 적절한 것은?

> ┌ 보기 ┐
> • 모든 스포츠인의 권리는 동등하게 보장되어야 한다.
> • 스포츠 규칙 제정은 공평성과 평등의 원칙에 근거해야 한다.
> • 선수의 행동이 좋은 결과를 얻었다면 도덕적으로 옳은 것이다.

① 공리주의   ② 의무주의
③ 덕윤리   ④ 배려윤리

> **정답해설** 〈보기〉에서 설명하는 윤리 이론은 공리주의이다.

> **Tip** 공리주의(목적론적 윤리)
> • 인간이 추구해야 할 근본적 목적이 있고, 그 목적을 달성하기 위해 윤리와 도덕이 필요
> • 인간 행위의 옳고 그름의 행위 결과나 목적 달성 여부로 판단
> • 감각적 경험에 대한 신뢰를 토대로 목적의 성취와 일의 효용성 강조
> • 궁극인 목적의 넓은 의미로 행복, 좁은 의미로 쾌락

05 아곤(agon)과 아레테(arete)에 관한 설명으로 옳지 **않은** 것은?

① 아곤은 경쟁과 승리를 추구한다.
② 아곤은 타인과의 비교를 전제하지 않는다.
③ 아레테는 아곤보다 더 포괄적인 개념이다.
④ 아레테는 신체적 · 도덕적 탁월성을 추구한다.

> **정답해설** 아곤은 경쟁과 승리를 추구하여 경쟁상대와 비교로 가치를 평가한다.

> **Tip** 아곤과 아레테의 차이점
> • 스포츠는 자유로운 경쟁을 의미하는 아곤과 덕, 탁월함, 훌륭함을 의미하는 아레테를 추구
> • 아곤은 경쟁하는 상대의 성과와 비교함으로써 가치를 평가, 아레테는 타인과의 경쟁이나 비교가 없어도 가치를 추구
> • 스포츠의 긍정적인 면을 잘 보여주며 승리지상주의의 병폐를 막기 위해 아레테를 더 중시하는 경향

06 스포츠 경기에 적용되는 과학기술에 관한 설명으로 옳지 **않은** 것은?

① 유전자 치료를 통한 스포츠 수행력의 향상은 일종의 도핑에 해당한다.
② 야구의 압축배트, 최첨단 전신수영복 등은 경기의 공정성 확보에 기여한다.
③ 도핑 시스템은 선수의 불공정한 행위를 감시하고 적발하는 데 도움이 된다.
④ 태권도의 전자호구, 축구의 비디오 보조 심판 (VAR : Video Assistant Referees)은 기록의 객관성과 신뢰성을 높인다.

> **정답해설** 야구의 압축배트, 최첨단 전신수영복 등은 형평성과 공정성에 어긋난다.

| 정답 | 03 ①, ②, ③   04 ①   05 ②   06 ②

07 〈보기〉에서 ㉠, ㉡에 들어갈 용어가 바르게 연결된 것은?

┌─ 보기 ─────────────────────────────┐
독일의 철학자 (㉠)는 인간의 행위에 대한
탐구를 통해 성공적인 삶을 실현하는 사회적
조건으로 (㉡)을 들고 있다. 인간은 누구나
타인에게 (㉡)을 받고 싶은 욕구가 있다. 스
포츠에서 승리에 대한 욕구는 가장 원초적인
(㉡)투쟁이라고 할 수 있다.
└────────────────────────────────────┘

	㉠	㉡
①	호네트(A. Honneth)	인정
②	호네트(A. Honneth)	보상
③	아렌트(H. Arendt)	인정
④	아렌트(H. Arendt)	보상

정답해설 ㉠ 호네트(A. Honneth), ㉡ 인정에 대한 설명이다.

Tip 호네트는 인정투쟁이 현대 사회를 건강한 사회로 회복시키는 정당한 투쟁이라고 주장하였다.

08 〈보기〉에서 의무론적 도덕 추론에 해당하는 것만을 모두 고른 것은?

┌─ 보기 ─────────────────────────────┐
㉠ 의무론적 도덕 추론은 가언적 도덕 추론이라
고도 한다.
㉡ 스포츠지도자, 선수 등의 행위 주체에 초점
을 맞추고 있다.
㉢ 행위의 결과에 상관없이 절대적인 도덕규칙
에 따라 판단을 내린다.
㉣ 선의지는 도덕적인 선수가 갖추어야 할 내적인
태도이자 도덕적 행위의 필요충분조건이다.
㉤ 정정당당하게 경기에 임하려는 선수의 착한
의지는 경기결과에 상관없이 그 자체로 선
한 것이다.
└────────────────────────────────────┘

① ㉠, ㉡, ㉢   ② ㉠, ㉢, ㉣
③ ㉡, ㉣, ㉤   ④ ㉢, ㉣, ㉤

정답해설 의무론적 도덕 추론에 해당하는 것은 ㉡, ㉢, ㉣, ㉤이다.

오답해설
㉠ 의무론적 도덕 추론은 정언적 도덕 추론이라고도 한다.

Tip 의무론적 윤리
• 인간이 마땅히 지켜야 할 도덕 법칙
• 보편적 도덕에 따라 행위의 옳고 그름이 결정
• 행위의 결과보다 동기가 중요
• 도덕성의 기준은 언제 어디서나 절대적인 의무

09 〈보기〉의 ㉠~㉢에 해당하는 정의의 유형이 바르게 연결된 것은?

┌─ 보기 ─────────────────────────────┐
㉠ 유소년 축구 생활체육지도자 A는 남녀학생
구분없이 경기에 참여하도록 했다. 또한 장
애 학생에게도 비장애 학생과 동일한 참여
시간을 보장했다.
㉡ 테니스 경기에서는 공정한 경기를 위해 코트
를 바꿔가며 게임을 하도록 규칙을 적용한다.
㉢ B지역 체육회는 당해 연도에 소속 선수의 경
기실적에 따라 연봉을 차등 지급하기로 결
정했다.
└────────────────────────────────────┘

	㉠	㉡	㉢
①	평균적	절차적	분배적
②	평균적	분배적	절차적
③	절차적	평균적	분배적
④	분배적	절차적	평균적

정답해설
㉠ A 지도자는 남녀학생 그리고 장애, 비장애 학생에 평균적 정의를 제공했다.
㉡ 테니스 경기에서 공정함을 위해 코트를 변경하는 규칙을 적용한 것은 절차적 정의이다.
㉢ 공정한 기준으로 경기실적에 따라 연봉에 차등을 둔 것은 분배적 정의이다.

Tip 정의의 유형
• 절차적 정의 : 어떤 것을 결정하고 판단하는 데 있어 공정했는가, 또는 그 과정이 공정했는가와 관련된 내용
• 평균적 정의 : 개인 상호 간에 균형을 이루게 하는 것
• 분배적 정의 : 어떤 것을 분배 또는 나누고자 할 때 어떠한 방법으로 하는 것이 공정한가를 의미
• 법률적 정의 : 개인이 단체에 의무를 다했는가를 의미

|정답| 07 ① 08 ③, ④ 09 ①

10 셸러(M. Scheler)의 가치 서열 기준과 이를 스포츠에 적용한 사례로 연결이 적절하지 <u>않은</u> 것은?

① 지속성 - 도핑으로 메달을 획득하는 것보다 지속적으로 훈련을 하여 경기에 참여하는 것이 가치가 더 높다.

② 만족의 깊이 - 자신의 실수를 인정하여 패배하는 것이 속임수를 쓰고 승리하여 메달을 획득하는 것보다 가치가 더 높다.

③ 근거성 - 올림픽 경기에서 메달 획득으로 병역혜택을 받는 것보다 올림픽 정신을 토대로 세계적인 선수들과 정정당당하게 겨루는 것이 가치가 더 높다.

④ 분할 향유 가능성 - 상위 팀이 상금(몫)을 독점하는 것보다는 적더라도 보다 많은 팀이 상금(몫)을 받도록 하는 것이 가치가 더 높다.

분할 향유 가능성은 많은 사람이 분할하는 것이 아니다.

Tip ▶ 셸러(M. Scheler)의 가치 서열
• 가치들 사이에는 서열이 존재하며 지속적인 가치가 변화하는 가치보다 높다.
• 많은 사람이 분할하지 않고 그대로 향유할 가치가 높은 가치이다.
• 다른 가치에 적게 의존할수록 높은 가치이다.
• 만족의 정도가 클수록 높은 가치이다.
• 사람에 따라 상대적이지 않고 독립적인 가치가 더 높은 가치이다.
• 가치는 높고 낮음의 순서가 존재하여 낮은 가치부터 높은 가치 순으로 감성적 가치, 생명 가치, 심적 가치, 정신적 가치, 그리고 신성한 가치가 있다.

11 〈보기〉의 ⊙에 해당하는 레스트(J. Rest)의 도덕성 구성요소는?

┌─보기┐
(⊙)은/는 스포츠 현장에서 발생하는 특정 상황 속에 내포된 도덕적 이슈들을 감지하고 그 상황에서 어떠한 행동을 할 수 있으며 그 행동들이 관련된 사람들에게 어떤 영향을 미칠 수 있는가를 상상하는 것을 말한다.
└────┘

① 도덕적 감수성(moral sensitivity)
② 도덕적 판단력(moral judgement)

③ 도덕적 동기화(moral motivation)
④ 도덕적 품성화(moral character)

〈보기〉는 도덕적 감수성에 대한 설명이다.

Tip ▶ 레스트(J. Rest) 도덕성 4 구성요소
1) 도덕적 민감성(감수성) : 스포츠 상황에서 어떻게 행동해야 하는지에 대해 지각
2) 도덕적 판단력 : 스포츠 상황에서 옳고 그름을 판단
3) 도덕적 동기화 : 도덕적 가치를 다른 가치보다 우선시하는 요소
4) 도덕적 품성화 : 스포츠 상황에서 장애요인을 극복하여 실천할 수 있는 강한 의지, 용기, 인내 등의 품성

12 〈보기〉의 설명과 관계있는 자연중심주의 사상가는?

┌─보기┐
• 생태윤리에 대한 규칙 : 불침해, 불간섭, 신뢰, 보상적 정의
• 스포츠에 의한 환경오염 발생 시 스포츠 폐지 권고
• 인간의 욕구를 위해 동물의 생존권을 유린하는 스포츠 금지
└────┘

① 베르크(A. Berque)
② 테일러(P. Taylor)
③ 슈바이처(A. Schweitzer)
④ 하이젠베르크(W. Heisenberg)

〈보기〉의 설명과 관계있는 자연중심주의 사상가는 테일러이다.

Tip
• 폴 테일러(P. Taylor)
  - 모든 생명체는 스스로 생존과 성장, 번식의 목적을 추구하는 '목적론적 삶의 중심'
  - 인간은 다른 생물과 상호 의존하는 체계이기 때문에 결코 우월하지 않고, 모든 생명체를 도덕적 주체로 인식
• 테일러의 환경문제 해결을 위한 4가지 의무
  1) 불침해의 의무 : 다른 생명체에게 해를 입혀서는 안 된다.
  2) 불간섭의 의무 : 생명체나 생태계에 간섭해서는 안 된다.
  3) 신의의 의무 : 덫이나 낚시와 같이 동물을 속이는 행위를 해서는 안 된다.
  4) 보상적 정의의 의무 : 다른 생명체에 끼친 피해는 보상해야 한다.

|정답| 10 ④ 11 ① 12 ②

13 〈보기〉에서 설명하는 사건과 거리가 먼 것은?

┌─보기─────────────────────────┐
- 1964년 리마에서 개최된 페루·아르헨티나의 축구경기에서 경기장 내 폭력으로 300여 명 사망
- 1969년 온두라스와 엘살바도르의 축구 전쟁
- 1985년 벨기에 헤이젤 경기장에서 열린 리버풀과 유벤투스의 경기에서 응원단이 충돌하여 39명 사망
└──────────────────────────────┘

① 경기 중 관중의 폭력
② 아파르트헤이트(Apartheid)
③ 위협적 응원문화
④ 훌리거니즘(hooliganism)

정답해설 〈보기〉는 경기 중 관중 폭력과 위협적 응원문화이자 훌리거니즘으로 스포츠팀 응원을 핑계 삼아 폭력적 행동을 조장한 사건들이다.
② 아파르트헤이트는 남아프리카공화국의 극단적 인종 차별 정책이다.

14 폭력을 설명한 학자의 개념과 그에 대한 설명이 바르게 연결된 것은?

① 푸코(M. Foucault)의 '분노' – 스포츠 현장에서 인간 내면의 분노로 시작된 폭력은 전용되고 악순환을 반복하는 경향이 있다.
② 아리스토텔레스(Aristotle)의 '규율과 권력' – 스포츠계에서 위계적 권력 관계는 폭력으로 변질되어 표출된다.
③ 홉스(T. Hobbes)의 '악의 평범성' – 폭력이 관행화 된 스포츠계에서는 폭력에 대한 죄책감이 없어진다.
④ 지라르(R. Girard)의 '모방적 경쟁' – 자신이 닮고자 하는 운동선수를 모방하게 되듯이 인간 폭력의 원인을 공격 본능이 아닌 모방적 경쟁관계에서 찾는다.

정답해설 지라르(R. Girard)의 '모방적 경쟁'에 대한 내용이 바르게 연결되었다.

오답해설
① 푸코(M. Foucault)가 아니라 르네지라르의 '분노'에 대한 내용이다.
② 아리스토텔레스(Aristotle)가 아니라 푸코의 '규율과 권력'에 대한 내용이다.
③ 홉스(T. Hobbes)가 아니라 한나아렌트의 '악의 평범성'에 대한 내용이다.

15 〈보기〉의 ㉠~㉢에 해당하는 용어로 바르게 연결된 것은?

┌─보기─────────────────────────┐
스포츠 조직에서 (㉠)은/는 기업의 가치경영을 넘어 정성적 규범기준까지 확장된 스포츠 사회·윤리적 가치체계를 의미한다. 이러한 체계가 실효성 있게 작동되기 위해서는 경영자의 윤리적 (㉡)와 경영의 (㉢) 확보가 선행되어야 한다.
└──────────────────────────────┘

	㉠	㉡	㉢
①	기업윤리	공동체	투명성
②	윤리경영	실천의지	투명성
③	기업윤리	실천의지	공정성
④	윤리경영	공동체	공정성

정답해설 ㉠ 윤리경영, ㉡ 실천의지, ㉢ 투명성에 대한 설명이다.

Tip 스포츠 조직 윤리 선진화 방안
- 국가와 관련 기관들의 의지와 노력
- 체육 단체들과 시민 사회단체의 연대와 노력
- 보다 투명한 의사결정을 위한 공정성 강화
- 스포츠조직 내부의 개선 의지와 노력
- 체육 관련 법적 제도의 보완과 개선
- 예산의 투명한 확보와 집행

| 정답 | 13 ② 14 ④ 15 ②

16 체육의 공정성 확보와 체육인의 인권보호를 위해 설립된 스포츠윤리 센터의 역할로 적절하지 **않은** 것은?

① 스포츠비리 및 체육계 인권침해에 대한 실태 조사

② 스포츠비리 및 체육계 인권침해 방지를 위한 예방교육

③ 신고자 및 가해자에 대한 치료와 상담, 법률지원, 임시보호 연계

④ 체육계 인권침해 및 스포츠비리 등에 대한 신고 접수와 조사

정답해설 가해자에 대한 치료와 상담, 법률지원, 임시 보호 연계는 해당하지 않는다.

Tip 스포츠윤리센터

국민체육진흥법 제18조의3(2020.8.18. 일부개정)에 의거하여 체육인의 인권보호 및 스포츠비리 근절을 위한 전담기구로 2020년 8월 5일 공식 출범한 스포츠윤리센터는 스포츠비리 및 체육계 인권침해에 대한 신고 접수, 조사는 물론 피해자 보호를 위한 상담, 스포츠비리 및 체육계 인권침해 방지 예방교육 등의 업무도 담당한다.

17 〈보기〉의 내용과 관련 있는 용어는?

┌─보기─┐
- 상대 존중, 최선, 공정성 등을 포함
- 경쟁이 갖는 잠재적 부도덕성의 제어
- 스포츠 참가자가 마땅히 따라야 할 준칙과 태도
- 스포츠의 긍정적 가치를 유지하려는 도덕적 기제
└──────┘

① 테크네(techne)

② 젠틀맨십(gentlemanship)

③ 스포츠맨십(sportsmanship)

④ 리더십(leadership)

정답해설 〈보기〉의 내용과 관련 있는 용어는 스포츠맨십이다.

Tip 스포츠맨십

- 모든 경쟁의 과정에 있어 최선을 다하는 것
- 경쟁 관계가 적대관계로 변질되어서는 안 되며, 적대관계는 자신의 인격을 무너뜨리는 행위
- 스포츠 참여자는 동일한 규칙에 참여한 인격체로 존중

18 〈보기〉의 대화에서 나타나는 스포츠 차별은?

┌─보기─┐
영은 : 저 백인 선수는 성공하기 위해서 얼마나 많은 노력과 땀을 흘렸을까.

상현 : 자기를 희생하면서도 끝없는 자기관리와 투지의 결과일 거야.

영은 : 그에 비해 저 흑인 선수가 구사하는 기술은 누구도 가르칠 수 없는 묘기이지.

상현 : 아마도 타고나지 않으면 할 수 없는 거지. 천부적인 재능이야.
└──────┘

① 성차별

② 스포츠 종목 차별

③ 인종차별

④ 장애차별

정답해설 〈보기〉의 대화에서 나타나는 스포츠 차별은 인종차별이다.

Tip 스포츠에서 인종차별 발생 이유

- 스포츠는 경쟁이기 때문에 우월감 또는 열등감으로 인종적 편견을 가지기 쉬움
- 민족, 종교, 역사 등이 스포츠에 투영되어 왜곡된 집단의식을 부추김
- 스포츠의 국제화에 따라 인종과 국가에 대한 편견과 차별이 더욱 드러남

19 〈보기〉의 설명과 관련 있는 제도는?

┌─보기─┐
학생선수가 일정 수준의 학력기준에 도달하지 못한 경우에는 별도의 기초학력보장 프로그램을 운영한다. 학교의 장은 필요한 경우 학생선수의 경기대회 출전을 제한할 수 있다.
└──────┘

① 최저학력제

② 체육특기자 제도

③ 운동부의 인권보장제

④ 학생선수의 생활권 보장제도

정답해설 〈보기〉의 설명과 관련 있는 제도는 최저학력제도이다.

| 정답 | 16 ③ 17 ③ 18 ③ 19 ①

- 학습권은 선수이기 이전에 학생으로서 학습에 대한 권리를 의미
- 최저학력제는 학습보장 프로젝트이며, 학습권 보장제라고 함
- 운동선수의 학습권 보장과 운동의 병행을 위한 제도
- 운동선수의 다양한 진로 선택의 기회 제공

20 〈보기〉에서 스포츠 인권에 대한 내용을 모두 고른 것은?

┌─보기┐
- ⊙ 모든 사람은 평등하게 스포츠와 신체활동에 참여할 권리를 가진다.
- ⓒ 국가 차원에서 체계적인 스포츠 인권 정책을 마련해야 한다.
- ⓒ 스포츠의 종목이나 대상에 따라 권리가 상대적으로 보장되어야 한다.
- ⓔ 국가는 장애인이 스포츠 활동 참여의 권리를 동등하게 보장받도록 노력해야 한다.
└─────┘

① ⊙, ⓒ
② ⊙, ⓔ
③ ⊙, ⓒ, ⓒ
④ ⊙, ⓒ, ⓔ

정답해설 스포츠 인권에 대한 내용은 ⊙, ⓒ, ⓔ이다.

오답해설 ⓒ은 스포츠인권에 대한 내용이 아니다.

Tip 인권은 인간으로서 기본적 권리이며, 스포츠인권 역시 스포츠인으로서 당연히 가지는 기본적 권리이다. 민족, 국가, 인종 등에 상관없이 스포츠인이라면 누구에게나 인정되는 보편적인 권리 및 지위를 말한다.

운동생리학

01 〈보기〉에서 설명하는 트레이닝의 원리는?

┌─보기┐
- 트레이닝의 효과는 운동에 동원된 근육에서만 발생한다.
- 근력 향상을 위해서는 저항성 트레이닝이 적합하다.
└─────┘

① 특이성의 원리　　② 가역성의 원리
③ 과부하의 원리　　④ 다양성의 원리

정답해설 〈보기〉에서 설명하는 트레이닝의 원리는 특이성의 원리이다.

① 특이성의 원리 : 근섬유는 활동 형태에 따라 다르게 적응하는데, 특이성의 원리는 훈련 효과가 활동에 사용된 근섬유에만 일어난다는 것을 의미한다. 지구력 운동 트레이닝은 근육의 미토콘드리아와 모세혈관을 발달시키는 반면, 저항성 훈련은 골격근의 근수축 단백질을 향상시킨다.

오답해설

② 가역성의 원리 : 과부하가 이루어지지 않거나 운동이 중지되었을 때 운동능력이 빠르게 감소된다는 것을 의미한다(과부하의 반대 개념).

③ 과부하의 원리 : 훈련의 효과를 가져오기 위해서는 운동강도, 운동시간, 운동빈도가 신체조직이나 신체기관 계통에 충분한 자극을 주어야 한다는 훈련의 원리이다. 즉, 트레이닝의 효과는 일반적으로 순응된 강도 이상으로 운동 수행이 이루어질 때 발생한다는 것이다.

④ 다양성의 원리 : 운동이 몸에 적절한 자극으로 작용하고 프로그램이 지루해지지 않도록 다양하고 새로운 트레이닝 프로그램을 실시해야한다는 원리이다. 하지만 여기서 주의해야 할 점은 갑작스럽게 너무 높은 수준의 운동은 부상 위험이 발생할 수 있으니 신체가 변화에 적응할 수 있도록 적응, 휴식기간을 포함해야 한다.

Tip 트레이닝의 원리

- 과부하의 원리
- 점증부하의 원리
- 개별성의 원리
- 특이성(특수성)의 원리
- 반복성의 원리
- 가역성의 원리

02 체온 저하 시 생리적 반응으로 적절한 것은?

① 심박수 증가
② 피부혈관 확장
③ 땀샘의 땀 분비 증가
④ 골격근 떨림(shivering) 증가

> **정답해설** ④ 떨림은 체온 조절 중 체온감소 시 나타나는 신체 생리적 반응이다.

> **Tip** 인체의 열 손실 기전은 발한으로 이뤄진다. 즉, 피부혈관의 확장과 발한을 통해 체열을 발산시킨다.
> • 체온 증가 → 발한 증가, 피부혈류 증가
> • 체온 감소 → 떨림, 피부혈류 감소

03 지구성 트레이닝 후 최대 동 – 정맥 산소차(maximal arterial – venous oxygen difference) 증가에 기여하는 요인으로 적절하지 <u>않은</u> 것은?

① 미토콘드리아 크기 증가
② 미토콘드리아 수 증가
③ 모세혈관 밀도 감소
④ 총 혈액량 증가

> **정답해설** 체순환 중인 조직에서 혈액 100mL당 섭취된 산소의 양을 의미하는 동 – 정맥산소차의 증가는 모세혈관 밀도 감소와 관련이 있다.

> **Tip** 동정맥산소차(arterial-venous oxygen difference)
> • 체순환 중인 조직에서 혈약 100mL당 섭취된 산소의 양
> • 훈련으로 동정맥산소차의 증가는 혈액으로부터 산소추출 능력의 증가로 인함
> • 훈련에 따른 산소를 추출하는 증가된 근육수용능력은 주로 미토콘드리아수의 증가와 함께 모세혈관 밀도의 증가로 인함
> • 근육에서 미토콘드리아의 밀도증가는 최대운동 중 근육의 혈류량을 증가시키고 미토콘드리아의 확산거리를 줄이며, 충분한 확산시간이 일어나도록 혈류속도를 늦춤

04 〈보기〉에서 운동유발성 근육경직(exercise-associated muscle cramps)을 방지하기 위한 방법으로 적절한 것을 모두 고른 것은?

> ─〈보기〉─
> ㉠ 발생하기 쉬운 근육을 규칙적으로 스트레칭 한다.
> ㉡ 필요 시 운동강도와 지속 시간을 감소시킨다.
> ㉢ 수분과 전해질의 균형을 유지한다.
> ㉣ 탄수화물 저장량을 낮춘다.

① ㉠
② ㉠, ㉡
③ ㉠, ㉡, ㉢
④ ㉠, ㉡, ㉢, ㉣

> **정답해설**
> • Exercise-associated muscle cramps(운동유발성 근육경련) : 운동 중 또는 직후 골격근에 나타나는 경련성의 불수의적 수축이다.
> • 근육을 과도하게 사용(피로)하거나, 탈수가 된 경우 그리고 칼륨, 마그네슘과 같은 전해질이 몸속에 불균형을 이룰 때 경련(cramp)이 날 수 있다. 치료방법은 스트레칭(길항근 수축), 나트륨 전해질 음료 섭취 등이 있다.
> • exercise-associated muscle cramps는 다양한 상황, 환경 조건 및 인구 집단에서 발생하기 때문에 탈수-전해질 불균형 또는 신경근의 단일 요인보다 동시에 발생하는 요인의 조합 때문일 가능성이 높다.

05 1회 박출량(stroke volume)에 관한 설명으로 적절하지 <u>않은</u> 것은?

① 심실 수축력이 증가하면 1회 박출량은 증가한다.
② 평균 동맥혈압이 감소하면 1회 박출량은 증가한다.
③ 심장으로 돌아오는 정맥혈 회귀(venous return)가 감소하면 1회 박출량은 감소한다.
④ 수축기말 용적(end-systolic volume)에서 확장기말 용적(end-diastolic volume)을 뺀 값이다.

정답해설 1회 박출량(stroke volume) : 심실이 수축할 때 배출되는 혈액의 양[1회 박출량 = 이완기말 용적(end diastolic volume, EDV) − 수축기말 용적(end systolic volume, ESV)]

Tip

1회 박출량은 좌심실 크기 증대 또는 정맥환류량의 증대(이완기 혈액량)로 인한 이완기말 용적 증가와 심근수축력(다른 요인은 배제하고 일정한 근섬유 길이에서 수축하는 힘)의 증가, 심장에서 나가는 혈류저항(심박출 혈약량)의 감소 등 세 가지 요인에 의해 증가한다.

---

06 〈보기〉에서 설명하는 중추신경계 기관은?

┌─ 보기 ─────────────────────────┐
• 시상과 시상하부로 구성된다.
• 시상과 감각을 통합·조절한다.
• 시상하부는 심박수와 심장 수축, 호흡, 소화, 체온, 식욕 및 음식 섭취를 조절한다.
└────────────────────────────────┘

① 간뇌(diencephalon)
② 대뇌(cerebrum)
③ 소뇌(cerebellum)
④ 척수(spinal cord)

정답해설 〈보기〉에서 설명하는 중추신경계 기관은 간뇌(diencephalon)이다.
① 간뇌 : 시상(감각 조절 중추)과 시상 하부(신체 내부 환경의 모든 과정을 조절하여 항상성 유지)를 포함

오답해설

② 대뇌(cerebrum) : 전두엽(일반 지능 및 운동 조절), 측두엽(청각 입력과 해석), 두정엽(일반 감각 입력과 해석), 후두엽(시각 입력과 해석)
③ 소뇌(cerebellum) : 신체 평형과 자세의 조정, 운동의 조절에 기여하는 기관
④ 척수(spinal cord) : 뇌의 말초신경 사이의 자극과 명령을 전달하는 통로, 감각기능, 운동기능, 반사기능의 중추

---

07 직립 상태에서 폐-혈액 간 산소확산 능력은 안정 시와 비교하여 운동 시 증가한다. 이에 기여하는 요인으로 적절한 것은?

① 폐포와 모세혈관 사이의 호흡막(respiratory membrane) 두께 증가
② 증가한 혈압으로 인한 폐 윗부분(상층부)으로의 혈류량 증가
③ 폐정맥 혈액 내 높은 산소분압
④ 폐동맥 혈액 내 높은 산소분압

정답해설 서 있는 상태에서 대부분의 혈류는 중력 때문에 폐의 기저면(하위 바닥부분)에 모여 있다. 예를 들어, 선 상태에서는 하체로부터 상체로의 혈액흐름이 선형적으로 감소하며 폐 상단에 도착하는 혈액도 매우 적어진다. 이러한 분포는 운동 중 또는 자세의 변화에 의해 바뀐다. 저강도의 운동 중에는 폐 상단의 혈액흐름은 증가한다. 이것은 가스교환을 증진시키는 데 유리하기 때문이다.

Tip 폐포 내 PO_2 = 100mmHg, PCO_2 = 40mmHg로 일정한 분압을 유지함

---

08 건강체력 요소 측정으로만 나열되지 <u>않은</u> 것은?

① 오래달리기 측정, 생체전기저항분석(bioelectric impedance analysis)
② 앉아윗몸앞으로굽히기 측정, 윗몸일으키기 측정
③ 배근력 측정, 제자리높이뛰기 측정
④ 팔굽혀펴기 측정, 악력 측정

정답해설 제자리높이뛰기는 기술 관련 체력 중 순발력에 해당된다.
① 심폐지구력, 신체조성
② 유연성, 근지구력
④ 근지구력, 근력

Tip 건강관련체력

• 근력 : 근육에서 발생되는 힘의 최대근력
• 근지구력 : 긴 시간 동안 근육이 일정한 힘의 수준으로 지속할 수 있는 능력
• 심폐지구력 : 심장, 허파, 순환계가 움직이는 근육에 효율적으로 산소를 공급하는 능력
• 유연성 : 부상 없이 최대 관절가동범위에 걸쳐 부드럽게 관절을 움직이는 능력
• 신체조성 : 인체를 구성하는 기관이나 조직 등을 정량적 또는 상대적인 비율로 나타낸 것

| 정답 | 06 ① 07 ② 08 ③

09 운동하는 근육으로의 혈류량을 증가시키는 국소적 내인성(intrinsic) 자율조절 요소로 적절하지 **않은** 것은?

① 수소이온, 이산화탄소, 젖산 등 대사 부산물
② 부신수질로부터 분비된 카테콜아민(catecholamine)
③ 혈관 벽에 작용하는 압력에 따른 근원성(myogenic) 반응
④ 혈관내피세포(endothelial cell)에서 생성된 산화질소, 프로스타글랜딘(prostaglandin), 과분극인자(hyperpolarizing factor)

정답해설 운동 중 혈류 재분배에 관한 문제이다. 카테콜아민(catecholamine) 호르몬은 혈압의 변화에 관여하는데, 노르에피네프린(norepinephrine), 에피네프린(epinephrine), 도파민(dopamine)이 있으며, 신경전달물질(neurotransmitters)로 기능

Tip
- 혈류의 내인성 조절(intrinsic control)은 산소 분압 증가, CO_2 감소, 칼륨 증가, 아데노신 증가, 산화질소(NO)의 증가, pH의 감소와 같은 대사물질의 변화 즉, 근육의 산소 요구량 증가로 혈류가 재분배되고 근육의 에너지대사가 활발해지면서 내인성 조절인자 물질의 변화가 생기게 된다.
- 운동 초기는 활동근의 소동맥으로의 교감신경 자극 감소에 의해 혈관 확장이 이루어진다. 운동 중에는 증가된 근수축의 활동이 대사물질(산소, CO_2, 칼륨, 아데노신, 산화질소, 젖산, 수소 등)의 변화를 일으켜 주로 혈관을 확장시킨다. 위와 같은 형태의 작용을 혈관의 자율조절(autoregulation)이라고 한다.

10 〈보기〉의 ㉠~㉢에 들어갈 용어가 바르게 나열된 것은?

┌─ 보기 ─────────────────────────┐

【근육수축 과정】
- 골격근막의 활동전위는 가로세관(T-tubule)을 타고 이동하여 근형질세망(sarcoplasmic reticulum)으로부터 (㉠)유리를 자극한다.
- 유리된 (㉠)은 액틴(actin) 세사의 (㉡)에 결합하고, (㉡)은 (㉢)을 이동시켜 마이오신(myosin) 머리가 액틴과 결합할 수 있도록 한다.

└──────────────────────────────┘

	㉠	㉡	㉢
①	칼륨	트로포닌	트로포마이오신
②	칼슘	트로포마이오신	트로포닌
③	칼륨	트로포마이오신	트로포닌
④	칼슘	트로포닌	트로포마이오신

정답해설 〈보기〉는 근수축기전 중 자극 및 결합단계에 대한 설명이다.

Tip
- 근수축 기전 : 안정 – 자극 및 결합 단계 – 수축단계 – 재충전단계
- 자극 및 결합 단계
  1) 신경 자극이 발생하면 근신경연접에서 아세틸콜린(ACh)이 분비된다.
  2) 근형질세망(sarcoplasmic reticulum)의 소포에서 칼슘(Ca^{2+})이 방출된다.
  3) 트로포닌에 칼슘이 부착되고, 트로포마이오신 위치를 변화시킨다.
  4) 액틴과 마이오신이 결합하여 액토마이오신을 형성한다.
- 칼륨(Potassium, Kalium) : 주요 양이온으로 세포막의 전위를 유지하고 세포내액의 이온의 세기를 결정한다.

11 〈그림〉은 폐활량계를 활용하여 측정한 폐용적(량)을 나타낸 것이다. ㉠~㉣에서 안정 시와 비교하여 운동 시 변화에 대한 설명으로 적절한 것은?

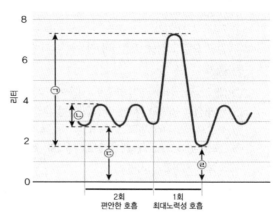

① ㉠ : 증가
② ㉡ : 감소
③ ㉢ : 감소
④ ㉣ : 증가

정답해설 ㉢ 기능적 잔기량(FRC) : 정상 호흡에서 TV를 배출하고 남아 있는 양

| 정답 | 09 ② 10 ④ 11 ③

㉠ 폐활량(VC) : 최대한 공기를 들여 마신 후 최대한 배출
시킬 수 있는 공기의 양
㉡ 1회 호흡량(TV) : 1회 호흡 시 들이마시거나 내쉰 공기량
㉣ 잔기량(RV) : 최대 호기 후 폐에 남아있는 공기량

12 〈보기〉 중 저항성 트레이닝 후 생리적 적응으로 적절한 것을 모두 고른 것은?

> ─보기─
> ㉠ 골 무기질 함량 증가
> ㉡ 액틴(actin) 단백질 양 증가
> ㉢ 시냅스(synapse) 소포 수 감소
> ㉣ 신경근접합부(neuromuscular junction) 크기
>   감소

① ㉠   ② ㉠, ㉡

③ ㉠, ㉡, ㉢   ④ ㉠, ㉡, ㉢, ㉣

정답해설 저항성 운동으로 인한 많은 대사적 적응으로는
골밀도(bone mineral density) 및 bone mineral content
(BMC) 증가 그리고 근비대와 근섬유 증식(근육량과 근력
증가) 등이 있다.

Tip
• 시냅스 소포(synapse vesicle) : 연접 이전 축삭 종말에
막으로 싸여있는 작은 구조물로 이 속에 있는 신경 전달
물질은 자극을 받으면 연접 이전 막에서 유리된다.
• 신경근접합부(neuromuscular junction) : 운동뉴런과 근
세포가 만나는 곳. 운동뉴런으로부터의 자극은 수축과정
에 시초가 된다.

13 〈보기〉 중 지구성 트레이닝 후 1회 박출량(stroke volume) 증가에 기여하는 요인으로 적절한 것만 나열된 것은?

> ─보기─
> ㉠ 동일한 절대 강도 운동 시 확장기말 용적
>   (end-diastolic volume) 감소
> ㉡ 동일한 절대 강도 운동 시 수축기말 용적
>   (end-systolic volume) 증가
> ㉢ 동일한 절대 강도 운동 시 확장기(diastolic)
>   혈액 충만 시간 증가
> ㉣ 동일한 절대 강도 운동 시 심박수 감소

① ㉠, ㉡   ② ㉠, ㉢

③ ㉡, ㉢   ④ ㉢, ㉣

정답해설 1회 박출량의 변인 ① 심실이완기말(EDV) 혈액
량(심실수축 직전의 혈액량) ② 후부하(afterload) : 낮은
말초저항 ③ 심실수축력
• 심실이완기말 혈액량에 영향을 미치는 요인 : 정맥혈 회귀
(심장으로 돌아오는 혈액)의 비율 → 정맥혈 회귀의 증가
는 심실이완기말 혈액량의 증가 → 1회 심박출량이 증가함

Tip
• 동일한 절대 강도 운동 시 확장기말 용적(end-diastolic
volume) 증가
• 동일한 절대 강도 운동 시 수축기말 용적(end-systolic
volume) 감소

14 〈보기〉의 ㉠, ㉡에 들어갈 내용이 바르게 나열된 것은?

> ─보기─
> • 골격근의 신장성 수축은 수축 속도가 (㉠)
>   더 큰 힘이 생성된다.
> • 동일 골격근에서 단축성 수축은 신장성 수축에
>   비해 같은 속도에서 더 (㉡) 힘이 생성된다.

	㉠	㉡
①	빠를수록	작은
②	느릴수록	작은
③	느릴수록	큰
④	빠를수록	큰

정답해설 단축성 근수축에 있어서 발휘근력은 관절의 각
속도와 반비례(고속운동에서는 액틴필라멘트와 연결되는
십자교수가 감소하기 때문)한다. 반면 신장성 근수축에서는
운동속도가 상승하면 발휘되는 근력도 증가하고 이때 발휘
되는 근력은 단축성 근수축 근력의 120~160%이다. 이러한
논리에 의하면 신장성 트레이닝에 있어서 충분한 부하가 되
려면 매우 큰 저항이 필요하고, 단축성 수축의 트레이닝에
서는 비교적 작은 저항이 바람직하다는 것을 의미한다.

Tip
• 근섬유 길이 변화와 관절각 변화를 통한 수축은 단축성
수축과 신장성 수축으로 구분
• 마이오신 십자교가 액틴필라멘트와 연결되어 있는데도
불구하고 십자교가 발휘하는 장력이 외부저항보다 적어
서 신장되는 근수축(액틴필라멘트와 연결된 마이오신 십
자교의 수에 비례하여 장력발휘)

| 정답 | 12 ②   13 ④   14 ①

15 혈액순환 시 혈압의 감소가 가장 크게 발생하는 혈관은?

① 모세혈관(capillary)
② 세동맥(arteriole)
③ 세정맥(venule)
④ 대동맥(aorta)

정답해설 세동맥(arteriole)은 전체 혈관계에서 저항이 가장 큰 부분으로 혈압강하가 가장 크게 나타난다.

Tip 혈류가 시작하는 대동맥에서의 혈압이 가장 높으며(대략 100mmHg) 이후 큰 동맥들의 분지인 작은 동맥(small arteries)에서부터 혈압이 떨어지는 혈압강하가 본격적으로 발생(혈압강하가 발생하는 건 점차 혈관에 저항이 발생하기 때문). 세동맥(arteriole)은 전체 혈관계에서 저항이 가장 큰 부분으로 혈압강하가 가장 크게 나타남(세동맥으로 진입할 때의 평균동맥압이 50mmHg인 것에 반해, 세동맥을 다 지나고 나서의 평균동맥압은 20mmHg 정도에 불과)

16 스프린트 트레이닝 후 나타나는 생리적 적응이 바르게 나열된 것은?

① 속근 섬유 비대 – 해당과정을 통한 ATP 생산 능력 향상
② 지근 섬유 비대 – 해당과정을 통한 ATP 생산 능력 향상
③ 속근 섬유 비대 – 해당과정을 통한 ATP 생산 능력 저하
④ 지근 섬유 비대 – 해당과정을 통한 ATP 생산 능력 저하

정답해설 스프린트 트레이닝은 무산소 운동으로 속근 섬유 비율을 증가시켜, 해당과정을 통한 ATP 생산능력을 향상시킨다.

Tip 무산소 트레이닝의 대사적 적응
1) 속근섬유(FT섬유, type II섬유) 비율 증가
2) 근비대와 근섬유 증식(근육량과 근력 증가)
3) ATP - PC, 글리코겐 저장 능력 증가
4) ATP - PC 시스템과 무산소성 해당과정에 필요한 효소 활동 증가
5) 근섬유당 모세혈관 밀도 증가
6) 미토콘드리아 수와 크기 증가
7) 건·인대 조직의 양 증가(결합조직의 변화)

17 〈보기〉의 ㉠, ㉡에 들어갈 용어가 바르게 나열된 것은?

보기
지방의 베타(β) 산화는 중성지방으로부터 분리된 (㉠)이 미토콘드리아 내에서 여러 단계를 거쳐 (㉡)(으)로 전환되는 과정을 뜻한다.

	㉠	㉡
①	유리지방산 (free fatty acid)	아세틸 조효소-A (Acetyl CoA)
②	유리지방산 (free fatty acid)	젖산 (lactic acid)
③	글리세롤 (glycerol)	위아세틸 조효소-A (Acetyl CoA)
④	글리세롤 (glycerol)	젖산 (lactic acid)

정답해설 베타산화(beta oxidation)는 지방산을 산화시켜 아세틸조효소 A를 형성하는 것이다.

Tip 신체에 저장된 지방은 지방세포나 근육세포에 중성지방 형태로 저장되어 있다. 이렇게 저장된 부위에서 지방을 방출하기 위해서는 중성지방을 분해하여 지방산으로 유리해야 한다. 그렇지만 지방산이 유산소성 대사작용을 위한 연료로 사용되기 위해서는 반드시 아세틸조효소 A로 전환되어야 한다. 이러한 과정은 미토콘드리아에서 일어나며 여러 단계의 효소적 촉매 단계를 거쳐 지방산을 활성화하여 아세틸조효소 A를 생산한다.

18 〈보기〉의 ㉠, ㉡에 들어갈 용어가 바르게 나열된 것은?

보기
운동 시 교감신경계가 활성화되면, 골격근으로의 혈류량은 (㉠)하고 내장기관으로의 혈류량은 (㉡)한다.

	㉠	㉡
①	감소	증가
②	감소	감소
③	증가	감소
④	증가	증가

| 정답 | 15 ② 16 ① 17 ① 18 ③

정답해설 운동 중 혈액 재분배에 해당되는 문제이며, 운동 시 활동근육(골격근)의 혈류는 증가하나 비활동 근육(내장 근육)의 혈류는 감소한다. 이는 비활동적 조직으로부터 수축하는 골격근으로 혈액이 재분배되기 때문이다.

19 〈보기〉 중 적절한 것으로만 나열된 것은?

> ─ 보기 ─
>
> ㉠ 인슐린(insulin)은 혈당을 증가시킨다.
> ㉡ 성장호르몬(growth hormone)은 단백질 합성을 감소시킨다.
> ㉢ 에리스로포이에틴(erythropoietin)은 적혈구 생산을 촉진시킨다.
> ㉣ 항이뇨호르몬(antidiuretic hormone)은 수분 손실을 감소시킨다.

① ㉠, ㉡   ② ㉠, ㉢
③ ㉡, ㉣   ④ ㉢, ㉣

정답해설

㉢ 에리스로포이에틴(erythropoietin) : 주로 신장에서 만들어지는 호르몬으로, 골수에서의 적혈구 생산을 조절
㉣ 항이뇨호르몬(ADH) : 뇌하수체 후엽에서 분비되며 체수분 손실억제, 혈장량 유지, 신장에서 수분 재흡수

오답해설

㉠ 인슐린(insulin) : 랑게르한스섬의 β세포에 분비. 소장에서 혈액으로 영양소가 흡수될 때 가장 중요한 호르몬
㉡ 성장호르몬(growth hormone) : 인슐린유사성장인자 분비자극, 성장관여, 혈중 글루코스 유지

20 〈그림〉은 막전위의 변화를 나타낸 것이다. ㉠~㉣ 중 탈분극(depolarization)에 해당하는 시점은?

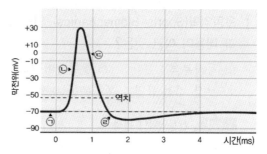

① ㉠   ② ㉡
③ ㉢   ④ ㉣

정답해설 〈그림〉은 활동전위를 나타낸 것으로, 활동전위는 나트륨(Na^+)이온이 증가할 때 발생한다.
㉡ 탈분극 : 세포내막에 나트륨만 통과할 수 있는 문이 열려, 밖에 있던 양전하들이 세포내막으로 들어오게 되는데 이때 상대적으로 외막이 음전하를 띄게 된다.

Tip

㉠ 안정 시 막전위는 −70mV를 유지하고 있다.
㉡ 분극된 신경섬유가 자극을 받으면 나트륨 채널은 열리고, 약간의 나트륨 이온이 확산되어 세포막이 탈분극된다.
㉢ 칼슘 채널이 열릴 때 칼륨 이온은 세포 외부로 확산되고 세포막은 재분극이 된다.

|정답| 19 ④   20 ②

운동역학

01 운동역학(Sports Biomechanics) 연구의 목적과 내용이 <u>아닌</u> 것은?

① 동작분석 ② 운동장비 개발
③ 부상 기전 규명 ④ 운동 유전자 검사

정답해설 운동역학의 목적
- 운동기술의 향상 : 운동 수행의 최적화와 경기력의 극대화 추구
- 안전성의 향상 : 상해의 원인을 분석, 이를 예방할 수 있는 동작 방법 제시, 보호를 위한 상해 예방 기구 개발
- 운동용 기구의 개발 : 수행력 향상을 위한 각종 운동 도구 개발

02 인체의 움직임을 표현하는 용어로 옳지 <u>않은</u> 것은?

① 굽힘(굴곡, flexion)은 관절을 형성하는 뼈들이 이루는 각이 작아지는 움직임이다.
② 폄(신전, extension)은 관절을 형성하는 뼈들이 이루는 각이 커지는 움직임이다.
③ 벌림(외전, abduction)은 뼈의 세로축이 신체의 중심선으로 가까워지는 움직임이다.
④ 발등굽힘(배측굴곡, dorsi flexion)은 발등이 정강이뼈(경골, tibia) 앞쪽으로 향하는 움직임이다.

정답해설 벌림(외전, abduction)은 중심선으로부터 인체 분절이 멀어지는 동작이다. 뼈의 세로축이 신체의 중심선으로 가까워지는 움직임은 내전이다.

03 인체의 무게중심에 관한 설명으로 옳지 <u>않은</u> 것은?

① 무게중심의 높이는 안정성에 영향을 준다.
② 무게중심은 인체를 벗어나 위치할 수 없다.
③ 무게중심은 토크(torque)의 합이 '0'인 지점이다.
④ 무게중심의 위치는 자세의 변화에 따라 달라진다.

정답해설 무게중심은 인체를 벗어나 위치할 수 있다.

Tip 인체의 무게중심
- 인체 각 분절마다 무게중심이 존재하고, 이러한 분절들은 무게가 균형을 이루는 점이 전신의 무게중심(신체중심)이다.
- 자세에 따라 분절의 상대적 위치가 변하고, 무게중심도 수시로 변하며, 신체 외부에도 존재한다.
- 무게중심은 남성보다 여성이 낮고, 동양인이 서양인보다 낮으며, 유아는 성인보다 높다.
- 무게중심(회전축)에 대한 회전력의 합이 0이 된다.

04 〈그림〉에서 인체 지레의 구성으로 바르게 묶인 것은?

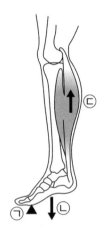

	㉠	㉡	㉢
①	받침점	힘점	저항점
②	저항점	받침점	힘점
③	받침점	저항점	힘점
④	힘점	저항점	받침점

정답해설 〈그림〉은 2종 지레에 대한 것으로 발뒤꿈치들기 그림이다.

Tip 2종 지레
- 종이절단기처럼 받침점과 힘점 사이에 작용점(저항점)이 있는 유형의 지레
- 작용점(저항점)이 가운데 있으며 힘팔(FA)이 작용팔(RA)보다 항상 큼
- 뒤꿈치들기, 팔굽혀펴기 동작 등

| 정답 | 01 ④ 02 ③ 03 ② 04 ③

05 운동학적(kinematic) 및 운동역학적(kinetic) 변인에 대한 설명으로 옳지 <u>않은</u> 것은?

① 질량(mass)은 크기만을 갖는 물리량이다.
② 시간(time)은 크기만을 갖는 물리량이다.
③ 힘(force)은 크기만을 갖는 물리량이다.
④ 거리(distance)는 시작점에서 끝점까지 이동한 궤적의 총합으로 크기만을 갖는 물리량이다.

정답해설 힘은 크기와 방향을 지닌 벡터 물리량이다.

Tip 힘의 정의

• 물체를 특정 방향으로 밀거나 당길 때 작용하는 물리량
• 힘은 밀거나 당겨서 사람이나 물체의 운동 상태를 변화시키거나 또는 변화시키려는 경향을 말한다.
• 물체의 변형을 일으키기도 함
• 단위 : N(뉴턴) 또는 $kg \cdot m/s^2$

06 각운동에 대한 설명으로 옳지 <u>않은</u> 것은?

① 각속도(angular velocity)는 각변위를 소요시간으로 나눈 값이다.
② 각가속도(angular acceleration)는 각속도의 변화를 소요시간으로 나눈 값이다.
③ 1라디안(radian)은 원(circle)에서 반지름과 호의 길이가 같을 때의 각으로 57.3° 이다.
④ 시계 방향으로 회전된 각변위(angular displacement)는 양(＋)의 값으로 나타내고, 반시계 방향으로 회전된 각변위는 음(－)의 값으로 나타낸다.

정답해설 각변위란 처음 각위치와 나중 각위치가 이루는 각도로 회전하는 물체의 각위치 변화량을 의미하며, 방향을 갖는 벡터량이다.

07 투사체 운동에 대한 설명으로 옳은 것은? (단, 공기저항은 고려하지 않음)

① 투사체에 작용하는 외력은 존재하지 않는다.
② 투사체의 수평속도는 초기속도의 수평성분과 크기가 같다.
③ 투사체의 수직속도는 9.8m/s로 일정하다.
④ 투사높이와 착지높이가 같을 경우, 38.5° 의 투사각도로 던질 때 최대의 수평거리를 얻을 수 있다.

정답해설 투사체 운동은 물체를 지표면에 대해 일정한 각도로 던진 경우의 물체의 운동을 말하며, 투사체 운동을 하는 물체의 운동 궤적은 포물선이 된다.

Tip 투사체의 포물선 운동

• 투사체는 좌우대칭의 포물선 운동
• 투사체 운동은 수평과 수직운동으로 구분, 두 운동이 합쳐져 궤적이 결정
• 수평운동 : 초기 수평 투사속도가 일정하게 유지되는 등속운동
• 수직운동 : 초기 수직 투사속도가 일정한 비율로 증가/감소하는 등가속도 운동

08 골프 스윙 동작에서 임팩트 시 클럽헤드의 선속도를 증가시키는 방법으로 옳지 <u>않은</u> 것은?

① 스윙 탑에서부터 어깨관절을 축으로 회전반지름을 최대한 크게 해서 빠른 몸통회전을 유도한다.
② 임팩트 전까지 손목 코킹(cocking)을 최대한 유지하여 빠른 몸통회전을 유도한다.
③ 임팩트 시점에는 팔꿈치를 펴서 회전반지름을 증가시킨다.
④ 임팩트 시점에는 언코킹(uncocking)을 통해 회전반지름을 증가시킨다.

정답해설 선속도란 일차원 운동에서 시간에 대한 위치의 변화율로, 직선 운동에서 물체의 빠름 또는 느림을 표현하는 물리량을 말한다.

Tip

• 회전하는 물체의 선속도는 각속도와 회전반경의 곱으로 결정[선속도 = 각속도 × 회전반경(라디안 각도가 적용)]
• 각속도가 동일하다면, 회전축으로부터 가까운 지점의 선속도보다 먼 지점의 선속도가 더 크며 이는 회전반경이 클수록 선속도가 크다는 것을 의미

09 힘(force)의 개념에 대한 설명으로 옳지 <u>않은</u> 것은?

① 힘의 단위는 N(Newton)이다.
② 힘은 합성과 분해가 가능하다.
③ 힘이 작용한 반대 방향으로 가속도가 발생한다.
④ 힘의 크기가 증가하면 그 힘을 받는 물체의 가속도가 증가한다.

|정답| 05 ③   06 ④   07 ②   08 ①   09 ③

정답해설 ③은 마찰력에 대한 설명이다.

Tip 힘의 정의

- 물체를 특정 방향으로 밀거나 당길 때 작용하는 물리량
- 힘은 밀거나 당겨서 사람이나 물체의 운동 상태를 변화시키거나 또는 변화시키려는 경향을 말함
- 물체의 변형을 일으키기도 함
- 단위 : N(뉴턴) 또는 $kg \cdot m/s^2$
- 힘은 벡터 물리량으로 크기, 방향, 작용점으로 구성

10 압력과 충격량에 관한 설명 중 옳지 않은 것은?

① 유도에서 낙법은 신체가 지면에 닿는 면적을 넓혀 압력을 증가시키는 기술이다.

② 권투에서 상대방의 주먹을 비켜 맞도록 동작을 취하여 신체가 받는 압력을 감소시킨다.

③ 높은 곳에서 뛰어내릴 때 무릎관절 굽힘을 통해 충격 받는 시간을 늘리면 신체에 가해지는 충격력의 크기는 감소된다.

④ 골프 클럽헤드와 볼의 접촉구간에서 충격력을 유지하면서 접촉시간을 증가시키면 충격량은 증가하게 된다.

정답해설 유도에서 낙법은 신체가 지면에 닿는 면적을 넓혀 압력을 분산시키는 기술이다.

Tip 압력

단위 면적에 수직으로 작용하는 힘으로 정의

11 마찰력(Ff)에 대한 설명으로 옳은 것은?

① 아스팔트 도로에서 마찰계수는 구름 운동보다 미끄럼 운동일 때 더 작다.

② 마찰력은 물체 표면에 수직으로 작용하는 힘과 관계가 있다.

③ 최대정지마찰력은 운동마찰력보다 작다.

④ 마찰력은 물체의 이동 방향과 같은 방향으로 작용한다.

정답해설 접촉면을 따라 운동을 방해하는 힘인 마찰력의 크기는 마찰계수와 표면에 직각으로 작용하는 힘의 곱으로 결정한다.

① 마찰계수는 접촉면의 형태나 성분에 따라 결정되는데, 표면이 거칠수록 마찰계수는 증가한다.

③ 운동 마찰력은 외부의 힘에 의해 움직이기 직전의 최대 정지마찰력보다 항상 작다.

④ 마찰력은 움직이는 방향의 반대방향으로 작용한다.

12 양력에 대한 설명으로 옳지 않은 것은?

① 양력은 물체가 이동하는 방향의 반대 방향으로 작용한다.

② 양력은 베르누이 원리(Bernoulli principle)로 설명된다.

③ 양력은 형태의 비대칭성, 회전(spin) 등에 의해 발생한다.

④ 양력은 물체의 중심선과 진행하는 방향이 이루는 공격각(angle of attack)에 의해 발생한다.

정답해설 양력 : 고체와 유체 사이에 움직임이 있을 때 그 움직임에 수직한 방향으로 발생하는 힘

13 충돌에 관한 설명으로 옳지 않은 것은?

① 탄성(elasticity)은 충돌하는 물체의 재질, 온도, 충돌 강도 등에 따라 그 정도가 달라진다.

② 탄성은 어떠한 물체에 힘이 가해졌을 때, 그 물체가 변형되었다가 원래 상태로 되돌아가려는 성질을 말한다.

③ 복원계수(반발계수, coefficient of restitution)는 단위가 없고 0에서 1 사이의 값을 갖는다.

④ 농구공을 1m 높이에서 떨어뜨려 지면으로부터 64cm 높이까지 튀어 올랐을 때의 복원계수는 0.64이다.

정답해설 충돌 : 상대적으로 운동하는 두 물체 또는 입자가 근접 또는 접촉해서 짧은 시간동안 강한 상호작용을 하는 경우

|정답| 10 ①   11 ②   12 ①   13 ④

14 다이빙 공중회전 동작을 수행할 때 신체 좌우축(mediolateral axis)을 기준으로 회전속도를 가장 크게 만드는 동작으로 적절한 것은? (단, 해부학적 자세를 기준으로)

① 두 팔을 머리 위로 올리고, 머리를 뒤로 최대한 젖힌다.

② 신체를 최대한 좌우축에 가깝게 모으는 자세를 취한다.

③ 상체와 두 다리를 최대한 폄 시킨다.

④ 두 팔을 머리 위로 올리고, 두 다리는 최대한 곧게 뻗는 자세를 취한다.

정답해설 관성모멘트에 대한 설명이다. 다이빙 선수가 전방으로 공중 회전하는 동작에서 사지를 쭉 편 레이아웃(layout) 자세보다 사지를 웅크린 턱(tuck) 자세가 회전수를 증가시킨다. 레이아웃 자세는 신체 질량이 회전축으로부터 멀리 분포되어 있어 회전반경과 관성모멘트가 커진다.

15 일률(파워, power)에 대한 설명으로 옳은 것은?

① 단위는 J(Joule)이다.

② 힘과 속도의 곱으로 구한다.

③ 이동거리는 고려하지 않는다.

④ 소요시간을 길게 하면 증가한다.

정답해설 일률 : 단위 시간당 한 일의 양[일률 = 한 일 / 시간 = 힘 × 속도(P = F · v)]

오답해설

① 단위는 Watt 혹은 J/s

③ 일률(power)은 순발력의 개념으로 이해, 짧은 시간에 폭발적으로 발현하는 힘

④ 일률은 단위 시간당 수행한 일(work)의 양이므로 소요시간이 길면 감소

16 〈그림〉의 장대높이뛰기에서 역학적 에너지의 변화 과정을 순서대로 나열한 것은?

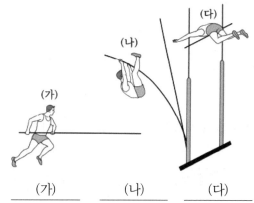

	(가)	(나)	(다)
①	탄성에너지 →	운동에너지 →	위치에너지
②	탄성에너지 →	위치에너지 →	운동에너지
③	위치에너지 →	운동에너지 →	탄성에너지
④	운동에너지 →	탄성에너지 →	위치에너지

정답해설 장대높이뛰기에서 도움닫기를 통한 운동에너지 → 장대의 탄성에너지로 전환 → 위치에너지 최대

Tip

- 운동에너지 : 움직이는 물체가 정지 상태에 비해서 얼마나 더 많은 에너지를 갖고 있는지를 나타내는 물리량
- 탄성에너지 : 늘어나거나 오므라든 탄성체가 변형이 없어지는 동안 탄성력이 하는 일의 양
- 위치에너지 : 물체의 위치에 따라 갖는 에너지(질량과 높이에 비례하고, 최고점에서 가장 큼)

17 〈보기〉의 ㉠, ㉡ 안에 들어갈 내용이 바르게 묶인 것은?

┌─**보기**─────────────────────┐
(㉠)은 다양한 장비를 활용하여 동작 및 힘 정보를 수치화하고 분석하는 방법이다. (㉡)을 통해 객관적이고 정확한 정보를 획득할 수 있으며, 주관적인 판단을 배제할 수 있다.
└────────────────────────────┘

	㉠	㉡
①	정성적 분석	정량적 분석
②	정량적 분석	정성적 분석
③	정성적 분석	정성적 분석
④	정량적 분석	정량적 분석

| **정답** | 14 ② 15 ② 16 ④ 17 ④

정답해설 〈보기〉는 정량적 분석방법(Quantitative)에 대한 설명이다.

Tip
• 정량적 분석방법(Quantitative) : 6미터, 3초, 50번 회전, 2명의 선수, 10달러 등
• 정성적 분석방법(Qualitative) : 좋은, 긴, 무거운, 유연한, 회전하는 등

18 달리기 출발구간 분석에서 〈표〉의 ㉠, ㉡, ㉢에 들어갈 측정장비가 바르게 나열된 것은?

측정장비	분석 변인
㉠	넙다리곧은근(대퇴직근, rectus femoris)의 활성도
㉡	압력중심의 위치
㉢	무릎 관절 각속도

	㉠	㉡	㉢
①	동작분석기	GPS 시스템	지면반력기
②	동작분석기	지면반력기	지면반력기
③	근전도분석기	GPS 시스템	동작분석기
④	근전도분석기	지면반력기	동작분석기

정답해설
㉠ 근전도분석기 : 근육의 수축을 유발하는 전기적 신호를 측정
㉡ 지면반력기 : 인체가 지면에 작용한 힘에 대한 반작용력을 측정
㉢ 동작분석기 : 각속도, 각도(자세)를 측정

19 지면반력의 측정과 활용에 관한 설명으로 옳은 것은?

① 지면반력기는 수직 방향으로 작용하는 힘만 측정할 수 있다.
② 지면반력기에서 산출된 힘은 인체의 근력으로 지면에 가하는 작용력이다.
③ 높이뛰기 도약 동작분석 시 지면반력기에 작용한 힘의 소요시간을 측정할 수 있다.
④ 보행 분석에서 발이 지면에 착지하면서 앞으로 미는 힘은 추진력, 발 앞꿈치가 지면으로부터 떨어지기 전에 뒤로 미는 힘은 제동력을 의미한다.

정답해설 **지면반력기**
• 인체가 지면에 작용한 힘에 대한 반작용력인 지면반력을 측정
• 여러 개의 힘 변환기를 이용해 지면과의 접촉면에서 작용하는 모든 힘들이 합쳐진 하나의 합력을 측정
• 뉴턴의 작용-반작용 법칙

20 〈그림〉과 같이 팔꿈치 관절을 축으로 쇠공을 들고 정적(static) 동작을 유지하기 위해서 위팔두갈래근(상완이두근, biceps brachii)이 발생시켜야 할 힘(F_B)의 크기는?

조건
• 손, 아래팔(전완), 쇠공을 합한 무게는 50N이다.
• 팔꿈치 관절점(E_J)에서 위팔두갈래근의 부착점까지의 거리는 2cm이다.
• 팔꿈치 관절점에서 손, 아래팔, 쇠공을 합한 무게중심(C_G)까지의 거리는 20cm이다.
• 위팔두갈래근은 아래팔에 90° 로 부착되었다고 가정한다.

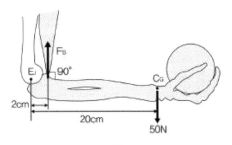

① 100N
② 400N
③ 500N
④ 1,000N

정답해설 무게 50N × 무게중심(C_G)까지의 거리 20cm / 팔꿈치 관절점(E_J)에서 위팔두갈래근의 부착점까지의 거리 2cm = 500N

한국체육사

01 체육사에 관한 설명으로 옳지 <u>않은</u> 것은?

① 연구대상은 시간, 인간, 공간 등이 고려된다.
② 체육과 스포츠를 역사적 방법으로 연구하는 학문이다.
③ 연구내용은 스포츠문화사, 전통스포츠사 등을 포함한다.
④ 체육과 스포츠의 도덕적 가치판단에 대한 근거를 탐구한다.

> **정답해설** ④는 스포츠 윤리학에 관한 설명이다.

02 〈보기〉에서 체육사 연구의 사료(史料)에 관한 설명으로 옳은 것만을 모두 고른 것은?

─〈보기〉─
㉠ 기록 사료는 문헌 사료와 구전 사료가 있다.
㉡ 물적 사료는 물질적 유산인 유물과 유적이 있다.
㉢ 기록 사료 중 민요, 전설, 시가, 회고담 등은 문헌 사료이다.
㉣ 전통적인 분류 방식에 따르면, 물적 사료와 기록 사료로 구분된다.

① ㉠, ㉡　　　　② ㉡, ㉢
③ ㉠, ㉡, ㉣　　④ ㉡, ㉢, ㉣

> **정답해설** 기록사료 : 문헌, 구전 등이 있다. 과거의 사실에 대한 의미를 해석하는 것으로 평가와 해석의 기준을 중요시하는 것은 사관(史觀)에 속한다.

> **Tip** 사료(史料)
> 과거의 사실을 객관적으로 밝히는 연구로 모든 역사연구의 기초적인 단계로 사료(史料)에 근거하여 규명
> • 역사를 고찰하는 데 있어 단서가 되는 자료
> • 물적사료 : 유물, 유적, 현존하는 모든 물질적 유산 등
> • 기록사료 : 문헌, 구전 등
> • 구술사료 : 과거 기억에 대한 증언 등

03 부족국가와 삼국시대의 신체활동이 포함된 제천의식에 관한 설명으로 옳지 <u>않은</u> 것은?

① 신라 – 가배
② 부여 – 동맹
③ 동예 – 무천
④ 마한 – 10월제

> **정답해설** 부족국가시대의 신체활동에 해당되는 제천행사로 고구려의 동맹, 부여의 영고가 있다.

> **Tip** 삼한의 성립과 발전
> 새로운 철기 문화가 유입되면서 한강 이남 지역에 마한, 진한, 변한들의 연맹체들이 형성되었고 이를 통틀어 삼한이라고 한다.

04 〈보기〉에서 화랑도에 관한 설명으로 옳은 것만을 모두 고른 것은?

─〈보기〉─
㉠ 법흥왕 때에 종래 화랑도 제도를 개편하여 체계화되었다.
㉡ 한국의 전통사상과 세속오계(世俗五戒)를 근간으로 두었다.
㉢ 국선도(國仙徒), 풍류도(風流徒), 원화도(源花徒)라고도 불리었다.
㉣ 편력(遍歷), 입산수행(入山修行), 주행천하(周行天下) 등의 활동을 했다.

① ㉠, ㉡　　　　② ㉡, ㉢
③ ㉠, ㉡, ㉣　　④ ㉡, ㉢, ㉣

> **정답해설** 화랑도(花郎徒)는 신라 때 청소년으로 조직되었던 수양단체이며, 진흥왕(576년)때 원화도를 개편하여 체계화하였다.

> **Tip** 화랑도 체육의 특징
> • 세속오계(世俗五戒)를 바탕으로 우수 인재 양성
> • 교육적 목적은 군사적 측면과 교육적 측면으로 구분
> • 화랑도 체육의 의미 : 심신일체론적 사상에 기반한 전인교육 지향

|정답| 01 ④　　02 ③　　03 ②　　04 ④

05 〈보기〉의 ㉠에 해당하는 용어는?

┌─보기─
│ 『구당서(舊唐書)』에 따르면, "고구려의 풍속은
│ 책 읽기를 좋아하며, 허름한 서민의 집에 이르
│ 기까지 거리에 큰 집을 지어 이를 (㉠)이라고
│ 하고, 미혼의 자제들이 여기에서 밤낮으로 독
│ 서하고 활쏘기를 익힌다." 라고 되어 있다.
└─

① 태학　　　　② 경당
③ 향교　　　　④ 학당

정답해설

- 경당 : 삼국시대 교육단체로서 서민을 대상으로 한 사립
  초등기관
- 구당서(舊唐書) : 940~945년 장소원, 가위, 조희 등이
  편찬한 책. 당나라(唐)의 정사(正史)로 이십사사(二十四
  史) 가운데 하나이다. 940년에 편찬을 시작해 945년에
  완성되었다.

오답해설

① 태학 : 최초의 관학으로 국가의 관리 양성을 목적으로
  설립된 고등교육기관[소수림왕 2년(373년) 설립]
③ 향교(鄕校) : 유학의 전파와 지방민의 교화에 목적으로
  지방에 설치된 관립학교(고려시대, 조선시대)
④ 학당(學堂) : 서민을 위한 순수유학기관으로 지방의 향
  교와 유사한 교육기관(고려시대)

06 고려시대의 무학(武學) 전문 강좌인 강예재(講藝齋)가 개설된 교육기관은?

① 국자감(國子監)
② 성균관(成均館)
③ 응방도감(鷹坊都監)
④ 오부학당(五部學堂)

정답해설 국자감(國子監) : 문무관 8품 이상의 귀족 자제
를 위한 고려시대 최고의 종합교육기관(7재라는 교육과정
존재)이다. 국학의 7재는 무학(武學)을 통해 장수(將帥)를
육성하는 강예재(講藝齋), 주역을 공부하는 여택재(麗澤
齋), 상서를 공부하는 대빙재(待聘齋), 모시(毛詩)를 공부
하는 경덕재(經德齋), 주례를 공부하는 구인재(求仁齋),
대례를 공부하는 복응재(服膺齋), 춘추를 공부하는 양정재
(養正齋)를 말한다. 제1재에서 6재까지는 유학재, 제7재는
무학재로 구성된다.

오답해설

② 성균관(成均館) : 고려, 조선시대 국립 교육기관
③ 응방도감(鷹坊都監) : 고려 충렬왕 9년(1283)에 설치
  한 매를 사육하여 원(元) 나라에 바치던 관청
④ 오부학당(五部學堂) : 고려 말 조선 초기에 중앙의 각
  부에 두었던 관립교육기관

07 〈보기〉에서 고려시대 무예의 특징으로 옳은 것만을 모두 고른 것은?

┌─보기─
│ ㉠ 격구(擊毬)는 군사훈련의 수단이었다.
│ ㉡ 수박희(手搏戱)는 무인 인재 선발의 중요한
│ 　 방법이었다.
│ ㉢ 마술(馬術)은 육예(六藝) 중 어(御)에 속하
│ 　 며, 군자의 중요한 덕목 중 하나였다.
│ ㉣ 궁술(弓術)은 문인과 무인의 심신 수양과 인
│ 　 격도야의 방법으로 중시되었다.
└─

① ㉠
② ㉡, ㉢
③ ㉡, ㉢, ㉣
④ ㉠, ㉡, ㉢, ㉣

정답해설

- 격구(擊毬) : 페르시아 폴로 경기에서 유래한 마상 스포츠
- 수박(手搏) : 맨손과 발을 이용한 격투 기술
- 궁술(弓術) : 관직의 자질을 평가하기 한 활쏘기 능력이
  영향을 미쳤으며, 문무를 겸비한 인재 양성과도 관련

08 조선시대 무과제도에 관한 설명으로 옳지 않은 것은?

① 초시, 복시, 전시 3단계로 실시되었다.
② 무과는 강서와 무예 시험으로 구성되었다.
③ 증광시, 별시, 정시는 비정규적으로 실시되
  었다.
④ 선발 정원은 제한이 없었으며, 누구나 응시
  할 수 있었다.

조선시대의 과거제도의 무과시험

- 소과 대과의 구분이 없는 단일과로서 초시 230명, 복시 28명, 전시 28명(갑, 을, 병)
- 무과 급제를 위해서는 무예 익히기(궁술, 기사, 기창, 격구, 조총), 강서탐독(경서, 병서) 요구
- 초시는 중앙(훈련원), 지방(각도의 병사)
- 무과의 관장하는 주체는 국가, 관리 책임은 훈련원, 병조
- 엄격한 절차에 따라 무관채용시험 실시
- 전시 감적관(궁술표적에 맞는지 감독), 출마관(말 출발 담당), 급책관(책을 나누어 줌), 출방관(합격자 발표) 등 19가지의 직책으로 세분화

무관의 자손, 향리 등이 응시할 수 있었다. 즉, 천민은 지원하지 못하였으나 양민이 되면 지원할 수 있었다. (좋은 문제는 아님)

09 〈보기〉에 해당하는 신체활동은?

┌─보기─┐
- 군사훈련의 성격을 지니고 실시된 무예 활동
- 조선시대 왕이나 양반 또는 대중에게 볼거리 제공
- 나라의 풍속으로 단오절이나 명절에 행해졌던 활동
- 승부를 결정 짓는 놀이로서 신체적 탁월성을 추구하는 경쟁적 활동
└─────┘

① 투호(投壺) ② 저포(樗蒲)
③ 석전(石戰) ④ 위기(圍碁)

석전(石戰)

- 두 편으로 나뉘어 서로 돌팔매질을 하여 승부를 겨루던 놀이
- 음력 정월 대보름날 각 지방에서 행해지며, 편쌈, 변전(邊戰), 편전(便戰)이라고 함
- 민속놀이, 군사훈련, 구경거리 제공의 성격을 가짐

① 투호(投壺) : 화살 같은 막대기를 일정한 거리에서 있는 항아리 안에 던져 넣는 게임, 왕실과 귀족 사회에 매우 성행
② 저포(樗蒲) : 윷가락같이 만든 다섯 개의 나무를 던져 승부를 겨루는 놀이
④ 위기(圍碁) : 흑백의 돌로 집 싸움을 하는 바둑 게임

10 〈보기〉에서 조선시대 체육사상에 관한 설명으로 옳은 것만을 모두 고른 것은?

┌─보기─┐
㉠ 유교의 영향으로 숭문천무(崇文賤武) 사상이 만연했다.
㉡ 심신 수련으로 활쏘기가 중시되었고, 학사사상(學射思想)이 강조 되었다.
㉢ 활쏘기를 통해서 문무겸전(文武兼全) 혹은 문무겸일(文武兼一)에 도달하고자 했다.
㉣ 국토 순례를 통해 조선에 대한 애국심을 가지게 하는 불국토사상(佛國土思想)이 중시되었다.
└─────┘

① ㉠, ㉡
② ㉡, ㉢
③ ㉠, ㉡, ㉢
④ ㉡, ㉢, ㉣

조선시대의 체육사상 : 숭문천무와 문무겸전의 대립

㉣ 신라 화랑의 체육사상으로 불국토 사상(화랑도의 체육사상)
- 국토를 신성하게 여기며 목숨을 걸고서라도 지켜야 한다는 사상으로 편력 활동과 연계
- 입산수련과 편력은 종교의식과 연관되었으며, 스포츠 활동과 음악, 무용, 노래 등이 포함

11 일제강점기에 설립된 체육 단체가 아닌 것은?

① 대한국민체육회(大韓國民體育會)
② 관서체육회(關西體育會)
③ 조선체육협회(朝鮮體育協會)
④ 조선체육회(朝鮮體育會)

대한국민체육회(1907)는 개화기의 체육단체이다.

대한국민체육회(1907)

- 근대 체육의 선구자 노백린 등이 창립
- 체육의 올바른 이념 정립과 체육 관련 정책의 개혁을 목표로 체육단체 운영

| 정답 | 09 ③   10 ③   11 ①

12 〈보기〉의 ㉠, ㉡에 해당하는 여성 스포츠인이 바르게 연결된 것은?

┌─보기─────────────────────────────┐
│ • 박봉식은 1948년 런던올림픽경기대회에 출전 │
│   한 첫 여성 원반 던지기 선수 │
│ • (㉠)은/는 1967년 세계여자농구선수권대회 │
│   에 출전해 최우수 선수로 선정 │
│ • (㉡)은/는 2010년 밴쿠버동계올림픽경기대 │
│   회에 출전해 피겨 스케이팅 금메달 획득 │
└──────────────────────────────────┘

	㉠	㉡
①	박신자	김연아
②	김옥자	김연아
③	박신자	김옥자
④	김옥자	박신자

정답해설
• 박신자선수는 1967년 일본에서 열린 유니버시아드 대회에 참석해 개최국 일본을 누르고 우승을 거머쥐었고, 그해 11월 2일 장충체육관에서 은퇴식을 갖고 현역에서 물러났다. 동양인 최초로 세계여자농구 명예의 전당에 헌액되는 영광을 누리기도 했다.
• 김옥자선수에 대한 기록은 자세히 나와 있지 않으나 몇몇의 문헌에서 박봉식 선수와 함께 1948년 런던올림픽에 출전하기 위해 대표선발전에 출전하였다고 기록되어 있다.

13 〈보기〉의 ㉠, ㉡에 해당하는 개최지가 바르게 연결된 것은?

┌─보기─────────────────────────────┐
│ 우리나라는 1986년 서울아시아경기대회, 2002 │
│ 년 (㉠)아시아경기대회, 2014년 (㉡)아시아 │
│ 경기대회를 성공적으로 개최했다. │
└──────────────────────────────────┘

	㉠	㉡
①	인천	부산
②	부산	인천
③	평창	충북
④	충북	평창

정답해설 우리나라는 1986년 한국 첫 제10회 하계아시안경기대회 개최, 2002년 부산 아시안 게임, 2014년 제17회 인천 아시안경기대회를 개최하였다.

14 〈보기〉에 해당하는 인물은?

┌─보기─────────────────────────────┐
│ • 제6회, 제7회 아시아경기대회에서 수영 종목 │
│   400M, 1,500M 2관왕 2연패 │
│ • 2008년 독도 33바퀴 회영(回泳) │
│ • 2020년 스포츠영웅으로 선정되어 2021년 국 │
│   립묘지에 안장 │
└──────────────────────────────────┘

① 조오련   ② 민관식
③ 김일   ④ 김성집

정답해설 조오련(1952~2009) : 대한민국의 前 수영 선수이다.

오답해설
② 민관식(1918~2006) : 해방 이후 대한체육회 회장, 대한올림픽위원회 위원장 등을 역임한 체육인이다.
③ 김일(1929~2006) : 한국의 1세대 프로레슬링 선두주자로 불리는 프로레슬러로, 1960~1970년대 일본과 한국에서 '박치기왕'이라는 별명을 얻으며 최고의 인기를 누렸다.
④ 김성집(1919~2016) : 1948 런던 올림픽 역도 종목에서 대한민국 최초로 메달을 획득하였다. 올림픽 한국선수단 단장을 두 차례 역임했고, 18년 동안 태릉선수촌 촌장을 지냈다.

15 개화기에 도입된 근대스포츠 종목으로 옳지 **않은** 것은?

① 농구   ② 역도
③ 야구   ④ 육상

정답해설 역도 : 1926년 일본체육회 체조학교를 졸업한 서상천에 의해 국내 소개

16 광복 이전 조선체육회에 관한 설명으로 옳지 **않은** 것은?

① 조선체육협회보다 먼저 창립되었다.
② 조선의 체육을 지도, 장려하는 것이 목적이었다.
③ 첫 사업인 제1회 전조선야구대회는 전국체육대회의 효시이다.
④ 고려구락부를 모태로 하였고, 조선체육협회에 강제 통합되었다.

| 정답 | 12 ① 　 13 ② 　 14 ① 　 15 ② 　 16 ①

정답해설 조선체육회 : 1920년에 설립한 민족체육단체, 현대한체육회의 전신인 조선체육회가 창립되어 한국 현대 올림픽 운동과 스포츠 발전을 주도

Tip 조선체육협회(1919)

일제강점기 조선 내 스포츠 단체를 관리하기 위해 1918년 조선에 있는 정구단이 모여 만들어진 "경성정구회"와 1919년 1월 만들어진 "경성야구협회"가 통합

17 〈보기〉에서 설명하는 올림픽경기대회는?

─보기─
- 우리 민족이 일장기를 달고 출전한 대회
- 마라톤의 손기정이 금메달, 남승룡이 동메달을 획득한 대회

① 1924년 제8회 파리올림픽경기대회
② 1928년 제9회 암스테르담올림픽경기대회
③ 1932년 제10회 로스앤젤레스올림픽경기대회
④ 1936년 제11회 베를린올림픽경기대회

정답해설 〈보기〉에서 설명하는 올림픽경기대회는 1936년 제11회 베를린올림픽경기대회이다.

Tip 일장기 말소 사건과 일제의 탄압 사건
- 손기정과 남승룡은 1936년 베를린 올림픽에 참가하기까지 일본인들로부터 많은 차별을 받음
- 손기정 선수가 베를린 올림픽에서 금메달을 따고 일장기를 달고 시상대에 오른 사진이 보도
- 동아일보 기자 이길용은 이 사진에서 일장기를 지워버린 채 보도를 하여 혹독한 고문을 받음
- 이에 동아일보는 무기정간처분을 받음

18 〈보기〉의 ㉠, ㉡에 들어갈 알맞은 용어로 바르게 연결된 것은?

─보기─
- (㉠)경기대회는 우리나라 여성이 최초로 금메달을 획득한 대회로, 서향순이 양궁 개인전에서 금메달을 획득했다.
- (㉡)경기대회는 우리나라가 광복 후 최초로 마라톤에서 금메달을 획득한 대회로, 황영조가 마라톤에서 금메달을 획득했다.

① ㉠ 1984년 로스앤젤레스올림픽
   ㉡ 1988년 서울올림픽
② ㉠ 1984년 로스앤젤레스올림픽
   ㉡ 1992년 바르셀로나올림픽
③ ㉠ 1988년 서울올림픽
   ㉡ 1988년 서울올림픽
④ ㉠ 1988년 서울올림픽
   ㉡ 1992년 바르셀로나올림픽

정답해설
- 1984년 로스앤젤레스올림픽 : 우리나라 여성이 최초로 금메달을 획득한 대회로, 서향순이 양궁 개인전에서 금메달을 획득
- 1992년 바르셀로나올림픽 : 올림픽 사상 처음 도입된 배드민턴 종목에서 한국이 금메달 2개 은메달, 동메달 획득, 마라톤에서 황영조 선수 우승

19 〈보기〉의 설명과 관련 있는 정권은?

─보기─
- 호돌이 계획 시행
- 국민생활체육회(구 국민생활체육협의회) 창설
- 1988년 서울올림픽경기대회의 성공적인 개최
- 제41회 지바 세계탁구선수권대회 남북단일팀 출전

① 박정희 정권
② 전두환 정권
③ 노태우 정권
④ 김영삼 정권

정답해설 〈보기〉는 노태우 정권(1988~1993)에 대한 설명이다.

| 정답 | 17 ④ 18 ② 19 ③

20 2002년 제17회 월드컵축구대회에 관한 설명으로 옳지 <u>않은</u> 것은?

① 한국은 4강에 진출했다.

② 한국과 일본이 공동으로 개최했다.

③ 한국과 북한이 단일팀을 구성하여 출전했다.

④ 한국의 길거리 응원은 온 국민 문화축제의 장이었다.

정답해설 2002년 월드컵에서 한국과 북한은 단일팀이 구성되지 않았다. 남북 단일팀으로의 출전은 1991년 포르투갈 세계청소년축구선수권대회에서 최초의 남북 단일팀을 결성해 출전하였으며 코리아라는 국명에 한반도기를 국기로 하여 출전한 대회에서 8강(8위)까지 진출하며 선전하였다.

Tip 남북스포츠 친선교류

1) 1990년 남북통일축구대회(평양과 서울에서 번갈아 열림)

2) 1991년 지바세계탁구선수권대회, 포르투갈세계청소년축구선수권대회 남북단일팀 구성

3) 1999년 남북통일농구대회, 남북노동자축구대회

4) 2000년 남북통일탁구대회, 시드니올림픽 공동입장

5) 2002년 태권도시범경기

6) 2003년 제주도 민족통일 평화축전

7) 2004년 아테네올림픽 공동입장

특수체육론

01 축구 경기에서 발목을 삔 지적장애인에게 응급처치하였다. RICE 절차와 내용의 연결이 옳지 <u>않은</u> 것은?

① 휴식(rest) - 즉각적으로 부상 부위를 움직이지 않게 한다.

② 냉찜질(ice) - 얼음으로 부상 부위를 차게 해 준다.

③ 압박(compression) - 붕대로 부상 부위를 감아서 혈액응고 및 부종을 예방한다.

④ 올림(elevation) - 부상 부위를 잡아당겨서 고정한다.

정답해설 스포츠 부상으로 근육이나 골격계에 손상이 생겼을 때 즉시 실시할 수 있는 대표적인 응급처치 방법으로 Rest(안정), Ice(얼음찜질), Compression(압박), Elevation(환부 높임)의 첫 글자를 따서 RICE 혹은 RICE 요법이라 부른다.

02 절단장애인의 환상통증(phantom pain)에 대한 설명이 <u>아닌</u> 것은?

① 궤양과 같은 고통스러운 통증을 느낄 수 있다.

② 절단 후 남아 있는 부위에서는 근육 경련이 일어나지 않는다.

③ 절단된 부위가 아직 남아 있는 것처럼 생각하고 그 부위에서 통증을 느낀다.

④ 인공 의지(prosthesis)나 보조기를 착용해도 통증을 느낄 수 있다.

정답해설 환상 통증의 가장 흔한 증상 중 하나가 환상 통증은 저리고, 극심하며, 찌르는 듯하고, 욱신거리며, 타는 듯하고, 쑤시며, 꼬집히고, 죄이며, 죔쇠로 쥐어짜는 듯한 통증처럼 느껴질 수 있다.

| 정답 | 20 ③ / 01 ④ 02 ②

03 척수장애인의 운동지도 지침이 <u>아닌</u> 것은?

① 자율신경 반사 이상의 위험을 줄이기 위해 운동 전에 장과 방광을 비우게 한다.

② 유산소성 운동 후 체온을 낮추어 주기 위해 시원한 압박붕대를 사용한다.

③ T6 이상에 손상을 입은 경우, 유산소성 훈련 효과를 극대화하기 위해 최대심박수를 150회/분까지 증가시킨다.

④ 심장으로 들어가는 혈액량의 감소로 인한 저혈압의 위험을 줄이기 위해, 충분한 준비운동을 하게 하고 운동부하를 점진적으로 증가시킨다.

> **정답해설** 척수 장애는 마비 또는 방광 및 장 제어 기능 장애(요실금 및 변실금)와 같은 영구적인 중증의 문제를 유발할 수 있다. 때때로, 평가와 치료가 신속하게 이루어지는 경우 이러한 문제를 피하거나 최소화할 수 있다.

04 〈보기〉에서 설명하는 장애유형은?

> **보기**
> - 의사소통 : 유창한 말하기와 풍부한 어휘 능력을 가지고 있다.
> - 사회적 상호작용 : 대화 중에 눈을 마주치거나 고개를 끄덕이는 행동을 어려워한다.
> - 관심사와 특이행동 : 특정한 사물에 강한 관심을 나타내는 경향이 있다.
> - 관계 형성 : 가족과의 애착이 형성될 수는 있으나 또래와의 관계 형성은 어려울 수 있다.

① 아스퍼거증후군

② 뇌병변장애

③ 지체장애

④ 시각장애

> **정답해설** 아스퍼거 증후군 : 대인관계에서 상호작용에 어려움이 있고 관심 분야가 한정되는 특징을 보이는 정신과 질환으로 사회적으로 서로 주고받는 대인관계에 문제가 있고, 행동이나 관심 분야, 활동 분야가 한정되어 있으며 같은 양상을 반복하는 상동적인 증세를 보이는 질환이다.

05 〈보기〉에서 ㉠~㉢에 들어갈 장애인스포츠 프로그램 서비스 전달 단계가 바르게 묶인 것은?

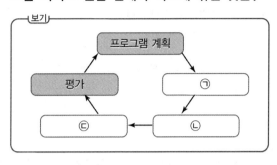

	㉠	㉡	㉢
①	사정	개별화교육 계획	교수·코칭·상담
②	개별화교육 계획	교수·코칭·상담	사정
③	개별화교육 계획	사정	교수·코칭·상담
④	교수·코칭·상담	개별화교육 계획	사정

> **정답해설** 성취 기반 교육 과정에서의 장애인 스포츠 프로그램 전달 단계
> 1) 프로그램 계획 : 목표 기술로부터 기초 기능으로 지도하는 하향식 접근법 사용
> 2) 사정 : 의사 결정을 위한 정보 자료 수집
> 3) 수업 계획(실행 계획) : 운동 기술 습득 후 학생의 요구를 해결하는 수업 계획 개발에 중점
> 4) 교수·지도 : 설정한 목표를 성취하도록 학습 환경을 관리하는 역동적 과정
> 5) 평가 : 설정한 목표와 예측과 관련하여 변화의 정도를 결정하고 변화의 가치를 판단하여 학생의 수행력 자료를 조사하는 과정

06 〈보기〉에서 설명하는 장애인스키 장비는?

> **보기**
> - 절단 등의 장애 때문에 균형 유지가 어려운 장애인이 사용한다.
> - 스키 폴(pole) 하단에 짧은 플레이트를 붙여서 만든 보조장치이다.

| 정답 | 03 ③   04 ①   05 ①   06 ①

① 아웃리거(outriggers)

② 듀얼리거(dualriggers)

③ 바이리거(biriggers)

④ 인리거(inriggers)

정답해설 무릎 위를 절단한 스키어는 외발 스키(3-track 스키) 기술 등을 이용하는데, 이 방법에는 부츠를 올려놓은 하나의 플레이트와 2개의 아웃리거가 사용된다.

07 장애인스포츠와 관련된 긍정적인 변화를 위한 사회적 노력으로 잔스마와 프랜치(P. Jansma와 R. French, 1994)가 제시한 "4L"의 방법이 아닌 것은?

① 장애인스포츠와 관련된 지식의 창출과 보급 (Literature)

② 장애인스포츠 관련 단체 등의 목표를 성취하기 위한 집단행동(Leverage)

③ 장애인스포츠에 대한 법률관계 확정을 위한 소송(Litigation)

④ 장애인스포츠에 대한 장애인의 학습(Learning)

정답해설 장애인 스포츠에 대한 실행을 보장하는 입법 (Legislation)이 포함된다.

08 위닉스(J. Winnick, 1987)의 장애인스포츠 통합 연속체에서 〈보기〉의 내용에 해당하는 단계는?

┌─보기─┐
• 시각장애 볼링선수가 가이드 레일(guide rail)의 도움을 받아 비장애선수와 함께 경쟁하였다.
• 희귀성 다리순환장애 골프선수가 카트를 타고 비장애선수와 함께 경쟁하였다.
└────┘

① 일반스포츠(regular sport)

② 편의를 제공한 일반스포츠(regular sport with accommodation)

③ 일반스포츠와 장애인스포츠(regular sport & adapted sport)

④ 분리된 장애인스포츠(adapted sport segregated)

정답해설 장애인 선수의 경기 수행력에 직접적인 영향을 미치지 않는 방법을 제공함으로 편의를 제공한 일반 스포츠이다.

09 미국스포츠의학회(ACSM)의 '운동 참여 전 건강 검진 알고리즘'을 적용할 때, 〈보기〉에서 의료적 허가가 필요하지 않은 시각장애인은?

┌─보기─┐

대한장애인체육회에서는 생활체육 골볼교실에 참가하는 시각 장애인에게 운동참여 전 건강 문진을 통해서 다음의 결과를 얻었다.

시각장애인 ＼ 문항	㉠	㉡	㉢	㉣
현재 규칙적으로 운동에 참여 하는가?	예	예	아니오	예
심혈관 질환, 대사 질환, 또는 신장 질환이 있는가?	예	아니오	예	아니오
질병을 암시하는 징후 또는 증상이 있는가?	아니오	예	아니오	아니오
원하는 운동강도가 있는가?	고강도	중강도	고강도	고강도

└────┘

① ㉠   ② ㉡   ③ ㉢   ④ ㉣

정답해설 기본적으로 가지고 있는 질환 및 증상(심혈관 질환, 대사질환, 신장질환 등 이상징후)이 없다면 일차적으로 의료적 허가 없이도 운동을 실시할 수 있다. 그러나 운동 전 평가를 통해 기본적인 병력요소 및 의학적으로 문제가 있다면 의사에 처방 및 검진이 필요하다.

10 미국 장애인교육법(Individuals with Disabilities Education Act : IDEA, 2004)에서 명시한 통합 교육과 관련된 용어는?

① 통합(inclusion)

② 정상화(nomalization)

③ 주류화(mainstreaming)

④ 최소한으로 제한된 환경(least restrictive environment)

|정답| 07 ④   08 ②   09 ④   10 ④

정답해설 「미국 장애인 교육법」(IDEA)의 주요 원칙 중 통합 교육과 관련된 내용으로 장애 아동은 가능한 한 비장애 아동과 함께 최소한의 제한된 환경에서 교육을 받아야 한다는 규정이다. 이 규정은 장애 아동의 일반 학교로의 통합을 촉진하였으며, 교육의 효율성을 확인하고 평가하기 위해 제정되었다.

11 〈보기〉에서 설명하는 모스톤과 애쉬워스(M. Mosston & S. Ashworth, 2002)의 교수 스타일은?

┌─ 보기 ─┐

- 장애인스포츠지도자가 수업 운영과 관련된 모든 사항을 결정한다.
- 지도자는 장애인에게 운동과제에 대한 설명과 시범을 보이고, 연습하게 하고 피드백을 제공한다.
- 수업에서 장애인의 안전을 확보하는데 효과적인 교수 스타일이다.

① 지시형 스타일(command style)
② 연습형 스타일(practice style)
③ 상호학습형 스타일(reciprocal style)
④ 유도발견형 스타일(guided discovery style)

정답해설 지시형 스타일은 교사가 수업 전·중·후 모든 결정을 하고, 교사가 제시한 방식대로의 학습이 강조된다.

12 〈보기〉의 수어가 나타내는 스포츠 종목은?

┌─ 보기 ─┐

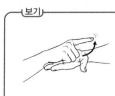
왼 손바닥을 위로 향하게 펴고, 오른 주먹의 손등이 위로 향하게 하여 왼 손바닥 위에 올려놓고, 오른손의 검지를 튕기며 편다.

① 휠체어농구　　② 권투
③ 탁구　　④ 축구

정답해설 제시된 수어가 설명하는 스포츠 종목은 축구이다.

13 국제 뇌성마비 스포츠 레크리에이션 협회(Cerebral Palsy – International Sports and Recreation Association, CPISRA)의 등급 분류 체계에 관한 설명이 <u>아닌</u> 것은?

① 5등급은 다시 5-A와 5-B로 세분화된다.
② 뇌성마비뿐만 아니라 뇌병변 장애인을 포함하고 있다.
③ 1~4등급은 보행이 가능한 등급이며, 5~8등급은 휠체어로 이동하는 등급이다.
④ 경기의 승패가 손상이 아니라 노력의 정도에 의해 결정되도록 하는 것을 목적으로 한다.

정답해설 CPISRA는 기능적 분류로 뇌성마비인을 8등급으로 나누고 있다. 1~4등급은 휠체어 사용이 가능하고, 5~8등급은 보행이 가능한 등급이다.

14 미국 지적 및 발달장애협회(AAIDD, 2010)의 지적장애 정의에 대한 설명 중 옳지 <u>않은</u> 것은?

① 만 20세 이후에 시작된다.
② 적응행동에서의 명백한 제한이 나타난다.
③ 지능 지수가 평균에서 2 표준편차 이하이다.
④ 적응행동은 개념적, 사회적, 실제적 적응기술에서 명백한 제한이 나타난다.

정답해설 미국 지적 및 발달장애협회의 지적장애 정의에 따르면 지적장애는 만 18세 이전에 시작된다.

15 데이비스와 버튼(W. Davis & A. Burton, 1991)이 제시한 생태학적 과제분석의 실행과정을 순서대로 나열한 것은?

① 변인 선택 - 관련 변인 조작 - 과제 목표 - 지도
② 과제 목표 - 관련 변인 조작 - 변인 선택 - 지도
③ 변인 선택 - 과제 목표 - 관련 변인 조작 - 지도
④ 과제 목표 - 변인 선택 - 관련 변인 조작 - 지도

정답해설 생태학적 과제분석은 운동 기술, 움직임과 학생의 특성 및 선호도, 운동 기술이나 움직임의 수행에 영향을 줄 수 있는 환경 요소를 고려한 것으로 '과제 목표의 확인 → 변인 선택 → 관련 변인 조작 → 지도'의 4단계로 이루어진다.

| 정답 | 11 ① 　 12 ④ 　 13 ③ 　 14 ① 　 15 ④

16 〈보기〉의 ㉠~㉣에 들어갈 개념이 바르게 묶인 것은?

┌─보기─

		절차의 형태	
		후속자극 (consequence) 제시	후속자극 (consequence) 제거
목 표	바람직한 행동의 증가	㉠	㉡
	바람직하지 않은 행동의 감소	㉢	㉣

	㉠	㉡	㉢	㉣
①	정적강화	부적강화	정적처벌	부적처벌
②	부적강화	정적강화	부적처벌	정적처벌
③	정적강화	정적처벌	부적강화	부적처벌
④	부적강화	부적처벌	정적처벌	정적강화

정답해설
- 강화 : 특정 행동이 반복될 가능성을 증가시키기 위해 어떤 것을 제시하거나 혹은 소거할 때
- 처벌(벌) : 특정 행동이 반복될 가능성을 감소시키기 위해 어떤 것을 제시하거나 소거할 때
※ 정답은 ①번이지만 문제 오류로 인해 모두 정답처리됨

17 척수장애의 장애정도가 가장 심한 것은?

① 목뼈(경추, cervical vertebrae) 1번과 2번 사이 손상
② 목뼈(경추, cervical vertebrae) 6번과 7번 사이 손상
③ 등뼈(흉추, thoracic vertebrae) 1번과 2번 사이 손상
④ 등뼈(흉추, thoracic vertebrae) 11번과 12번 사이 손상

정답해설 척수 손상 증상은 손상 부위에 따라 달라진다. 경추 손상 환자는 혈압, 맥박, 체온, 호흡수가 모두 떨어지는 특징을 보이며, 경추 또는 상위 흉추 골절 등으로 척수 손상이 발생하면, 늑간신경이 마비되어 흉곽 팽창이 이루어지지 않아 호흡 곤란이 발생한다.

18 개별화교육프로그램(IEP)의 목표 진술 3요소가 아닌 것은?

① 조건(condition)   ② 기준(criterion)
③ 행동(action)   ④ 비용(cost)

정답해설
- 조건 : 기구, 도구, 시설 등의 환경적 조건과 심리적 조건을 포함하여 '누가, 언제, 어디서, 무엇을, 왜, 어떻게'의 육하원칙에 해당하는 조건을 선택하여 기술한다.
- 기준 : 행동의 지속성과 정확성을 규정하는 것으로 동작 수행의 질을 결정한다.
- 행동 : 수행의 최종 결과로서 신체적인 움직임을 뜻하며, 객관적으로 측정·관찰이 가능하여야 한다.

19 〈보기〉에서 국민체육진흥법 시행령의 '장애인스포츠지도사 2급 연수과정'이 아닌 것으로 묶인 것은?

┌─보기─
㉠ 스포츠 윤리   ㉡ 선수 관리
㉢ 지도역량   ㉣ 스포츠 매니지먼트
㉤ 장애특성 이해   ㉥ 코칭 실무

① ㉠, ㉤   ② ㉢, ㉣
③ ㉡, ㉥   ④ ㉤, ㉥

정답해설 「국민체육진흥법 시행령」 별표 4. 체육 지도자의 연수 과정의 2급 장애인 스포츠지도사 과정에는 선수 관리와 코칭 실무는 없다.

20 스포츠를 처음 배우는 중도(重度) 지적장애인을 위한 지도전략으로 옳지 않은 것은?

① 배구에서 배구공을 가볍고 큰 공으로 변형한다.
② 기본운동기술을 높은 수준의 스포츠 기술로 변형한다.
③ 골프에서 골프공을 가볍고 큰 공으로 변형한다.
④ 평균대 위 걷기에서 안전바(safety bar)를 잡고 걷게 한다.

정답해설 중도 지적장애인은 인지, 의사소통, 사회적 기술 등의 영역에서 지체를 보인다. 스포츠를 처음 배우는 중도 지적장애인은 높은 수준의 스포츠 기술을 단순화하는 변형이 필요하다.

| 정답 | 16 ①, ②, ③, ④ 17 ① 18 ④ 19 ③ 20 ②

유아체육론

01 영·유아기의 발달에 대한 설명으로 적절하지 않은 것은?

① 말초신경이 먼저 발달한 다음 중추신경이 발달한다.
② 특정 능력이나 행동의 발달에 최적인 시기가 존재한다.
③ 발달은 일정한 순서로 이루어지지만, 발달속도에는 개인차가 있다.
④ 소근육 운동의 발달은 눈과 손이 협응하여 손기술을 정확하게 구사하는 능력으로, 중추신경계통의 성숙을 의미한다.

정답해설 영·유아기 발달은 몸의 중심(중추)이 먼저 발달하고, 말초 부분은 후에 발달한다.

02 유아기의 운동프로그램 구성을 위해 고려해야 할 사항으로 적절하지 않은 것은?

① 다양한 기본움직임 경험보다 복합적이고 정교한 동작수행에 중점을 두어 구성한다.
② 협응성 운동 시, 속도나 민첩성의 요소가 연계되지 않도록 한다.
③ 운동수행의 성공 빈도를 높일 수 있도록 프로그램을 구성한다.
④ 간단한 움직임에서 복잡한 움직임으로 진행되도록 구성한다.

정답해설 유아기 운동프로그램은 다양한(이동성, 조작성, 안정성 등) 기본적인 능력을 발달시키고, 간단한 능력부터 점차 복잡한 능력으로 구성한다.

03 발달단계에 따른 유소년체육 프로그램 구성 시, 고려해야 할 사항으로 적절하지 않은 것은?

① 대근육에서 소근육으로의 발달단계를 고려하여 구성한다.
② 기본움직임 단계에서는 다양한 안정성, 이동 및 조작 움직임을 습득하도록 구성한다.
③ 기본움직임 단계는 협응력이 발달되는 중요한 시기이므로, 다양한 움직임 경험을 갖도록 구성한다.
④ 기본움직임에서 전문화된 움직임으로의 전환(transition)단계에서는 움직임 수행의 형태, 기술, 정확성과 더불어 양적 측면을 강조하여 구성한다.

정답해설 기본 움직임에서 전문화된 움직임으로의 전환단계에서 움직임은 여러 복잡한 활동에 응용되어 보다 세련되고 복잡한 활동이 가능해지므로 질적 측면을 강조하여 구성한다.

04 〈보기〉에 들어갈 인지발달 이론의 요소가 바르게 나열된 것은?

〈보기〉
- (㉠) : 새로운 경험과 자극이 유입되었을 때, 기존에 가지고 있는 도식을 사용하여 해석한다.
- (㉡) : 기존의 도식으로는 새로운 사물이나 사건을 이해할 수 없을 때, 새로운 사물이나 대상에 맞도록 기존의 도식을 변경한다.
- (㉢) : 현재의 조직들이 서로 상호작용하며 효율적인 체계로 결합하여 더 복잡한 수준의 지적 구조를 이루는 과정이다.

① ㉠ 조절(accommodation)
　㉡ 동화(assimilation)
　㉢ 적응(adaptation)
② ㉠ 적응(adaptation)
　㉡ 조절(accommodation)
　㉢ 조직화(organization)
③ ㉠ 동화(assimilation)
　㉡ 조절(accommodation)
　㉢ 조직화(organization)
④ ㉠ 동화(assimilation)
　㉡ 조직화(organization)
　㉢ 적응(adaptation)

| 정답 | 01 ① 　02 ① 　03 ④ 　04 ③

피아제(J. Piaget)의 인지 발달 이론은 기본적으로 인간의 지적 능력은 타고나지만 그것이 주어진 환경에 적응하는 것이 인지 발달이라고 하였다.

㉠ 동화(assimilation), ㉡ 조절(accommodation), ㉢ 조직화(organization)

피아제(J. Piaget)의 도식과 적응

- 도식 : 사물과 사건에 대한 전반적인 형태와 지각을 의미한다.
- 동화 : 새로운 정보와 경험을 할 때 정보와 경험을 이미 자신에게 구성된 도식에 적용하려는 것이다.
- 조절 : 기존에 있던 도식을 수정 또는 조절해서 새로운 도식을 형성하는 과정이다.
- 평형화 : 동화와 조절의 결과 조직화 된 유기체들의 구조가 균형을 갖는 것이다.
- 조직화 : 사물과 사건에 대한 정보들을 재구성하여 보다 지적인 구조로 결합하는 과정이다.

05 〈보기〉에서 유소년의 전문화된 운동기술 연습 시, 인지단계(cognitive stage)의 지도전략에 해당하는 것으로 가장 적절한 것은?

보기

㉠ 스스로 자신의 운동수행을 평가할 기회를 제공한다.
㉡ 복잡한 운동기술은 여러 단계로 구분하여 지도한다.
㉢ 운동의 목적과 요구되는 기술을 명확히 설명해준다.
㉣ 다양한 기술과 연계지어 동작의 형태를 바꾸는 전략을 찾게 한다.

① ㉡, ㉢ ② ㉠, ㉣
③ ㉡, ㉣ ④ ㉠, ㉢

인지단계(cognitive stage)의 지도전략에 해당하는 것은 ㉡, ㉢이다.

㉠ 스스로 자신의 운동 수행을 평가하는 것은 한계가 있으므로 교사와 지도자에 의해 진행한다.
㉣ 이전 체육 활동과 연계하여 활동이 반복되도록 구성한다.

06 〈보기〉에 들어갈 유아의 기본움직임 발달단계가 바르게 나열된 것은?

보기

- (㉠) : 기본적인 움직임을 보이지만, 협응이 원활하지 않아 움직임이 매끄럽지 못하다.
- (㉡) : 기본 움직임에 대한 제어와 협응이 향상되지만, 신체사용이 비효율적이다.
- (㉢) : 움직임의 수행이 역학적으로 효율성을 갖게 되어 협응과 제어가 향상된다.

	㉠	㉡	㉢
①	시작 단계	전환 단계	전문화 단계
②	초보 단계	성숙 단계	전문화 단계
③	시작 단계	초보 단계	성숙 단계
④	초보 단계	적용 단계	성숙 단계

㉠ 시작 단계, ㉡ 초보 단계, ㉢ 성숙 단계에 대한 설명이다.

전문화 단계 : 움직임은 일상생활 및 스포츠 기술과 여러 복잡한 활동에서 응용되어 보다 세련되고 복잡한 활동이 가능해진다. 즉, 기본적인 움직임 단계에서 파생된 결과이다.

07 안정성(stability) 운동기술 중 축성(axial) 움직임만으로 나열된 것은?

① 구르기(rolling), 늘리기(stretching), 흔들기(swinging)
② 늘리기(stretching), 비틀기(twisting), 흔들기(swinging)
③ 구르기(rolling), 비틀기(twisting), 거꾸로 균형(inversed balance)
④ 비틀기(twisting), 흔들기(swinging), 거꾸로 균형(inversed balance)

- 안정성 운동 프로그램의 축 이용 기술 : 굽히기, 늘리기, 돌기, 비틀기, 흔들기
- 구르기, 거꾸로 균형은 안정성 운동 프로그램에서 정적 및 동적 운동 프로그램이다.

| 정답 | 05 ① 06 ③ 07 ②

08 운동발달에 대한 검사와 평가에 관한 설명으로 적절하지 <u>않은</u> 것은?

① 운동발달 검사는 전반적인 운동발달 상황을 확인할 수 있는 유용하고 객관적인 지표를 제공한다.

② 평가는 내용에 따라 규준지향 평가와 준거지향 평가로 나뉘고, 기준에 따라 결과지향 평가와 과정지향 평가로 나뉜다.

③ 평가 결과는 특정 기술수행에서 결여된 부분을 확인하고 그 원인을 파악해 프로그램의 구체적인 목표를 설정할 수 있게 한다.

④ 대근운동발달검사(Test of Gross Motor Development)는 만 3~10세 아동을 대상으로 한 이동 및 조작 운동기술에 대한 검사도구이다.

정답해설 평가는 기준에 따라 규준 지향 평가와 준거 지향 평가로 나뉜다.

• 규준 지향 평가 : 학습자의 평가 결과를 학습자의 집단 규준과 비교하여 상대적인 위치를 판단하는 평가 방법으로 개인의 차이를 변별하는 목적이 있다.

• 준거 지향 평가 : 학습자의 점수를 절대적인 기준 준거에 맞추어서 해석하는 평가 방법으로 학습자의 목표 도달 여부를 확인하는 목적이 있다.

• 결과 지향 평가 : 결과의 양적 변화를 측정하여 특정 수행의 결과에 초점이 있고, 과정 지향 평가는 목표한 기술 수행의 형태 또는 역학적인 측면에 중점이 있다.

09 국립중앙의료원(2010)이 제시한 어린이 · 청소년 신체활동 권장사항이 <u>아닌</u> 것은?

① 인터넷, TV, 게임 등을 위해 앉아서 보내는 시간은 하루 2시간 이내로 한다.

② 일주일에 3일 이상 유산소운동, 근육강화운동, 뼈 강화운동을 한다.

③ 운동강도 조절을 위해 놀이공간의 안전성은 고려하지 않는다.

④ 매일 1시간 이상 운동을 한다.

정답해설 국립중앙의료원(2010)의 어린이 · 청소년 신체 활동 지침

• 어린이와 청소년은 매일 1시간 이상 운동을 권장한다.

• 일주일에 3일 이상 유산소 운동, 근육 강화 운동, 뼈 강화 운동을 한다.

• 인터넷, TV나 비디오 시청, 게임 등 앉아서 보내는 시간을 하루 2시간 이내로 한다.

10 유아 운동프로그램의 지도 원리로 적절하지 <u>않은</u> 것은?

① 추상적인 것에서 시작하여 구체적인 것으로 운동을 지도한다.

② 유아 간 연령별 체력의 차이, 운동소질 및 적성의 차이를 고려하여 지도한다.

③ 기초체력, 기본운동기술과 지각운동의 발달이 통합적으로 이루어지도록 지도한다.

④ 다양한 감각을 통해 구체적 경험이 형성되도록 프로그램을 구성하여 지도한다.

정답해설

유아 운동프로그램은 다양한 정보를 포함하여 구성하고 행동적인 목적 및 프로그램의 결과 중심적인 목적을 구체적으로 제시하여 운동을 지도한다.

오답해설

② 특이성의 원리, ③ 연계성의 원리, ④ 다양성의 원리이다.

11 유아운동 지도 시 교구배치 방법과 그 효과에 대한 설명으로 적절하지 <u>않은</u> 것은?

① 공간 활용성을 높인 교구배치로 안전사고를 예방한다.

② 시각적 효과를 높인 교구배치로 학습자의 시선을 분산한다.

③ 순환식 교구배치로 대기시간을 줄여 실제학습시간을 늘려준다.

④ 병렬식 교구배치로 교구 사용을 반복하여 자신감을 갖도록 유도한다.

정답해설 시각적 효과를 높인 교구배치는 유아에게 많은 프로그램과 높은 집중력을 제공하여 만족감을 높일 수 있다.

| 정답 | 08 ② 09 ③ 10 ① 11 ②

12 〈보기〉에 해당하는 발달이론이 바르게 나열된 것은?

┌─보기┐

발달이론
㉠ • 인간의 발달은 환경에 따른 훈련으로 이루어진다. • 학습에 의한 긍정적 행동의 촉진을 강조한다.
㉡ • 유아의 다양한 경험을 토대로 동화, 조절, 평형화의 과정을 통해 도식이 발달된다. • 조직화와 적응을 강조한다.
㉢ • 타인을 관찰하는 것만으로 새로운 행동을 획득할 수 있다. • 모방학습의 중요성을 강조한다.

① ㉠ 스키너(B. Skinner)의 행동주의 이론
   ㉡ 게셀(A. Gesell)의 성숙주의 이론
   ㉢ 에릭슨(E. Erickson)의 심리사회발달 이론
② ㉠ 반두라(A. Bandura)의 사회학습 이론
   ㉡ 피아제(J. Piaget)의 인지발달 이론
   ㉢ 비고스키(L. Vygotsky)의 상호작용 이론
③ ㉠ 에릭슨(E. Erickson)의 심리사회발달 이론
   ㉡ 게셀(A. Gesell)의 성숙주의 이론
   ㉢ 반두라(A. Bandura)의 사회학습 이론
④ ㉠ 스키너(B. Skinner)의 행동주의 이론
   ㉡ 피아제(J. Piaget)의 인지발달 이론
   ㉢ 반두라(A. Bandura)의 사회학습 이론

정답해설 ㉠ 스키너(B. Skinner) 행동주의 이론, ㉡ 피아제(J. Piaget) 인지발달 이론, ㉢ 반두라(A. Bandura) 사회학습 이론에 해당한다.

오답해설
• 게셀(A. Gesell) 성숙주의 이론 : 아동의 발달은 신체 안에 정해진 순서에 의해 생물학적 계획이 반영되어 일어난다. 발달의 유전적 부분을 강조하고 발달 과정을 방향짓는 가장 중요한 기제를 성숙으로 본다.
• 에릭슨(E. Erickson) 심리사회발달 이론 : 인간의 성격 발달을 일생에 걸쳐 사회와의 관계 속에서 규명하고 있는 이론이다. 사회적 요인과 또래 관계 등의 인간관계에서 상호작용을 중요하게 생각한다.
• 비고스키(L. Vygotsky) 상호작용 이론 : 성인 또는 또래와의 상호작용과 협동 학습의 중요성을 강조한 이론이다. 인간의 지식과 사고 과정 등은 사회적 상호작용을 통해 형성되어 인간의 학습이나 사고 과정을 이해하기 위해서는 전체적인 상호작용 과정을 이해해야 한다.

13 성인체육과 비교 시 유아체육의 특징으로 적절하지 <u>않은</u> 것은?

① 집중력 저하를 고려한 놀이 중심의 신체활동과 지적 활동을 병행한다.
② 신체활동에 의한 성장과 발달을 통해 전인적 인간 육성을 지향한다.
③ 스포츠 활동에 필요한 전문화된 기술 습득을 강조한다.
④ 발육과 발달에 중점을 둔다.

정답해설 전문화된 기술 습득은 전문화 단계에서 이루어진다. 유아체육은 이동성, 조작성, 안정성과 관련된 다양한 기본적 능력 발달을 강조한다.

14 〈보기〉의 ㉠, ㉡에 들어갈 가장 적절한 용어로만 나열된 것은?

┌─보기┐

• 유아교육 교사 : 유아는 다양한 기본움직임 기술이나 기초체력 향상에 관한 활동을 스스로 익히기 어렵습니다. 유아가 이와 같은 요소들을 자연스럽게 익히려면 어떻게 해야 할까요?
• 스포츠지도사 : 네. 유아는 징검다리 걷기, 네발로 걷기 등의 놀이 중심 신체활동 프로그램을 통해 기본움직임기술과 기초체력 요소를 향상 시킬 수 있어요.

구분	징검다리 걷기	네발로 걷기
기본움직임기술 요소	(㉠) 운동	이동 운동
기초체력 요소	평형성	(㉡)

	㉠	㉡
①	안정성	민첩성
②	안정성	근력/근지구력
③	조작	근력/근지구력
④	조작	민첩성

| 정답 | 12 ④ 13 ③ 14 ②

㉠ 안정성 운동은 움직임 속에서 무게 중심의 변형을 통한 균형적인 요소로 징검다리 걷기를 통해 평형성을 익힐 수 있다.

㉡ 이동 운동은 신체를 움직여 이동하는 기술로 네발로 걷기가 있으며, 네발로 걷기를 통해 근력과 근지구력을 익힐 수 있다.

15 〈보기〉에서 국민체육진흥법(2014)의 유소년스포츠지도사 자격제도에 관한 설명으로 옳은 것을 모두 고른 것은?

> ─보기─
> ㉠ 유소년은 만 3세부터 중학교 취학 전까지를 말한다.
> ㉡ '유소년스포츠지도사'란 유소년을 대상으로 체육을 지도하는 사람을 말한다.
> ㉢ 유소년스포츠지도사는 유소년의 행동양식, 신체 발달 등에 대한 지식을 갖춘다.

① ㉠, ㉡ 　　　　② ㉠, ㉢
③ ㉡, ㉢ 　　　　④ ㉠, ㉡, ㉢

제2조(정의)

"유소년 스포츠지도사"란 유소년(만 3세부터 중학교 취학 전까지를 말한다. 이하 같다)의 행동 양식, 신체 발달 등에 대한 지식을 갖추고, 별표 1의 자격 종목에 대하여 유소년을 대상으로 체육을 지도하는 사람을 말한다.

16 영아의 반사에 관한 설명으로 적절하지 않은 것은?

① 비대칭목경직반사(Asymmetric Tonic Neck Reflex) 검사로 눈·손의 협응과 좌·우측 인식의 발달 수준을 추측할 수 있다.

② 신경적 장애 진단을 위한 반사의 출현과 소멸 간의 관계 검사는 전문가의 도움이 필요하다.

③ 걷기반사(Stepping Reflex) 검사로 불수의적 운동행동의 발달을 추측할 수 있다.

④ 모로반사(Moro Reflex) 검사로 신경적인 변이나 손상을 추측할 수 있다.

걷기 반사는 일반적으로 생후~5개월 사이 나타나는 반사 행동으로 수의적 운동 행동 발달을 추측할 수 있다. 아기의 체중을 앞으로 쏠리게 하고, 평평한 바닥에 세워 안으면 아기가 앞으로 걷기 반응을 보이는 반사 행동이다.

17 〈그림〉의 동작에서 성숙 단계로 발달하도록 지도하는 방법이 적절하지 않은 것은?

─그림─

〈시작단계의 구르기(rolling) 동작〉

① 이마가 지면에 닿게 지도한다.

② 머리가 동작을 리드할 수 있도록 지도한다.

③ 구르는 힘을 생성할 수 있도록 양팔의 움직임을 지도한다.

④ 몸이 구르는 내내 압축된 C자 모양을 유지할 수 있도록 지도한다.

구르기 동작에서 이마가 지면에 닿게 지도하는 것은 시작 단계이다.

구르기 동작의 성숙 단계
1) 머리가 동작을 리드한다.
2) 뒤통수가 바닥에 살짝 닿는다.
3) 양팔은 힘을 생성하는 데 도움이 된다.
4) 몸은 동작 시 압축된 C자 모양을 유지한다.
5) 운동량으로 인하여 다시 시작 자세로 돌아온다.

18 유아체육 지도 방법 중 '탐구적 방법'에 해당되는 내용으로 적절한 것은?

① 도입, 동작 습득, 창의적 표현, 평가의 단계별 활동 전개하기

② 학습환경에 자유와 융통성을 도입하여 더 많은 책임 부여하기

③ 시범 보이기, 연습해보기, 언급해주기, 보충 설명하기, 시범 다시 보이기

④ 동작 과제나 질문을 제시하고 유아들이 제안한 다양한 해결방법을 인정하고 받아들이기

탐구적 방법은 학습의 결과보다 학습 과정 자체에 중점이 있기 때문에 형식이나 정확성을 요구하지 않는다. 유아가 신체 동작의 가능성을 탐색하고 동작 기술을 발전시켜 창의적인 방법으로 표현하도록 해야 한다.

① 유아 - 교사 상호 주도적·통합적 교수 방법
② 직접 - 교사 주도적 교수 방법의 과제 제시 방법
③ 직접 - 교사 주도적 교수 방법의 지시적 방법

|정답| 15 ④　 16 ③　 17 ①　 18 ④

19 고강도 운동 시 성인과 비교하여 유소년에게 나타나는 생리적 반응으로 적절하지 <u>않은</u> 것은?

① 1회박출량 : (성인에 비하여) 낮음

② 호흡 수 : (성인에 비하여) 높음

③ 수축기 혈압 : (성인에 비하여) 낮음

④ 심박수 : (성인에 비하여) 낮음

정답해설 고강도 운동 시 유소년은 성인보다 심박수가 높게 나타난다.

Tip 유소년 생리적 특징

• 호흡 기능 : 호흡수 25~40회/분(성인은 16~18회/분), 유아는 호흡수를 증가시킬 여유가 적음, 유아의 최대 호흡 수 50~60회/분 정도이다.

• 순환 호흡 기능 : 맥박수 100~120회/분 정도(성인은 60~70회/분), 안정 시 맥박수가 높아 운동에 대한 적응 능력은 성인보다 낮다.

20 〈보기〉의 ㉠, ㉡에 들어갈 용어가 바르게 나열된 것은?

┌─ 보기 ─┐

• 특정 능력이나 행동의 발달에 최적인 시기를 (㉠)라고 한다.

• 각 시기에 따른 유아의 발달은 특정 시기에 도달해야 할 (㉡)을 갖기 때문에 시기를 놓쳐버리면 올바른 성장이 저해될 수 있다.

	㉠	㉡
①	민감기	통합성
②	민감기	발달과업
③	감각운동기	발달과업
④	전조작기	병변현상

정답해설 ㉠ 민감기, ㉡ 발달과업

감각 운동기와 전조작기는 피아제(J. Piaget)의 인지 발달 단계에 해당한다.

인지 발달 단계는 감각 운동기 - 전조작기 - 구체적 조작기 - 형식적 조작기의 단계이다.

노인체육론

01 〈보기〉에서 설명하는 연령지표는?

┌─ 보기 ─┐

• 연령적 노화라고 일컬어지는 출생 이후의 햇수인 역연령과 대비되는 개념이다.

• 연령과 성을 기준으로한 기능적 체력과 관련이 있다.

• 신체 연령이라고도 말한다.

① 기능적(functional) 연령

② 주관적(subjective) 연령

③ 심리적(psychological) 연령

④ 연대기적(chronological) 연령

정답해설 기능적 연령, 즉 신체나이(Biological age)는 주민등록상의 나이인 생활 연령(chronological age)과 대비되는 개념으로 전반적인 건강 상태와 노화 정도를 객관적인 지표로 나타낸 것을 의미한다.

02 건강수명에 대한 설명으로 적절하지 <u>않은</u> 것은?

① 건강과 일상생활의 기능을 유지하는 기간을 뜻한다.

② 질병이나 신체장애 없이 생존한 삶의 기간을 뜻한다.

③ 성별·연령별로 몇 년을 더 살아갈 것인지 통계적으로 추정한 기대치로 생존 연수를 뜻한다.

④ 신체적·정서적·인지적 활력 또는 기능적 웰빙을 유지할 것으로 예상되는 삶의 기간을 뜻한다.

정답해설 해당 내용은 기대 수명에 대한 설명이다.

03 〈보기〉의 ㉠, ㉡에 해당하는 노화와 관련된 심리학적 이론이 바르게 나열된 것은?

┌─ 보기 ─────────────────────────────┐
| ㉠ | • 자부심과 만족을 느끼면서 자신의 삶을 되돌아볼 수 있으며 죽음을 위엄있게 받아들인다.
| | • 삶에서 달성해야 하는 것들을 달성하지 못했다고 느끼며, 삶의 종말이 다가오는 것에 대해 좌절감을 느낀다. |
| ㉡ | • 성공적 노화는 신체적·정신적·사회적 손실에 적응하는 노인의 능력과 관련이 있다.
| | • 기능적 능력을 향상함으로써 노화로 인한 손실을 보완하도록 도움을 준다. |
└──────────────────────────────────┘

① ㉠ 하비거스트(R. Havighust)의 발달과업 이론
  ㉡ 로우(J. Rowe)와 칸(R. Kahn)의 성공적 노화 이론
② ㉠ 하비거스트(R. Havighust)의 발달과업 이론
  ㉡ 펙(R. Peck)의 발달과업 이론
③ ㉠ 에릭슨(E. Erikson)의 심리사회발달단계 이론
  ㉡ 로우(J. Rowe)와 칸(R. Kahn)의 성공적 노화 이론
④ ㉠ 에릭슨(E. Erikson)의 심리사회발달단계 이론
  ㉡ 발테스와 발테스(M. Baltes & P. Baltes)의 보상이 수반된 선택적 적정화 이론

정답해설
㉠ 에릭슨(E. Erikson)의 심리사회발달단계 이론 : 8단계 자아 주체성 대 절망에 대한 설명. 심리 사회 발달 단계 이론은 성격 발달이 8단계를 거쳐 진행되고 각 단계는 일부 형태의 심리 사회적 위기로 나타나며, 성공적인 노화를 위해서는 이러한 위기가 해결되어야 한다는 이론
㉡ 발테스와 발테스(M. Baltes & P. Baltes)의 보상이 수반된 선택적 적정화 이론 : 보상이 수반된 선택적 적정화 이론에 대한 설명. 보상이 수반된 선택적 적정화 이론은 성공적 노화는 노년의 신체적·정신적·사회적 손실에 대한 노인의 적응력과 관련, 노인의 기능적 독립성 유지를 위한 선택, 적정화, 보상이라는 세 가지 전략에 초점을 두는 이론

04 〈보기〉에서 설명하는 노화와 관련된 사회학적 이론은?

┌─ 보기 ─────────────────────────────┐
| • 노화와 관련된 사회학적 이론에서 가장 널리 인정되는 이론이다.
| • 노인의 사회활동 참여 정도가 높을수록 생활 만족도가 높아진다.
| • 지속적인 활동이 성공적 노화의 핵심이다. |
└──────────────────────────────────┘

① 분리이론   ② 활동이론
③ 현대화이론   ④ 하위문화이론

정답해설 활동 이론 : 적정수준의 사회활동을 유지하는 것이 노화과정을 효과적으로 유지할 수 있다. 즉, 적합한 활동을 선정하고 참여를 격려하는 것이 중요하다.

05 〈보기〉의 ㉠, ㉡에 들어갈 용어가 바르게 나열된 것은?

┌─ 보기 ─────────────────────────────┐
| • 노인은 사회적 역할의 상실 등으로 인하여 자신감을 잃기 쉬우며, 점점 고립되어 고독감을 느끼게 되기 때문에, 다른 사람이나 사회로부터의 보살핌, 존중, 도움을 받는 (㉠)이/가 필요하다.
| • 노인은 일정 수준의 목표를 성취할 수 있다는 자신의 역량에 대한 믿음을 뜻하는 (㉡)을 가져야 한다. |
└──────────────────────────────────┘

	㉠	㉡
①	사회적 지지	자기효능감
②	사회적 설득	자기효능감
③	사회적 설득	자부심
④	사회적 지지	자부심

정답해설
㉠ 사회적 지지는 가족, 친구 등 주변 사람에 의해 제공되는 긍정적인 감정을 표현하고, 상대방의 행동에 대해 지지하며 실제적 도움을 주는 상호작용이다.
㉡ 자기효능감은 특정 직업을 수행할 수 있는 능력에 대한 자신감을 의미한다.

| 정답 | 03 ④ 04 ② 05 ①

06 〈보기〉에서 운동이 노인에게 미치는 심리적 효과로 옳은 것만을 모두 고른 것은?

┌─보기─────────────────────────┐
│ ㉠ 운동 기술 습득   ㉡ 우울증 감소 │
│ ㉢ 심리적 웰빙 향상 ㉣ 사회적 연결망 확장 │
└─────────────────────────────┘

① ㉠, ㉡   ② ㉠, ㉢

③ ㉡, ㉢   ④ ㉢, ㉣

정답해설 노인 운동의 심리적 효과에는 긴장 이완, 스트레스와 불안 감소, 기분 상태의 개선, 정신 건강의 향상 등이 있다.

07 노화와 관련된 신체적 변화로 옳지 않은 것은?

① 근 질량 감소

② 관절 유연성 감소

③ 폐 탄력성과 흉곽 경직성 증가

④ 수축기혈압과 이완기혈압 증가

정답해설 노화로 인해 폐의 탄력성은 감소하고 흉곽 경직성이 증가한다.

08 〈보기〉에서 운동이 노인에게 미치는 생리적 효과로 옳은 것만을 모두 고른 것은?

┌─보기─────────────────────────┐
│ ㉠ 인슐린 내성 증가 │
│ ㉡ 체지방 감소 │
│ ㉢ 인슐린 감수성 증가 │
│ ㉣ 안정시 심박수 감소 │
│ ㉤ 주어진 절대 강도에서 심박수 증가 │
│ ㉥ 고밀도지단백콜레스테롤(HDL‑C) 감소 │
└─────────────────────────────┘

① ㉠, ㉡, ㉥

② ㉡, ㉢, ㉣

③ ㉡, ㉢, ㉥

④ ㉣, ㉤, ㉥

정답해설 ㉡, ㉢, ㉣은 운동이 노인에게 미치는 생리적 효과 중 몇 가지 예시이다.

09 체력요인에 따른 노인의 운동 방법과 효과가 바르게 연결되지 않은 것은?

① 체력요인 : 심폐지구력

　　운동 방법 : 고정식 자전거 타기

　　효과 : 심혈관계 질환의 위험률 감소

② 체력요인 : 근력

　　운동 방법 : 덤벨 들고 앉았다 일어서기

　　효과 : 근육 및 뼈 강화로 인한 일상생활수행능력 향상

③ 체력요인 : 유연성

　　운동 방법 : 앉아서 윗몸 앞으로 굽히기

　　효과 : 신체활동 시 기능적 제한 예방

④ 체력요인 : 평형성

　　운동 방법 : 의자 잡고 옆으로 한발 들기

　　효과 : 신체 각 부위가 조화를 이루면서 원활히 움직일 수 있는 능력 향상

정답해설 평형성 : 신체를 일정한 자세로 유지하는 능력이다. 신체 각 부위가 조화를 이루면서 원활히 움직일 수 있는 능력은 협응성이다.

10 〈보기〉의 ㉠, ㉡에 들어갈 목표심박수 범위가 바르게 나열된 것은?

┌─보기─────────────────────────┐
│ • 나이 : 70세 │
│ • 성별 : 남성 │
│ • 안정시 심박수 : 80회/분 │
│ • 최대심박수 : 150회/분 │
│ • 의사는 심폐지구력 운동 시 목표심박수 40~ 50% 강도를 권고 │
│ • 카보넨(Karvonen) 공식을 활용한 목표심박수의 범위는 (㉠)%HRR에서 (㉡)%HRR이다. │
└─────────────────────────────┘

	㉠	㉡
①	108	115
②	115	122
③	122	129
④	129	136

| 정답 |　06 ③　07 ③　08 ②　09 ④　10 ①

정답해설 목표 심박수 측정을 위한 카보넨(Karvonen) 공식 : (최대심박수 - 안정시 심박수) × 운동강도(%) + 안정시 심박수

따라서 ㉠은 (150 - 80) × 0.4 + 80 = 108이고, ㉡은 (150 - 80) × 0.5 + 80 = 115이다.

11 노인운동 시의 위험 관리 항목과 방법이 바르게 연결된 것은?

① 환경과 장소 안전 : 참가자 중 당뇨 환자가 있을 경우, 사탕이나 초콜릿을 준비해 둔다.
② 시설 안전 : 운동장비의 사용방법과 사용 시 주의사항을 적절한 장소에 게시해야 한다.
③ 환경과 장소 안전 : 운동 동선을 파악하여 시설과 장비를 배치한다.
④ 시설 안전 : 무덥고 다습한 곳은 피해야 한다.

정답해설 시설 안전을 위해 운동장비의 사용방법과 장비 사용과 관련된 주의 사항을 적절한 장소에 게시해야 한다.

12 〈보기〉에서 고혈압 질환이 있는 노인의 운동 지도 시 고려해야 할 사항으로 적절한 것만을 모두 고른 것은?

┌─보기─┐
㉠ 등척성 운동을 권장한다.
㉡ 나트륨 섭취 제한, 체중조절, 유산소 운동을 권장한다.
㉢ 저항성 운동 시 발살바 메뉴버에 의한 혈압 상승에 주의한다.
㉣ 이뇨제, 칼슘채널차단제, 혈관확장제 등의 약물에 의한 운동 후 혈압 상승에 주의한다.
└──────┘

① ㉠, ㉡   ② ㉠, ㉢
③ ㉡, ㉢   ④ ㉢, ㉣

정답해설 발살바 메뉴버(Valsalva maneuver)란 심호흡 뒤에 입과 콧구멍을 막고 숨을 내뱉으려고 배에 힘을 주는 조작을 말한다. 부교감신경을 흥분시키는 효과, 흉강내압을 높여서 정맥환류를 일시적으로 감소시키는 효과가 있다. 자율신경기능검사법으로서, 또 순환동태의 부하시험으로서 사용된다.

13 노인체력검사(Senior Fitness Test) 항목에서 2.4m 왕복 걷기와 관련된 활동으로 옳은 것은?

① 자동차나 목욕탕에 들어가고 나오기
② 손자 안기, 식료품 가방 들기
③ 장거리 보행, 계단 오르기
④ 버스 빠르게 타고 내리기

정답해설 노인체력검사(Senior Fitness Test)에서 2.4m 왕복 걷기는 빠른 동작에 중요한 민첩성과 동적 균형성을 평가하는 검사이다.

14 〈보기〉에서 노화로 인한 평형성과 기동성(balance and mobility) 변화에 영향을 미치는 요인을 모두 고른 것은?

┌─보기─┐
㉠ 체성감각계
㉡ 시각계
㉢ 전정계
㉣ 운동계
└──────┘

① ㉠, ㉡, ㉢, ㉣
② ㉡, ㉢, ㉣
③ ㉢, ㉣
④ ㉣

정답해설 평형성과 기동성의 변화는 체성감각계, 시각계, 전정계, 운동계에 영향을 받는다. 이러한 요인은 노화로 인해 약화되며, 평형성 및 기동성이 저하되어 노인 낙상으로 이어진다.

| 정답 | 11 ② 12 ③ 13 ④ 14 ①

15 〈보기〉에서 근골격계 질환이 있는 노인에게 적합한 운동만을 모두 고른 것은?

> ┌ 보기 ┐
> ㉠ 등산
> ㉡ 수영
> ㉢ 테니스
> ㉣ 수중 운동
> ㉤ 스케이팅
> ㉥ 고정식 자전거 타기

① ㉠, ㉡, ㉢
② ㉡, ㉣, ㉥
③ ㉢, ㉣, ㉤
④ ㉣, ㉤, ㉥

> **정답해설**
> • 근골격계 질환이 있는 노인은 운동 시 과도한 체중 부하, 외부 충격, 낙상에 주의해야 한다.
> • 수영과 수중 운동은 적은 체중 부하로 관절에 무리를 주지 않으며, 물에 대한 저항으로 상·하지의 근력과 심폐지구력을 향상시킬 수 있어 적합한 운동이다.
> • 고정식 자전거 타기는 일반 자전거 타기보다 낙상에 대한 위험이 적고 하체 근력 향상에 효과가 있으므로 노인에게 적합한 운동이다.

16 건강신념모형에서 건강신념행동을 구성하는 요소로 옳지 <u>않은</u> 것은?

① 지각된 장애
② 지각된 이익
③ 지각된 심각성
④ 지각된 자기 인식

> **정답해설** 지각된 자기 인식은 건강 신념 행동 구성 요소에 포함되지 않는다.

17 〈보기〉의 ㉠, ㉡에 해당하는 노인운동 교육의 원리와 설명이 바르게 나열된 것은?

> ┌ 보기 ┐
> • (㉠) - 지적 능력, 학력, 흥미, 성격, 경험, 건강상태 등 개개인의 학습 욕구를 충족시켜 줄 수 있는 방법을 모색한다.
> • (㉡) - 지도자와 학습자 간의 동등한 관계에서 출발하여 교육활동 전반에서 상호 간의 합의를 이루도록 한다.

	㉠	㉡
①	다양화의 원리	사회화의 원리
②	개별화의 원리	사제동행의 원리
③	개별화의 원리	사회화의 원리
④	다양화의 원리	사제동행의 원리

> **정답해설**
> ㉠ 개별화의 원리 : 노인의 개인차를 고려하여 개인의 학습 욕구를 충족시켜줄 수 있는 개별화 학습이 필요
> ㉡ 사제동행의 원리 : 지도자와 학습자가 동등한 관계에서 시작하여 교육 활동 전반에서 상호 간의 합의를 이룬다.

18 〈보기〉에서 미국스포츠의학회(ACSM, 2018)의 노인을 위한 유산소 운동 지침으로 옳은 것만을 모두 고른 것은?

> ┌ 보기 ┐
>
> | ㉠ | 운동 빈도(F) | • 중강도 시 5일/주
• 고강도 시 3일/주 |
> |---|---|---|
> | ㉡ | 운동강도(I) | • 중강도 시 5~6 (RPE 10점 만점 도구 기준)
• 고강도 시 7~8 (RPE 10점 만점 도구 기준) |
> | ㉢ | 운동 시간(T) | • 중강도 시 150분~300분/주
• 고강도 시 75분~100분/주 |
> | ㉣ | 운동 형태(T) | 앉았다 일어서기(스쿼트), 스트레칭 |

① ㉠, ㉡, ㉢　　　② ㉠, ㉡, ㉣

③ ㉠, ㉢, ㉣　　　④ ㉡, ㉢, ㉣

정답해설 운동 형태(Type)는 과도한 정형외과적 스트레스를 유발시키지 않는 운동이 노인에게 적합하다.

19 〈보기〉에 해당하는 대상자의 운동참여 동기유발을 위한 노인스포츠 지도사의 상담 내용으로 적절하지 <u>않은</u> 것은?

┌─보기─
- 68세 어르신은 체중조절과 건강관리를 위한 운동에 관심이 있다.
- 운동 참여 경험은 없지만, 지속적으로 운동에 참여하고 싶다.
└─

① 가족, 친구들과 함께 운동하며, 사회적 교류 기회가 확대됨을 설명한다.

② 스트레스 해소와 활력감 증진에 도움이 됨을 설명한다.

③ 건강 및 체중 관리에 도움이 됨을 설명한다.

④ 질병치료에 대한 기대감을 갖도록 설명한다.

정답해설 〈보기〉의 대상자는 체중 조절, 건강 관리 및 지속적인 운동 참여를 원하고 있으므로 질병 치료에 대한 기대감은 대상자의 운동참여 동기유발 요소가 될 수 없다.

20 노인운동 지도 시 의사소통에 관한 설명으로 옳은 것은?

① 어린아이를 다루듯 말한다.

② 스킨십은 사용하지 않는다.

③ 소리를 질러가며 말하지 않는다.

④ 대상자를 정면에서 쳐다보는 언어적 기술을 사용한다.

정답해설 언어적 · 비언어적 자기주장 기술 등의 효과적인 의사소통을 사용하고 내용을 명확하고 간결하게 전달하며, 참여자와 눈을 마주쳐 이야기에 공감하고 경청해야 한다.

PART 02

출제예상문제

01 〈보기〉의 ㉠ ~ ㉢에 들어갈 용어가 바르게 제시된 것은?

─ 보기 ─

「학교체육진흥법」

제12조의2(도핑 방지 교육)

① 국가와 지방자치단체는 도핑(「국민체육진흥법」 제2조 제10호의 도핑을 말한다. 이하 같다)을 방지하기 위하여 (㉠)와 (㉡)를 대상으로 도핑 방지 교육을 실시하여야 한다.

② 제1항에 따른 도핑 방지 교육의 방법 및 절차 등에 필요한 사항은 (㉢)령으로 정한다.

	㉠	㉡	㉢
①	학생선수	학교운동부관계자	대통령
②	전문선수	전문체육부관계자	교육부
③	학생선수	학교운동부지도자	대통령
④	전문선수	전문운동부지도자	교육부

정답해설 ㉠은 학생선수, ㉡은 학교운동부지도자, ㉢은 대통령이다.

02 소외계층 청소년을 대상으로 체육활동 참여기회를 제공하고 사회 적응력을 배양하기 위해 시행하고 있는 정책은?

① 국민체력 100
② 스마일 100
③ 스포츠강좌 이용권 지원
④ 행복나눔 스포츠교실

정답해설 행복나눔 스포츠교실은 소외계층 청소년을 대상으로 체육활동 참여기회를 제공하고 사회 적응력을 배양하기 위한 정책이다.

03 〈보기〉의 ㉠ ~ ㉢에 들어갈 용어가 바르게 제시된 것은?

─ 보기 ─

〈크래스홀(Krathwhol)의 정의적 영역〉

유형	내용
(㉠)	정보를 얻기 위해 관심을 기울여 보고, 듣는 능력
반응화	학습자가 보고, 들은 것에 대해 논쟁 또는 토론하거나 동의 또는 비동의하는 능력
가치화	행위 또는 행사의 (㉡)를 결정할 수 있는 능력
조직화	가치들을 비교하여 결정하고, 판단과 선택을 위해 조직화하는 능력
(㉢)	가치들을 내면화하여 학생이 일상생활에서 실천하는 능력

	㉠	㉡	㉢
①	수치화	관심도	인성화
②	수용화	관여도	인격화
③	수치화	중점도	인성화
④	수용화	중요도	인격화

정답해설 ㉠은 수용화, ㉡은 중요도, ㉢은 인격화이다.

04 생활체육 프로그램의 목표로 적절하지 않은 것은?

① 프로그램 시행 후 평가를 통하여 목표계획 여부를 검토할 수 있도록 기술한다.
② 프로그램을 구성하는 스포츠 활동 내용을 구체적이고 세부적으로 기술한다.
③ 프로그램의 전개에 있어서 목표가 일관된 지침 역할을 하도록 설정한다.
④ 프로그램을 통해서 기대되는 상태 및 운동 능력을 명시한다.

정답해설 프로그램 시행 후 평가를 통하여 목표달성 여부를 검토할 수 있도록 기술한다.

| 정답 | 01 ③ 02 ④ 03 ④ 04 ①

05 전문체육 프로그램 개발 단계에 관한 설명으로 적절하지 **않은** 것은?

① 1단계 : 선수에게 필요한 기술 등을 파악하는 것은 지도자의 주요한 업무이다.

② 3단계 : 선수들의 신체적, 심리적, 사회적 발달 단계를 파악하는 것이다.

③ 5단계 : 체계적이고 효과적인 지도 방법 등을 선택한다.

④ 6단계 : 시즌계획과 일일계획 등을 수립한다.

정답해설 1단계 : 선수에게 필요한 기술 파악 → 2단계 : 선수 이해 → 3단계 : 상황 분석 → 4단계 : 우선순위 결정 및 목표 설정 → 5단계 : 지도 방법 선택 → 6단계 : 연습계획 수립

06 〈보기〉에서 설명하는 스포츠 지도를 위한 모형은?

> ─보기─
> • 수업의 진도는 학생이 결정한다.
> • 교사는 상호작용이 필요한 학생과 더 많은 상호작용을 한다.
> • 1순위 : 심동적, 2순위 : 인지적, 3순위 : 정의적

① 직접 교수 모형 ② 스포츠교육 모형

③ 탐구 수업 모형 ④ 개별화 지도 모형

정답해설 개별화 지도 모형에 대한 설명이다.

07 협동 학습 모형의 교수 전략에 관한 설명으로 적절하지 **않은** 것은?

① 학생 팀-성취 배분 : 교사는 팀에 필요한 자원을 제공하며 1차 연습 시간을 제시하고 팀별로 연습하도록 한다.

② 팀 보조 수업 : 팀 성적은 매주 각 팀들이 수행한 과제 수를 점수로 환산하거나 개인별로 시험을 본 후 팀 점수를 합산하여 계산한다.

③ 직소 2 : 평가 후 팀 성취 분담학습(STAD)처럼 향상점수와 팀 점수를 산출하여 결과에 따라 보상한다.

④ 팀 게임 토너먼트 : 2차 연습을 한 후 1차 평가 때와 마찬가지로 같은 등수끼리 점수를 비교한다. 게임이 끝난 후에 가장 높은 점수를 받은 팀이 승리 팀이 된다.

정답해설 팀 보조 수업 : 팀 성적은 매주 각 팀들이 수행한 과제 수를 점수로 환산하거나 개인별로 시험을 본 후 개인 점수를 합산하여 계산한다.

08 스포츠교육 모형에 관한 설명으로 적절하지 **않은** 것은?

① 내용선정 : 교사는 스포츠 교육 시즌 중 두 가지 스포츠 종목 선택이 가능한데, 첫 번째는 학생이 종목을 선정하고 학생들에게 정보를 제공하는 직접적 선택이고 두 번째는 교사가 선택 범위를 제공하고 학생으로 하여금 각 시즌에 스포츠 종목을 선택하게 하는 간접적 선택이다.

② 수업운영 : 교사는 스포츠 시즌의 전반적인 구조를 제시하는 초기 수업 운영을 결정한다.

③ 과제 제시 : 시즌 전 또는 시즌 중에 팀 연습의 맥락 속에서 초래한다. 과제 제시는 학생에 의해 동료 교수와 협동 학습의 형태로 구성되며, 각 임무에 대해 미니 워크숍 형식으로 교사에 의해 수행된다.

④ 참여 형태 : 선수 역할과 비선수 역할에 따라 달라지는데, 선수인 학생은 동료 교수와 소집단 협동 학습 과제에 참여하고, 비선수인 학생은 각 임무에 부여된 과제에 대한 지식, 기술 및 절차를 학습하는 적극적인 참여자가 되어야 한다.

정답해설 내용선정 : 교사는 스포츠 교육 시즌 중 두 가지 방식으로 스포츠 종목 선택이 가능한데, 첫 번째는 교사가 종목을 선정하고 학생에게 정보를 제공하는 직접적 선택이고 두 번째는 학생에게 선택 범위를 제공하고 학생으로 하여금 각 시즌에 스포츠 종목을 선택하게 하는 간접적 선택이다.

| 정답 | 05 ② 06 ④ 07 ② 08 ①

09 동료 교수 모형의 교사 전문성에 관한 설명으로 적절하지 <u>않은</u> 것은?

① 발달 단계에 적합한 수업 여부 판단 시 교사는 개인 교사들이 지적 능력, 일정 수준의 책임감, 의사소통 기술, 성숙함을 갖추고 있는지 자문한다.

② 과제 분석과 내용 전개 시 단원에서 지도될 기능이나 개념을 숙지하고 순차적으로 제시될 수 있도록 각 기능이나 개념을 부분 요소로 분절한다.

③ 평가의 영역에서 개인 교사는 평가자로서 역할을 수행한다.

④ 사회적·감정적 분위기는 개인 교사와 학습자 간의 일상적인 상호작용에 크게 의존하기 때문에 학습에 대한 책임감을 개인 교사가 느낄 수 있도록 분위기를 조성한다.

정답해설 사회적·감정적 분위기는 개인 교사와 학습자 간의 순간적인 상호작용에 크게 의존하기 때문에 학습에 대한 책임감을 서로 느낄 수 있도록 분위기를 조성한다.

10 탐구 수업 모형에서 교수 학습의 수업 주도성에 관한 설명으로 적절하지 <u>않은</u> 것은?

① 수업 운영 : 전반적으로 교사가 관리 계획과 특정 수업 절차를 결정한다.

② 과제 제시 : 교사가 학생의 사고와 움직임을 자극하면서 의사소통하는 질문 형태로 진행한다.

③ 참여 형태 : 교사가 문제를 설정하면 교사가 답을 찾기 위한 기회를 제공한다.

④ 교수적 상호작용 : 학생이 문제해결에 몰입하게 될 때 높은 수준의 상호작용이 발생한다.

정답해설 참여 형태 : 교사가 문제를 설정하면 학생이 답을 찾기 위한 기회를 제공한다.

11 개인적·사회적 책임감 지도 모형의 교사 전문성에 관한 설명으로 적절하지 <u>않은</u> 것은?

① 학생 발달 : 교사는 아동과 청소년 발달에 중점을 두는데, 특히 정서적 성숙과 사회적 기술에 대한 지식이 필요하다.

② 의사소통 : 교사는 학생과 원활하게 의사소통할 수 있는 능력이 있어야 한다.

③ 환경 요인 : 교사는 학생들의 문제를 검토하기 위해 학생 행동에 영향을 미칠 수 있는 환경적인 요인을 검토한다.

④ 학생에게 권한 위임 : 교사는 학생들에게 신체활동 환경에서 자신들의 의사를 결정하고 행동하도록 권한을 부여한다.

정답해설 환경 요인으로 교사는 학생들의 문제를 총체적으로 검토하기 위해 학생 행동에 영향을 미칠 수 있는 환경적인 요인에 대한 이해가 필요하다.

12 〈보기〉의 ㉠, ㉡에 들어갈 메츨러(M. Metzler)의 지도계획안 작성에 관한 용어가 바르게 제시된 것은?

┌─보기─────────────────────┐
〈학습 목표와 관련된 신체활동 소비 시간〉
- 할당 시간(AT) : 학생들이 신체활동에 참여하도록 (㉠)된 시간
- 운동참여 시간(MET) : 학생들이 실제로 신체활동에 참가한 시간
- 과제참여 시간(TOT) : 학습 과제 관련 신체활동에 참가한 시간
- 실제학습 시간(ALT) : 목표 관련 신체활동에 (㉡)을/를 경험하며 소비한 시간
└──────────────────────────┘

	㉠	㉡
①	유도	보람
②	의도	재미
③	검토	목표
④	계획	성공

정답해설 ㉠은 계획, ㉡은 성공이다.

| 정답 | 09 ④   10 ③   11 ③   12 ④

13 〈보기〉의 대화에 나타나는 모스턴(M. Mosston)의 체육 교수 스타일은?

> ─보기─
>
> 상훈 : 나는 수영 수업할 때 기분이 너무 상쾌해서 좋아.
>
> 철수 : 맞아. 나도 수영 수업이 제일 기다려져.
>
> 상훈 : 체육수업으로 수영을 할 때 선생님의 수업이 끝나고 자유 수영 시간에 내가 못하는 동작을 연습하고 그 동작이 완성되면 기분이 더 좋아져.
>
> 철수 : 나도 어제 선생님이 공통으로 가르쳐주신 동작을 자유 수영 시간에 더 연습하고 수업 시간이 되어서 자랑할 기회가 있어서 좋았어.

① 수렴발견식 G   ② 자기설계식 I
③ 자기주도식 J   ④ 자기학습식 K

> **정답해설** 자기설계식 스타일 I : 학생은 공통 교과 내용에 따른 의사결정 과정을 결정하며, 그와 관련된 질문이나 문제를 스스로 제작하고 해답을 찾아가는 스타일이다.

14 교수 기능의 연습 방법에 관한 설명으로 적절하지 않은 것은?

① 마이크로 티칭은 예비지도자가 실제 상황에서 동료 및 소수 참여자들을 대상으로 일정한 시간 내 구체적인 내용으로 지도기능을 점검하는 방법을 말한다.

② 동료 교수 방법은 소집단의 동료들이 모의적인 수업 장면을 만들어 교수 기능을 연습하는 방법을 의미한다.

③ 반성적 교수 방법은 학생들에게 수업의 목표와 평가 방법을 설명하고 수업 후 교수 내용과 교수 방법을 평가하는 방법을 말한다.

④ 스테이션 교수 방법은 교육 목표나 내용에 따라 학생들을 구분하여 수업 장소를 옮겨가며 진행되는 협력 수업 방법을 의미한다.

> **정답해설** 마이크로 티칭은 예비지도자가 모의 상황에서 동료 및 소수 참여자들을 대상으로 일정한 시간 내 구체적인 내용으로 지도기능을 연습하는 방법을 말한다.

15 모스턴(M. Mosston)의 체육 교수 스타일에 관한 설명으로 적절하지 않은 것은?

① '수업 활동은 연속되는 의사결정 과정이다'라는 전제에서부터 시작된다.

② 교수 스타일의 구조는 과제 활동 전은 의도를, 과제 활동 중은 행위를, 과제 활동 후는 평가를 규정하고 있다.

③ 교수와 학생 모두 교수 스타일의 구조에 제한받지 않고 다양한 의사결정을 할 수 있다.

④ 교수 스타일의 구조는 모방과 창조라는 인간의 두 가지 기본 능력을 반영하고 있다.

> **정답해설** 교수와 학생 모두 교수 스타일의 구조 속에서 의사결정을 할 수 있다.

16 쿠닌(J. Kounin)의 교수 기능에서 교사의 주의(금지) 행동에 관한 설명으로 적절하지 않은 것은?

① 교사의 과도한 교수 방법에 대한 문제가 있을 수 있기 때문에 과도한 설명과 시범 등은 피한다.

② 교사는 교수 세분화 전략으로 전체 학습 과제를 개별적으로 지도할 수 있다.

③ 교사는 탈선 학생이 수업계획과 다른 일에 집중하거나 참여하는 행동 등을 성실히 지도한다.

④ 학습 활동 침해가 있을 수 있기 때문에 교사의 적절한 관여로 인한 학습 중단 및 침해가 있으면 안 된다.

> **정답해설** 학습 활동 침해가 있을 수 있기 때문에 교사의 부적절한 관여로 인한 학습 중단 및 침해가 있으면 안 된다.

| 정답 | 13 ②   14 ①   15 ③   16 ④

17 메이거(R. Mager)의 교수 목표에 관한 설명으로 적절하지 <u>않은</u> 것은?

① 수락의 기준 명시는 성취 수준을 의미하며 어느 정도 달성했을 때 그 목표가 달성되었는지에 대한 기준을 의미한다.

② 도착점 행동이란 학생이 학습 후 학습 결과를 나타내는 행동을 말한다.

③ 어떤 행동이 나타나는 상황 또는 조건 명시란 어떤 상태와 조건에서 그 행동이 나타나길 기대하는 것을 의미한다.

④ 교수 목표 진술에 있어 막연성과 해석의 구체성을 없애고 수업 평가에 다양한 지침이 될 수 있는 목적에서 제시된 교수 목표 방법이다.

> **정답해설** 메이거(R. Mager)의 교수 목표는 교수 목표 진술에 있어 막연성과 해석의 다양성을 없애고, 수업 평가에 구체적 지침이 될 수 있도록 하려는 목적에서 제시된 교수 목표 방법이다.

18 준거 타당도에 관한 설명으로 적절하지 <u>않은</u> 것은?

① 미래의 측정 결과와 연관성을 '예측 타당도'라고 하며, 현재의 다른 측정 결과와 연관성 있는 것을 '공인 타당도'라고 한다.

② 예측 타당도는 측정 결과가 미래의 행동을 정확하게 예측할 수 있는 정도의 준거 관련 타당도 지수이다.

③ 공인 타당도는 검사 결과가 이미 타당성을 인정받고 있는 다른 검사 결과와 일치하는 정도로 타당도를 추정한다.

④ 측정 도구의 예측 결과가 준거가 되는 다른 측정 과정과 관련이 있는 기준을 준거 타당도라고 한다.

> **정답해설** 측정 도구의 측정 결과가 준거가 되는 다른 측정 결과와 관련이 있는 정도를 준거 타당도라고 한다.

19 〈보기〉는 스포츠지도사의 핵심역량을 설명한 것이다. 〈보기〉의 ㉠~㉢에 들어갈 용어가 바르게 제시된 것은?

> ┌─ 보기 ─
>
> | (㉠) 자질 | 생활체육 (㉣)에 대한 지식, 종목 내용 지식, 교수 내용 지식, 교육환경 지식 필요 |
> |---|---|
> | (㉡) 자질 | 프로그램 개발, 종목 지도, 관리 등의 능력 및 지식 요구 |
> | (㉢) 자질 | (㉣)의 개인차 이해 및 포용 등이 요구 |

	㉠	㉡	㉢	㉣
①	인성적	기획적	인지적	관람자
②	인지적	기능적	인성적	참여자
③	인성적	기술적	인지적	관람자
④	인격적	기술적	인성적	참여자

> **정답해설** ㉠은 인지적, ㉡은 기능적, ㉢은 인성적, ㉣은 참여자이다.

20 체육활동의 안전한 학습 환경 유지를 위한 방법으로 적절하지 <u>않은</u> 것은?

① 안전을 위한 수업 계획서를 미리 작성하고, 모든 시설에 안전요원을 배치한다.

② 안전한 수업 운영에 필요한 절차를 학습자들에게 명확히 전달한다.

③ 새로운 연습과제나 게임을 시작할 때 지도자는 지속적으로 학습자를 감독한다.

④ 활동 전에 안전 문제를 예측하고 교구를 안전하게 배치한다.

> **정답해설** 안전을 고려한 수업 계획서를 작성하고, 모든 시설에 안전요원을 배치하는 것은 현실적으로 어렵지만 안전사고를 대비한 사고 예방 시스템과 프로그램을 강화할 필요가 있다.

| **정답** | 17 ④ | 18 ④ | 19 ② | 20 ① |

01 〈보기〉는 스포츠사회학의 영역을 설명한 것이다. ㉠~㉣에 들어갈 용어가 바르게 제시된 것은?

보기

(㉠) 영역	(㉣)의 대규모 체계를 의미하며, 스포츠와 경제, 교육, 사회, 성, 종교 등이 해당됨
(㉡) 영역	(㉣)의 소규모 체계를 의미하며, 작은 집단의 상호관계, 지도자, 선수 등이 해당됨
(㉢) 영역	스포츠사회학의 학문 연구에 관련된 다양한 이론들이 해당됨

	㉠	㉡	㉢	㉣
①	거시적	미시적	교육적	사회
②	미시적	거시적	철학적	생활
③	거시적	미시적	전문적	사회
④	미시적	거시적	체육적	생활

정답해설 ㉠은 거시적, ㉡은 미시적, ㉢은 전문적, ㉣은 사회이다.

02 스포츠의 사회적 역기능으로 옳지 <u>않은</u> 것은?

① 국수주의 발생은 과도한 스포츠 경쟁에서 나타나는 현상으로 자국의 이익을 우선하여 다른 민족과 다른 국가에 대한 배타주의가 발생하는 것을 의미한다.

② 신체 소외 및 갈등으로 스포츠 선수를 목적 수단의 도구로 활용하고, 승리주의로 인한 갈등 요소가 일어나는 것이다.

③ 상업주의 발달의 문제로 스포츠가 이윤추구의 목적 수단으로 활용되어 순수한 스포츠 정신의 훼손과 물질 만능주의로 발전하는 문제 등이 있다.

④ 사회통제의 기능으로 사회지배층이 스포츠를 통하여 구성원을 통제하려는 기능을 의미한다.

정답해설 사회통제의 기능으로 사회지배층이 일반적 사회문제(경제, 사회, 정치 등)의 관심을 스포츠로 분산시켜 사회 구성원이 사회문제를 작게 인식하도록 유도하여 통제하려는 기능을 의미한다.

03 〈보기〉는 에티즌(Eitzen)과 세이지(Sage)의 스포츠 정치적 속성에서 대표성을 설명한 것이다. 〈보기〉의 ㉠, ㉡에 들어갈 용어가 바르게 제시된 것은?

보기

스포츠를 행하게 되는 의식은 후원기관에 대한 (㉠)을 상징적으로 재확인시키는 기능을 지니고 있으며, 특히 올림픽이나 월드컵과 같은 국제경기에서의 성적은 각 나라의 정치적·경제적·문화적·군사적 (㉡)을 나타내는 중요한 수단이 된다.

	㉠	㉡
①	경쟁력	상징성
②	충성심	우월성
③	경제력	역사성
④	특수성	강인함

정답해설 ㉠은 충성심, ㉡은 우월성이다.

04 〈보기〉는 올림픽과 국제정치에 관한 설명이다. 〈보기〉의 ㉠~㉢에 들어갈 용어가 바르게 제시된 것은?

보기

• (㉠) 심화 : (㉠)는 국가의 충성심 요구, 민족 중심 강화, 국가 간 경쟁을 심화시키는 경향이 있다.

• (㉡) 팽창 : 올림픽 규모가 점점 커지며, 기업들의 상업적 이익 추구를 위한 도구로 활용되며 (㉡)가 팽창하고 있다.

• (㉢) : 올림픽을 이용한 (㉢)의 강화로 스포츠를 국가정책 수단으로 활용하려는 경향이 있다.

|정답| 01 ③ 02 ④ 03 ② 04 ①

08 저널리즘에 관한 설명으로 옳지 않은 것은?

① 저널리즘은 좁게는 정기적인 출판물 등을 통하여 대중에게 전달하는 활동이고, 넓게는 모든 대중전달 활동을 말하는 것으로 비정기적이고, 비인쇄물 등을 활용한다.

② 블랙 저널리즘은 개인이나 집단의 약점을 이용하여 공개되지 않은 사실을 파헤치는 보도를 의미한다.

③ 퍼블릭 저널리즘은 원시적인 본능을 자극하고, 호기심을 자극하여 흥미 위주로 보도하는 것을 말한다.

④ 뉴 저널리즘은 기존의 일방적인 표현 대신 소설처럼 작가의 표현력을 동원하여 보다 더 실감나게 전달하는 보도 내용을 말한다.

정답해설 퍼블릭 저널리즘은 취재하는 사람을 다양하게 하여 여론의 민주화를 선도하고, 시민들이 직접 참여하는 보도를 말한다. 원시적인 본능을 자극하고, 호기심을 자극하여 흥미 위주로 보도하는 것은 옐로 저널리즘이다.

09 스포츠 계층의 특성으로 옳지 않은 것은?

① 고래성은 특정 시대적 사회와 문화 배경에 따라서 유사하게 나타나며, 특히 그 시대의 계층 간 특성을 의미한다.

② 다양성은 평등한 가치를 반영하여 계층 간의 사회적 계층이동이 이루어지는 것을 의미한다.

③ 편재성은 어디서나 스포츠 계층은 존재하고 어디서든 나타나는 보편적인 사회현상을 의미한다.

④ 영향성은 경제력, 권력, 심리적인 상태에 따라서 나타나는 불평등한 구조들이 생활에 영향을 미친다는 의미이다.

정답해설 고래성은 여러 시대적 사회와 문화 배경에 따라서 다르게 나타나며, 특히 시대에 따라 계층 간의 특성과 계층에 변화가 있다는 의미이다.

10 〈보기〉는 부르디외(Bourdieu)가 제시한 사회계층 자본 유형에 관한 설명이다. 〈보기〉의 ㉠, ㉡에 들어갈 용어가 바르게 제시된 것은?

> ──〈보기〉──
> 부르디외(Bourdieu)는 자본 유형에 대한 개념을 (㉠)자본, 사회자본, 문화자본 등 세 가지로 구분하였다. 생활양식과 같은 사회문화적 요소를 계급 결정 요인으로 간주하고 이를 자본의 개념으로 다루었다. 이 개념에 따르면 스포츠는 체화된 문화자본의 한 형태로써 사회의 (㉡)에 관여한다고 주장하였다.

	㉠	㉡
①	예술	지배구조
②	경제	계층구조
③	권력	사회구조
④	노동	권력구조

정답해설 ㉠은 경제, ㉡은 계층구조이다.

11 스포츠 지위의 분화 조건으로 옳은 것은?

① 스포츠는 한계가 없는 분야로서 업무의 한계가 없어야 한다.

② 역할에 대한 책임이 명확히 구분되어야 한다.

③ 분야에 따라 단일한 지위를 맡을 사람이 있어야 한다.

④ 각 개인들이 업무를 잘 이행하도록 유도하기 위해 보수, 상, 벌을 줄 수 있어야 한다.

정답해설 ④는 스포츠 지위의 분화 조건으로 옳은 것에 해당한다.

오답해설

① 업무의 한계가 분명해야 한다.

② 역할에 대한 책임과 권리가 명확히 구분되어야 한다.

③ 분야에 따라 다양한 지위를 맡을 사람이 있어야 한다.

|정답| 08 ③   09 ①   10 ②   11 ④

12 스포츠 참가 형태에 관한 설명으로 옳지 <u>않은</u> 것은?

① 인지적 참가는 다양한 정보를 수집하고 인지하여 스포츠에 참여하게 되는 참가 형태를 말한다.

② 정의적 참가는 스포츠에 참가하여 특정 선수나 팀 또는 경기상황에 대해 감정적인 태도나 성향을 표출하는 참가 형태를 말한다.

③ 일차적 행동 참가는 스포츠에 직접 참여하여 행동하는 참가 형태로 운동선수를 예로 든다.

④ 이차적 행동 참가는 스포츠 생산에 필요한 형태로 일어나는 행동 참가 형태로 스포츠 용품 생산자를 예로 든다.

> **정답해설** 정의적 참가는 실제 스포츠에 참가하지는 않지만 간접적으로 특정 선수나 팀 또는 경기상황에 대해 감정적인 태도나 성향을 표출하는 참가 형태를 말한다.

13 사회계층의 스포츠 관람과 참가 종목의 차이로 옳지 <u>않은</u> 것은?

① 사회계층의 스포츠 관람은 개인의 취향에 따라 다르게 나타나며 참가 종목과 계층의 차이는 없다.

② 상류계층은 골프, 수영, 스킨스쿠버, 요트, 테니스 등 경제적으로 비용이 발생하지만 직접 참여하여 개인적인 시간 여유를 가지고, 보다 과시할 수 있는 개인 스포츠 종목에 많이 참여하는 특성을 보인다.

③ 중·하류계층은 농구, 복싱, 야구, 축구 등 여러 사람들이 같이 모여서 할 수 있는 단체 스포츠 종목에 관람 또는 참여하는 특성을 보인다.

④ 스포츠가 가지고 있는 다양한 특성으로 인하여 사회계층 간의 참가 형태와 참가 종목에서도 차이를 보인다.

> **정답해설** 사회계층의 스포츠 관람은 개인의 취향에 따라 다르지만 참가 종목과 계층 간의 차이는 소득이나 환경에 따라 차이를 보인다.

14 〈보기〉의 대화에서 나타나는 스포츠의 역할은?

> **보기**
>
> 영희 : 우리가 조직적으로 스포츠에 참가하는 것은 교육적 기회 제공도 되고 학업 성취도에 도움이 되는 것 같아.
>
> 상훈 : 그럼. 특히 나처럼 운동부에 있는 학생들에게는 직업적 후원이 다양한 기회 제공 역할을 하는 것 같아.
>
> 영희 : 상훈이도 그렇게 생각하는구나. 우리가 사회생활을 하는 데 가치 있다고 여겨지는 태도 및 행동양식을 학습하는 데 큰 도움이 되는 것 같아서 난 좋아.

① 사회계층 이동에 필요한 역할

② 사회계층 이동에 중요한 역할

③ 사회계층 이동에 부정적인 역할

④ 사회계층 이동에 긍정적인 역할

> **정답해설** 스포츠가 사회계층 이동에 긍정적인 역할을 하는 것을 설명하고 있다.

15 〈보기〉에서 설명하는 내용은?

> **보기**
>
> • 상훈이는 부모님의 권유로 탁구를 배우게 되었다.
> • 상훈이는 수영 참여를 통해 사회성 및 준법정신이 강한 선수가 되었다.
> • 상훈이는 어깨인대 손상으로 탁구 선수 생활을 그만두게 되었다.
> • 상훈이는 수영 지도자가 되어 초등학교에서 수영을 가르치게 되었다.

① 스포츠사회화 정의

② 스포츠사회화 이론

③ 스포츠사회화 과정

④ 스포츠사회화 개념

> **정답해설** 스포츠로의 사회화, 스포츠를 통한 사회화, 스포츠 탈사회화, 스포츠 재사회화로 스포츠사회화의 과정을 설명하고 있다.

| **정답** | 12 ② 13 ① 14 ④ 15 ③

16 〈보기〉의 ㉠～㉢에 들어갈 준거집단 이론에 관한 용어가 바르게 제시된 것은?

┌─보기─┐

구분	정의
(㉠)집단	개인의 (㉠)과 지침 등을 제공하는 집단
(㉡)집단	결과와 (㉡)를 위한 실험처리를 하지 않는 역할 모형 집단
(㉢)집단	다른 집단의 가치에 부합되게 행동하려는 집단

	㉠	㉡	㉢
①	법령	가치	대변
②	규범	비교	청중
③	윤리	검토	대결
④	규범	가치	청렴

정답해설 ㉠은 규범, ㉡은 비교, ㉢은 청중이다.

17 스나이더(E. Snyder)가 제시한 스포츠사회화의 전이 조건으로 옳지 <u>않은</u> 것은?

① 사회화 주관자의 위신 및 위력에 따른 전이 조건
② 스포츠 참가의 자발성 여부에 따른 전이 조건
③ 스포츠 참가자의 개인적·사회적 특성을 고려한 전이 조건
④ 주관자가 스포츠 참가에 어느 정도 역할을 할 수 있는가에 대한 전이 조건

정답해설 개인이 스포츠 참가에 어느 정도 관심과 의지가 있는가에 대한 전이 조건이다.

18 〈보기〉의 대화에서 '철수'와 관련된 규범은?

┌─보기─┐

상훈 : 나는 경쟁 과정에서 발생하는 고통을 경기의 일부로 받아들이고 위험과 고통을 감수할 의지가 필요하다고 생각해.

영희 : 운동선수라면 목표를 강조하여 성공을 달성해야 한다는 의무감으로 고난과 역경을 극복할 의지가 필요하다고 생각해.

철수 : 난 스포츠를 삶의 우선순위로 생각하고 경기와 팀을 위해 희생할 의사가 있어.

상훈 : 그리고 경쟁을 통해 기록을 갱신하는 것을 목표로 다른 선수와의 차별성을 강조하고 승리를 성취하고자 하는 노력도 필요하다고 생각해.

① 인내규범
② 도전규범
③ 몰입규범
④ 구분짓기규범

정답해설 철수와 관련된 규범은 몰입규범이다.

Tip 코클리(J. Coakley)의 일탈적 과잉동조 유발 스포츠윤리 규범 유형

• 몰입규범 : 삶의 우선순위 중 스포츠를 상위에 두고 경기 및 팀을 위해 자신을 희생함
• 인내규범 : 경쟁 과정에서 발생하는 고통을 경기의 일부로 받아들이고 위험과 고통을 감수함
• 도전규범 : 목표를 과도하게 강조하여 성공해야 한다는 의무감으로 고난과 역경을 극복함
• 구분짓기규범 : 경쟁을 통한 기록 갱신을 목표로 삼아 다른 선수와의 차별성을 강조하고 승리를 성취하고자 노력함

| 정답 | 16 ② 17 ④ 18 ③

19 스포츠사회학의 스포츠일탈 이론에 관한 설명으로 옳지 <u>않은</u> 것은?

① 구조기능주의 관점에서 사회는 본질적으로 상호 의존적인 제도로 구성되어 있으며, 사회 제도는 전체 사회의 안정에 필요하다는 것으로 사회는 가정, 교육, 경제, 정부, 종교, 스포츠 등이 서로 상호 보완적이며 조화를 이루어야 한다.

② 상징적 상호작용론 관점에서 인간은 다른 사람과의 상호 과정에서 구성되기 때문에 행위자 입장에서 이해해야 한다는 이론으로 동일한 행위도 상황에 따라 일탈로 규정되거나 그렇지 않을 수 있다.

③ 낙인 이론은 일탈 행동 자체의 문제보다 다른 사람들이 일탈이라고 낙인하기 때문에 오히려 일탈하게 된다는 이론으로 자의가 아닌 타의에 의하여 무분별하게 발생하는 것이 문제라는 관점이다.

④ 사회통제 이론은 일탈을 연구하며, 일탈을 통제하려면 어떻게 해야 효율적인지에 대하여 연구하는 이론이다.

정답해설 사회통제 이론은 일반적으로 일탈에 대한 관심은 많지만 상대적으로 일탈하는 일탈자들은 왜 소수인가에 대하여 연구하는 이론이다.

20 다양한 기술과 정보통신의 발전이 스포츠에 미치는 영향으로 옳지 <u>않은</u> 것은?

① 과학기술의 진보와 발전은 스포츠의 시·공간적 제약을 극복하는 데 기여할 것이다.

② 아주 먼 미래에는 스포츠가 새로운 형태로 변화하고 단순화될 것이다.

③ 첨단 전자매체의 발달로 관람스포츠의 형태가 변화하여 스포츠의 발전에 기여할 것이다.

④ 스포츠용품, 시설 등 스포츠 환경이 더욱 개선되고 변화하여 스포츠의 발전에 기여할 것이다.

정답해설 앞으로 가까운 미래에 새로운 형태의 스포츠가 지속적으로 생겨날 것이다.

스포츠심리학

01 〈보기〉는 정보처리에 관한 설명이다. 〈보기〉의 ㉠~㉢에 들어갈 용어가 바르게 제시된 것은?

> **보기**
>
> 인간이 어떻게 정보를 처리하여 행동으로 일어나는지가 마치 (㉠)에 정보를 입력하여 결과를 얻는 것과 같다고 생각하는 이론이다. (㉡) 행동에 관한 내용인 개방회로 이론은 피드백을 통한 조절이 불필요하다고 보는 이론으로 '운동명령 → 실행, 운동명령 → 실행'으로 이루어진다. 폐쇄회로 이론은 (㉢) 행동에 관한 내용으로 피드백을 통한 조절이 필요하다고 보는 이론으로 '운동 → 피드백 → 수정 → 운동 → 피드백 → 수정'으로 이루어진다.

	㉠	㉡	㉢
①	머릿속	빠른	느린
②	컴퓨터	느린	빠른
③	머릿속	느린	빠른
④	컴퓨터	빠른	느린

정답해설 ㉠은 컴퓨터, ㉡은 빠른, ㉢은 느린이다.

02 운동제어 체계에 관한 설명으로 옳은 것은?

① 반응·선택 단계는 입력된 자극에 대해 어떠한 선택을 나타낼지를 반응하는 단계이다.
② 감각·지각 단계는 환경의 정보 자극의 강도, 명확성, 유형 등을 선택하는 단계이다.
③ 반응·실행 단계는 반응을 실제 행동으로 실행하는 단계를 말한다.
④ 운동제어 체계는 '반응 선택 → 감각 지각 → 반응 실행' 단계를 거친다.

정답해설 반응·실행 단계는 반응을 실제 행동으로 실행하는 단계이다.

오답해설
① 반응·선택 단계는 입력된 자극에 대해 어떠한 반응을 나타낼지를 선택하는 단계이다.

② 감각·지각 단계는 환경의 정보 자극의 강도, 명확성, 유형 등을 인식하는 단계이다.
④ 운동제어 체계는 '감각 지각 → 반응 선택 → 반응 실행' 단계를 거친다.

03 〈보기〉는 운동학습에 관한 설명이다. 〈보기〉의 ㉠~㉢에 들어갈 용어가 바르게 제시된 것은?

> **보기**
>
> 운동학습은 연습과 경험으로 나타나며, 운동학습 과정은 직접적으로 (㉠)할 수 없다. 운동학습은 비교적 영구적인 (㉡)을/를 유도하는 (㉢) 과정이다. 운동학습과 운동제어는 서로 유사한 부분이 있다. 운동학습은 성숙이나 동기 또는 훈련 등에 의해 일시적으로 (㉡)하는 것은 포함하지 않는 특성이 있다.

	㉠	㉡	㉢
①	관찰	변화	외적
②	학습	도전	내적
③	학습	도전	외적
④	관찰	변화	내적

정답해설 ㉠은 관찰, ㉡은 변화, ㉢은 내적이다.

04 슈미트(Sehmidt)와 리(Lee)의 운동학습 정의에 관한 설명으로 옳지 <u>않은</u> 것은?

① 운동학습은 주로 훈련을 통해서 이루어진다.
② 운동학습은 직접 측정할 수 없지만, 행동을 통해서 직접적으로 평가된다.
③ 운동학습은 비교적 오래도록 유지되는 행동 변화를 만들어낸다.
④ 운동학습은 숙련된 움직임 능력을 획득하는 과정이다.

정답해설 운동학습은 직접 측정할 수 없지만, 행동을 통해서 간접적으로 평가된다.

| 정답 | 01 ④ 02 ③ 03 ④ 04 ②

05 〈보기〉의 ㉠~㉢에 들어갈 용어가 바르게 제시된 것은?

> **─ 보기 ─**
> 손다이크(Thorndike) 자극 – 반응(S – R) 이론은 자극들에 대한 반응이 더 강화되어가는 것이 학습이라고 보는 이론이다. S – R 이론은 반응을 (㉠)반응, 변별반응, 선택반응 3가지 종류로 구분한다. 반응시간은 감각 지각 시간, 반응 선택 시간, 반응 (㉡) 시간 3가지를 합한 것으로 자극이 중복되는 경우 (㉢) 불응이 일어날 수 있다.

	㉠	㉡	㉢
①	단순	실행	심리적
②	복잡	조작	정신적
③	단순	협력	육체적
④	복잡	처리	사회적

정답해설 ㉠은 단순, ㉡은 실행, ㉢은 심리적이다.

06 피츠(Fitts)와 포스너(Posner)의 운동학습 단계에 관한 설명으로 옳지 않은 것은?

① 운동학습 단계는 인지 단계 → 연합 단계 → 자동화 단계를 거친다.
② 연합 단계는 과제에 대한 전략을 고민하고 잘못된 수행에 대한 해결책을 찾는 과정으로, 동작의 일관성이 점점 좋아지는 특성이 있다.
③ 자동화 단계는 동작 실행 시 의식적 주의가 거의 필요 없으며 정확성과 일관성이 매우 높아지고, 동작에 대한 오류를 탐지하고 수정할 수 있는 능력이 생긴다.
④ 인지 단계는 학습해야 할 운동기술의 특성을 이해하고 그 과제를 수행하기 위한 전략을 개발하는 과정으로, 오류 수정 능력을 갖추지 못했기 때문에 운동수행 시 일관성이 부족할 수 있다.

정답해설 연합 단계는 과제에 대한 전략을 선택하고 잘못된 수행에 대한 해결책을 찾아 나갈 수 있게 된다. 동작의 일관성이 점점 좋아지는 특성이 있다.

07 〈보기〉의 ㉠~㉢에 들어갈 용어가 바르게 제시된 것은?

> **─ 보기 ─**
> • (㉠)은 학습할 범위를 한꺼번에 학습하는 방법으로 운동 요소 사이 상호작용이 이루어지고, 비교적 (㉡) 시간에 운동수행이 끝나는 기술 연습에서 효과적이다.
> • 망각이 적고 시간과 노력이 적게 들며, 학습에 필요한 (㉢)이 적은 것이 특징이다.

	㉠	㉡	㉢
①	분습법	적정	시간
②	집중연습	긴	노력
③	전습법	짧은	반복
④	분산연습	단	시간

정답해설 ㉠은 전습법, ㉡은 짧은, ㉢은 반복이다.

08 피드백에 관한 설명으로 옳지 않은 것은?

① 피드백 기능에서 동기유발 기능은 단기간 목표를 성취하게 하며, 내용에 따라 결과 지식과 목표 지식으로 구분된다.
② 외재적 피드백은 외부에서 오는 정보를 통한 피드백으로 예시로는 지도자에 의한 피드백이 있다.
③ 피드백 기능에서 정보 기능으로 지도자가 제공하는 피드백은 중요한 정보 역할을 한다.
④ 내재적 피드백은 자연스럽게 생기는 피드백으로 시각, 촉각, 청각 등이 있다.

정답해설 피드백 기능에서 동기유발 기능을 살펴보면 지속적으로 목표를 성취하게 하며, 내용에 따라 결과 지식과 수행 지식으로 구분된다.

09 정서 관련 이론에 관한 설명으로 옳지 <u>않은</u> 것은?

① 러셀(Russell)은 정서 모형에서 정서는 혼합되거나 기본적인 정서로 구분되는 것이 아니라 비정서적인 몇 가지의 차원으로 설명된다고 정서의 차원을 주장하였다.

② 플루칙(Plutchik)의 정서 모형은 기본 정서가 다른 정서와 더하여 혼합 정서를 만든다고 주장하였으며, 낙관, 사랑, 순종, 경외, 실망, 후회, 경멸, 공격의 8가지 기본 정서와 3차원 모형으로 구분하고 있다.

③ 톰킨스(Tomkins)는 정서를 기쁨, 슬픔, 공포, 놀람, 분노, 흥미의 6가지 기본 정서로 분류하고 있다.

④ 색상환 모형은 빨강, 파랑, 노랑 3가지 색상을 더하는 비율에 따라 여러 색상을 나타내듯이 기본 정서와 다른 정서들이 혼합되는 과정에서 여러 정서가 나타난다는 것이다.

정답해설 톰킨스(Tomkins)는 정서를 기쁨, 슬픔, 공포, 놀람, 분노, 수치심, 흥미, 혐오의 8가지 기본 정서로 분류하고 있다.

10 〈보기〉의 ㉠ ~ ㉢에 들어갈 불안의 종류에 관한 용어가 바르게 제시된 것은?

┌─보기─┐

구분	정의
(㉠) 불안	선천적인 성격으로 인하여 생기는 불안
(㉡) 불안	어떠한 상황에서 일시적으로 발생하는 불안
(㉢) 불안	강한 정서적 애착이 있거나 어떤 상황과 (㉢)되면 느끼는 불안
경쟁 특성 불안	개인의 특성에 따라 각각 다르게 나타나는 경쟁적인 상황 또는 시합에서의 경쟁상황 불안
경쟁 상태 불안	개인의 특성이 아닌 경쟁상황 또는 시합에서의 경쟁상황 불안

	㉠	㉡	㉢
①	성격	상태	대립
②	특성	상황	노출
③	성격	상태	과잉
④	특성	상태	분리

정답해설 ㉠은 특성, ㉡은 상태, ㉢은 분리이다.

11 〈보기〉에서 설명하는 현상은?

┌─보기─┐

마라톤 선수 철희는 경기 도중 힘이 들어 포기하려는 순간 예상치 않게 편안함, 통제감, 희열감 등을 느끼는 경험을 하였다. 철희는 극한 마라톤 경기 그 순간에 시간과 공간의 장애를 초월한 느낌을 경험하였다.

① 번 아웃
② 지각 협소화
③ 러너스 하이
④ 추동이론 효과

정답해설 러너스 하이를 설명하고 있다.

12 생리적 관리기법에 관한 설명으로 옳은 것은?

① 점진적 이완기법은 자기 스스로 자기 신체의 조절 능력을 이용하여 신체 각 부위를 긴장과 이완을 통하여 훈련하는 방법이다.

② 인지재구성은 긍정적인 생각을 버리고, 부정적인 생각으로 전환하려는 재구성 훈련 방법이다.

③ 자생훈련은 자기 스스로 명상에서 신체의 무게 및 체온의 변화를 자제하는 훈련 방법이다.

④ 바이오피드백 훈련은 호흡 측정을 통해 호흡 조절로 긴장을 완화하는 훈련 방법이다.

정답해설 생리적 관리기법에 대한 옳은 설명이다.

오답해설

② 인지재구성은 부정적인 생각을 버리고, 긍정적인 생각으로 전환하려는 훈련 방법이다.

③ 자생훈련은 자기 스스로 최면상태에서 신체의 무게 및 체온의 변화를 유도하는 훈련 방법이다.

④ 바이오피드백 훈련은 피부온도, 심박수, 호흡 등의 측정을 통한 긴장 완화 훈련 방법이다.

| 정답 | 09 ③ 10 ④ 11 ③ 12 ①

13 각성에 관한 설명으로 옳지 <u>않은</u> 것은?

① 스트룹 효과는 일치하는 자극에서 그 자극을 보고 실행하는 것으로, 일치하지 않는 자극을 보고 실행하는 것보다 더 늦어지는 현상을 의미한다.

② 맥락 간섭 효과란 운동할 때 다양한 요소들의 간섭 효과가 일어나는 현상을 말한다.

③ 무주의 맹시는 눈이 특정 위치를 향하고 있으나 주의가 다른 곳에 있어 눈이 향한 위치의 대상이 지각되는 못하는 현상을 말한다.

④ 칵테일파티 효과란 여러 가지 정보가 아닌 특정 정보를 선택적으로 의식하는 현상을 의미한다.

정답해설 스트룹 효과는 일치하지 않는 자극에서 그 자극을 보고 실행하는 것으로, 일치하는 자극을 보고 실행하는 것보다 더 늦어지는 현상을 의미한다.

14 운동의 심리 생리적 효과 이론으로 옳은 것은?

① 열 발생 가설은 운동으로 인한 체온 상승이 뇌와 근육에 이완 명령을 전달하여 운동의 효과가 떨어진다는 가설이다.

② 생리적 강인함 가설은 규칙적인 운동이 스트레스에 대한 내성을 강화시켜 육체적으로 안정된다는 가설이다.

③ 모노아민 가설은 운동이 우울증에 긍정적인 효과가 있는 이유는 세로토닌, 노에피네프린, 도파민과 같은 뇌 신경전달물질의 변화 때문이라는 가설이다.

④ 뇌 변화 가설은 운동으로 인하여 뇌의 혈관이 많아지기 때문에 운동능력이 향상된다는 가설이다.

정답해설 모노아민 가설에 대한 옳은 설명이다.

오답해설

① 열 발생 가설은 운동으로 인한 체온 상승이 뇌와 근육에 이완 명령을 전달하여 편안함을 느낀다는 가설이다.

② 생리적 강인함 가설은 규칙적인 운동이 스트레스에 대한 내성을 강화하여 정서적으로 안정된다는 가설이다.

④ 뇌 변화 가설은 운동으로 인하여 뇌의 혈관이 많아지기 때문에 인지능력 등이 향상된다는 가설이다.

15 〈표〉는 와이너(Weiner)의 3차원 귀인 모델에 관한 내용이다. 〈표〉의 ㉠~㉣에 들어갈 용어가 바르게 제시된 것은?

구분	와이너(Weiner)의 3차원 귀인 모델			
	능력	노력	운	과제 난이도
내적 / 외적	내적	(㉠)	외적	(㉡)
안정적 / 불안정적	(㉢)	불안정적	(㉣)	안정적
통제가능 / 통제불가능	통제 불가능	통제 가능	통제 불가능	통제 불가능

	㉠	㉡	㉢	㉣
①	외적	내적	불안정적	안정적
②	내적	외적	불안정적	안정적
③	외적	내적	안정적	불안정적
④	내적	외적	안정적	불안정적

정답해설 ㉠은 내적, ㉡은 외적, ㉢은 안정적, ㉣은 불안정적이다.

16 반두라(A. Bandura)의 자기효능감 이론에 관한 설명으로 옳지 <u>않은</u> 것은?

① 언어적 설득은 타인에게 칭찬과 같은 긍정적인 언어를 얼마나 들었느냐에 따라 자기효능감이 달라진다는 것이다.

② 자기효능감은 집단이 어떠한 일을 잘 해낼 수 있다는 사회적 신념으로 사회적 유대감이라고 한다.

③ 성취경험은 개인의 성공과 실패 경험에 따라서 자기효능감이 달라지는 것으로, 자기효능감에 가장 큰 영향력을 미친다.

④ 정서적 각성은 인간은 정서적 불안, 좌절 등을 얼마나 조절하는 능력이 있느냐에 따라 자기효능감이 달라진다는 것이다.

정답해설 자기효능감은 개인이 어떠한 일을 잘 해낼 수 있다는 개인적인 신념으로 자기존중감이라고 한다.

| 정답 | 13 ① 14 ③ 15 ④ 16 ②

17 심상 이론에 관한 설명으로 옳지 <u>않은</u> 것은?

① 각성 활성화 이론은 심상 훈련을 통하여 각성 수준이 활성화된다는 이론이다.

② 상징 학습 이론은 운동을 하면 운동의 요소들이 뇌에 상징으로 기록되고, 심상 연습이 상징을 연습할 기회를 제공한다는 이론이다.

③ 생체 정보 이론은 뇌 장기기억 속에 미리 저장되어 있는 심상을 통해 운동수행을 향상시키려면 반응을 부분적으로 수정해야 한다는 이론이다.

④ 심리 신경근 이론은 어떤 동작을 생생하게 상상하면 실제 동작과 유사한 근육의 미세 움직임이 일어난다는 이론이다.

정답해설 생체 정보 이론은 뇌 장기기억 속에 미리 저장되어 있는 심상을 통해 운동수행을 향상시키려면 반응 전체를 반복적으로 수정, 강화해야 한다는 이론이다.

18 〈보기〉의 대화에서 나타나는 '상훈'의 전략은?

┌─보기─
철수 : 나는 운동이 힘들어서 친구들이 동작을 배우면 그것을 흉내 내며 따라가면 될 것 같아.

상훈 : 철수야, 힘들면 그냥 뒤에 있다가 대충 친구들을 따라서 하면 돼.

영희 : 나는 운동을 잘해서 동작만 보면 대충 따라할 수 있어.

희수 : 나는 내 운동 실력이 최고라고 생각해서 개인 경기를 할 때는 노력을 해. 하지만 우리 반은 운동능력이 떨어져서 단체 경기는 중간에서 적당히 하려고 해.
└─

① 할당 전략   ② 최소화 전략
③ 반무임승차 전략   ④ 무임승차 전략

정답해설
• 상훈 : 반무임승차 전략   • 철수 : 무임승차 전략
• 영희 : 최소화 전략   • 희수 : 할당 전략

19 사회적 촉진 이론에 관한 설명으로 옳지 <u>않은</u> 것은?

① 게랭(Guerin)의 자기 감시분석은 사회적 추동 원인을 시각적 감시가 불가능한 타인의 존재에 있다고 가정하여 수행자에게 피해를 주지 않는 타인들이 주기적으로 감시될 수 있다면 타인의 존재는 추동을 증가시키지 않는다는 이론이다.

② 코트렐(Cottrell)의 평가우려 가설은 타인의 존재가 수행자를 평가할 수 있다는 것으로, 타인의 평가가 수행자에게 긍정적인 영향을 주었던 경험이 있어야 가능하다는 이론이다.

③ 위클런드(Wicklund)와 듀발(Duval)의 객관적 자기인식 이론은 자기 인식 상태에서 수행자 자신의 과제 수행과 이상적 수행 사이의 차이에 주목하여 이런 차이점을 좁히려 한다는 이론이다.

④ 샌더스(Sanders)의 주의분산·갈등가설은 타인의 존재가 한편으로는 주의를 분산시켜 수행에 부정적 영향을 주고, 다른 한편으로는 긍정적인 효과를 준다는 양분된 주의 분산·갈등 이론이다.

정답해설 코트렐(Cottrell)의 평가우려 가설은 타인의 존재가 수행자를 평가할 수 있다는 것으로, 타인의 평가가 수행자에게 긍정적 또는 비판적인 영향을 주었던 경험이 있어야 가능하다는 이론이다.

20 동기유발 기능에 관한 설명으로 옳지 <u>않은</u> 것은?

① 동기유발 강화기능은 그 행동의 결과가 좋으면 정적 강화가 나타나고, 나쁘면 부적 강화가 나타난다.

② 동기유발 지향기능은 행동 후 방향을 설정하는 행동의 방향을 결정한다.

③ 동기유발 활성화 기능은 행동을 유발시켜서 개인을 스포츠에 참여하도록 유도하는 것이다.

④ 동기유발 선택기능은 목표 달성을 위한 특정 행동을 결정하게 하는 기능을 의미한다.

정답해설 동기유발 지향기능은 행동하기 전 행동의 방향을 결정한다.

|정답| 17 ③ 18 ③ 19 ② 20 ②

01 일반적인 윤리에 관한 설명으로 적절하지 <u>않은</u> 것은?

① 다양한 사회의 다양한 윤리 정신 또는 도덕과 법률적 원리까지 추구하는 것이다.
② 우리 모든 사람이 마땅히 지켜야 할 도덕적 원리의 추구와 방향이다.
③ 도덕적 판단과 행동을 다시 한번 반성하고 올바른 삶의 방향을 추구하는 것이다.
④ 인격의 함양과 올바른 공동체의 모습을 제시하는 것이다.

정답해설 다양한 사회의 공통된 윤리 정신과 함께 도덕의 원리를 추구하는 것이다.

02 〈보기〉의 대화에서 의무론적 윤리의 특징을 언급하지 <u>않은</u> 사람은?

┌─ 보기 ─┐
상훈 : 선생님이 하신 이야기는 우리 반에서 마땅하게 지켜져야 할 법칙이라고 생각해.
철희 : 선생님의 말씀은 보편적 도덕에 따라 우리들의 행동에 옳고 그름이 결정된다고 말씀하신 거잖아.
희수 : 선생님은 우리들의 모든 행동의 결과보다 그 동기가 더 중요하다고 하셨어.
영준 : 선생님은 우리들의 도덕적인 기준은 언제 어디서나 타인의 행복을 함께 고려해야 한다고 하셨어.
└──────┘

① 상훈
② 철희
③ 희수
④ 영준

정답해설 영준은 결과론적 공리주의 개념을 언급하였다.

03 스포츠윤리에 관한 설명으로 적절한 것은?

① 스포츠 상황에서 윤리적 문제의 발생 원인을 밝히고 바람직한 윤리와 법적 규범을 결정하는 것이다.
② 스포츠 경쟁의 도덕적 조건보다 의미 있는 승리의 가치를 확인하는 것이다.
③ 스포츠의 도덕적 가치를 옹호하고 결과적 윤리의 정당성을 확보하는 것이다.
④ 스포츠맨십, 페어플레이 등 스포츠윤리 규범 확산과 이상적인 경기문화를 제시하는 역할이다.

정답해설 스포츠윤리에 대한 옳은 설명이다.

오답해설
① 스포츠 상황에서 윤리적 문제의 발생 원인을 밝히고 바람직한 윤리 규범을 모색하는 것이다.
② 스포츠 경쟁의 도덕적 조건과 가치 있는 승리의 의미를 탐색하는 것이다.
③ 스포츠의 도덕적 가치를 옹호하고 보편적 윤리의 정당성을 확보하는 것이다.

04 〈보기〉에서 설명하는 개념은?

┌─ 보기 ─┐
• 행위 중심의 윤리보다 행위자의 윤리를 더 강조하고 있다.
• 인간의 도덕성은 행위의 문제가 아닌 내면과 덕성의 문제이다.
• 인간은 공동체의 도덕적 전통과 관습에 따라 행동하는 존재이다.
└──────┘

① 배려 윤리
② 결과론적 윤리
③ 덕론적 윤리
④ 의무론적 윤리

정답해설 덕론적 윤리에 관한 설명이다.

| 정답 | 01 ①　　02 ④　　03 ④　　04 ③

05 〈보기〉의 내용을 주장한 동양학자는?

┌─ 보기 ─────────────────────────┐
• 만물의 생성과 존재의 원리인 도(道)를 강조하였다.
• 도(道)가 현실 속에서 드러난 것을 덕(德)이라고 주장했다.
• 인위적이지 않은 있는 그대로의 상태, 즉 자연의 순리에 따르는 삶을 주장했다.
└────────────────────────────┘

① 맹자　　　　　② 공자
③ 장자　　　　　④ 노자

> **정답해설** 〈보기〉는 노자가 주장한 내용이다.

06 가치충돌의 대안으로 적절하지 **않은** 것은?

① 선택 가능한 윤리적 관점을 다각도로 분석한다.
② 개인적 차원과 사회적 차원의 가치충돌로 구분되어 서로 조화를 이루어야 한다.
③ 도덕 규칙과 결과의 공리성을 비교·분석하여 최선의 방안을 모색한다.
④ 사회의 보편적 규범에 비추어 보거나 타인의 관점에서 선택하고 평가한다.

> **정답해설** 개인적 차원과 사회적 차원의 가치충돌로 구분된 것은 가치충돌의 문제점이다.

07 아레테에 관한 설명으로 적절한 것은?

① 아리스토텔레스는 신체의 아레테를 건강, 미, 크기, 운동경기에서의 능력 4가지로 보고, 스포츠는 일차적으로 신체의 아레테를 발휘하는 것이라고 주장하였다.
② 사람 또는 사물이 본래 가지고 있는 것을 좋은 상태에 이르게 하고, 그 기능이 잘 발휘되는 상태를 의미한다.
③ 스포츠인의 아레테는 전문적인 운동능력의 발휘를 통해 육체적 탁월성에 도달하는 것을 의미한다.
④ 인간의 기능을 가장 좋은 상태로 이르게 하는 것을 기본이라고 하며, 아레테라고 한다.

> **정답해설** ② 아레테는 사람 또는 사물이 본래 가지고 있는 것을 좋은 상태에 이르게 하고, 그 기능이 잘 발휘되는 상태를 의미한다.
>
> **오답해설**
> ① 아리스토텔레스는 신체의 아레테를 건강, 미, 강함, 크기, 운동경기에서의 능력 5가지로 보고, 스포츠는 일차적으로 신체의 아레테를 발휘하는 것이라고 주장하였다.
> ③ 스포츠인의 아레테는 전문적인 운동능력의 발휘를 통해 도덕적 탁월성에 도달하는 것을 의미한다.
> ④ 인간의 기능을 가장 좋은 상태로 이르게 하는 것을 덕이라고 하며, 아레테라고 한다.

08 스포츠맨십의 도덕적 행동에 관한 설명으로 적절하지 **않은** 것은?

① 스포츠에서 도덕적 행동은 추상적인 규범이지만 도덕적 공감이기 때문에 적용이 매우 구체적이다.
② 스포츠에서 도덕적 행동은 승리 쟁취가 아닌 규칙에 대한 존경과 의무에서 비롯된다.
③ 스포츠에서 도덕적 행동은 정당한 승리를 위한 윤리적 요청으로 본다.
④ 스포츠에서 도덕적 행동은 인간에 대한 예의와 배려를 통한 자신의 인격을 드러내는 행위이다.

> **정답해설** 스포츠에서 추상적인 규범이지만 도덕적 공감이기 때문에 적용이 매우 구체적이라는 것은 페어플레이의 도덕적 의미이다.

09 성차별의 원인으로 적절한 것은?

① 학교는 생애 초기의 가족에서 시작된 성역할의 고정관념을 강화시키는 역할을 하였다.
② 여성은 모두 비공격적 및 수동적이고, 남성은 모두 공격적 및 능동적인 성향이다.
③ 미디어는 남성에게 태도, 가치 등의 사회적 의미를 부여하고, 여성은 의상, 성적 매력의 도덕적 대상으로 제한한 측면이 있다.
④ 사회로부터 성별의 특성에 따른 적합한 역할을 수행하도록 사회화된 조직구조의 측면이 있다.

| 정답 |　05 ④　06 ②　07 ②　08 ①　09 ①

정답해설 ①은 성차별의 원인으로 옳은 설명이다.

오답해설
② 여성은 일반적으로 비공격적 및 수동적이고, 남성은 공격적 및 능동적인 성향을 소유한 측면이 있다.
③ 미디어는 남성에게 태도, 가치 등의 사회적 의미를 부여하고, 여성은 의상, 성적 매력의 상징적 대상으로 제한한 측면이 있다.
④ 부모로부터 성별의 특성에 따른 적합한 역할을 수행하도록 사회화된 사회구조의 측면이 있다.

10 장애인의 스포츠 권리에 관한 설명으로 적절하지 <u>않은</u> 것은?

① 1975년 국제연합총회에서 '장애인 권리선언'이 회원국의 만장일치로 채택되었다.
② 1998년 우리나라는 '한국장애인인권헌장'이 선포되었다.
③ 장애인 스포츠의 목적은 스포츠 참여로 움직임의 경험, 즐거움, 자기표현의 극대화를 통해 삶의 행복을 추구하는데 있다.
④ 장애를 이유로 스포츠 참여 의무의 장애인을 제한, 배제, 분리, 거부하는 행위는 생활권의 침해에 해당한다.

정답해설 장애를 이유로 스포츠 참여를 원하는 장애인을 제한, 배제, 분리, 거부하는 행위는 기본권의 침해에 해당한다.

11 〈보기〉의 ㉠~㉢에 들어갈 용어가 바르게 제시된 것은?

┌─보기─┐
• (㉠)의 의무 : 다른 생명체에게 해를 입혀서는 안 된다.
• 불간섭의 의무 : 생명체나 생태계에 간섭해서는 안 된다.
• (㉡)의 의무 : 덫이나 낚시와 같이 동물을 속이는 행위를 해서는 안 된다.
• 보상적 정의의 의무 : 부득이하게 다른 생명체에 끼친 (㉢)는 보상해야 한다.
└────┘

	㉠	㉡	㉢
①	불영향	선의	손해
②	불침해	신의	피해
③	불영향	신의	손해
④	불침해	선의	피해

정답해설 〈보기〉의 내용은 테일러의 환경문제 해결을 위한 네 가지 의무로, ㉠은 불침해, ㉡은 신의, ㉢은 피해이다.

12 〈보기〉의 내용을 주장한 학자는?

┌─보기─┐
• '이익 평등 고려의 원칙'을 통해 인간이 아닌 동물과의 관계에도 적용되어야 할 보편타당한 도덕적 근거를 주장하였다.
• 동물은 생명체로서 자신만의 고유한 삶을 살아갈 권리가 존재한다.
└────┘

① 베이컨　　　　② 테일러
③ 피터 싱어　　　④ 레오폴드

정답해설 피터 싱어가 주장한 내용이다.

13 스포츠폭력 예방 강화 활동으로 적절하지 <u>않은</u> 것은?

① 폭력 예방 활동 강화 및 교육활동을 확대한다.
② 선수 지도 우수모델을 확산하고 정착시킨다.
③ 인성을 중요시하는 학교 운동부 정착을 위해 정책을 마련한다.
④ 피해선수 보호 및 지원을 약속한다.

정답해설 피해선수 보호 및 지원을 강화한다.

| 정답 | 10 ④ 11 ② 12 ③ 13 ④

14 관중 폭력의 특성으로 적절한 것은?

① 경기의 성격과 라이벌 의식, 응원 문화 등에 따라 형태가 일정하게 나타나는 특성이 있다.
② 선수의 폭력은 관중의 관람 의식으로 관중의 난동과 무질서한 폭력으로 발전할 가능성이 낮다.
③ 신체적 접촉이 많은 경기일수록 관중 폭력이 증가하는 경향을 보인다.
④ 개별성과 책임성을 갖지 않는 구성원이 개인 행동에 민감해지는 개인화로 발생한다.

정답해설 관중 폭력의 특성에 해당한다.

오답해설
① 경기의 성격과 라이벌 의식, 응원 문화 등에 따라 형태가 다르게 나타나는 특성이 있다.
② 선수의 폭력은 관중의 동조의식을 조장하여 관중의 난동과 무질서한 폭력으로 발전할 가능성이 높다.
④ 개별성과 책임성을 갖지 않는 구성원이 집단행위에 민감해지는 몰개인화로 발생한다.

15 지속 가능한 스포츠 발전을 위한 방법으로 적절하지 <u>않은</u> 것은?

① 인간중심주의와 자연중심주의 사이의 균형을 유지하도록 노력한다.
② 한정된 자원의 범위 내에서 지속 가능한 방법을 최대한 모색한다.
③ 환경오염의 발생을 최대한 막기 위하여 개발을 최대한 제한한다.
④ 환경의 존중과 개발의 의미를 동시에 포함하여 발전을 지속한다.

정답해설 환경오염의 발생은 불가피하기 때문에 피해를 최소화하는 것이 매우 중요하다.

16 〈보기〉의 ㉠~㉢에 들어갈 용어가 바르게 제시된 것은?

> **보기**
> • 도핑은 운동수행 (㉠)을 향상시킨다는 목적으로 선수나 동물에게 약물을 투여하거나 특수한 이학적 처치를 하는 것을 말한다.
> • 금지약물의 복용·흡입·주사·피부 접착 및 혈액제제·수혈·인위적 산소 섭취 등 금지된 (㉡)을 사용 또는 사용 행위를 은폐, 부정거래하는 모든 행위뿐만 아니라 행위의 시도까지 도핑 방지 (㉢)으로 정의하고 있다.

	㉠	㉡	㉢
①	기술	행동	규칙위반
②	능력	방법	규정위반
③	역량	기술	법률위반
④	기능	개념	윤리위반

정답해설 〈보기〉의 내용은 도핑의 정의로 ㉠은 능력, ㉡은 방법, ㉢은 규정위반이다.

17 아곤과 아레테의 차이점으로 적절하지 <u>않은</u> 것은?

① 스포츠는 자유로운 경쟁을 의미하는 아곤과 덕, 탁월함, 훌륭함을 의미하는 아레테를 추구한다.
② 아곤의 경쟁적인 요소는 남성적이고, 아레테의 감성적 요소는 여성적이다.
③ 스포츠의 긍정적인 면을 잘 보여주며 승리 지상주의의 병폐를 막기 위해 아곤보다는 아레테를 더 중시하는 경향이 있다.
④ 아곤은 경쟁하는 상대의 성과와 비교함으로써 가치를 평가하고, 아레테는 타인과의 경쟁이나 비교가 없어도 추구할 수 있다.

정답해설 아곤의 경쟁적인 요소와 아레테의 탁월함은 남성과 여성으로 단순하게 분류되지 않는다.

|정답| 14 ③ 15 ③ 16 ② 17 ②

18 페어플레이의 형식적 의미로 적절한 것은?

① 선수가 경기 중 지켜야 할 정정당당한 행위의 실천규범이다.

② 스포츠 행위의 시작은 도덕적 의무를 기반으로 실행되어야 한다.

③ 규칙의 숙지뿐만 아니라 준수에 대한 의무와 권리이다.

④ 모든 선수에게 기본적으로 부여하는 의무적인 권리이다.

정답해설 페어플레이는 선수가 경기 중 지켜야 할 정정당당한 행위의 실천규범이다.

오답해설

② 스포츠 행위의 시작은 공정성을 기반으로 실행되어야 한다.

③ 규칙의 숙지뿐만 아니라 준수에 대한 약속이다.

④ 모든 선수에게 의무적으로 부여하는 기본적인 조건이다.

19 〈보기〉의 내용을 주장한 학자는?

┤보기├

스포츠에서 발생하는 도덕적 딜레마에 대한 토론을 통해 도덕적 갈등 상황을 이해하고, 자율적으로 대처할 수 있도록 학생들을 가르친다.

① 콜버그(L. Kohlberg)

② 위인(E. Wynne)

③ 루소(J. Rousseau)

④ 지라르(R. Girard)

정답해설 콜버그(L. Kohlberg)가 주장한 스포츠를 통한 도덕교육의 내용이다.

20 정의의 원칙으로 적절하지 <u>않은</u> 것은?

① 평등의 원칙은 기본권에 대해 모두가 평등해야 한다는 것을 말한다.

② 차등의 원칙은 '최대 수혜자에게 최소 혜택'을 주어야 한다는 의미로 사회적 약자를 공정하게 대해야 한다는 의미이다.

③ 기회균등의 원칙은 사회 구성원들에게 공정한 경쟁 조건 제공과 실질적인 기회의 평등을 보장하는 것을 의미한다.

④ 원초적 원칙은 자신의 사회적 지위, 능력 등에 대해 무지하며, 자신이 최악의 위치에 놓일 가능성을 두고 판단하는 것을 말한다.

정답해설 차등의 원칙은 '최소 수혜자에게 최대 혜택'을 주어야 한다는 의미로 사회적 약자에게 더 많은 기회를 제공해야 한다는 의미이다.

운동생리학

01 대사의 경로로 옳지 <u>않은</u> 것은?

① 탄수화물 : 해당작용 – 아세틸 CoA – 크렙스회로 – 전자전달체계
② 단백질 : 글루코스 신생 합성 – 아세틸 CoA – 크렙스회로 – 전자전달체계
③ 지방 : 베타산화과정 – 아세틸 CoA – 크렙스회로 – 전자전달체계
④ 무기질 : 동화작용 – 아세틸 CoA – 크렙스회로 – 전자전달체계

정답해설 무기질은 골격, 치아, 근육과 다른 기관 구조를 포함하여 신체조직을 구성하며, 대사조절에 관여하는 효소들의 구성성분이다.

02 혈액 내 산소의 운반형태는?

① 용해되어 운반, 헤모글로빈에 의한 운반
② 중탄산염 이온(HCO^-)으로서 운반, 헤모글로빈에 의한 운반
③ 헤모글로빈에 의한 운반, 카바미노 화합물로 운반
④ 중탄산염 이온(HCO^-)으로 운반, 용해되어 운반

정답해설 산소의 운반
• 용해되어 운반되는 산소 : 산소분압이 100mmHg → 용해 산소량은 0.3vol% = 100ml의 혈액에 녹아 있는 O_2의 ml
• 헤모글로빈에 의한 산소 운반 : 동맥혈 1L에 200mmHg 의 산소가 있는데 그 중 3ml는 혈액에 녹아 있고 197ml 는 헤모글로빈과 결합하여 운반됨

03 탄수화물, 지방, 단백질 에너지원에 관한 설명으로 옳지 <u>않은</u> 것은?

① 탄수화물은 근육과 간에서 글리코겐으로 바뀌고, 글루코스로 전환되어 혈액을 통해 신체의 모든 조직으로 운반된다.

② 지방은 트리글리세라이드(TG)에서 글리세롤과 유리지방산으로 전환된다.
③ 지방은 탄수화물보다 더 많은 양의 에너지를 제공한다.
④ 단백질은 운동 중 주요 에너지원으로 사용된다.

정답해설 단백질은 운동 중 에너지원으로 사용이 제한되며, 탄수화물과 지방이 주요 에너지원으로 사용되고 단백질은 1~2% 정도만 에너지원으로 사용된다.

04 자극과 흥분을 전달하는 신경계의 단위인 뉴런의 기본영역으로 옳지 <u>않은</u> 것은?

① 세포체   ② 척수
③ 수상돌기   ④ 축삭

정답해설 척수 : 척추 내에 위치하는 중추신경의 일부분으로 감각, 운동신경들이 모두 포함된다. 목에서부터 목척수, 등척수, 허리척수, 엉치척수로 구분되며 그에 따라 지배하는 신체 부위가 나눠진다.

05 장기간 트레이닝으로 단련된 훈련자의 인체 운동에 따른 대사적 적응에 관한 설명으로 옳은 것은?

① 최대운동 시 젖산에 대한 완충능력이 감소한다.
② 최대하운동 시 무산소성 역치가 감소한다.
③ 최대하운동 시 젖산 축적이 증가한다.
④ 안정 시 유리지방산의 활용도가 증가하고 산소 소비량은 감소한다.

정답해설 안정 시 유리지방산의 활용도는 증가, 산소 소비량은 감소한다.

오답해설

① 최대운동 시 젖산에 대한 완충능력이 증가한다.
② 최대하운동 시 무산소성 역치가 증가한다.
③ 최대하운동 시 젖산 축적이 감소한다.

|정답| 01 ④   02 ①   03 ④   04 ②   05 ④

06 〈보기〉의 ㉠, ㉡에 들어갈 용어가 바르게 제시된 것은?

┌─보기─
젖산 역치 : 유산소성 대사를 통한 에너지공급에 의해서만 충족시키지 못하여 근육 내 산소량이 감소한다. (㉠)섬유 사용률이 증가되며 (㉡)을 통한 에너지공급도 필요하다.
└─

	㉠	㉡
①	속근	ATP − PC과정
②	속근	무산소성 해당과정
③	지근	인원질 과정
④	지근	유산소 과정

정답해설 ㉠은 속근, ㉡은 무산소성 해당과정이다.

Tip 젖산 역치의 정의와 특성
• 정의 : 운동부하를 점증시켜 나갈 때 혈중 젖산농도를 급격히 증가시키는 시점의 운동강도
• 특성 : 유산소성 대사를 통한 에너지공급에 의해서만 충족시키지 못하여 근육 내 산소량 감소, 속근섬유 사용률이 증가되며 무산소성 해당과정을 통한 에너지공급도 필요

07 〈보기〉에서 설명하는 호르몬은?

┌─보기─
• 운동 시 호르몬의 분비 증가는 조직 및 근육의 성장에 유용하다.
• 지방조직에서 지방산의 유리를 돕고 근육에서 연료로서 지방의 이용률을 결정하는 혈중 지방산 농도를 상승시킨다.
• 지방산의 활용을 증가시켜 혈중 포도당 수준을 유지한다.
└─

① 인슐린　　　　② 엔도르핀
③ 성장호르몬　　④ 프로락틴

정답해설 성장호르몬(GH) : 인슐린 유사성장인자 분비를 자극하고, 성장에 관여하며, 혈중 글루코스를 유지한다.

오답해설
① 인슐린 : 랑게르한스섬의 β세포에서 분비한다. 소장에서 혈액으로 영양소가 흡수될 때 가장 중요한 호르몬이다.
② 엔도르핀 : 뇌에서 자연적으로 만들어지며 아편처럼 무통각증을 야기하는 화학 물질이다.
④ 프로락틴 : 유방의 발달과 모유 분비를 자극한다.

08 심혈관계 순환에서 폐순환으로 옳은 것은?

① 우심실 → 폐동맥 → 폐(가스 교환) → 폐정맥 → 좌심방
② 좌심실 → 대동맥 → 조직 모세혈관 → 대정맥 → 우심방
③ 좌심실 → 대정맥 → 조직 모세혈관 → 대동맥 → 우심방
④ 우심실 → 폐정맥 → 폐 조직의 모세혈관 → 폐동맥 → 좌심방

정답해설
• 폐순환(가스 교환) : 우심실 → 폐동맥 → 폐(가스 교환) → 폐정맥 → 좌심방
• 체순환 : 좌심실 → 대동맥 → 전신(가스 교환) → 대정맥 → 우심방

09 운동 시 글루코스 대사를 조절하는 호르몬의 영향으로 옳지 <u>않은</u> 것은?

① 알도스테론 : 글리코겐 분해를 가속시킨다.
② 코티졸 : 단백질 분해를 증가시킴으로써 분리된 아미노산이 간에서 글루코스 신생합성에 사용되도록 해준다.
③ 노르에피네프린 : 글리코겐 분해를 가속시킨다.
④ 글루카곤 : 간 글리코겐의 분해와 아미노산으로부터 글루코스 형성을 촉진한다.

정답해설 알도스테론은 신장의 소디움 재흡수에 기여해 신체의 수분 함유량을 증가시키며 혈장량의 보충과 혈압을 정상 상태로 상승시킨다.

10 칼시토닌과 길항작용을 하는 호르몬으로 옳은 것은?

① 부갑상선호르몬　　② 옥시토신
③ 부신수질호르몬　　④ 부신피질호르몬

정답해설 칼시토닌은 혈장 칼슘 농도를 감소시키며, 뼈에서 파골세포의 활동을 저하시킴으로써 분해를 억제한다. 칼시토닌과 길항작용을 하는 호르몬은 부갑상선호르몬으로 뼈에서 파골세포의 활동을 촉진한다.

| 정답 |　06 ②　　07 ③　　08 ①　　09 ①　　10 ①

11 근육의 힘(근력) 조절에 영향을 주는 요인이 <u>아닌</u> 것은?

① 근육의 초기 길이

② 근육의 화학 수용기의 숫자

③ 동원된 운동 단위의 형태와 숫자

④ 운동 단위의 신경 자극 특성

> **정답해설** 근육의 화학 수용기의 숫자는 근육의 힘 조절에 영향을 주는 요인이 아니다.

> **Tip** 근육의 힘(근력) 조절에 영향을 주는 요인
> • 동원된 운동 단위의 형태와 숫자 : 수축할 때 자극을 받는 근섬유 숫자에 따라 근력이 다름
> • 근육의 초기 길이 : 수축 시간과 근육의 초기 길이에 따라 근력이 다름
> • 운동 단위의 신경 자극 특성 : 운동 단위의 신경 자극 빈도에 따라 근력이 다름

12 폐용적과 폐용량에서 기능적 잔기량에 관한 설명으로 옳은 것은?

① 정상 호흡에서 TV를 배출하고 남아 있는 양 (FRC = ERV + RV)

② 정상 호흡에서 최대한 흡입할 수 있는 양(IC = TV + IRV)

③ 최대 흡기 시 폐내 총 가스량(TLC = VC + RV)

④ 최대한 공기를 들여 마신 후 최대한 배출시킬 수 있는 공기의 양(VC = IRV + TV + ERV)

> **정답해설** ②는 흡기 용량, ③은 총폐용량, ④는 폐활량에 대한 설명이다.

13 신경섬유의 자극전도에 관한 설명으로 옳지 <u>않은</u> 것은?

① 말이집 신경섬유는 말이집(수초)이 전기적 절연체로 작용

② 말이집 신경섬유는 말이집이 싸고 있는 부분에서만 탈분극

③ 민말이집 신경섬유는 세포막 전체 길이에 걸쳐 연속적 탈분극

④ 민말이집 신경섬유는 신경전도 속도가 느림

> **정답해설** 말이집 신경섬유는 말이집이 싸고 있지 않은 부분에서만 탈분극한다.

> **Tip** 말이집 신경섬유(유수 신경)의 특징
> • 말이집(수초)이 전기적 절연체로 작용
> • 말이집이 싸고 있지 않은 부분, 즉 신경섬유 마디에서만 탈분극
> • 신경전도 속도가 빠름

14 트레이닝에 따른 혈류, 혈압, 혈액의 반응으로 옳지 <u>않은</u> 것은?

① 안정 시 대동맥 및 폐동맥의 평균 압력이 감소한다.

② 안정 시 총 혈액량은 감소한다.

③ 동일한 최대하운동 중에서 운동할 때, 단련자는 비단련자에 비해 근혈류량이 낮다.

④ 최대운동 중 1회 박출량의 증가로 인해 심박출량은 증가한다.

> **정답해설** 트레이닝에 따른 안정 시 총 혈액량은 증가한다.

15 폐용적에 관한 설명이 바르게 연결되지 <u>않은</u> 것은?

① 1회 호흡량(TV) – 1회 호흡 시 들이마시거나 내쉰 공기량

② 호흡 예비 용적(IRV) – TV에서 최대한 더 들여 마실 수 있는 양

③ 호기 예비 용적(ERV) – TV에서 최대한 배출시킬 수 있는 양

④ 잔기 용적(RV) – 정상 호흡에서 최대한 흡입할 수 있는 양

> **정답해설** 잔기 용적(RV) : 가능한 모두 배출한 상태에서 폐에 남아 있는 양이며, 정상 호흡에서 최대한 흡입할 수 있는 양은 흡기 용량(IC)이다.

| 정답 | 11 ② 12 ① 13 ② 14 ② 15 ④

16 〈보기〉에서 설명하는 운동 중 열 손실의 방법은?

> ─보기─
> 피부와 공기의 수증기압 차이로 발생하며, 열이 몸으로부터 피부 표면의 물로 전달되면 물이 충분한 열을 얻게 될 때 수증기로 전환되어 몸에서 열을 빼앗아간다.

① 복사 ② 증발
③ 전도 ④ 대류

정답해설 〈보기〉는 증발에 대한 설명으로, 운동 중 열 발산을 위해 땀이 수증기로 전환되면서 열이 제거된다.

오답해설
① 복사 : 서로 다른 물체의 표면으로 물리적 접촉 없이 열 전달
③ 전도 : 직접적인 분자 접촉을 통해 한 물질에서 다른 물질로 열이 이동하는 것
④ 대류 : 열이 한 장소에서 다른 장소로 이동하는 것

17 추위에 대한 생리적 적응으로 옳은 것은?

① 피부의 떨림 없이 열 생성을 증가시킨다.
② 손과 발의 체온유지를 위한 말초 순환계의 증가를 가져온다.
③ 수면 능력이 증가된다.
④ 피부 혈류량을 감소시킨다.

정답해설 추운 날씨에 신체를 노출시키면 신경전달률이 감소되어 감각이 줄고, 혈관수축으로 인해 혈류가 감소하게 된다.

18 최대운동 시 순환계의 적응에 관한 설명으로 옳지 않은 것은?

① 젖산 생성량의 감소
② 심박출량 증가
③ 1회 박출량 증가
④ 최대산소섭취량 증가

정답해설 최대운동 시 젖산 생성량은 증가한다. 이외에도 최대운동 중 순환계통의 변화는 다음과 같다.
• 최대심장박출량과 1회 박출량의 증가
• 심박수의 변화(지구력 훈련에 관련된 선수의 최대심박수는 감소)
• 최대유산소능력의 향상
• 총 근육혈류량의 증가

19 고지대 환경에서 운동 시 생리적 반응에 관한 설명으로 옳지 않은 것은?

① 운동능력 저하
② 산화헤모글로빈 포화도 증가
③ 최대산소섭취량 감소
④ 수분손실

정답해설 고지에서의 운동 반응으로 폐환기량은 증가하고, 동맥혈 산화헤모글로빈 포화도는 크게 감소하거나 변화가 없다.

20 서서히 작용하는 호르몬은?

① 카테콜아민
② 인슐린
③ 글루카곤
④ 코티졸

정답해설 티록신, 코티졸, 성장호르몬은 서서히 작용하고 카테콜아민, 인슐린, 글루카곤은 빠르게 작용하는 호르몬으로 알려져 있다.

| 정답 | 16 ② 17 ④ 18 ① 19 ② 20 ④

운동역학

01 인체의 시상면에서 수행되고 있는 운동 동작으로 옳은 것은?

① 윗몸일으키기
② 턱걸이
③ 야구 배트 스윙
④ 팔 옆으로 들어올리기

정답해설 인체를 좌우로 나누는 시상면의 움직임은 굴곡과 신전이다. 인체의 시상면에서 수행되고 있는 운동 동작의 예로는 바이셉스컬, 무릎 펴기, 윗몸일으키기가 있다.

02 타원관절에 관한 설명으로 옳지 <u>않은</u> 것은?

① 굴곡-신전, 외전-내전의 움직임이다.
② 2축성 관절이다.
③ 타원관절의 예로는 요수근 관절이 있다.
④ 타원관절의 예로는 완척관절이 있다.

정답해설 완척관절은 경첩관절의 예이다. 타원관절은 타원 모양의 오목한 뼈의 면이 타원형이 볼록한 뼈의 면과 만나는 형태이며, 타원의 장축과 단축을 중심으로 회전하는 운동에 사용(예 손목 관절)된다.

03 운동의 형태와 예시가 바르게 연결되지 <u>않은</u> 것은?

① 복합 운동 – 파이크 동작으로 다이빙 수행하기
② 선운동 – 피겨 스케이팅의 스텝
③ 각운동 – 체조 철봉의 회전 동작
④ 각운동 – 육상의 높이뛰기

정답해설 육상의 높이뛰기 동작은 무게중심이 직선으로 움직이는 선운동에 해당된다.

04 〈보기〉에서 인체 무게중심에 관한 설명으로 옳지 <u>않은</u> 것만을 모두 고른 것은?

〈보기〉
ㄱ. 인체의 무게중심은 쉽게 변하지 않는다.
ㄴ. 인체의 중심은 모든 질량이나 중량이 다양한 점으로 분포되어 있는 것을 의미한다.
ㄷ. 남성이 여성에 비해 상대적으로 무게중심이 높다.
ㄹ. 무게중심의 이동 거리는 질량의 움직임에 따라 달라진다.

① ㄱ, ㄴ
② ㄱ, ㄷ
③ ㄴ, ㄷ
④ ㄷ, ㄹ

정답해설
ㄱ. 인체의 무게중심은 순간적으로 고정된 자세에 따라 결정되며, 인체의 유연성과 변하기 쉬운 내부 구조는 중심의 위치를 찾는 것을 어렵게 한다.
ㄴ. 인체의 중심은 모든 질량이나 중량이 한 점에 집중된 것을 의미한다.

05 보행에 관한 개념과 설명이 바르게 연결되지 <u>않</u>은 것은?

① 보폭 : 걸을 때 앞발 뒤축에서 뒷발 뒤축까지의 거리
② 활보장 : 보행 주기 전체의 거리로 좌측보장과 우측보장의 합
③ 보간 : 좌측과 우측 발 사이의 폭
④ 보속 : 걷는 시간

정답해설 보속은 걷는 속도를 의미한다.

|정답| 01 ① 02 ④ 03 ④ 04 ① 05 ④

06 100m 달리기에서 속도와 가속도에 관한 설명으로 옳지 <u>않은</u> 것은? (진행 방향을 양(+)의 방향으로 간주)

① 높은 속도가 일정하게 유지되는 중간 구간에서는 양(+)의 가속도가 나타난다.
② 출발 후 속도가 급격히 증가하는 구간에서는 양(+)의 가속도가 나타난다.
③ 속도가 줄어드는 후반 구간에서는 음(−)의 가속도가 나타난다.
④ 결승선을 지난 후에는 속도가 감소하고 음(−)의 가속도가 나타난다.

정답해설 속도의 절대적인 크기와 관계없이 속도가 일정하게 유지되면 가속도는 0이 된다.

07 다음 중 등속도 운동에 관한 설명으로 옳은 것은?

① 가속도는 일정하게 증가한다.
② 물체의 속도가 일정하게 변화한다.
③ 시간이 지나도 가속도가 일정하게 부적으로 변화한다.
④ 가속도는 0이다.

정답해설 등속도 운동은 물체의 속도가 변하지 않고 일정할 때, 즉 가속도가 0일 때를 말하며, 시간이 변해도 가속도가 일정하다.

08 원운동을 하고 있는 운동체에 작용하는 크기가 같고 방향이 반대인 두 개의 힘은?

① 원심력과 회전력 ② 원심력과 구심력
③ 구심력과 중력 ④ 중력과 원심력

정답해설
• 구심력 : 곡선 경로를 따라 움직이는 운동체에 존재하는 힘으로 원의 중심을 향하는 힘이다.
• 원심력 : 구심력과 반대로 회전축으로부터 밀어내려는 힘이다.

09 스포츠 상황에서 인체 운동에 작용하는 힘에 관한 설명으로 옳은 것은?

① 중력은 항상 인체 운동을 방해하는 저항력으로 작용한다.
② 공의 무게중심을 지나지 않는 힘이 작용하면 공은 제자리에서 회전운동을 한다.
③ 수영 경기 중 스트로크로 물을 뒤로 밀어낼 때 발생하는 물의 저항은 추진력으로 작용한다.
④ 마찰력은 항상 운동을 방해하는 저항력으로 작용한다.

정답해설 수영 동작 시 팔 동작의 스트로크는 추진력으로 작용한다.

10 일률(Power)에 관한 설명으로 옳지 <u>않은</u> 것은?

① 단위시간에 수행한 일을 의미한다.
② 일을 할 수 있는 능력을 의미한다.
③ 운동 중 일률은 무산소성 파워와 유산소성 파워로 구분된다.
④ 스포츠에서는 순발력이라는 용어로 사용된다.

정답해설 운동의 원천으로 일을 할 수 있는 능력은 에너지이다.

11 한 축에서 발생하는 토크(torque, moment of force)에 관한 설명으로 옳지 <u>않은</u> 것은?

① 힘의 작용선이 물체의 회전축을 통과할 때 토크가 발생한다.
② 힘이 작용하는 방향이 다르면 토크가 달라진다.
③ 토크는 가해진 힘과 축에서의 힘의 작용선까지 수직거리의 곱이다.
④ 토크는 회전력을 의미한다.

정답해설 토크는 힘의 작용선이 물체의 중심 이외의 부분을 통과할 때 발생한다.

| 정답 | 06 ① 07 ④ 08 ② 09 ③ 10 ② 11 ①

12 벡터에 해당하는 것은?

① 골프공의 질량

② 필드의 온도

③ 골프채의 무게

④ 타격되어 날아가는 골프공의 평균속력

정답해설 질량, 온도, 속력 등은 스칼라에 해당한다.

13 야구 선수가 배트를 짧게 잡고 스윙하는 전략을 사용할 때 감소하는 것은? (단, 다른 조건은 동일하다고 간주)

① 관성모멘트 　② 회전력

③ 배트의 질량 　④ 배트의 회전 속도

정답해설 회전축이 이동하여 배트의 질량 분포가 회전축에 더 가깝게 되어 배트를 짧게 잡고 스윙하면 관성모멘트가 감소하여 회전 속도를 빠르게 할 수 있다.

14 다이빙 경기에서 2회전 앞공중돌기를 한 후 입수하였다. 공중 도약 후 전신을 최대한 웅크린 자세를 취하였을 때에 관한 설명으로 옳지 **않은** 것은? (단, 공기저항은 무시)

① 중력은 일정하게 유지된다.

② 관성모멘트가 감소한다.

③ 각속도가 증가한다.

④ 각운동량이 증가한다.

정답해설 공중에서는 중력이 작용하지만 신체 중심을 지나기 때문에 회전력이 생성되지 않고, 결국 각운동량이 변하지 않는다.

15 마그누스 효과에 해당하지 **않는** 것은?

① 축구의 무회전킥

② 야구의 커브볼

③ 골프의 퍼팅

④ 배구의 플로터 서브

정답해설 공의 회전력과 주변 공기의 압력 차이에 의해 공의 진행 방향이 휘어지는 현상을 '마그누스 효과'라고 한다. 골프의 퍼팅은 포물선 운동이 아니다.

16 투사체의 수평거리에 영향을 미치는 요인으로 옳지 **않은** 것은?

① 투사 각도

② 투사 기술

③ 투사 속도

④ 투사 높이

정답해설 투사체의 수평거리에 영향을 미치는 세 가지 요인은 투사 각도, 투사 속도, 투사체를 던진 투사 높이이다.

17 운동의 형태에 관한 설명으로 옳은 것은?

① 곡선 운동은 대부분 각운동에서 발생한다.

② 복합 운동은 선운동과 각운동이 동시에 일어나는 운동이다.

③ 복합 운동은 회전 운동과 각운동이 결합되어 발생한다.

④ 모든 병진 운동은 관절을 축으로 하여 이루어진다.

정답해설 복합 운동은 병진 운동(선운동)과 회전 운동(각운동)이 동시에 일어나는 운동이다.

18 운동학적 분석의 예시로 옳지 **않은** 것은?

① 달리기의 속도 측정

② 무게중심 측정

③ 인체중심 측정

④ 지면반력 측정

정답해설 지면반력 측정은 운동역학적 분석에 해당한다.

| **정답** | 12 ③　13 ①　14 ④　15 ③　16 ②　17 ②　18 ④

19 운동 에너지에 관한 설명으로 옳은 것은?

① 역학적 일의 강도를 나타내는 지표로 사용된다.

② 단위는 N·m이다.

③ 물체가 움직일 때 그 물체의 운동을 방해하는 힘이다.

④ 움직이는 물체가 갖는 운동 에너지는 그 운동체 속도의 제곱에 비례한다.

정답해설 　운동 에너지에 대한 옳은 설명이다.

오답해설

① 일률에 대한 설명이다.

② 운동 에너지의 단위는 J이다.

③ 마찰력에 대한 설명이다.

20 충격량에 관한 설명으로 옳은 것은?

① 유도 낙법은 충격력을 증가시키는 기술이다.

② 물체의 질량과 속도가 큰 물체는 충격량이 작아진다.

③ 충격량은 운동량의 변화량이라고 할 수 있다.

④ 충격량은 운동하는 물체의 질량과 시간을 더한 값이다.

정답해설

• 충격량 = 힘(충격력) × 작용시간

• 힘 = 질량 × 가속도

즉, 충격량은 운동량의 변화량이다.

한국체육사

01 〈보기〉에서 설명하는 체육사의 연구방법은?

┌─보기─┐
역사가의 역사에 대한 의식으로 과거의 사실을 확인할 때 역사가의 가치관과 해석 원리에 따라 그 기준이 달라지는 것
└─────┘

① 기술적 연구
② 해석적 연구
③ 과학적 연구
④ 실험적 연구

정답해설 〈보기〉는 과거의 사실에 대한 의미를 해석하는 것으로 평가와 해석의 기준을 중요시하는 해석적 연구에 해당한다.

02 제천행사에 관한 설명으로 옳지 **않은** 것은?

① 고구려의 동맹, 부여의 영고, 신라의 가배가 있다.
② 제천행사 중 각종 무예가 실시되었다.
③ 파종과 수확을 할 때 모든 사람이 하늘에 지내는 제사이다.
④ 제천행사의 대표적인 민속놀이에는 입산수행과 편력이 있다.

정답해설 제천행사의 대표적인 민속놀이에는 저포(윷놀이), 기마, 수박, 격검, 씨름 등이 있으며, 입산수행과 편력은 삼국시대 화랑의 체육활동이다.

03 〈보기〉에서 설명하는 고려시대 민속 스포츠 겸 오락은?

┌─보기─┐
• 고구려의 경당에서 정식교육 활동으로 인정
• 주몽의 전설이 있을 정도로 중요한 활동
• 인재 등용에 중요한 역할을 하는 활동
• 연무수단 또는 여가로서 매우 왕성하게 행해진 활동
└─────┘

① 입산수행
② 편력(遍歷)
③ 궁술(弓術)
④ 각저(角觝)

정답해설 궁술(弓術) : 교육 활동의 한 분야로 고구려의 경당, 신라의 궁전법, 백제에서도 기사를 중요하게 취급했다.

04 신라의 체육사상으로 옳지 **않은** 것은?

① 불국토 사상
② 신체미의 숭배 사상
③ 군사주의 체육사상
④ 신체미의 경시 사상

정답해설 신라 화랑도의 우두머리인 화랑은 귀족의 자제로서 외모가 수려한 자를 선발하였다. 따라서 신체의 미와 탁월성을 중시하고 신체 자체에 높은 가치를 부여했으므로 신체의 미를 중시하였음을 알 수 있다.

05 〈보기〉에서 설명하는 화랑도의 체육사상은?

┌─보기─┐
• 입산 수행과 편력 활동은 천신과 산신의 숭배라는 종교의식과 연관
• 편력은 국토를 신성하게 여기며 목숨을 걸고서라도 지켜내야 한다는 사상과 연계
└─────┘

① 신체미의 숭배사상
② 심신일체론적 체육관
③ 군사주의 체육사상
④ 불국토사상

정답해설 불국토사상에 대한 설명이다.

Tip 불국토사상
• 국토를 신성하게 여기며 목숨을 걸고서라도 지켜야 한다는 사상으로 편력활동과 연계되었다.
• 입산수련과 편력은 종교의식과 연관되었으며, 스포츠 활동과 음악, 무용, 노래 등이 포함되었다.

| 정답 | 01 ② 02 ④ 03 ③ 04 ④ 05 ④

06 〈보기〉에서 설명하는 개념은?

> ┌보기┐
> 심신일체론적 사상에 기반한 전인교육을 지향하였으며 역동적인 국민성 함양을 추구하였고, 우리 민족의 정신적 양식이 되었다. 풍류도(風流徒), 국선도(國仙徒), 원화도(源花徒)라고도 한다.

① 무인정신   ② 도의체육

③ 무예신보   ④ 화랑도

정답해설 화랑도는 일상생활의 규범을 비롯하여 옛 전통에 관한 지식을 가르쳤으며, 각종 제전 및 의식에 관한 훈련을 쌓게 하고, 수렵이나 전쟁에 대한 것도 익히게 하였다. 이러한 교육을 통해 화랑도는 협동과 단결정신을 기르고, 강인한 체력을 연마하였다.

07 조선시대 체육 중 육예로 옳은 것만을 모두 고른 것은?

> ┌보기┐
> ㄱ. 예(禮) : 예용(禮容)   ㄴ. 악(樂) : 음악(音樂)
> ㄷ. 사(射) : 마술(馬術)   ㄹ. 어(御) : 궁술(弓術)
> ㅁ. 서(書) : 서도(書道)   ㅂ. 수(數) : 수학(數學)

① ㄱ, ㄷ, ㅁ, ㅂ   ② ㄴ, ㄷ, ㅁ, ㅂ

③ ㄱ, ㄴ, ㅁ, ㅂ   ④ ㄷ, ㄹ, ㅁ, ㅂ

정답해설 ㄱ, ㄴ, ㅁ, ㅂ이 옳은 것에 해당한다.

오답해설
ㄷ. 사(射) : 궁술(弓術), ㄹ. 어(御) : 마술(馬術)

08 고려시대 교육에 관한 설명으로 옳은 것은?

① 과거제도를 중심으로 국가에서 운영하는 관학(官學)과 개인이 운영하는 사학(私學)으로 분류하였다.

② 국학의 7재 속에 강예재를 설치하여 무예의 이론과 실기를 교육하였다.

③ 신분제를 기반으로 한 계급 사회였다.

④ 갑오개혁을 통한 교육혁신이 일어났다.

정답해설 성종 11년(992년)에는 국립대학인 국자감이 세워졌고, 국자감을 강화하고자 서적포를 두어 국학도서 출판을 활발히 하였으며, 국학에 7재라는 전문강좌를 두어 국학교육을 강화하였다.

09 고려시대의 무예에 관한 설명으로 옳지 않은 것은?

① 수박희(手搏戲)는 무신반란의 주요 원인 중 하나였다.

② 강예재(講藝齋)라는 무학의 과를 두어 무사는 전통적인 정신과 무예의 가르침을 받았다.

③ 마상재는 원기 또는 농마라는 명칭 밑에 행해졌다.

④ 문식(文識)과 무략(武略)을 모두 갖추는 문무겸전(文武兼全)을 강조하였다.

정답해설 문무겸전(文武兼全)은 '문식(文識)과 무략(武略)을 다 갖춘다'라는 뜻으로, 조선시대 천시되었던 무예에 대한 새로운 인식을 끌어내어 국정 운영의 철학으로 발전하였다.

10 〈보기〉의 내용과 관련된 설명으로 옳은 것은?

> ┌보기┐
> 고려시대는 1170년부터 1270년까지 100년간 무신들에 의해 만들어진 정권이었으며, 무신들이 정치와 경제, 사회, 문화 등 모든 분야에서 권력을 행사하며 고려를 다스렸다.

① 고려시대 국학의 7재의 교육과정 중 무학을 공부하는 강예재가 있었다.

② 수박(手搏)은 고려시대 무인들에게 적극적으로 권장되었으며, 승자에게는 벼슬을 주었다.

③ 향학에서는 궁사와 음악을 즐겼다.

④ 관직의 자질을 평가하는 데 궁술(弓術), 즉 활쏘기 능력이 영향을 미쳤다.

정답해설 수박(手搏)
• 맨손과 발을 이용한 격투기로 치기, 주먹지르기 등의 기술을 포함한다.
• 무인들에게 적극 권장되었고, 명종 때에는 수박을 겨루어 승자에게 벼슬을 주어 출세를 위한 방법으로 활용했다.
• 인재 선발을 위한 기준이 되었으며, 무신반란의 주요 원인 중 하나이다.

| 정답 | 06 ④   07 ③   08 ②   09 ④   10 ②

11 이황의 활인삼방(活人心方)에 관한 설명으로 옳지 <u>않은</u> 것은?

① 퇴계 이황이 도교의 양생사상을 바탕으로 구성한 의학서적이다.

② 명의 주권이 저술한 도가 계열의 의서를 도입한 것이다.

③ 무예훈련 교범이다.

④ 도인법(導引法)은 도가에서 무병장수하기 위해 행한 건강법으로 치료보다는 예방을 위한 보건 체조이다.

정답해설 이황의 활인삼방(活人心方)은 퇴계 이황이 도교의 양생사상을 바탕으로 구성한 의학서적이며 도인법, 도인체조에 관한 서적으로 예방의학적 내용을 담고 있다.

12 조선시대의 육예(六藝) 중 마술(馬術)을 의미하는 것은?

① 예(禮)　　　　② 어(御)

③ 서(書)　　　　④ 사(射)

정답해설 육예(六藝) : 예(禮)는 예용(禮容), 악(樂)은 음악(音樂), 사(射)는 궁술(弓術), 어(御)는 마술(馬術), 서(書)는 서도(書道), 수(數)는 수학(數學)을 의미한다.

13 〈보기〉에서 설명하는 무예서적은?

> 보기
> • 1759년 사도세자가 모든 정사를 대리하던 중 기묘년(1759)에 명하여 12가지 기예를 넣어 편찬한 무예서이다.
> • 사도세자의 정치적 상황과 밀접한 연관이 있다.
> • 사도세자의 지지 기반인 노·소론 내의 청류당(淸流黨)과 남인(南人)을 중심으로 신진 무반을 양성하는 등 인재를 육성하기 위하여 무예서를 편찬하고자 하였다.

① 고병서해제　　　② 무예제보

③ 무예신보　　　　④ 무예도보통지

정답해설 무예신보에 해당한다.

오답해설
① 고병서해제 : 병서에 대한 연구 서적

② 무예제보(武藝諸譜) : 1598년 한교(韓嶠)가 편찬한 우리나라에서 가장 오래된 무예서로 6기(六技)(곤봉, 등패, 장창, 당파, 낭선, 쌍수도) 수록

④ 무예도보통지(武藝圖譜通志) : 1790년 무예제보(武藝諸譜)와 무예신보(武藝新譜)를 근간으로 새로운 훈련 종목을 더한 후 간행한 무예 훈련 교범

14 조선시대 체육에 관한 설명으로 옳지 <u>않은</u> 것은?

① 육예(六藝) : 육예 중 교육적 궁술은 활쏘기를 통한 인간 형성을 지향하는 유교적 교육 방식을 취했다.

② 편사(便射) : 5인 이상 편을 구성하여 각 선수가 맞힌 화살의 총수로 승부를 겨루는 궁술대회이다.

③ 활인심방(活人心方) : 율곡 이이가 도교의 양생 사상을 바탕으로 구성한 의학서적이다.

④ 격구(擊毬) : 나무로 만든 공을 장시라는 채로 쳐서 구문에 공을 넣는 경기이다.

정답해설 활인심방(活人心方)은 퇴계 이황이 도교의 양생사상을 바탕으로 구성한 의학서적이다.

15 개화기에 세워진 체육단체로 〈보기〉의 설명에 해당하는 것은?

> 보기
> • 근대 체육의 선구자 노백린 등이 창립
> • 체육의 올바른 이념 정립과 체육 관련 정책의 개혁을 목표로 체육단체를 운영

① 대한체육구락부　　② 황성기독교청년운동부

③ 대한국민체육회　　④ 대동체육구락부

정답해설 대한국민체육회

• 대한국민체육회 : 1907년 10월에 발족하였고, 체육의 질적인 보급 및 향상을 위해 창립되었다.

• 노백린(근대체육의 선구자) : 올바른 국민교육을 목적으로 체육의 중요성을 역설한 인물이다.

| 정답 | 11 ③　12 ②　13 ③　14 ③　15 ③

16 근대 스포츠의 도입과 보급에 관한 설명으로 옳지 <u>않은</u> 것은?

① 육상 : 1896년 운동회(화류회)에서 처음 시작하였다.
② 농구 : 1907년 황성기독교청년회(YMCA) 질레트에 의해 소개되었다.
③ 테니스 : 1884년 미국공사관과 개화파 인사들이 실시했으며, 미국인 푸트에 의해 소개되었다.
④ 축구 : 1895년 한성사범학교의 교과목으로 채택된 후 정식 과목으로 채택되었다.

> **정답해설** 1895년 한성사범학교의 교과목으로 채택된 후 정식 과목으로 채택된 것은 체조이며, 축구는 1890년 구기 종목 중 우리나라에 가장 먼저 소개된 종목이다. 1896년 외국어학교에서 운동회 종목으로 채택되었고, 최초의 경기는 1899년 삼선평 황성기독교청년회와 오성학교의 경기이다.

17 1960년~1970년대 정부가 추진한 주요 스포츠 정책으로 옳지 <u>않은</u> 것은?

① 대한체육회관 및 태릉선수촌 완공
② 국민체육진흥법 공포
③ 대한체육회 산하 사회체육위원회 설치
④ 아시안게임과 올림픽게임 유치를 통한 한국 엘리트 스포츠 운동 발달의 촉진

> **정답해설** 1960년~1970년은 박정희 정권기의 스포츠를 상징한다. 아시안게임과 올림픽 게임 유치를 통한 한국 엘리트 스포츠 운동 발달의 촉진은 전두환・노태우 정권의 스포츠 시대(1981~1993)이다.

18 광복 이후의 스포츠에 관한 설명으로 옳지 <u>않은</u> 것은?

① 1951년 제1회 아시안게임과 1950년 제31회 전국체육대회가 성황리에 개최됐다.
② 1948년 최초로 제14회 런던 하계 올림픽에 출전, 조선체육회가 '대한체육회'로 변경했다.
③ 1950년 보스턴 마라톤대회에서 함기용, 송길윤, 최윤칠 선수가 1위, 2위, 3위를 차지했다.
④ 1947년 대한올림픽위원회(KOC)가 IOC에 가입 및 국제대회에 참가했다.

> **정답해설** 한국전쟁으로 1951년 제1회 아시안게임과 1950년 제31회 전국체육대회는 무산됐다.

19 〈보기〉의 국제스포츠 참가 역사를 연대순으로 바르게 연결한 것은?

┌─ **보기** ─────────────────────┐
ㄱ. 한국전쟁 중 제15회 헬싱키 올림픽경기대회 참가
ㄴ. 한국 첫 제4회 동계 아시안경기대회 강원도에서 개최
ㄷ. 한국 첫 제10회 하계 아시안경기대회 개최
ㄹ. 한국 첫 제24회 올림픽경기대회 서울에서 개최
└──────────────────────────────┘

① ㄱ-ㄴ-ㄷ-ㄹ
② ㄱ-ㄷ-ㄹ-ㄴ
③ ㄴ-ㄷ-ㄱ-ㄹ
④ ㄷ-ㄹ-ㄱ-ㄴ

> **정답해설**
> ㄱ. 1952년 한국전쟁 중 제15회 헬싱키 올림픽경기대회 참가
> ㄷ. 1986년 한국 첫 제10회 하계 아시안경기대회 개최
> ㄹ. 1988년 한국 첫 제24회 올림픽경기대회 서울에서 개최
> ㄴ. 1999년 한국 첫 제4회 동계 아시안경기대회 강원도에서 개최

20 전두환・노태우 정권기의 스포츠에 관한 설명으로 옳지 <u>않은</u> 것은?

① 사회 스포츠 진흥운동이 '엘리트 스포츠' 중심에서 '대중 스포츠' 중심으로 전환
② 대중 스포츠 운동(Sports for All Movement)으로 생활체육의 확산에 관심
③ 태릉선수촌 완공 및 대한체육회관 개관
④ '호돌이 계획'으로 불리는 '국민생활체육진흥 3개년 종합계획'을 위해 '국민생활체육협의회' 창설

> **정답해설** 태릉선수촌 완공 및 대한체육회관 개관 시기는 1966년이며, 이 시기는 박정희 정권기였다.

| **정답** | 16 ④　17 ④　18 ①　19 ②　20 ③

특수체육론

01 특수체육의 의미에 관한 설명으로 옳지 <u>않은</u> 것은?

① 특수체육에서 '특수'는 장애인 또는 특수 교육 대상자를 말한다.
② 국내에서 특수체육은 일반적으로 장애가 있는 사람들의 체육 활동과 관련 있는 분야에서 사용한다.
③ 신체의 교정, 훈련, 치료 등 전통적인 프로그램의 계획 요소를 포함한다.
④ 장애인 삶의 질을 향상시키고, 장애인들의 자아를 실현할 수 있도록 하는 데 노력하는 현장 중심 학문이다.

> **정답해설** ③은 특수체육의 정의(Joseph P. Winnick)에 대한 설명이다.

02 패럴림픽에 관한 설명으로 옳지 <u>않은</u> 것은?

① 동·하계 포함해 총 32개 종목으로 구성되어 있다.
② 참가할 수 있는 장애유형은 지적장애, 지체장애, 뇌병변장애이다.
③ 국제장애인올림픽위원회(IPC)가 주최하며, 동·하계 올림픽과 같은 해에 개최된다.
④ 1960년 제1회 로마패럴림픽이 개최된 후 4년마다 열린다.

> **정답해설** 경기종목은 동계 6개 종목, 하계 22개 종목으로 구성되어 있다.

03 장애인스포츠대회의 역사와 연도가 바르게 연결된 것은?

① 1976년 제1회 로마 패럴림픽
② 1988년 제1회 전국장애인체육대회
③ 2005년 대한장애인체육회 설립
④ 2018년 이천 장애인체육종합훈련원 개원식

> **정답해설** 2005년에 대한장애인체육회가 설립되었다.

> **Tip** 장애인스포츠대회의 역사
> • 1960년 제1회 로마 패럴림픽
> • 1976년 제1회 외른셀스비크 동계패럴림픽
> • 1981년 제1회 전국장애인체육대회
> • 1988년 제8회 서울 하계패럴림픽
> • 2005년 대한장애인체육회 설립
> • 2009년 이천 장애인체육종합훈련원 개원식
> • 2018년 평창 동계패럴림픽

04 〈보기〉에서 설명하는 특수체육의 유형은?

> **보기**
> 장애 아동의 능력을 일반 아동의 수준까지 향상시키기 위해 계획된 건강 체력과 대근육 운동 프로그램 유형이다.

① 발달 체육　　　　② 적응 체육
③ 교정 체육　　　　④ 의료 체육

> **정답해설** 〈보기〉는 특수체육의 유형 중 발달 체육에 대해 설명하고 있다.

05 특수체육의 목표로 옳지 <u>않은</u> 것은?

① 정의적 영역　　　　② 평가와 측정 영역
③ 심동적 영역　　　　④ 인지적 영역

> **정답해설** ②는 특수체육의 목표에 해당하지 않는다.

> **Tip** 특수체육의 목표
> • 정의적 영역 : 긍정적 자아, 사회적 능력 향상, 즐거움과 긴장 이완
> • 심동적 영역 : 운동 기술과 패턴, 체력 향상, 여가 활동에 필요한 기술
> • 인지적 영역 : 놀이와 게임 행동, 인지-운동 기능과 감각 통합, 창조적 표현

| 정답 |　01 ③　　02 ①　　03 ③　　04 ①　　05 ②

06 통합 교육 시 주의할 점에 관한 설명으로 옳지 않은 것은?

① 교수적 통합을 통한 수업을 실시할 때 용이하게 수업을 진행해야 한다.
② 장애 학생의 특성을 이해하고 지도해야 한다.
③ 지도의 흐름, 통합 형태와 관련한 사전 합의 후 수업을 실시해야 한다.
④ 전체 지도 후 개인별 지도 시간을 설정한다.

정답해설 개인별 지도 후 전체 지도 시간을 설정해야 수업에 대한 이해도를 높일 수 있으며, 각각의 학생의 특성에 대한 이해도가 높아진다.

07 〈보기〉에서 설명하는 사정은?

보기
- 아동 혹은 교사가 아동의 작품 또는 결과물을 통해 아동의 성취를 평가하는 것이다.
- 학생의 노력과 성취성을 알 수 있다.
- 사정될 작업의 성과에 대해 학생의 참여와 선택이 가능하다.
- 실생활에 보다 직접적으로 연관시킬 수 있다.

① 포트폴리오 사정   ② 수행 사정
③ 교육 과정 중심 사정   ④ 관찰

정답해설 사정(Assessment)이란 배치, 프로그램 계획 등에 관한 의사결정을 목적으로 한 자료 수집과 해석의 과정이며, 〈보기〉는 포트폴리오 사정에 대한 설명이다.

08 검사 도구의 선택 기준에 관한 설명으로 옳은 것은?

① 타당성 : 동일한 검사를 반복하여 실시할 때마다 일관성 있게 같은 결과를 얻는 것
② 객관성 : 두 명의 평가자가 측정한 결과가 동일한 점수를 나타내야 함
③ 신뢰성 : 초보 움직임, 기본 움직임, 스포츠 기술 등의 신체 능력뿐 아니라 지식, 행동 등 인지적, 정의적 요소의 능력이나 특성을 충실하게 측정하는 정도
④ 변별성 : 나이, 성별, 장애와 관련하여 검사 시 동일한 유형의 대상을 포함해야 함

정답해설 ②는 객관성에 대한 옳은 설명이다. 나이, 성별, 장애와 관련하여 검사하는 데 동일한 유형의 대상을 포함해야 하는 것은 변별성이 아니라 적합성에 대한 설명이다.

오답해설
① 타당성 : 초보 움직임, 기본 움직임, 스포츠 기술 등의 신체 능력뿐만 아니라 지식, 행동 등 인지적, 정의적 요소의 능력이나 특성을 충실하게 측정하는 정도
③ 신뢰성 : 동일한 검사를 반복하여 실시할 때마다 일관성 있게 같은 결과를 얻는 것
④ 변별성 : 검사를 잘 수행하는 사람과 수행하기 어려운 사람을 구분하여 실시할 수 있어야 함

09 과제 분석의 목적에 관한 설명으로 옳지 않은 것은?

① 학생지도를 위한 교수 계획을 수립할 때 활용
② 점진적으로 학습할 수 있도록 활용
③ 학생의 성취도를 알아보기 위해 활용
④ 기능 손상의 문제 혹은 특성의 진단

정답해설 ④는 장애인을 대상으로 하는 사정의 목적이다.

10 〈보기〉에서 설명하는 또래 교수 유형은?

보기
- 전 학급의 학생들을 짝꿍/소규모 집단으로 구성하여 서로 피드백 제공
- 수업 목표에 맞는 과제 카드를 활용하여 지도
- 전 학급 학생이 참여하기 때문에 장애 학생이 제외되지 않음
- 경도 장애 학생에게 효과적임

① 전 학급 또래 교수
② 일방 또래 교수
③ 상급생 또래 교수
④ 동급생 또래 교수

정답해설 전 학급 또래 교수에 해당하는 내용이다.

| 정답 | 06 ④   07 ①   08 ②   09 ④   10 ①

② 일방 또래 교수 : 학습 전 보조 교사로 선택된 학생이 지도. 뇌성 마비, 시각 장애, 중증 자폐, 지적 장애 학생 지도에 효과적임

③ 상급생 또래 교수 : 대상 학생보다 나이가 많은 학생을 보조 교사로 이용. 동급생 또래 교수보다 초등학교 저학년 또는 중증 장애 학생에게 효과가 큼

④ 동급생 또래 교수 : 같은 연령의 학생을 보조 교사로 이용. 서로 잘 알고 있다는 장점(같은 학년, 같은 반)이 있으나 초등학교 저학년의 경우와 중증 장애 학생에게는 효과가 거의 없음

11 〈보기〉에서 설명하는 행동 관리의 주요 이론은?

┌─ 보기 ┐

어떠한 행동과 관련하여 자극이 먼저 일어난 후, 이와 연관된 행동이 나타나서 그에 따른 결과를 획득하거나 보상을 받는 형태로 행동이 나타남

① 행동주의　　　　② 조작적 조건 형성
③ A–B–C 모델　　④ 정적 강화

A–B–C 모델에 해당한다.

① 행동주의 : 학습은 경험의 결과로 나타나는 관찰 가능한 행동의 변화

② 조작적 조건 형성 : 특정 환경에서 발생하는 다양한 행동과 그 행동으로 초래되는 긍정적 또는 부정적 결과와 연합되어 추후의 행동이 증가하거나 감소하는 형태의 학습

④ 정적 강화 : 올바른 행동이 일어난 뒤 이를 유지하거나 증가시킬 수 있는 것을 제시하는 방법(행동 관리 강화 기법)

12 장애 유형별 스포츠지도 전략에 관한 설명으로 옳지 <u>않은</u> 것은?

① 지적장애인에게는 단순한 과제에서 복잡한 과제 순으로 제시한다.

② 자폐성 장애인을 지도할 때는 환경적 단서보다 언어적 단서가 효과적이다.

③ 정서장애인에게는 긍정적 피드백을 통해 바람직한 스포츠 참여 행동을 지도하는 것이 좋다.

④ 자폐성 장애인을 지도할 때는 불필요한 자극을 최소화하는 것이 중요하다.

자폐성 장애인은 공격적 행동, 부적절한 언어 사용, 사회적 부적응, 인지 능력 저하 등의 문제를 가지고 있다. 따라서 의사소통이 어려우니 언어적 단서를 줄이고 수업 환경에서 자연스러운 단서를 활용해야 한다.

13 시각장애의 원인으로 옳지 <u>않은</u> 것은?

① 굴절 이상　　　　② 이경화증
③ 각막 질환　　　　④ 수정체 질환

이경화증은 청각장애의 원인이며 중이에 있는 등골이 비정상적으로 비대해 유발되는 상태를 말한다. 이 밖에 시각장애의 원인으로는 시신경 질환, 망막 질환이 있으며, 기타 질환으로는 안구 진탕증, 백색증, 선천적 안구 결함 등을 포함한다.

14 시각장애인의 스포츠 등급 분류에 관한 설명으로 옳지 <u>않은</u> 것은?

① B1 : 빛을 감지 못하는 상태

② B2 : 시력이 2m/60m 이하

③ B2 : 시야가 5° 이하로 물체나 그 윤곽을 인식하는 경우

④ B3 : 시야가 30°에서 50° 사이인 경우

시각장애인의 스포츠 등급 분류 중 B3은 시력이 2m/60m ~ 6m/60m 또는 시야가 5°에서 20° 사이인 경우이다.

15 청각장애의 유형에 관한 설명으로 옳지 <u>않은</u> 것은?

① 중등도(41~55dB) : 사람의 입술 모양을 읽는 훈련 필요, 보청기 사용, 언어 습득과 발달 지연

② 감음 신경성 : 청각과 관련된 신경 손상에 의한 손실 상태

③ 혼합성 : 전음성과 감음 신경성이 혼합된 상태

④ 전음성 : 소리가 전달되지 못하는 일반적인 청력의 손실 상태

①은 청각장애의 정도 중 중등도에 해당하는 설명이다.

| 정답 | 　11 ③　　12 ②　　13 ②　　14 ④　　15 ①

- 경도(26~40dB) : 약간의 소리 인지, 일정 거리 유지 시 음을 이해, 언어 발달 약간 지연
- 중등도(41~55dB) : 사람의 입술 모양을 읽는 훈련 필요, 보청기 사용, 언어 습득과 발달 지연
- 중도(56~70dB) : 일반 학교에서 수업 어려움, 개별 지도 필요, 또래 도움 학습 필요
- 고도(71~90dB) : 특수 교육 지원에 의한 학습 지원 필요, 큰소리 이해 불가, 보청기 의존 불가
- 농(91dB) : 특수한 의사소통 필요, 음의 수용 어려움, 어음 명료도와 변별력이 현저히 낮음

16 청각장애의 원인에 관한 설명으로 옳지 <u>않은</u> 것은?

① 유전
② 선천성 외이 기형
③ 모자 혈액형 불일치
④ 시신경 질환

정답해설 ④는 시각장애의 원인 중 하나이다. 선택지 이외에도 청각장애의 원인으로는 이경화증, 감염, 뇌막염, 소음, 중이염, 외상, 약물 중독 등이 있다.

17 소아마비라고도 하며 바이러스성 감염에 의한 마비 형태로 생기는 척수 손상의 유형으로 옳은 것은?

① 회백수염
② 절단장애
③ 이분 척추
④ 척추 편위

정답해설 회백수염에 해당한다.

오답해설

② 절단장애 : 사지의 일부 또는 전체가 제거되거나 잃은 상태로 선천성과 후천성으로 구분
③ 이분 척추 : 태아가 자라는 처음 4주 동안 신경관이 완전하게 닫히지 않아서 발생하는 선천적인 결함
④ 척추 편위 : 척추에서의 측면 휨 현상으로 구조적·비구조적으로 분류되며, 이는 척추 측만증, 척추 전만증, 척추 후만증으로 구분

18 지체장애인의 체육활동 지도 전략으로 옳지 <u>않은</u> 것은?

① 간단한 언어를 사용하며 한 번에 한 가지 단어를 사용해야 한다.
② 정확한 동작으로 천천히 시범을 보인다.
③ 운동 능력 수준을 고려하기보다는 미리 정해 놓은 운동 난이도로 실시한다.
④ 주의 산만 요소를 제거해야 한다.

정답해설 운동 능력 수준을 고려하여 난이도를 조절해야 한다.

19 뇌병변의 분류 중 신경 해부학적 분류에 포함되지 <u>않는</u> 것은?

① 추체로성 뇌성마비
② 추체외로성 뇌성마비
③ 소뇌성 뇌성마비
④ 단마비

정답해설 단마비는 국소 해부학적 분류(사지 마비 정도에 따른 분류)에 포함되며, 팔·다리 중 한 부위가 마비된 상태이다.

20 신경 운동학적 분류에 따른 뇌성마비의 유형으로 옳지 <u>않은</u> 것은?

① 경련성 뇌성마비
② 무정위 운동성 뇌성마비
③ 운동 실조성 뇌성마비
④ 근이영양증 뇌성마비

정답해설 신경 운동학적 분류에 따른 뇌성마비의 유형은 경련성, 무정위 운동성, 운동 실조성 뇌성마비로 나눌 수 있다. 근이영양증은 여러 근육군의 퇴화가 서서히 진행되는 유전성 질환으로 호흡 장애와 심장질환 등의 합병증을 유발하며, 골격근의 퇴화가 진행되어 근육의 약화, 구축, 변형을 보이며 특정 근육에 가성대비나 진행성으로 오는 대칭성 근위축이 나타난다.

| 정답 | 16 ④ 17 ① 18 ③ 19 ④ 20 ④

01 영아기 반사의 개념에 관한 설명으로 옳은 것은?

① 자세 반사는 환경에 적합한 직립 자세 준비를 위한 과정으로 목 경직 반사(비대칭성 목 경직 반사, 대칭 목 경직 반사), 모로 반사, 빨기(흡입) 반사, 포유(찾기) 반사, 손바닥 잡기 반사, 발바닥 파악 반사, 바빈스키 반사가 있다.

② 반사적 행동은 신경계 하부 영역에서 관장하고, 연령이 높아지면서 뇌의 고등 영역이 발달하여 반사 행동은 의식적인 운동으로 바뀌거나 사라지는 과정이 발생한다.

③ 이동 반사는 아기가 차차 걷기 위해 일반적으로 생후 첫 2주 정도 나타났다가 11개월쯤 되면 사라져 수의적 행동 발달을 추측하는 것으로 기기 반사, 걷기 반사, 수영 반사가 있다.

④ 원시적 반사는 영아가 영양분을 얻고 보호 본능을 얻는 것과 연관되어 태아기부터 생후 1년 정도까지 유지되며, 낙하산 반사, 당김 반사, 목 자세 반사, 몸통 자세 반사, 지지 반사, 직립 반사가 있다.

정답해설 반사적 행동에 대한 옳은 설명이다.

오답해설

① 자세 반사는 환경에 적합한 직립 자세 준비를 위한 과정으로 낙하산 반사, 당김 반사, 목 자세 반사, 몸통 자세 반사, 지지 반사, 직립 반사가 있다.

③ 이동 반사는 아기가 차차 걷기 위해 일반적으로 생후 첫 6주 정도 나타났다가 5개월쯤 되면 사라져 수의적 행동 발달을 추측하는 것으로 기기 반사, 걷기 반사, 수영 반사가 있다.

④ 원시적 반사는 영아가 영양분을 얻고 보호 본능을 얻는 것과 연관되어 태아기부터 생후 1년 정도까지 유지되며, 목 경직 반사(비대칭성 목 경직 반사, 대칭 목 경직 반사), 모로 반사, 빨기(흡입) 반사, 포유(찾기) 반사, 손바닥 잡기 반사, 발바닥 파악 반사, 바빈스키 반사가 있다.

02 유아기의 인지적 특징으로 옳지 <u>않은</u> 것은?

① 발달의 전조작기로 자기만족에서 기본적인 사회적 행동으로 전환하는 발달의 전 단계이다.

② 풍부한 상상력으로 인해서 정확성과 사건들의 적절한 순서에는 크게 관심이 없는 시기이다.

③ 개인적으로 연관이 있는 새로운 상징들에 대해서 지속적으로 조사하고 발견한다.

④ 개인적인 놀이를 통해서 어떻게 그리고 왜 활동하는지 인지하는 시기이다.

정답해설 활동적인 놀이를 통해서 어떻게 그리고 왜 활동하는지 학습하는 시기이다.

03 시기에 따른 특징으로 옳지 <u>않은</u> 것은?

① 신생아기는 미성숙 단계로 출생 후 2~4주를 지칭하며 머리가 신체의 1/2을 차지하고, 뼈가 유연하다는 특징이 있다.

② 영아기는 출생 후 4주~3세를 지칭하며 체중과 신체가 급성장하고, 6개월까지 두뇌가 급격히 발달하며, 12개월 정도가 되면 걸음마를 시작한다는 특징이 있다.

③ 유아기는 3~6세를 지칭하며 성장 속도가 줄어드는 기간으로, 신체의 움직임을 발달시키고 정교히 만드는 기간이며, 이 시기의 운동은 안전성, 이동, 조작 운동으로 구분되는 특징이 있다.

④ 아동기는 6~12세를 지칭하며 꾸준히 성장하는 시기이고, 체육 실기 기술이 발달한다는 특징이 있다.

정답해설 신생아기는 미성숙 단계로 출생 후 2~4주의 기간을 지칭한다. 머리가 신체의 약 1/4을 차지하고, 뼈가 유연하다는 특징이 있다.

|정답| 01 ② 02 ④ 03 ①

04 〈보기〉에서 유아의 정서적 특징으로 적절하지 않은 내용을 말한 사람은?

┌─보기─────────────────────────┐
영희 : 유아는 자기중심적이고, 모든 사람이 자기와 같은 방식으로 판단한다고 생각하는 경향이 있어.

상훈 : 맞아. 그리고 유아들은 종종 상황에 대해 두려움, 부끄러움을 나타내며, 자의식이 강하고, 친숙한 사람 곁을 떠나지 않으려고 해.

철수 : 유아는 옳고 그름을 구분하는 것을 인식하기 시작하며, 의식이 발달해서 성인과 유사한 모습이 나타나는 시기야.

희수 : 유아기 정서 유형에는 공포, 분노, 애정, 질투, 기쁨, 호기심 등이 있다고 해.
└────────────────────────────┘

① 영희　　　　　② 상훈
③ 철수　　　　　④ 희수

정답해설 유아는 옳고 그름을 구분하는 것을 학습하기 시작하며, 의식이 발달하기 시작한다.

05 피아제(J. Piaget) 인지발달 단계 이론에 관한 설명으로 옳지 않은 것은?

① 1단계 감각 운동기(0~2세)는 자기와 타인에 대한 원시적 감각을 획득하고, 시야에서 벗어나도 계속 존재함을 아는 능력이 생긴다.

② 2단계 전조작기(2~7세)는 놀이 활동으로 상상력이 풍부해지고, 직관적인 사고를 보이며, 자기중심적인 태도를 보인다.

③ 3단계 구체적 조작기(7~11세)는 사물과 여러 가치 사이의 관계를 관찰하고, 타인의 행동 관찰을 통해 추론하기 시작하며, 자아중심적 사고가 진행되는 시기이다.

④ 4단계 형식적 조작기(11세 이후)는 논리적인 추론이 가능하고, 추상적인 원리와 이상들을 이해하며, 체계적인 연역적 사고와 조절이 가능한 시기이다.

정답해설 3단계 구체적 조작기(7~11세)는 사물과 여러 가치 사이의 관계를 이해하고, 타인의 행동 관찰을 통해 추론하는 데 능숙해지며, 자아중심적 사고에서 벗어나는 시기이다.

06 유아기 운동 발달의 특징으로 적절하지 않은 것은?

① 복장이나 행동, 어휘 등에 큰 영향을 주고 신체 활동의 참여 여부와 같은 행동을 결정하는 데에도 영향을 준다.

② 개인 차이는 있으나 성장은 유아기를 통하여 순차적이고 예상할 수 있는 순서로 일어나는 양적인 변화 과정이다.

③ 유아기의 운동 발달은 다른 영역의 발달에도 영향을 미치며 신장, 체중, 신경조직, 근육이 꾸준히 증가한다.

④ 유아기에는 골격이나 근육의 발달과 더불어 신경과 근육이 증대되어 운동능력이 점차 발달한다.

정답해설 복장이나 행동, 어휘 등에 큰 영향을 주고 신체 활동의 참여 여부와 같은 행동을 결정하는 데에도 영향을 주는 것은 아동·청소년기의 사회성 발달의 특징이다.

07 〈보기〉에서 에릭슨(E. Erikson) 심리 사회 발달 이론과 관련하여 ㉠~㉢에 들어갈 용어가 바르게 제시된 것은?

┌─보기─────────────────────────┐
• 1단계(0~1.5세) : 신뢰와 (㉠)
• 2단계(1.5~3세) : 자율과 수치, 의심
• 3단계(3~6세) : 주도성과 (㉡)
• 4단계(6~12세) : 근면성과 열등감
• 5단계(12~18세) : 정체성과 역할혼돈
• 6단계(성인 초기) : 친밀감과 (㉢)
• 7단계(성인기) : 생산성과 정체
• 8단계(노년기) : 자아 주체성과 절망
└────────────────────────────┘

	㉠	㉡	㉢
①	불만	책임감	수치
②	불안	죄의식	고통
③	불감	책무성	공포
④	불신	죄책감	고독

정답해설 ㉠은 불신, ㉡은 죄책감, ㉢은 고독이다.

| 정답 | 04 ③　05 ③　06 ①　07 ④

08 게셀(A. Gesell)의 성숙주의 이론에 관한 설명으로 옳지 <u>않은</u> 것은?

① 유아가 준비되었을 경우 성인의 개입은 자제하고 유아 자신의 발달 수준에 적절한 활동을 스스로 선택하고 활동하게 해야 한다는 이론이다.

② 교육 또는 연습은 성숙에 필요하기 때문에 발달 과정과 함께 가르치려는 노력이 필요하다.

③ 발달 과정에서 방향을 결정하는 가장 중요한 것은 성숙으로 본다는 이론이다.

④ 성숙은 유아기의 타고난 유전 요인에 의하여 성장과 발달이 결정된다는 이론이다.

정답해설 교육 또는 연습과 같은 것은 성숙과 차이가 있기 때문에 발달 과정보다 앞서서 가르치려는 노력이 필요 없다는 주장이다.

09 파튼(M. Parten)의 사회적 놀이 발달 유형에 관한 설명으로 옳은 것은?

① 협동 놀이는 사전에 계획과 협의가 있고 놀이를 주도하는 리더가 존재하지만, 역할 분담과 상호작용이 필요하지 않다.

② 방관자적 행동은 다른 사람의 놀이를 바라보며 대화하고, 함께 행동하는 모습을 보인다.

③ 연합 놀이는 자연스럽게 함께 놀거나 우발적으로 함께 노는 행동을 의미한다.

④ 병행 놀이는 다른 사람과 장난감을 함께 사용하며 흉내 내는 행동을 보이며, 함께 놀이 행동을 보인다.

정답해설 연합 놀이에 대한 옳은 설명이다.

오답해설

① 협동 놀이는 사전에 계획과 협의가 있고 놀이를 주도하는 리더가 존재하며, 역할 분담과 상호작용이 필요하다.

② 방관자적 행동은 다른 사람의 놀이를 바라보며 대화는 하지만 참여하지 않는 행동을 의미한다.

④ 병행 놀이는 다른 사람과 장난감을 함께 사용하며 흉내 내는 행동을 보이지만 혼자 놀이 행동을 보인다.

10 〈보기〉는 유아기 신체 기능에 관한 내용이다. ㉠, ㉡에 들어갈 용어가 바르게 제시된 것은?

┌─보기─────────────────────┐
• 호흡 기능
　– 호흡수는 약 (㉠)회/분
　– 유아의 경우 호흡수를 증가시킬 여유가 적다.
• 순환 호흡 기능
　– 맥박수는 약 (㉡)회/분
　– 1회 박출량이 적은 부분을 박출 횟수를 증가시켜 보완한다.
└──────────────────────────┘

	㉠	㉡
①	20~30회	80~100회
②	25~35회	100~110회
③	25~40회	100~120회
④	30~45회	110~130회

정답해설 ㉠은 25~40회, ㉡은 100~120회이다. 참고로 성인의 호흡수는 12~20회/분이고, 맥박수는 60~80회/분이다.

11 세계보건기구(WHO) 권장 청소년 신체 활동 지침에 관한 설명으로 옳지 <u>않은</u> 것은?

① 매일 하는 신체 활동 운동의 대부분은 유산소 활동 운동이어야 하며 뼈와 근육을 강화하는 격렬한 강도의 활동을 적어도 주 3회 이상 실시한다.

② 5~17세 어린이와 청소년은 매일 적어도 합계 60분의 중등도 혹은 격렬한 강도의 신체 활동을 해야 한다.

③ 5~17세 어린이와 청소년의 신체 활동에는 가정, 학교 및 지역사회에서의 놀이, 게임, 스포츠, 이동, 여가, 체육수업 또는 계획된 운동이 포함되어야 한다.

④ 심폐 체력 및 근력, 뼈 건강, 심혈관 및 대사적 건강의 생물학적 지표를 개선하고 불안 및 우울증 증상을 감소시키는 운동을 매일 30분 이상 실시한다.

|정답| 08 ② 09 ③ 10 ③ 11 ④

심폐 체력 및 근력, 뼈 건강, 심혈관 및 대사적 건강의 생물학적 지표를 개선하고 불안 및 우울증 증상을 감소시키기 위해서 다음과 같은 사항을 권장한다.
- 5~17세 어린이와 청소년은 매일 적어도 합계 60분의 중등도 혹은 격렬한 강도의 신체 활동을 해야 한다.
- 5~17세 어린이와 청소년의 신체 활동에는 가정, 학교 및 지역사회에서의 놀이, 게임, 스포츠, 이동, 여가, 체육수업 또는 계획된 운동이 포함되어야 한다.
- 매일 하는 신체 활동 운동의 대부분은 유산소 활동 운동이어야 하며 뼈와 근육을 강화하는 격렬한 강도의 활동을 적어도 주 3회 이상 실시한다.

12 〈보기〉는 지각 운동의 과정에 관한 내용이다. 〈보기〉의 ㉠ ~ ㉣에 들어갈 용어가 바르게 제시된 것은?

┌─ 보기 ─────────────────────────┐
- 감각 정보 입력 : 감각 양식을 통하여 (㉠)을/를 수용한다.
- 감각 통합 : 수용된 감각 자극을 조직화하고 기존 기억 정보와 (㉡)한다.
- 운동 해석 : 현재 정보와 기억 정보를 바탕으로 (㉢) 운동 의사가 결정된다.
- 움직임 활성화 : 움직임이 실행된다.
- 피드백 : 다양한 감각 양식에 대한 움직임 (㉣)을/를 통한 새로운 주기가 시작된다.
└──────────────────────────────┘

	㉠	㉡	㉢	㉣
①	정보	결합	외적	결정
②	자극	통합	내적	평가
③	기억	통제	외적	결과
④	노력	합성	내적	과정

㉠은 자극, ㉡은 통합, ㉢은 내적, ㉣은 평가이다.

13 체력 발달 프로그램 설명으로 옳지 <u>않은</u> 것은?

① 체력은 일상 활동뿐만 아니라 직업 활동 및 여가 활동을 보다 활기차게 수행할 수 있는 신체적 능력을 말한다.
② 유아 운동 시 유아들이 운동에 바람직하게 참여할 수 있도록 체력 수준, 건강 상태, 남녀 개인의 특성 등을 고려해야 한다.
③ 체력은 건강 체력과 수행(기술) 체력으로 구분하여 프로그램을 개발한다.
④ 운동능력은 상호의존적 관계이며, 발달을 위해서는 정신과 신체의 조절 능력을 강화하고 결합하는 게 중요하기에 프로그램 개발에 적극적으로 활용한다.

운동능력은 상호의존적 관계이며, 발달을 위해서 정신과 신체의 조절 능력을 강화하고 결합하는 게 중요하다는 개념은 지각 운동에 관한 내용이다.

14 유아체육 지도 방법으로 적절한 것은?

① 유아의 신체 발달 및 운동능력을 자유롭게 하고, 개인차를 고려해야 한다.
② 교육적으로 건전한 실내외의 물리적 환경을 준비하여 유아의 안전한 활동을 유도한다.
③ 신체 활동을 하면서 공간, 시간, 힘, 흐름 등 동작의 기본 요소를 반영한다.
④ 일과 중 다양한 신체 활동이 이루어지도록 간략하고 안전하게 시간을 계획한다.

유아체육 지도 방법으로 옳은 설명이다.

① 유아의 신체 발달 및 운동능력을 정확히 파악하고, 개인차를 고려해야 한다.
② 교육적으로 풍부한 실내외의 물리적 환경을 준비하여 유아의 활발한 활동을 지원한다.
④ 일과 중 다양한 신체 활동이 이루어지도록 충분하고 규칙적인 시간을 계획한다.

| 정답 | 12 ② 13 ④ 14 ③

15 〈보기〉는 유아-교사 상호주도적 통합적 지도 방법에 관한 내용이다. 〈보기〉의 ⊙~ⓒ에 들어 갈 용어가 바르게 제시된 것은?

> ―보기―
> • 유아의 적극적인 (⊙)와 교사의 체계적인 접근의 지도 방법
> • 유아에게 적절한 과제를 주어 다양한 학습의 (ⓛ)를 제공
> • 도입 단계 → 동작 습득 단계 → (ⓒ) 단계 → 평가 단계로 구성

	⊙	ⓛ	ⓒ
①	참여	기회	창의적 표현
②	기회	유도	창조적 표현
③	배려	편의	개발적 표현
④	의지	평가	융합적 표현

정답해설 ⊙은 참여, ⓛ은 기회, ⓒ은 창의적 표현이다.

16 유아체육 지도 원리로 적절하지 <u>않은</u> 것은?

① 융통성의 원리 : 유아가 신체 활동 시간을 스스로 결정하도록 융통성을 제공한다.
② 생활 중심의 원리 : 일상생활에서 신체 활동 경험을 바탕으로 체육 활동에 참여한다.
③ 개별화의 원리 : 유아 개인의 운동능력과 발달 속도에 맞추어 체육 활동에 참여한다.
④ 반복 학습의 원리 : 유아체육은 안전, 이동, 응용 운동의 3가지 기초 운동의 반복 학습이다.

정답해설 반복 학습의 원리 : 유아체육은 안정, 이동, 조작 운동의 3가지 기초 운동의 반복 학습이다.

17 유아 운동 발달 프로그램의 목표로 적절한 것은?

① 다양한 신체 활동과 감각 경험을 통해 자기 신체와 주변을 인식하는 응용 능력을 향상한다.
② 체육 활동에 참여하여 즐겁고 건강한 정신을 유도하며, 즐거운 생활 습관을 관리한다.
③ 기본적인 운동능력을 기르고, 기초 체력을 증진하며, 자기감정을 자제할 기회를 제공한다.
④ 지각과 동작의 협응 과정을 통하여 지각 운동 기술을 발전시킨다.

정답해설 유아 운동 발달 프로그램의 목표에 대한 옳은 설명이다.

오답해설

① 다양한 신체 활동과 감각 경험을 통해 자기 신체와 주변을 인식하는 기초 능력을 향상한다.
② 체육 활동에 참여하여 즐겁고 건강한 정신을 유도하며, 안전한 생활 습관을 지도한다.
③ 기본적인 운동능력을 기르고, 기초 체력을 증진하며, 자기감정을 표현할 기회를 제공한다.

18 프로그램 단계별 지도 내용으로 적절하지 <u>않은</u> 것은?

① 도입 단계 : 활동 목표를 제시하고 참여 방법을 안내하며 질서 및 안전을 강조한다.
② 준비 단계 : 신체의 이상 유/무를 확인하고, 적절한 준비 운동을 실시한다.
③ 전개 단계 : 안전하고 질서 있게 전개되도록 조성하고, 개인차를 고려한 활동 영역과 영역별 활동 목표를 인식하며, 흥미를 지속적으로 갖도록 유도한다.
④ 정리 단계 : 충분한 정리 운동과 생활 지도 및 운동 시 상해를 판단한다.

정답해설 정리 단계 : 적절한 정리 운동과 생활 지도 및 운동 시 상해의 유/무를 최종 확인한다.

19 유아체육 프로그램 운영 시 유의점으로 적절한 것은?

① 가정환경 유의점 : 유아의 가정에서 도움을 받아 교육에 참고하면 좋다. 가정 통신문 등을 통하여 유아의 특성을 파악한 후 체육 프로그램을 통보한다.

② 실행 유의점 : 개별적으로 기본적 신체 욕구를 충족시키고, 체육 활동을 일정한 순서대로 일관성 있게 계획하여 정서적 안정감과 만족감을 준다.

③ 연령 유의점 : 3~4세의 경우 호기심이나 어떤 사물에 대한 관심이 행동에 영향을 미치는 시기이다. 따라서 교사는 활동 관리, 안전 관리, 집단별 관리 역할을 한다.

④ 소집단 구성 유의점 : 산만한 유아를 선정하여 소집단을 구성하고 별도로 관리 운영한다.

정답해설 실행 유의점에 대한 옳은 설명이다.

오답해설

① 가정환경 유의점 : 유아의 가정에서 도움을 받아 함께 교육하면 좋다. 가정 통신문 등을 통하여 유아의 특성을 파악한 후 체육 프로그램을 구성한다.

③ 연령 유의점 : 3~4세의 경우 호기심이나 어떤 사물에 대한 관심이 행동에 영향을 미치는 시기이다. 따라서 교사는 활동 안내, 안전 보호자, 집단별 중재자 역할을 한다.

④ 소집단 구성 유의점 : 리더 역할을 할 유아를 배치할 필요가 있으며, 산만한 유아를 선정하여 일정 권한을 주고 스스로 책임지는 역할을 부여하면 도움이 된다.

20 유아체육 안전 지도 및 환경으로 적절하지 <u>않은</u> 것은?

① 유아체육 지도 환경은 안전성, 경제성, 흥미성, 효율성을 고려한다.

② 실외 놀이, 운동 기구에서 안전을 고려하여 재질과 시설의 점검이 필요하다.

③ 지도 교사는 수업 실시 중 안전 사항을 점검하고, 수업 후 안전사고에 항상 유의한다.

④ 인간의 두뇌는 8세 이전에 우뇌가 발달하고, 이후 좌뇌가 발달하므로 유아기 우뇌 발달을 위해서 에너지를 발산할 수 있는 대근육 활동 환경이 필요하다.

정답해설 지도 교사는 수업 실시 전 안전 사항을 점검하고, 수업 중 안전사고에 항상 유의한다.

노인체육론

01 초고령 사회에서 65세 이상 노인 인구가 차지하는 비율은?

① 7% 이상
② 14% 이상
③ 20% 이상
④ 30% 이상

> **정답해설** 초고령 사회는 65세 이상 노인 인구의 비율이 20% 이상인 사회를 말한다.
> • 고령화 사회 : 65세 이상의 노인 인구의 비율이 7% 이상 14% 미만
> • 고령 사회 : 65세 이상의 노인 인구의 비율이 14% 이상 20% 미만
> • 초고령 사회 : 65세 이상의 노인 인구의 비율이 20% 이상

02 생물학적 노화이론에 관한 설명으로 옳지 않은 것은?

① 점진적 불균형 이론은 신체적·정신적·사회적 손실에 적응하는 노인의 능력과 관련된다.
② 유전적 이론은 인체 내의 노화 속도를 결정하는 데 있어 유전적인 역할에 초점을 둔다.
③ 손상 이론에서 세포 손상의 누적은 세포의 기능 장애와 괴사의 핵심적인 결정 요소이다.
④ 점진적 불균형 이론은 인체 기관이 각기 다른 속도로 노화하면서 생물적 기능의 불균형을 초래한다고 본다.

> **정답해설** ①은 발트(Baltes)의 선택적 적정화 이론에 대한 설명이다.

03 노화의 심리적 특성에 관한 설명으로 옳지 않은 것은?

① 권력, 권위, 보상 및 선택의 재량 상실
② 우울증 경향과 소극적인 성향이 증가함
③ 소외감과 고독감이 증가하고 이해력이 낮아짐
④ 의존성이 증가하고 조심성이 많아짐

> **정답해설** ①은 노화에 따른 사회적 특성에 대한 설명이다.
> **Tip** 노화의 사회적 특성
> • 역할의 변화
> • 권력, 권위, 보상 및 선택의 재량 상실
> • 타인에 대한 의존성 증가
> • 대인 관계 위축과 사회 참여도 감소

04 윌리엄스(Williams, 1990)의 체력 요소 분류 중 운동 관련 체력 요소에 관한 설명으로 옳지 않은 것은?

① 민첩성
② 심폐 지구력
③ 순발력
④ 평형성

> **정답해설** 운동 관련 체력 요소에는 순발력, 민첩성, 평형성, 협응(조정)력, 스피드, 반응 시간이 있으며, 건강 관련 체력 요소에는 근력, 근지구력, 심폐 지구력, 유연성, 신체 조성이 있다.

05 운동에 따른 심리적 효과에 관한 설명으로 옳지 않은 것은?

① 긴장 이완
② 기분 상태의 개선
③ 스트레스와 불안 감소
④ 세대 간 교류 촉진

> **정답해설** ④는 운동의 사회적 효과에 해당하며, 운동의 심리적 효과에는 긴장 이완, 기분 상태의 개선, 스트레스와 불안 감소 이외에도 정신 건강의 향상이 있다.

| 정답 | 01 ③ 02 ① 03 ① 04 ② 05 ④

PART 02

06 매슬로(Maslow)의 욕구 이론에 관한 설명으로 옳은 것만을 모두 고른 것은?

┌─ 보기 ─────────────────────────────┐
ㄱ. 생리적 욕구, 안전의 욕구, 애정과 소속의
    욕구, 존경의 욕구, 자아실현의 욕구로 분
    류된다.
ㄴ. 성공적 노화는 신체적·정신적·사회적 손
    실에 적응하는 노인의 능력과 관련된다.
ㄷ. 자신의 기본적 욕구가 충족되었을 때 사람
    들이 더욱 성공적으로 노화한다는 것으로
    받아들여진다.
ㄹ. 노년에서의 기능적 독립성 유지를 위한 3가
    지 행동적 생활 관리 전략이 필요하다.
└────────────────────────────────────┘

① ㄱ, ㄴ, ㄷ   ② ㄴ, ㄷ, ㄹ
③ ㄱ, ㄷ   ④ ㄴ, ㄹ

정답해설 ㄴ과 ㄹ은 발트(Baltes)의 선택적 적정화 이론을 설명하고 있다.

07 운동프로그램 요소에 관한 설명으로 옳지 <u>않은</u> 것은?

① 유·무산소 운동은 모두 뼈 건강에 도움을 준다.
② 생리적·대사적 변화가 나타나는 강도로 실시 해야 한다.
③ 유산소 운동은 적어도 10분 이상 지속해야 한다.
④ 적절한 강도의 신체활동은 주당 50분이 적절하다.

정답해설 노인에게 있어 적절한 강도의 신체활동은 주당 150분, 높은 강도의 신체 활동은 1주에 75분이 적당하다고 권고하고 있다.

08 평형성 운동의 형태로 옳지 <u>않은</u> 것은?

① 뒤로 걷기   ② 앉았다 일어서기
③ 달리기   ④ 발끝으로 걷기

정답해설 달리기는 유산소 운동 형태이며, 평형성 운동 형태로는 뒤로 걷기, 옆으로 걷기, 발꿈치로 걷기, 발끝으로 걷기, 앉았다 일어서기 등이 있다.

09 운동의 빈도, 강도 또는 지속 시간을 증가시킴으로써 가져올 수 있는 운동프로그램의 기본 원리로 옳은 것은?

① 과부하의 원리   ② 특수성의 원리
③ 특정성의 원리   ④ 개별성의 원리

정답해설 과부하의 원리에 대한 설명이다.

Tip 과부하의 원리
• 체력 구성 요소의 향상을 촉진하기 위해 신체의 생리적 시스템은 평상시 신체 활동보다 더 많은 부하에 의해 자극을 받아야 함
• 과부하는 유산소성 운동의 빈도, 강도 또는 지속 시간을 증가시킴으로써 가져올 수 있음

10 〈보기〉에서 설명하는 지속적인 운동 참여를 위한 동기 유발 방법 중 행동 변화 이론으로 옳은 것은?

┌─ 보기 ─────────────────────────────┐
합리적 행위 이론에 지각된 행동 통제력이라는
변인을 추가하여 행동 의도와 행동을 예측하는
이론으로 행동에 대한 태도와 주관적 규범, 지
각된 행동 통제력이 영향을 미쳐 발생함
└────────────────────────────────────┘

① 행동주의 학습 이론
② 범이론적 모형
③ 계획된 행동 이론
④ 행동 변화 단계 이론

정답해설 〈보기〉는 계획된 행동 이론에 대한 설명이며, 행동 변화 이론은 신체 활동에 참여하도록 행동 변화를 일으키는 방법이다.

Tip 행동 변화 이론
행동주의 학습 이론, 건강 신념 모형, 범이론적 모형, 합리적 행위 이론, 행동 변화 단계 이론, 사회 인지 이론(상호 결정론), 계획된 행동 이론

| 정답 | 06 ③   07 ④   08 ③   09 ①   10 ③

11 리클리와 존스(Rikli & Jones)의 고령자를 위한 기능 체력 검사(SFT)의 검사 항목에 해당하지 <u>않는</u> 것은?

① 의자 앉았다 일어서기
② 6분간 걷기
③ 등 뒤에서 양손 잡기
④ 8m 왕복 걷기

정답해설 노인 체력 검사(Senior Fitness Test : SFT)는 고령자를 위한 기능 체력검사로서 다음과 같은 검사 항목이 포함되어 있다.

• 30초간 의자에서 앉았다 일어서기(하지 근지구력)
• 덤벨 들기(상지 근지구력)
• 6분간 걷기 또는 2분 제자리 걷기(전신 지구력)
• 의자에 앉아 앞으로 굽히기(하체 유연성)
• 등 뒤에서 양손 잡기(상체유연성)
• 2.44m 왕복 걷기(민첩성)

12 〈보기〉 중 헤비거스트(Havighurst)의 발달 과업 이론으로 옳은 것만을 모두 고른 것은?

┌─ 보기 ─────────────────────────┐
│ ㄱ. 약화되는 신체적 힘과 건강에 대한 적응   │
│ ㄴ. 배우자의 죽음에 대한 적응   │
│ ㄷ. 자기 동년배 집단과의 유대 관계 강화   │
│ ㄹ. 생활에 적합한 물리적 생활환경의 조성   │
└─────────────────────────────┘

① ㄱ, ㄷ, ㄹ
② ㄱ, ㄴ, ㄷ, ㄹ
③ ㄴ, ㄷ, ㄹ
④ ㄱ, ㄷ

정답해설 헤비거스트(Havighurst)의 발달 과업 이론은 생의 발달 단계가 생애 주기에 따라 6단계로 구분된다고 주장했다. 노년기(56세 이후)의 발달 과업은 다음과 같다.

• 약화되는 신체적 힘과 건강에 대한 적응
• 퇴직과 경제적 수입 감소에 대한 적응
• 배우자의 죽음에 대한 적응
• 자기 동년배 집단과의 유대 관계 강화
• 사회적 역할을 융통성 있게 수행하고 적응하는 일
• 생활에 적합한 물리적 생활환경의 조성

13 혈전이나 출혈로 인하여 발생하는 뇌순환 기능의 갑작스럽고 심각한 쇠퇴로서 뇌경색으로 귀착되는 질환으로 옳은 것은?

① 뇌졸중
② 관상 동맥성 심장 질환
③ 만성 폐쇄성 폐 질환
④ 고혈압

정답해설 뇌졸중은 혈전이나 출혈로 인하여 발생하는 뇌순환 기능의 갑작스럽고 심각한 쇠퇴로서 뇌경색으로 귀착되는 현상이다. 모든 뇌졸중의 약 10%는 출혈성 뇌졸중이고, 나머지는 허혈성 뇌졸중이다.

14 당뇨병 질환을 가지고 있는 노인의 운동프로그램으로 적절하지 <u>않은</u> 것은?

① 운동 형태 : 걷기, 조깅, 자전거 타기, 수영, 계단 오르기, 등산 등을 추천한다.
② 운동 시간 : 식사 후 30~60분에 운동을 시작하여, 20~60분 동안 운동을 지속한다.
③ 운동강도 : 최대 산소 섭취량의 70~80%를 유지하며 실시하여야 한다.
④ 운동시작 전 혈당 : 250mg 혹은 300mg 이하여야 한다.

정답해설 당뇨병 환자에게는 저강도에서 낮은 고강도에 해당되는 운동강도로 최대 산소 섭취량의 40~60%, 여유 심박수의 30~50% 정도의 운동이 적합하다.

15 만성폐쇄성 폐질환 환자들이 피해야 할 운동으로 옳은 것은?

① 가벼운 걷기   ② 요가
③ 테니스   ④ 산책

정답해설 만성폐쇄성 폐질환 환자들에게 실시하는 운동프로그램은 호흡의 효율을 개선시키고 운동 지구력을 키우는 것에 초점을 둬야한다. 따라서 고강도의 격렬한 운동은 피하는 것이 좋다.

| 정답 | 11 ④   12 ②   13 ①   14 ③   15 ③

16 골다공증이 있는 노인의 운동 지도 시 주의해야 할 사항으로 옳지 **않은** 것은?

① 식품과 인슐린의 적절한 균형을 유지하는 것이 중요하다.
② 심한 골다공증의 노인은 체중 부하 운동 대신 수영, 걷기, 아쿠아로빅을 시행한다.
③ 운동 시 낙상에 주의해야 한다.
④ 1주에 2~3회 정도 평형성 향상을 위한 운동을 권장한다.

> **정답해설** ①은 당뇨병이 있는 환자들의 운동 시 주의사항이다.

17 파킨슨병의 증상으로 옳지 **않은** 것은?

① 근육 경직
② 균형 감각 장애
③ 보폭이 점점 빨라지는 걸음걸이 형태
④ 조조강직

> **정답해설** 조조강직은 아침에 일어나서 또는 똑같은 자세를 오랜 시간 유지하고 있으면 관절이 뻣뻣해져 움직이기 힘든 증상을 말한다.

18 지도자의 의사소통 기술 및 원칙으로 옳지 **않은** 것은?

① 노인의 특성상 말보다는 행동으로 먼저 시범 보이기
② 내용을 명확하고 간결하게 전달하기
③ 참여자와 자주 눈 마주치고 정면에서 쳐다보기
④ 참여자의 말에 공감하며 경청하기

> **정답해설** ①은 지도자의 의사소통 기술 및 원칙에 해당하지 않는다.

Tip 지도자의 의사소통 기술 및 원칙
• 효과적인 의사소통에는 언어적, 비언어적, 자기주장 기술 등이 있음
• 내용을 명확하고 간결하게 전달하기
• 전문 용어나 어려운 단어 사용하지 않기
• 참여자와 자주 눈 마주치고 정면에서 쳐다보기
• 참여자의 말에 공감하며 경청하기
• 시각적 도구는 쉽게 읽을 수 있게 제작하기

19 노인의 운동 중 발생한 응급상황에서의 처치로 옳지 **않은** 것은?

① 심정지가 발생하면 즉시 119에 신고하고 구급차가 올 때까지 기다린다.
② 골절이 의심되는 경우 움직이지 않고 안정을 취한다.
③ 완전 기도 폐쇄 시 복부 밀쳐 올리기를 실시한다.
④ 저혈당의 경우 빠르게 소화되고 흡수될 수 있는 당분을 섭취시킨다.

> **정답해설** 심정지가 발생하면 즉시 119에 신고하고 심폐소생술을 실시한다.

20 응급처치의 기본 원칙 중 급성 손상 시 처치로 옳지 **않은** 것은?

① 보호(Protection)
② 냉각(Ice)
③ 압박(Compression)
④ 심폐소생술(CPR)

> **정답해설** 급성 손상 시 PRICES(Protection : 보호, Rest : 휴식 및 안정, Ice : 냉각, Compression : 압박, Elevation : 거상, Stabilization : 고정) 처치를 실시해야 한다.

| 정답 | 16 ① 17 ④ 18 ① 19 ① 20 ④

가장 위대한 영광은 한 번도 실패하지 않음이 아니라
실패할 때마다 다시 일어서는 데 있다.

공자(孔子)

파이널 모의고사

스포츠교육학

01 〈보기〉의 괄호 안에 공통으로 들어갈 용어로 옳은 것은?

┌─보기─
어린이 발육·발달을 도와서 신체가 건강하게 자라고 신체의 기능을 효율적으로 발휘할 수 있도록 하는 것을 (   )의 교육이라고 한다. 그러나 어린이가 아닌 선수나 청년들의 몸을 단련하는 것도 (   )의 교육이고, 비만, 당뇨, 고혈압 같은 성인병에 걸리지 않도록 신체를 잘 돌보는 것도 (   )의 교육이다. 그리고 질병을 예방하고 건강하게 노후를 보내서 삶의 질을 향상시키는 것도 (   )의 교육에 해당된다.
└─

① 스포츠   ② 신체
③ 체육   ④ 건강

02 크래스홀(Krathwhol)의 정의적 영역에 관한 설명으로 적절하지 <u>않은</u> 것은?

① 수용화 : 학생이 수업 시간 이외 활동에서 게임 규칙과 예절을 지킬 수 있다.
② 조직화 : 학생은 건강 체력 활동의 중요성을 말할 수 있다.
③ 가치화 : 학생은 사람들이 정기적으로 운동해야 하는 이유를 이해한다.
④ 반응화 : 학생이 자신이 체육을 왜 좋아하는지 이유를 나열할 수 있다.

03 심슨과 해로우(Simpson & Harrow)의 심동적 영역에 관한 설명으로 적절하지 <u>않은</u> 것은?

① 반사 동작 : 학생은 스스로 올바른 자세를 취할 수 있다.
② 지각 능력 : 학생이 공의 모양과 주변 장비를 인지할 수 있다.

③ 기초 능력 : 학생은 달리고, 걷고, 뛰고, 도약할 수 있다.
④ 운동 해석 능력 : 학생은 관중들에게 행복을 나타내는 춤을 창작할 수 있다.

04 〈보기〉는 체육교과 개념 체계에 관한 내용이다. 〈보기〉의 ㉠, ㉡에 들어갈 용어를 바르게 제시한 것은?

┌─보기─

영역	핵심 개념(초·중·고등학교)
(㉠)	건강관리, 체력증진, 여가선용, 자기관리
(㉡)	도전의 의미, 목표설정, 신체·정신 수련, 도전정신
경쟁	경쟁의 의미, 상황판단, 경쟁·협동·수행, 대인관계
표현	표현의 의미, 표현양식, 표현창작, 감상·비평
안전	신체안전, 안전관리
└─

	㉠	㉡
①	건강	목표
②	체력	정신
③	건강	도전
④	체력	동기

05 체육교사의 피드백 유형으로 적절하지 <u>않은</u> 것은?

① 교정적 피드백 : 상훈아, 그렇게 공을 던지면 공이 멀리 못 가고 옆으로 나가!
② 합치적 피드백 : 상훈아, 공을 잘 던졌어. 아주 좋았어!
③ 불합치적 피드백 : 상훈아, 공보다 발이 먼저 나가는 걸 아직도 못고쳤구나!
④ 특정적 피드백 : 상훈아, 공을 아주 잘 던지는데!

06 마튼스(R. Martens)의 전문체육 프로그램 지도 개발을 위한 지도계획 6단계 중 〈보기〉의 설명에 해당하는 것은?

┌─〈보기〉─────────────────────────┐
• 우선순위의 결정과 목표 설정에 대한 내용으로 구성
• 목표 설정은 구체적이고 주어진 상황에 적합하고 성취 가능한 것으로 구성
└────────────────────────────────┘

① 3단계   ② 4단계
③ 5단계   ④ 6단계

07 〈보기〉에서 직접 교수 모형 수업 6단계로 옳지 <u>않은</u> 것만을 모두 고른 것은?

┌─〈보기〉─────────────────────────┐
ㄱ. 과제예습(1단계)
ㄴ. 새로운 과제 제시(2단계)
ㄷ. 초기 과제연습(3단계)
ㄹ. 피드백 및 교정(4단계)
ㅁ. 팀 연습(5단계)
ㅂ. 학습(6단계)
└────────────────────────────────┘

① ㄱ, ㄷ, ㄹ
② ㄹ, ㅁ, ㅂ
③ ㄱ, ㅁ, ㅂ
④ ㄷ, ㅁ, ㅂ

08 체육교사가 갖추어야 할 지식 중 〈보기〉의 설명에 해당하는 것은?

┌─〈보기〉─────────────────────────┐
교사는 학생들에게 어떤 운동기술이나 교과서에 있는 내용만을 가르치는 것이 아니라 그 내용을 통해서 학생들에게 가르치고 싶은 인성이 있다. 교사는 교육적인 내용을 이해하지 못하고 학생들을 가르치면 존경받는 교사가 되기 어렵다.
└────────────────────────────────┘

① 교육과정에 대한 지식
② 교육환경에 대한 지식
③ 교육목표에 대한 지식
④ 교육적인 내용에 대한 지식

09 〈보기〉의 괄호 안에 들어갈 교육 모형은?

┌─〈보기〉─────────────────────────┐
상훈이는 어떻게 하면 책임감 있는 팀원이 되고, 자신의 잠재능력을 최대한 개발할 수 있는지 고민하는 학생이다. 상훈이는 팀의 성공을 위해 (   )을 이해하고 있으며 어떻게 하면 자신의 능력에 맞게 팀에 공헌할 수 있을지 관심이 있다.
└────────────────────────────────┘

① 스포츠 교육 모형
② 협동 학습 모형
③ 동료 교수 모형
④ 탐구 수업 모형

10 전술 게임 모형 수업의 교수 학습 주도성에 관한 설명으로 옳지 <u>않은</u> 것은?

① 학습 진도 : 학생 중심으로 학생이 게임 상황에 참여하게 되면 연습을 언제 시작하고 마칠 것인지에 대해 교사와 학생이 함께 결정한다.
② 과제 제시 : 교사가 과제 제시를 부과하며, 교사는 학생이 전술과 기능을 결합하기 위해 모의 상황에 참여하기 전 문제를 해결할 수 있도록 연역적 질문을 사용한다.
③ 교수적 상호작용 : 교사는 게임 모의 상황과 연습 중 학생이 전략적 문제를 해결할 수 있도록 연역적 질문을 활용하고 단서, 안내 및 피드백을 제공함으로써 상호작용을 시작한다.
④ 참여 형태 : 모든 학습 과제와 구조를 결정하고 학생으로 하여금 전술문제를 해결하게 하며, 모의 상황 또는 연습을 실행하도록 학생을 지도한다.

11 탐구 수업 모형의 개념으로 적절하지 <u>않은</u> 것은?

① 탐구 수업은 협동 학습 모형 그리고 전술 게임 모형과 유사점이 있다.

② 움직임 중심 지도 방법은 문제해결, 탐색지도, 학생 중심 교수, 발견식 교수, 간접교수 등이 있다.

③ 질문 중심 수업의 독특한 성격과 그 속에 담겨 있는 많은 유용한 전략들은 교사가 체육시간에 학생의 사고력, 문제해결력, 탐구력 등을 증진시키는 데 활용한다.

④ 탐구 수업 모형은 학습 중심의 프로그램이 목적이다.

12 〈보기〉에서 스포츠교육 모형의 6가지 요소로 옳지 <u>않는</u> 것만을 모두 고른 것은?

┌─보기─────────────────────┐
ㄱ. 시즌 : 체육수업의 전통적인 내용 단원과 함께 시즌이라는 개념을 사용

ㄴ. 팀 소속 : 시즌 동안 한 팀의 일원으로 참여

ㄷ. 공식 경기 : 시즌을 조직하고 운영하는 의사결정에 참여

ㄹ. 결승전 행사 : 시즌은 토너먼트, 팀 경쟁, 개인 경쟁 등 다양한 형태의 이벤트로 마무리

ㅁ. 기록 보존 : 게임을 통한 기록들은 교육 모형 기록으로 보존

ㅂ. 축제화 : 시즌 동안 경기의 진행은 축제 분위기로 유지
└──────────────────────────┘

① ㄱ, ㄷ

② ㄴ, ㄹ

③ ㄱ, ㅁ

④ ㄷ, ㅂ

13 〈보기〉에서 생활체육 프로그램의 목적에 관한 설명으로 적절하지 <u>않은</u> 것만을 모두 고른 것은?

┌─보기─────────────────────┐
ㄱ. 여가 선용 목적으로 의·식·주와 함께 강조되고 있는 실정이다.

ㄴ. 인간은 생물학적인 욕구 이외에 사회적 욕구가 중요하기 때문에 사회적 욕구가 충족되어야 한다.

ㄷ. 생활체육은 다양한 스포츠활동으로 인하여 풍부한 경험을 하게 해주며, 인간의 한계로 인하여 도전에 어려움이 있을 수 있다.

ㄹ. 생활체육에 참여하면 스포츠의 기능을 향상시킬 수 있으며 개인의 스포츠 기량이 향상되면 생활에 활기가 생겨서 자신감이 생긴다.

ㅁ. 사람들은 오래 살기를 원하며 오래 살기 위해서는 스포츠활동이 꼭 필요하다.

ㅂ. 인간은 사회적인 동물이기 때문에 다른 사람들과의 관계가 필요하다. 생활체육은 사회관계에 중요한 역할을 한다.
└──────────────────────────┘

① ㄴ, ㄷ

② ㄴ, ㄷ, ㄹ

③ ㄴ, ㄷ, ㅁ

④ ㄴ, ㄷ, ㅂ

14 수업 동기를 높이는 방법으로 적절하지 <u>않은</u> 것은?

① 과제는 개인별로 개인의 수준에 맞고 난이도가 적당한 과제를 제시해야 한다. 그러기 위해서는 하나의 과제를 선택하고 난이도에 맞추어서 한다.

② 학생을 인정하는 것은 매우 중요하고, 공개적인 인정보다는 개인별로 인정해주는 것이 좋으며, 모든 학생이 공평하게 인정받을 수 있어야 한다.

③ 집단 편성은 중요하다. 잘하는 학생과 못하는 학생이 같은 집단에 속하도록 집단 편성에 융통성을 발휘한다.

④ 학생들의 학습 속도에는 개인차가 있으므로 개인의 향상도를 고려해서 충분한 연습시간을 준다.

15 〈보기〉에서 수업 재미에 관한 설명으로 적절하지 **않은** 것만을 모두 고른 것은?

---보기---

ㄱ. 재미는 고통과 좌절을 이겨낼 수 있다는 희망을 준다.

ㄴ. 재미를 느끼면 부상이나 질병에서 빨리 회복된다.

ㄷ. 재미를 자주 체험하면 심리적 안정감이 낮아진다.

ㄹ. 재미는 집단의 응집력을 높이고 대인관계를 향상시킨다.

ㅁ. 재미가 있으면 건강과 체력이 증진된다.

ㅂ. 재미는 친한 친구들과 어울리고 성장하며 증가한다.

---

① ㄷ, ㄹ

② ㄱ, ㄷ, ㅂ

③ ㄷ, ㅁ, ㅂ

④ ㄱ, ㄹ, ㅂ

16 〈보기〉에서 설명하는 지도자 행동수정 기법은?

---보기---

축구 코치는 상훈이의 과격한 그라운드 행동과 테클에 대한 문제 인식을 심어주기 위하여 행동수정 기법 중 위반 행동에 대한 벌의 성격으로 일정 시간 축구 시합과 연습 시간에 참가할 수 없도록 하는 행동수정 방법을 선택하였다.

---

① 행동 계약

② 행동 공표

③ 프리맥

④ 타임아웃

17 교육평가에 관한 학자와 주장이 바르게 연결되지 **않은** 것은?

① 맥아들(Mxardle) : 교육평가란 교육 훈련이 참여자, 조직, 교육 담당자에게 미치는 유용성을 측정하기 위해 행해지는 일련의 활동이다.

② 크론바흐(Cronbach) : 교육평가란 교육 프로그램에 관한 의사결정을 내리는 데 필요한 정보를 수집하고 사용하는 과정이다.

③ 타일러(Tyler) : 교육평가란 교육과정과 수업 활동을 통해 교육 목표가 실제로 도달된 정도를 결정하는 과정이다.

④ 커크패트릭(Kirkpatrick) : 평가는 교육 프로그램 종료 후 실시하는 것이 아니라 프로그램이 실시되기 전 훈련 프로그램의 체계를 고안할 때 평가 계획이 수립되어야 한다.

18 〈보기〉에서 설명하는 평가 기법은?

---보기---

• 학습자에게 평가 시 활용할 수 있도록 각각의 수행 수준의 특징에 대한 정보를 제공한다.

• 학습자는 평가과정에 참여할 수 있게 되어 학습의 초점이 무엇인지 분명히 알고 자기 주도적으로 학습이 가능하다.

---

① 평정척도

② 루브릭

③ 관찰

④ 학습일지

19 〈보기〉에서 한국교육과정평가원에서 제시한 학교체육 전문가에게 필요한 자격 기준으로 옳은 것만을 모두 고른 것은?

┌─보기─┐
ㄱ. 교직인성 및 사명감
ㄴ. 학습자의 이해
ㄷ. 교과지식
ㄹ. 교육과정의 개발·운영
ㅁ. 수업계획 및 운영
ㅂ. 학습 모니터 및 평가
ㅅ. 협력관계 구축
ㅇ. 전문성 개발
└──────┘

① ㄱ, ㄴ, ㄷ, ㄹ, ㅁ
② ㄱ, ㄴ, ㄷ, ㄹ, ㅁ, ㅂ
③ ㄱ, ㄴ, ㄷ, ㄹ, ㅁ, ㅂ, ㅅ
④ ㄱ, ㄴ, ㄷ, ㄹ, ㅁ, ㅂ, ㅅ, ㅇ

20 체육 전문가로서 가져야 할 자질 중 인성적 자질에 대한 설명으로 적절하지 <u>않은</u> 것은?

① 체육인으로서 스포츠맨십, 스포츠인권 관련 윤리 규범 준수와 스포츠가 지닌 가치를 인정하고 존중하는 가치지향적 태도를 의미한다.
② 교육자로서 참여자의 말을 경청하고, 공감하는 태도와 지도자와 참여자가 서로 존경심을 갖고 교육에 임하는 태도를 의미한다.
③ 각 종목에 대한 이해와 함께 선수들을 이해하는 능력과 종목별 기술, 참가자의 수준에 맞춘 표현, 목표부여, 동기유발의 태도를 의미한다.
④ 전문가로서 지도과정을 반성하고 끊임없이 전문성을 향상시키려는 노력과 책임감 있는 태도를 의미한다.

스포츠사회학

01 〈보기〉에서 설명하는 개념은?

┌─보기─┐
'gaman'이라는 독일어에서 유래되었으며 '기쁨'을 의미한다. 즉, 재미, 즐거움, 장난을 의미하는 단어이며, 기쁨을 위해 사람들이 함께 모여 즐기는 행위에서부터 그 의미를 찾을 수 있다.
└──────┘

① 놀이　　　　　　② 게임
③ 스포츠　　　　　④ 문화

02 상징적 상호작용론의 예시로 적절하지 <u>않은</u> 것은?

① 민호와 영철이는 모든 공놀이를 좋아하지만 민호는 야구를 더 좋아하고, 영철이는 농구를 더 좋아한다.
② 민호와 영철이는 걷기를 좋아하지만 민호는 그냥 걷기 자체를 좋아하고, 영철이는 걷기가 아주 좋은 운동이라서 좋아한다.
③ 민호와 영철이는 친한 친구 사이로 민호는 영철이를 같은 지역 친구라서 좋아하고, 영철이는 같은 동네 친구라서 좋아한다.
④ 민호와 영철이는 프로레슬링을 좋아하지만 민호는 프로레슬링 관람을 더 좋아하고, 영철이는 프로레슬러를 흉내 내는 놀이를 더 좋아한다.

03 스포츠의 제도화 과정에 관한 설명으로 옳지 <u>않은</u> 것은?

① 스포츠 경기 기술의 정형화 단계는 스포츠 제도화의 첫번째 단계로 각 단계에 앞서서 스포츠에 참가하게 되는 사람들이 전문성을 가지게 되는 단계이다.
② 스포츠 규칙의 표준화 단계는 게임의 규칙과는 조금 다르게 개인적인 차원을 넘어서는 공식적인 집단 및 조직에 의하여 표준화된 기준이 제정되는 단계이다.

③ 스포츠 제도화의 단계는 활동의 조직적, 전문적 측면의 강조 단계로 스포츠 경기력 향상을 위해 다양한 스포츠 장비의 개발, 기존의 기술을 초월하는 새로운 전문기술의 개발, 한 시즌의 전반적인 훈련 일정의 체계적 구축 등의 단계이다.

④ 공식 규정 위원회의 규칙 시행 또는 집행의 단계는 공식적인 집단 혹은 조직이 스포츠 경기를 인가하고 이미 제정된 규칙을 실제 시행하는 단계이다.

04 거트만(Guttmann)의 근대스포츠 특성 중 〈보기〉의 설명과 관련된 것은?

┌─보기─────────────────────────────┐
│ 축구 관련 동영상을 제작하여 업로드하는 크리 │
│ 에이터의 경우, 은퇴한 마라도나 축구 선수의 │
│ 죽음을 기리면서 자신의 몸에 마라도나 선수의 │
│ 얼굴을 타투로 새기는 것을 볼 수 있는데 이를 │
│ 통해 근대스포츠 영역에서는 스포츠 영웅을 종 │
│ 교 이상으로 숭배하고 있음을 짐작할 수 있다. │
└───────────────────────────────┘

① 관료화   ② 전문화
③ 우상화   ④ 세속주의

05 스포츠사회학의 이론에서 구조기능주의에 관한 설명으로 옳지 <u>않은</u> 것은?

① 각 부분은 사회의 존속에 기여하며, 그로써 자신의 존속도 보장받는다.

② 사회는 기본적으로 안정을 유지하고자 하며, 균형이 깨지면 회복하려는 본성을 가지고 있다.

③ 사회 유지와 안정에 관계되는 가치나 신념은 여러 조직이 함께 유기적으로 투표를 통하여 결정한다.

④ 유기체의 각 부분과 마찬가지로 사회의 각 부분도 자율성을 갖고 있다.

06 사회화의 특성에 관한 설명으로 옳지 <u>않은</u> 것은?

① 사회화는 성숙기인 성인기에 지속적으로 진행되는 과정이다.

② 사회화는 개인적인 측면에서 인성 발달과정이며, 사회적인 측면에서 사회의 유지와 존속에 기여한다.

③ 사회화는 개인의 행위나 태도, 가치관에 긍정적 혹은 부정적으로 기여할 수 있으며, 사회화의 결과는 사람들마다 다르게 나타난다.

④ 사회화는 다양한 상호작용적인 과정이다.

07 〈보기〉에서 설명하는 스포츠의 역기능은?

┌─보기─────────────────────────────┐
│ • 프로스포츠 선수는 경쟁 속에서 항상 고민하 │
│   는 부분이다. │
│ • 스포츠 경기에서 승리에 주는 보상이 큰 종목 │
│   이나 팀에서 발생 가능성이 더 높은 편이다. │
└───────────────────────────────┘

① 승리 우선주의
② 과도한 훈련
③ 부정행위 조장
④ 일탈 조장

08 사회학자 버렐(Birrell)과 로이(Loy)가 주장한 스포츠미디어 욕구 유형에 관한 설명으로 옳은 것은?

① 도피적 욕구는 스포츠에 대한 즐거움과 흥미를 제공하여 일상에서 도피하려는 욕구를 만들어낸다.

② 인지적 욕구는 스포츠에 대한 인지적 불안과 좌절 등의 심리적 해결을 돕도록 한다.

③ 정의적 욕구는 스포츠에 대한 지식과 경기 결과들을 제공하는 역할을 한다.

④ 통합적 욕구는 스포츠에 대한 관심을 하나로 연결하여 사회를 통합하는 역할을 한다.

09 〈보기〉에서 맥루한(Mcluhan)의 핫 매체와 관련된 것만을 모두 고른 것은?

보기
ㄱ. 정적인 스포츠   ㄴ. 팀 스포츠
ㄷ. 득점 경기   ㄹ. 기록 경기
ㅁ. 양궁   ㅂ. 체조
ㅅ. 경마   ㅇ. 자동차 경주

① ㄱ, ㄴ, ㄷ, ㄹ
② ㄹ, ㅁ, ㅂ, ㅅ
③ ㄱ, ㄹ, ㅁ, ㅂ
④ ㄷ, ㄹ, ㅁ, ㅂ

10 스포츠 일탈 관련 당면 과제로 옳지 <u>않은</u> 것은?

① 스포츠 일탈의 유형은 다양하고, 각자 지위에서 자신에게 유리한 일탈 현상을 바라보기 때문에 이론이나 설명으로 규명한다.

② 스포츠에서의 일탈은 법규나 규칙처럼 정확하게 제정되지 않기에 일탈 행위라고 특정하는 것이 매우 어렵다.

③ 일반적으로 스포츠 상황에서 용인되는 신체 접촉 행위는 일반적인 사회적 상황에서 통용되지 않는 폭력 행위로 간주될 수 있다.

④ 스포츠 일탈은 일반적으로 폭력행위나 불법 행위 등의 규범에 대한 거부를 지칭하지만, 팀이나 조직에 대한 무비판적인 헌신이나 희생 등의 과잉동조 현상도 해당된다.

11 〈보기〉에서 설명하는 스포츠 계층의 형성 과정은?

보기
상훈이는 축구 유망주로 고등학교까지 한국에서 선수 생활을 하다 영국의 축구 리그로 가고 싶어서 입단 테스트를 거쳐서 2부 리그에서 선수 생활을 시작하게 되었다. 한국에서는 축구 유망주로 상비군에도 발탁될 정도로 실력이 좋았으나 영국에서는 2부 리그에서 선수 생활을 시작하게 된 것이다.

① 지위의 분화
② 지위에 따른 보수
③ 실력에 따른 평가
④ 지위의 서열화

12 〈보기〉의 괄호 안에 공통으로 들어갈 용어는?

보기
스포츠 경기는 본질적으로 (   )과 우월성을 추구한다. 스포츠는 지역, 국가 등 특정 집단을 대표하는 팀들과의 (   )을 기반으로 한다.

① 우승
② 갈등
③ 경쟁
④ 대립

13 〈보기〉의 ㉠, ㉡에 들어갈 용어가 바르게 제시된 것은?

보기
정치는 (㉠)의 획득과 행사를 정당화하고 규제하는 규범과 가치관의 복합이다. 즉, 정치는 (㉠)의 제도화를 의미한다. 이러한 정치는 (㉡) 세력을 조직화하고 (㉡)에서 인간의 삶에 영향을 미치는 결정 과정이나 절차와 관련된다. 그래서 정치는 친구나 가족관계부터 국가나 글로벌 수준을 포함하는 사회생활의 모든 부분과 밀접한 관련이 있다.

	㉠	㉡
①	세력	지역
②	권력	사회
③	명예	생활
④	조직	국가

14 〈보기〉의 괄호 안에 들어갈 용어는?

> **보기**
>
> **보스만 판결**
>
> 1990년 벨기에 주필러 리그의 축구 선수인 장 마르크 보스만이 자신의 소속팀인 RFC 리에주에서 프랑스 됭케르크로 이적을 하고자 했으나, 외국선수 쿼터제 등의 규정으로 이적이 불허되었다. 보스만은 자신의 사건을 토대로 FIFA 선수들에게 불리한 이적 규정 17조에 대해 룩셈부르크의 유럽사법재판소에 소송을 걸었고, 1995년 12월 15일 승소하였다.
> 보스만룰은 미국 메이저리그(MLB)에서 보류조항 삭제와 (　　)제도의 출현을 이끈 커트 플러드 법안과 비교된다.

① 드래프트
② 트레이드
③ 샐러리캡
④ 자유계약

15 〈보기〉의 괄호 안에 공통으로 들어갈 용어는?

> **보기**
>
> 축하 (　　)은/는 월드컵과 같은 빅 스포츠 이벤트에서 승리를 거둔 이후 축하를 위해 모인 군중이 일으키는 집합적인 사태를 이야기한다. 2022년 카타르 월드컵에서 메시가 이끄는 아르헨티나가 우승 후 축하 (　　)가/이 일어나 1명이 사망하는 사건도 있었다.

① 행사
② 이벤트
③ 소동
④ 폭동

16 〈보기〉에서 중요한 스포츠 개입 요소와 관련된 것만을 모두 고른 것은?

> **보기**
>
> ㄱ. 사회적 결속　　ㄴ. 정서적 안정
> ㄷ. 내적 만족도　　ㄹ. 몰입감
> ㅁ. 부정적 시각　　ㅂ. 경제적 이익

① ㄱ, ㄴ, ㄷ
② ㄱ, ㄹ, ㅁ
③ ㄱ, ㄴ, ㄹ
④ ㄷ, ㄹ, ㅂ

17 현대사회에서 스포츠의 사회복지적 가치로 옳지 않은 것은?

① 스포츠는 사회계층 간의 소외 문제를 해결하는 데 중요한 역할을 담당할 수도 있다.
② 스포츠는 지역주민의 운동부족 현상을 치유하는 데 매우 중요한 역할을 할 수도 있다.
③ 현대인들의 적절한 경쟁 활동과 신체 활동의 방법으로 스포츠가 새롭게 조명될 수 있다.
④ 스포츠는 사회 구성원들의 생활 만족도를 고양하는 데 이바지할 수 있다.

18 〈보기〉의 괄호 안에 들어갈 용어는?

> **보기**
>
> 자본주의 시대 스포츠에는 사회학자 리처(Ritzer)가 제시한 '사회의 맥도날드화'의 특성이 잘 설명되어 있다. 첫 번째, 스포츠의 대표적인 상품은 (　　)이다. 두 번째, 판매된 상품의 성공은 관중 수, 또는 시청률로 환원되어 평가받는다. 세 번째, 스포츠의 세계화는 국가의 경계를 넘어 전 세계인들이 동일한 스포츠를 소비할 수 있도록 만든다. 네 번째, 스포츠는 효율성과 계산 가능성의 범위 안에서 통제된다.

① 승리　　　　　　② 경기
③ 응원　　　　　　④ 선수

19 〈보기〉의 괄호 안에 공통으로 들어갈 용어는?

┌─보기─────────────────────────┐
틀에 박힌 정형화된 변화가 아니라 보다 커다란 혁신을 가져오는 동력으로 (   ) 일탈이 기여할 수 있을 것이다. 엘리트 스포츠와 생활체육이 분리된 개념에서 하나로 통합해 새로운 미래로 나아가려는 시도가 (   ) 일탈에 해당될 수 있다.
└──────────────────────────┘

① 좋은
② 나쁜
③ 긍정적
④ 혁신적

20 〈보기〉에서 매기와 서덴의 스포츠 노동 이주 유형으로 옳은 것만을 모두 고른 것은?

┌─보기─────────────────────────┐
ㄱ. 개척자형 : 새로운 영역으로 열어가는 유형
ㄴ. 추방자형 : 외국에서 추방당한 유형
ㄷ. 유목민형 : 여러 지역을 다니는 유형
ㄹ. 용병형 : 경제적 목적으로 움직이는 유형
ㅁ. 귀향형 : 고향으로 돌아온 유형
ㅂ. 정착형 : 정착을 목적으로 이동하는 유형
└──────────────────────────┘

① ㄱ, ㄴ, ㄷ
② ㄴ, ㄷ, ㄹ, ㅂ
③ ㄱ, ㄴ, ㄷ, ㅁ
④ ㄱ, ㄷ, ㄹ, ㅁ

스포츠심리학

01 〈보기〉는 심리학의 개념에 관한 내용이다. ㉠, ㉡에 들어갈 용어를 바르게 제시한 것은?

┌─보기─────────────────────────┐
현대 심리학은 철학에서 나타난 사상이 토대가 되었다고 보는 견해가 지배적이다. 20세기에 들어서면서 심리학 분야에서는 인간의 의식과 관련된 (㉠) 연구의 필요성이 커지게 되었다. 이로 인하여 다른 자연과학과 마찬가지로 심리학이 측정과 관찰이 가능한 것만 연구대상으로 제한해야 한다고 주장하기에 이르렀다. 존 브로더스 왓슨(John B. Watson)이 대표적인 학자로서 그는 구성주의자와 기능주의자들이 사용한 내성적 방법은 너무 주관적이므로 전적으로 (㉡)연구에 초점을 맞추어야 한다고 했으며, (㉠) 심리학의 목표는 사회에 이득이 되는 방식으로 (㉡)을/를 예측하고 통제하는 것이어야 한다고 주장했다.
└──────────────────────────┘

	㉠	㉡
①	심리적	심리
②	과학적	운동
③	심리적	윤리
④	과학적	행동

02 〈보기〉에서 설명하는 연구 영역은?

┌─보기─────────────────────────┐
상훈이는 학교에서 친구들과 점심시간에 축구와 농구하는 것을 좋아하지만 평소에는 운동을 거의 하지 않고 집에서는 주로 인터넷 게임으로 시간을 보낸다. 그래서 상훈이의 아빠는 평소에 어떻게 하면 상훈이를 꾸준히 운동시킬지 고민하며, 지속적인 운동 참가의 동기를 부여하고, 꾸준히 운동할 수 있을지 정신건강을 걱정하고 있다.
└──────────────────────────┘

① 운동 심리학　　② 운동 발달
③ 건강 심리학　　④ 건강 운동 심리학

03 〈보기〉의 ㉠ ~ ㉢에 들어갈 심리학 용어를 바르게 제시한 것은?

> ┌─ 보기 ─────────────────────
> (㉠)은 깊은 수면에서부터 극도의 흥분 상태까지 이어지는 활성 상태를 말한다. (㉠)으로 인해 신체에 나타나는 생리적 현상은 심장 박동 수, 땀의 분비량, 호흡의 수 등으로 이를 통해 (㉠)수준을 측정할 수 있다.
> (㉡)집중과 (㉠)수준은 아주 밀접한 관계가 있다. 낮은 (㉠)수준이 되면 (㉡)집중이 되지 않아서 주의가 분산되며, 높은 (㉠)수준이 되면 너무 한 곳만 집중되어 다른 것은 무시되는 경우가 발생한다. 그러므로 적절한 (㉠)수준을 유지해야 (㉡)집중이 적절하게 유지되어 경기력을 높일 수 있다. 이러한 (㉠)수준을 '(㉢)'이라고 한다.

	㉠	㉡	㉢
①	걱정	시선	최적걱정수준
②	각성	시각	최적수행수준
③	걱정	주변	최적인지수준
④	각성	주의	최적각성수준

04 운동학습 이론에 관한 설명으로 옳지 않은 것은?

① 일반화된 운동프로그램 이론은 모든 운동을 기억하는 것이 아니고 유사한 운동을 연결하여 일반화된 프로그램으로 기억한다는 이론이다.

② 도식이론은 어떠한 물체가 가지고 있는 고유의 특성들을 기억하여 생각하는 이론으로, 운동을 지속적으로 하는 과정에서 오는 학습 효과를 운동학습이라고 한다.

③ 폐쇄회로 이론은 피드백으로 인하여 운동 동작이 완성된다는 이론이다.

④ 개방회로 이론은 운동 초기만 동작의 학습이 필요하고, 이후는 운동 후 피드백으로 자연히 동작이 이루어진다는 이론이다.

05 〈보기〉는 스포츠 심리 측정 도구 검사에 관한 내용이다. 〈보기〉의 괄호 안에 공통으로 들어갈 용어는?

> ┌─ 보기 ─────────────────────
> 스포츠심리학자들은 다양한 측면을 고려하여 평가하기 위해 인지불안과 신체불안으로 나누어 측정하는 다차원적 도구를 개발하였다. SCAT가 단일차원으로 경쟁특성불안을 측정하였다면, 마튼즈(Martens) 등은 ( ) 검사를 개발하여 ( )을/를 다차원적으로 측정하였다. 본 검사는 인지적 상태불안과 신체적 상태불안, 자신감의 세 차원을 측정하며 현재도 널리 사용되고 있다.

① 상태특성불안

② 스포츠경쟁불안

③ 스포츠경쟁상태척도

④ 경쟁상태불안

06 〈보기〉의 괄호 안에 들어갈 심리적 동기는?

> ┌─ 보기 ─────────────────────
> 홍명보 감독이 이끄는 울산은 2023년 3월 5일 춘천송암스포츠타운에서 열린 강원FC와의 '하나원큐 K리그1 2023' 2라운드에서 후반 4분 엄원상의 결승골에 힘입어 1대0 승리를 거뒀다. 홍명보 감독은 "지난 시즌에 열심히 잘했는데, 결과적으로 월드컵에 출전하지 못했다. 이번 시즌에는 A대표팀과 아시안게임도 있다. 본인에게 ( )가 될 것이다"면서 "지금 이 페이스로 가면 더욱 성장할 것으로 생각한다"고 말했다.
> – 스포츠조선, 2023. 03. 05.

① 내적동기

② 외적동기

③ 접근동기

④ 동기부여

07 〈보기〉에서 설명하는 이론을 제시한 학자와 이론의 명칭은?

> **보기**
>
> 자극에 반응한 결과 주위로부터 긍정적인 반응은 강화하고, 부정적인 반응은 쇠퇴한다. 자극에 대한 반응이 점차 강화되는 것을 학습이라고 한다.

① 손다이크(Thorndike), 자극 – 반응 이론
② 젠타일(Gentile), 학습 이론
③ 슈미트(Sehmidt), 스키마 이론
④ 뉴웰(Newell), 학습 이론

08 〈보기〉에서 성취욕구이론의 요인으로 옳은 것만을 모두 고른 것은?

> **보기**
>
> ㄱ. 성격 요인   ㄴ. 상황적 요인
> ㄷ. 결과 경향 요인   ㄹ. 감정적 반응 요인
> ㅁ. 성취 행동 요인   ㅂ. 감정적 성취 요인
> ㅅ. 상황 성취 요인   ㅇ. 결과 성취 요인

① ㄱ, ㄴ, ㄷ, ㄹ, ㅁ
② ㄱ, ㄴ, ㄷ, ㄹ, ㅅ
③ ㄱ, ㄴ, ㄷ, ㄹ, ㅇ
④ ㄱ, ㄴ, ㄷ, ㅅ, ㅇ

09 슈미트(Sehmidt)와 리(Lee)의 운동학습에 관한 정의로 옳지 <u>않은</u> 것은?

① 운동학습은 비교적 오래도록 유지되는 행동 변화를 만들어낸다.
② 운동학습은 직접 측정하고, 행동을 통해서 간접적으로 평가된다.
③ 운동학습은 숙련된 움직임 능력을 획득하는 과정이다.
④ 운동학습은 주로 훈련을 통해서 이루어진다.

10 〈보기〉에서 숙련지향 팀 분위기를 위한 TARGET 전략으로 옳은 것만을 모두 고른 것은?

> **보기**
>
> ㄱ. 과제   ㄴ. 권한   ㄷ. 보상
> ㄹ. 협동   ㅁ. 동기   ㅂ. 각성
> ㅅ. 평가   ㅇ. 시간

① ㄱ, ㄴ, ㄷ, ㄹ
② ㄷ, ㄹ, ㅁ, ㅂ, ㅅ
③ ㄱ, ㄴ, ㄷ, ㄹ, ㅅ, ㅇ
④ ㄱ, ㄴ, ㅁ, ㅂ, ㅅ, ㅇ

11 〈보기〉의 괄호에 들어갈 용어는?

> **보기**
>
> 그리스 신화에 나오는 조각가 (   )의 이름에서 유래한 것으로 사람은 자신보다 다른 사람으로부터 기대받는 모습대로 행동하게 된다는 심리학 용어이다. 그리스 신화에 나오는 키프로스 섬의 왕 (   )은 상아로 만든 여인상을 진심으로 사랑하게 되며, 여신 아프로디테(로마 신화의 비너스)는 그의 사랑에 감동하여 여인상에 생명을 주었다. 이처럼 타인의 기대나 관심으로 인하여 능률이 오르거나 결과가 좋아지는 현상을 우리는 (   ) 효과라고 한다.

① 로젠탈   ② 미노스
③ 피그말리온   ④ 키클라데스

12 팀의 목표 달성을 위한 전략으로 옳지 <u>않은</u> 것은?

① 팀의 목표 달성을 위하여 보상을 보다 구체적으로 제시한다.
② 팀의 목표 달성을 위해서 주요한 선수만 참여시켜 목표를 설명하고 보상을 세밀히 제시한다.
③ 팀의 자신감을 높이기 위한 방법을 다각화하여 구상한다.
④ 장기 목표에 도달하기 위해 부분별 단기 목표를 설정한다.

13 〈보기〉의 괄호 안에 공통으로 들어갈 용어는?

┌─ 보기 ─────────────────────────┐
동기 이론 중에서 인지평가 이론은 칭찬과 같은
긍정적인 정보를 제공하면 (   )이 향상되어 내
적동기가 증가하고, 부정적 피드백을 제공하면
(   )이 낮아져 내적동기가 감소된다는 이론이다.
└────────────────────────────┘

① 실력　　　　　　② 인지력
③ 유능성　　　　　④ 향상성

14 〈보기〉의 수행루틴에서 인지적 요인으로 옳은
것만을 모두 고른 것은?

┌─ 보기 ─────────────────────────┐
ㄱ. 신체적 이완　　ㄴ. 정신적 이완
ㄷ. 기술적 단서　　ㄹ. 심상화
ㅁ. 자신감 유지　　ㅂ. 주의집중
ㅅ. 의사결정　　　ㅇ. 필요한 동작
└────────────────────────────┘

① ㄱ, ㄴ, ㄷ, ㄹ, ㅁ, ㅂ
② ㄴ, ㄷ, ㄹ, ㅁ, ㅂ, ㅅ
③ ㄱ, ㄴ, ㄷ, ㄹ, ㅅ, ㅇ
④ ㄴ, ㄹ, ㅁ, ㅂ, ㅅ, ㅇ

15 첼라두라이(Chelladurai)의 스포츠 관련 리더십
유형에 관한 설명 중 옳지 않은 것은?

① 권위적-상담 유형 : 지도자는 선수들의 필수
적인 정보를 가지고 있으며 어떠한 결정에 반
영한다.
② 상담-개인적 유형 : 지도자는 선수들을 개인
적으로 상담하여 결정을 내리는데, 그 결정
은 선수들의 개입을 반영할 수도 있고 그렇지
않을 수도 있다.
③ 상담-집단 유형 : 지도자는 집단으로 함께
선수들을 같이 상담하여 결정을 내리는데,
그 결정은 선수들의 개입을 반영해야 한다.

④ 집단 유형 : 지도자는 선수들과 함께 문제를
이야기하며, 지도자의 어떤 영향 없이 선수
들이 공동으로 의사를 결정한다.

16 이완기법 중 신속 이완기법에 관한 설명으로 옳
지 않은 것은?

① 신속 이완기법은 근육의 긴장을 이완시켜 선
수들에게 세밀한 동작 범위와 좋은 리듬 타이
밍, 그리고 수행에서의 빠른 회복과 즉각적
인 자신감을 가지게 해준다.
② 신속 이완기법은 몇 초 이내의 비교적 짧은
시간에 최적의 이완을 하도록 훈련하여 선수
의 각성수준 조절을 도와주는 기법이다.
③ 선수들이 경기에서 실수할 때 느끼게 되는 부
정적인 생각도 신속 이완기법을 통해 긍정적
인 감정조절을 하게 하여 실수가 재발하지 않
도록 한다.
④ 신속 이완기법은 근육의 긴장과 지나친 활성
화의 징후를 줄여줌으로써 스포츠의 즐거움
을 더욱 증가시킬 수 있다.

17 〈보기〉에서 설명하는 심상 이론은?

┌─ 보기 ─────────────────────────┐
데이비드 사켓(David Sackett)에 의해 제안된
이론으로 우리가 어떻게 지식을 획득하고 정보
를 처리하는지에 대한 심리학적 이론 중 하나이
다. 이 이론은 심상을 통해 우리가 새로운 기술
을 공부하고 이해하는 방법을 설명한다.
└────────────────────────────┘

① 생체정보 이론
② 심리신경근 이론
③ 트리플 코드 이론
④ 상징학습 이론

18 폭스(K. Fox)의 위계적 신체적 자기개념 가설 모형에 관한 설명으로 옳지 <u>않은</u> 것은?

① 스포츠 유능감은 스포츠 경기의 운과 같은 외부적 요인에서 오는 자신감에 대한 인식이다.

② 신체적 힘은 근력 발달 등 근력을 요구하는 상황에서 오는 자신감의 인식이다.

③ 신체 매력은 외모에 대한 매력과 자신감의 인식이다.

④ 신체적 컨디션은 체력, 컨디션, 운동 지속 능력, 운동 상황에서의 자신감 인식이다.

19 마튼즈(Martens)의 심상 질문지에 관한 설명 중 옳지 <u>않은</u> 것은?

① 타인이 보고 있는 상황은 타인이 자신의 경기 모습을 상상하는 것이다.

② 혼자 연습하는 상황은 혼자서 운동 동작이나 기술을 연습하는 모습을 상상하는 것이다.

③ 동료 관찰 상황은 동료의 운동 동작이나 기술 등에 대한 모습을 상상하는 것이다.

④ 시합 출전 상황은 경기의 결과나 경기 이후 벌어질 모습과 보상을 상상하는 것이다.

20 〈보기〉에서 주의 집중의 요소로 옳은 것만을 모두 고른 것은?

┌─보기┐
| ㄱ. 용량 | ㄴ. 지속성 | ㄷ. 융통성 |
| ㄹ. 집중성 | ㅁ. 안정성 | ㅂ. 선택성 |
└─────┘

① ㄱ, ㄴ, ㄷ, ㅂ

② ㄴ, ㄷ, ㄹ, ㅂ

③ ㄱ, ㄴ, ㄷ, ㅁ

④ ㄱ, ㄷ, ㄹ, ㅁ

스포츠윤리

01 불교의 팔정도 중 〈보기〉에서 설명하는 것은?

┌─보기┐
스포츠 상황에서의 뚜렷한 목표의식으로, 윤리 의식이라 할 수 있다. 이러한 뚜렷한 윤리의식을 바탕으로 주위의 유혹에 굴복하지 않는 올바른 마음자세를 견지하는 것이다.
└─────┘

① 정견(正見)　　② 정어(正語)

③ 정정(正定)　　④ 정념(正念)

02 레스트(J. Rest)의 도덕성 구성요소에 관한 설명으로 옳지 <u>않은</u> 것은?

① 도덕적 판단력은 스포츠 상황에서 옳고 그름을 판단하는 것이다.

② 도덕적 동기화는 도덕적 가치를 다른 가치보다 우선시하는 것이다.

③ 도덕적 품성화는 스포츠 상황에서 장애가 되는 요인을 극복하여 실천할 수 있는 강한 의지, 용기, 인내 등의 품성이다.

④ 도덕적 감수성은 스포츠를 어떻게 하면 아름답게 승화할 것인지에 대한 지각이다.

03 〈보기〉의 괄호 안에 공통으로 들어갈 철학자는?

┌─보기┐
체육학자들은 스포츠의 교육적 가치를 강조하면서 고대 철학자 (　　)을/를 자주 인용한다. 그가 인간교육에서 체육과 음악의 중요성을 강조했기 때문이다. (　　)이/가 인간교육에서 체육과 음악을 강조한 이유는 당시 그리스 사회에서 그것들이 경쟁, 즉 아곤을 매우 중요하게 여기는 영역이었기 때문이다.
└─────┘

① 플라톤　　　　② 네틀십

③ 니체　　　　　④ 필드

04 〈보기〉에서 설명하는 개념은?

> ┌보기┐
> 정정당당한 자세로 스포츠 경기에 임하고 결과
> 보다 스포츠 경기를 통해서 얻을 수 있는 용기,
> 인내 등을 중요하게 생각한다. 현대 스포츠 경기
> 에서 양성평등의 의미로 사용되고 있다.

① 스포츠맨십
② 페어플레이
③ 스포츠퍼슨십
④ 아레테

05 스포츠맨십의 도덕적 행동에 관한 설명으로 적절하지 <u>않은</u> 것은?

① 스포츠에서 도덕적 행동은 인간에 대한 예의와 배려를 통해 자신의 인격을 드러내는 행위이다.
② 스포츠에서 도덕적 행동은 승리를 위한 최선의 노력과 함께 규칙에 대한 인정에서 비롯된다.
③ 스포츠에서 도덕적 행동은 정당한 승리를 위한 윤리적 요청이다.
④ 규칙의 준수는 스포츠를 가능하게 하는 행위의 기본적인 조건이 된다.

06 페어플레이의 형식적 의미에 관한 설명으로 적절하지 <u>않은</u> 것은?

① 선수가 경기 중에 지켜야 하는 정정당당한 행위의 실천규범이다.
② 모든 운동선수에게 의무적으로 부여되는 것이다.
③ 모든 운동선수가 규칙을 숙지한다는 약속이다.
④ 스포츠 행위의 시작은 기본적으로 공정성을 기반으로 이루어져야 한다.

07 〈보기〉의 괄호 안에 들어갈 스포츠는?

> ┌보기┐
> 오염된 주거공간에서 내몰린 스포츠는 계속해서 오염되지 않은 곳을 찾아 나선다. 사람들은 떼를 지어 산으로, 바다로, 계곡으로, 강으로, 들로 나가고, 그것도 모자라 이젠 바다 속으로 들어가고, 하늘로 올라간다. 이제는 바야흐로 '( )'의 시대가 도래한 것이다.

① 관광스포츠
② 참여스포츠
③ 레저스포츠
④ 자연스포츠

08 장애인의 스포츠 권리에 관한 설명으로 옳지 <u>않</u>은 것은?

① 1975년 국제연합총회에서 '장애인 권리선언'이 회원국의 만장일치로 채택되었다.
② 장애인 스포츠의 목적은 스포츠 참여로 움직임의 경험, 즐거움, 자기표현의 극대화를 통해 삶의 행복을 추구하는 것이다.
③ 장애를 이유로 스포츠 참여를 원하는 장애인을 제한, 배제, 분리, 거부하는 행위는 기본권의 침해에 해당할 수도 있다.
④ 1998년 우리나라는 '한국장애인인권헌장'을 선포하였다.

09 테일러의 4가지 생태윤리 행위 규칙에 관한 설명으로 옳지 <u>않은</u> 것은?

① 생명체를 해치지 말아야 한다는 비상해의 규칙이다.

② 개개의 생명체들과 생태계 전체가 자유롭게 발전하는 데 제한을 가하지 말아야 한다는 불간섭의 규칙이다.

③ 자연상태에서 살고 있는 야생동물들을 기만함으로써 그들에게 위해를 끼쳐서 그들의 우리에 대한 신뢰를 훼손해서는 안 된다는 신뢰의 규칙이다.

④ 부득이한 경우 인간과 다른 생명체 간의 '정의의 균형'이 깨어졌을 때 그것을 보상하도록 해야 한다는 보상적 의무의 규칙이다.

10 테일러의 환경문제 해결을 위한 의무에 관한 설명으로 적절하지 <u>않은</u> 것은?

① 불간섭의 의무는 생명체나 생태계에 간섭해서는 안 된다는 의미이다.

② 보상적 정의의 규칙은 다른 생명체에 끼친 피해는 보상해야 한다는 일반적 원칙이다.

③ 신의의 의무는 동물을 절대적으로 사랑하는 마음을 가져야 한다는 의미이다.

④ 불침해의 의무는 다른 생명체에게 해를 입혀서는 안 된다는 내용이다.

11 〈보기〉는 선수 폭력행위에 관한 내용이다. ㉠, ㉡에 들어갈 용어가 바르게 제시된 것은?

―보기―

스포츠에서 (㉠)의 폭력행위는 "(㉠)을/를 대상으로 구타하거나 상처가 나게 하는 것, 어느 장소에 가두어두는 것, 겁을 먹게 하는 것, 강요하는 것, 물건이나 돈을 빼앗는 것, 사실이 아닌 일로 인격이나 마음에 상처를 주는 것, 남들 앞에서 창피를 주는 것, 계속해서 반복하여 따돌리는 것 등을 말한다." 대한체육회는 대한민국의 스포츠인이 행복하게 운동할 수 있는 환경을 만들고자 대한체육회 주관하에 스포츠인의 인권 보호와 인권 향상을 위한 (㉡)을 연중 실시하고 있다.

	㉠	㉡
①	사람	노력
②	인간	계몽
③	학생	약속
④	선수	교육

12 도핑을 금지하는 이유 중 〈보기〉의 대화와 관련된 것은?

―보기―

철수 : 나는 지금 상황이 답답하다.

상훈 : 왜? 무슨 일 있어?

철수 : 나는 이번 시합에서 팀이 좋은 성적을 받아야 대학에 갈 수 있어. 그래서 고민이야.

상훈 : 너는 잘하고 있잖아. 그리고 결과보다 과정도 중요해!

철수 : 과정이 무슨 소용이야! 성적이 나쁘면 좋은 대학에 갈 수 없단 말이야!

상훈 : 그래도 너의 건강이 중요하잖아. 나는 너의 건강이 걱정된다.

① 공정성　　　　② 평등성
③ 존엄성　　　　④ 수단화

13 매쉬케(K, Maschke)가 분류한 스포츠에서 이용되는 과학기술에 관한 설명으로 옳지 <u>않은</u> 것은?

① 매트류는 부상 방지를 위한 기술(태권도, 유도, 체조, 높이뛰기 매트 등)이다.

② 신발류는 경기력 보조용품 역할과 부상 방지를 위한 기술(운동화, 스파이크 등)이다.

③ 모자류는 부상을 예방하기 위한 기술(모자, 헬멧 등)이다.

④ 호구류는 점수를 계산하기 위한 기술(태권도 호구, 글러브 등)이다.

14 유네스코가 1998년 인간 게놈과 인권보호에 관한 국제선언에서 공포한 내용으로 옳지 <u>않은</u> 것은?

① 유전적 특성을 이유로 그 누구도 인권, 기본적 자유, 인간의 존엄성을 차별받지 않는다.
② 연구목적으로 이용되는 개인의 유전정보는 연구목적으로 사용되며, 다른 목적으로 제공하는 것은 제한적이다.
③ 인간 유전자 연구는 개인이나 인류의 건강증진과 유익한 목적에 이용되어야 한다.
④ 인간의 존엄성을 파괴하는 인간복제는 허용될 수 없으며, 어떤 연구나 응용도 인간의 존엄성에 우선할 수 없다.

15 〈보기〉의 내용에 해당하는 개념은?

┌─ 보기 ─────────────────────┐
│ • 승부조작 및 편파 판정   │
│ • 폭력 및 성폭력   │
│ • 입시비리   │
└───────────────────────────┘

① 스포츠 인권 문제
② 스포츠 윤리 문제
③ 스포츠 비리 문제
④ 스포츠계 4대 악습

16 체육특기자 진학과 입시제도의 문제점 해결방안으로 옳지 <u>않은</u> 것은?

① 스카우트 관행 금지를 위해 스카우트와 제도를 폐지한다.
② 체육특기자의 입학체계를 현실적이고, 공정하게 개선한다.
③ 입시비리 적발을 위한 제도 정비 및 처벌 구조를 보다 강화한다.
④ 현재 제도를 정비하고, 구체적인 제도 개선과 학생보호 프로그램을 강화한다.

17 스포츠를 통한 도덕교육을 주장한 학자와 그 내용이 바르게 연결되지 <u>않은</u> 것은?

① 레오폴드(A. Leopold) : 스포츠의 긍정적인 요소를 통해서 자연스럽게 도덕교육이 이루어지고 좋은 인간을 만들어낼 수 있다.
② 위인(E. Wynne) : 스포츠 경기의 전통을 이해하고, 규칙 준수 등의 바람직한 행동을 습관화할 수 있도록 가르친다.
③ 콜버그(L. Kohlberg) : 스포츠에서 발생하는 도덕적 딜레마에 대한 토론을 통해 도덕적 갈등 상황을 이해하고, 자율적으로 대처할 수 있도록 가르친다.
④ 루소(J. Rousseau) : 어린 시절부터 다양한 신체활동을 통해 성평등, 동료애, 공동체에서의 협력과 책임을 지는 습관을 길러준다.

18 〈보기〉의 괄호 안에 공통으로 들어갈 용어는?

┌─ 보기 ─────────────────────┐
│ 맥페일은 "도덕적 가치들은 중요한 타자들이 │
│ 어떻게 행동하고 있는가를 (   )하는 것에 │
│ 의하여 학습된다."고 하였다. 스포츠 도덕교육 │
│ 에서 스포츠지도자는 중요한 타자에 해당된다. │
│ 스포츠의 도덕적 가치는 스포츠지도자의 도덕 │
│ 적 모범에 의해 학습되어지며, 참여자는 스포 │
│ 츠지도자를 통해 (   )학습과 사회적 모델링 │
│ 을 하게 된다.   │
└───────────────────────────┘

① 인식
② 인지
③ 모방
④ 관찰

19 심판의 오심과 편파 판정을 막기 위한 방안으로 옳지 <u>않은</u> 것은?

① 오심에 대한 심판의 징계보다 효율적인 시스템이 중요하다.

② 심판의 질적 향상을 위한 다양한 교육 기회를 확대한다.

③ 판정 능력 향상을 위한 반복적인 훈련과 교육이 필요하다.

④ 자질 제고를 위한 지속적인 윤리교육이 필요하다.

20 정의의 유형에 관한 설명으로 옳지 <u>않은</u> 것은?

① 절차적 정의는 어떤 것을 결정하고 판단하는 데 있어 공정했는가, 또는 그 과정이 효율적이었는가와 관련된 내용이다.

② 평균적 정의는 개인 상호 간에 균형을 이루게 하는 것으로 볼 수 있다.

③ 분배적 정의는 어떤 것을 분배 또는 나누고자 할 때 어떠한 방법으로 하는 것이 공정한가를 의미한다.

④ 법률적 정의는 개인이 단체에 의무를 다했는가를 의미한다.

운동생리학

01 인체 에너지 대사 시스템 중 ATP-PCr 시스템에 해당하지 <u>않는</u> 것은?

① 글루코스 1분자에서 ATP 2분자 형성

② 5초 이내 고강도 근수축에 필요한 에너지 공급

③ 고에너지 결합이 분리되어 아데노신 2인산(ADP), 인산(P) 및 에너지 방출

④ PCr이 크레아틴(Cr)과 Pi로 분해될 때 발생되는 에너지를 이용하여 ATP 재합성

02 〈보기〉에 설명하는 인체 에너지 시스템은?

┌─ 보기 ─┐

• 근육은 포도당 및 지방산의 혈액을 통한 공급에 의해서 글리코겐 및 중성지질과 적은 양의 단백질 및 아미노산을 저장하고 있으면서, 크렙스회로 및 전자전달계로 유입되기 위한 복합적인 화학적 변화를 수행한다.

• 산소는 전자에 대한 최종수용체이며, 많은 양의 ATP가 생성된다.

① 젖산 시스템(무산소성 해당 과정)

② ATP - PC 에너지 시스템(인원질 과정)

③ 유산소성 시스템(유산소성 과정)

④ 크레아틴인산(phosphocreatine : PC)

03 〈보기〉의 (가)~(라)에 들어갈 용어가 바르게 연결되지 <u>않은</u> 것은?

┌─ 보기 ─┐

구분	음식/화학적 연료	산소 유무	반응 속도	ATP 생성량
ATP-PCr 시스템	(가)	무산소성	가장 빠름	극히 매우 적음
무산소 해당과정	크레아틴	(나)	빠름	(다)
유산소성 과정	지방, 단백질, 글리코겐	(라)	느림	많음

① (가) : 크레아틴
② (나) : 유산소성
③ (다) : 매우 적음
④ (라) : 유산소성

04 유산소 트레이닝에 의한 적응 중 구조적 변화에 해당하지 <u>않는</u> 것은?

① 모세혈관 밀도 증가(헤모글로빈 수 증가)
② 미오글로빈 수 증가
③ 미토콘드리아 산화 능력 증가
④ 산소소비량 감소

05 무산소 트레이닝의 대사적 적응에 관한 설명으로 옳지 <u>않은</u> 것은?

① ATP - PC 시스템과 무산소성 해당과정에 필요한 효소활동 감소
② ATP 재합성 효율 증가와 ATP - PC, 글리코겐 저장 능력 증가
③ 최대하 운동 후 산소 결핍에 따른 젖산 의존도가 낮아져 효율적인 운동 수행이 가능
④ 근섬유당 모세혈관 밀도 증가

06 〈보기〉에서 뉴런의 전기적 자극 순서가 바르게 나열된 것은?

┌─ 보기 ─┐
ㄱ. 수상돌기　　ㄴ. 축삭
ㄷ. 신경 자극　　ㄹ. 축삭 종말
ㅁ. 세포체
└────────┘

① ㄷ → ㄱ → ㅁ → ㄴ → ㄹ
② ㄷ → ㄴ → ㅁ → ㄱ → ㄹ
③ ㄱ → ㄷ → ㄴ → ㅁ → ㄹ
④ ㄱ → ㄷ → ㄴ → ㄹ → ㅁ

07 〈보기〉에서 설명하는 세포막의 전기적 활동에 해당하는 시기는?

┌─ 보기 ─┐
• 세포막 안과 밖의 전위 역전이 일어나 절정에 이르는 시기
• 세포막의 나트륨(Na^+) 통로가 활성화되어 나트륨(Na^+)이 세포막 안으로 유입
└────────┘

① 불응기
② 재분극기
③ 탈분극기
④ 과분극기

08 신경계의 구조 중 중추신경계의 구성 성분과 기능을 연결한 것으로 옳은 것은?

① 소뇌 - 운동기능, 지적기능, 감각기능
② 간뇌 - 골격근 조절, 근육 운동 협응
③ 뇌간 - 체온유지, 물질대사 조절
④ 척수 - 뇌와 말초신경 사이에서 자극과 명령을 전달

09 말초신경계 중 감각신경(구심성)에 관한 설명으로 옳지 <u>않은</u> 것은?

① 관절 수용기 - 관절의 각도, 가속도, 압력에 의해 변형된 정도에 관한 정보 전달
② 근방추 - 근육의 길이에 반응하는 수용체
③ 골지건 - 골격근의 수의적 움직임 조절
④ 근방추 - 근육의 신전에 관한 정보 전달

10 〈표〉의 (가)～(라)에 들어갈 근섬유의 유형별 특성으로 옳지 <u>않은</u> 것은?

구분	에너지 체계	피로도	수축 속도	산화 능력	해당 능력
Type IIx	무산소	낮음	빠름	(가)	높음
Type IIa	유·무 산소	높음/ 중간	중간	(나)	(다)
Type I	유산소	높음	낮음	(라)	낮음

① (가) : 약함
② (나) : 강함
③ (다) : 낮음
④ (라) : 강함

11 〈보기〉에서 골격근의 구조적 순서가 바르게 나열된 것은?

> ───〈보기〉───
> ㄱ. 근섬유   ㄴ. 근세사
> ㄷ. 액틴/미오신   ㄹ. 근원섬유
> ㅁ. 근다발

① ㄷ → ㄹ → ㄴ → ㄱ → ㅁ
② ㄱ → ㄷ → ㄴ → ㅁ → ㄹ
③ ㄱ → ㄷ → ㄴ → ㄹ → ㅁ
④ ㄷ → ㄴ → ㄹ → ㄱ → ㅁ

12 부신수질호르몬 중 카테콜아민의 작용으로 옳지 <u>않은</u> 것은?

① 심장의 박동수와 수축력 및 신진대사가 증가한다.
② 혈액 속으로 글루코스와 유리지방산 방출이 증가하고, 간과 근육의 글리코겐이 분해된다.
③ 혈압이 증가하고, 호흡량이 감소한다.
④ 골격근으로 혈액 공급이 증가한다.

13 운동 중 글루코스 대사조절에 관한 설명으로 옳지 <u>않은</u> 것은?

① 글루카곤 – 간에 저장된 글리코겐을 분해해 혈당 수준을 올린다.
② 에피네프린 – 글리코겐 분해를 가속한다.
③ 코티졸 – 단백질 분해를 증가시켜 아미노산이 간에서 글코스 신생합성에 사용되도록 돕는다.
④ 성장 호르몬 – 유리지방산의 동원을 감소시킨다.

14 부신피질 호르몬에 관한 설명으로 옳지 <u>않은</u> 것은?

① 코티솔(당질코르티코이드)을 분비한다.
② 알도스테론(무기질 코르티코이드)을 분비한다.
③ 알도스테론은 Na^+과 K^+의 균형을 조절하며 격렬한 운동을 함에 따라 감소한다.
④ 에스트로겐과 안드로겐(성 스테로이드)을 분비한다.

15 폐용적에 관한 설명으로 옳지 <u>않은</u> 것은?

① 1회 호흡량(TV) – 1회 호흡 시 들이마시거나 내쉰 공기량
② 호흡 예비 용적(IRV) – TV에서 최대한 더 들이마실 수 있는 양
③ 호기 예비 용적(ERV) – TV에서 최대한 배출시킬 수 있는 양
④ 잔기 용적(RV) – 정상 호흡에서 최대한 흡입할 수 있는 양

16 〈보기〉에서 폐용량에 관한 설명으로 옳은 것만을 모두 고른 것은?

> ──보기──
>
> ㄱ. 흡기 용량(IC) : 정상 호흡에서 최대한 흡입할 수 있는 양(IC = TV + IRV)
> ㄴ. 폐활량(VC) : 최대 흡기 시 폐내 총 가스량(TLC = VC + RV)
> ㄷ. 기능적 잔기 용량(FRC) : 정상 호흡에서 TV를 배출하고 남아 있는 양(FRC = ERV + RV)
> ㄹ. 총폐용량(TLC) : 최대한 공기를 들이마신 후 최대한 배출시킬 수 있는 공기의 양(VC = IRV + TV + ERV)

① ㄱ, ㄷ
② ㄱ, ㄴ
③ ㄴ, ㄹ
④ ㄷ, ㄹ

17 미오글로빈(myoglobin)에 관한 설명으로 옳지 <u>않은</u> 것은?

① 근육에서 발견되는 산소결합 단백질이며, 산소를 근세포막으로부터 미토콘드리아로 실어 나르는 역할을 한다.
② 헤모글로빈과 구조적 차이는 두 분자 간의 산소 친화도 차이를 가져온다.
③ 헤모글로빈과 유사한 구조를 가지고 있지만 무게는 1/4에 불과하다.
④ 지근섬유에서는 매우 적은 양, 중간섬유에서는 약간, 속근섬유에서는 많은 양을 가지고 있다.

18 호흡계가 산−염기 균형에 미치는 영향으로 옳지 <u>않은</u> 것은?

① 증가된 폐환기는 인체에서 이산화탄소를 제거할 수 있고 수소이온을 제거하며 pH를 증가시킨다.
② 혈액 내 이산화탄소의 분압이 높아지면 pH가 높아지고 혈액 내 이산화탄소의 분압이 감소하면 pH가 감소한다.
③ 호흡계가 혈액 내 이산화탄소의 분압을 조절함으로써 산−염기 균형을 유지한다.
④ 호흡계는 운동 중 산과 염기의 균형을 이루게 해주는 체계이다.

19 열 순응에 대한 생리적 반응으로 옳지 <u>않은</u> 것은?

① 혈장량 증가
② 발한율 증가
③ 피부 혈류량 증가
④ 열 충격 단백질 생성 증가

20 운동에 따른 순환계의 반응과 적응으로 최대운동 중 순환계통의 변화에 관한 설명으로 옳지 <u>않</u>은 것은?

① 총 근육혈류량의 증가
② 최대심장박출량과 1회 박출량의 증가
③ 심박수의 변화(지구력 훈련에 관련된 선수의 최대심박수는 감소)
④ 최대유산소능력의 감소

운동역학

01 운동역학의 학문영역 중 연구 체계가 받는 모든 힘의 합이 0일 때의 연구는?

① 정역학　　　　② 동역학
③ 운동학　　　　④ 운동역학

02 다음 중 좌우축과 전후면에서 일어나는 동작으로 옳은 것은?

① 사이클의 다리 동작
② 옆 돌기
③ 피겨스케이트의 스핀
④ 팔 벌려 뛰기

03 좌우축을 중심으로 전후면상에서 일어나는 운동에 관한 설명으로 옳지 <u>않은</u> 것은?

① 굴곡 : 관절을 형성하는 두 분절 사이의 각이 감소하는 굽힘 운동
② 신전 : 굴곡의 반대운동으로 두 분절 사이의 각이 증가하는 운동
③ 족저굴곡 : 발바닥이 하퇴로부터 멀어지는 동작
④ 배측굴곡 : 발목관절 주위에서 발등이 하퇴로부터 멀어지는 동작

04 회전축에 따른 가동 관절의 종류에 관한 설명으로 옳지 <u>않은</u> 것은?

① 1축성 관절(자유도 1) : 경첩 관절(접번 관절)
② 3축성 관절(자유도 3) : 절구 관절
③ 1축성 관절(자유도 1) : 안장 관절(안상 관절)
④ 2축성 관절(자유도 2) : 타원 관절(과상 관절)

05 선운동(병진운동)에 관한 설명으로 옳지 <u>않은</u> 것은?

① 무게중심이 직선으로 움직이는 직선 선운동과 무게중심이 곡선으로 움직이는 곡선운동으로 구분된다.
② 인체 또는 물체의 모든 부분이 회전축에 대하여 동일한 시간에 동일한 각도로 움직이는 운동이다.
③ 물체의 질량중심점으로 힘이 작용했을 때 선운동이 발생한다.
④ 신체의 특정한 지점이 동일한 시간에 같은 거리를 평행하게 움직였는가를 파악한다.

06 인체의 무게중심에 관한 설명으로 옳지 <u>않은</u> 것은?

① 질량중심점 : 인체의 각 부위에 분포된 질량의 평균 위치
② 무게중심점 : 인체 각 부위의 질량으로 작용하는 회전력이 무게중심점에서 균형을 이루며, 무게중심의 회전력의 합이 '0'이 되는 지점
③ 성별, 나이, 인종에 관계없이 무게중심 높이가 같음
④ 무게중심 높이는 인체의 자세에 따라 달라지는데, 인체 내부뿐만 아니라 외부에도 존재할 수 있음

07 인체운동과 신체중심에 관한 설명으로 옳지 <u>않은</u> 것은?

① 각 분절에 작용하는 중력의 영향을 모두 합하면 전신의 무게가 신체중심에 작용한 효과와 동일하다.
② 신체중심은 전신의 운동을 대표한다.
③ 신체중심의 위치는 인체 평형과 안정성에 영향을 준다.
④ 공중 동작에서 회전축은 신체중심을 지나지 않는다.

08 안정성의 원리 및 개념에 관한 설명으로 옳지 <u>않은</u> 것은?

① 안정성이 높으면 물체나 인체를 넘어뜨리기 쉽다.
② 무게중심의 연직선이 지지면 내에 있으면 안정상태가 유지된다.
③ 외부의 힘(중력, 마찰력 등)에 의한 회전력은 안정성을 깨뜨리는 요인이다.
④ 물체 또는 인체가 정적 또는 동적 자세의 균형을 잃지 않으려는 상태이다.

09 안전성에 영향을 주는 요인에 관한 설명으로 옳은 것은?

① 무게중심의 높이 : 무게중심의 높이가 높을수록 안정성이 높다.
② 무게중심선의 위치 : 무게중심의 연직선(수직선)이 기저면의 중앙에 가까울수록 안정성이 낮다.
③ 무게중심선의 위치 : 무게중심이 기저면의 모서리에 가까울수록 안정성은 높다.
④ 기저면 : 인체 또는 물체가 지면과 접촉하는 각 점들로 연결된 전체 면적이다.

10 1종 지레에 관한 설명으로 옳지 <u>않은</u> 것은?

① 힘점과 저항점이 받침점을 기준으로 양쪽에 위치한다.
② 작용점이 가운데 있으며 힘팔(FA)이 작용팔(RA)보다 항상 크다.
③ 힘의 효율성은 일관적이지 않다.
④ 시소, 저울처럼 받침점이 중앙에 위치한다.

11 〈보기〉에서 설명하는 인체 지레는?

┌─보기─
• 힘점과 저항점이 같은 방향에 위치한다.
• 저항팔의 길이가 힘팔의 길이보다 더 길다.
• 힘의 효율성은 떨어지지만 운동범위나 운동속도 면에서 이득이다.
└─

① 1종 지례　　　　② 2종 지례
③ 3종 지례　　　　④ 정답 없음

12 물체의 운동 관련 개념에 관한 설명 중 옳지 <u>않은</u> 것은?

① 거리는 방향성과 크기가 존재한다.
② 속력은 단위시간에 움직인 거리를 나타내는 스칼라양이다.
③ 속도는 단위시간에 움직인 변위를 나타내는 벡터량이다.
④ 변위는 방향성과 크기가 모두 존재한다.

13 〈보기〉에서 ㉠, ㉡에 들어갈 용어가 바르게 제시된 것은?

┌─보기─
일상에서는 속력과 속도는 구분 없이 사용하지만 역학적 측면에서 속력과 속도는 구분된다. 예를 들어 20초에 20m 왕복달리기를 한 경우, (㉠)은 초속 2m/s(40m/20s)가 되지만, (㉡)은/는 초속 0m[0m/20s 또는 {2 + (−2)}m/s]가 된다.
└─

	㉠	㉡
①	속도	속력
②	속력	속도
③	속력	거리
④	속도	거리

14 가속도의 개념에 관한 설명 중 옳지 <u>않은</u> 것은?

① 시간에 따른 속도의 변화율, 단위 시간에 대한 속도의 변화량이다.

② 속도의 크기 변화나 방향 변화 혹은 크기와 방향의 변화를 고려한 스칼라이다.

③ 평균 가속도와 순간 가속도의 개념은 속도와 동일하다.

④ 가속도의 방향은 합력의 방향과 항상 같다.

15 각운동의 운동학적 분석에 관한 설명으로 옳은 것은?

① 각위치 : 어떤 고정된 축에 대하여 특정 시점에 물체가 만드는 각(스칼라)

② 각거리 : 주어진 시간 동안의 각의 변화량(벡터)

③ 각변위 : 회전하는 물체의 각 위치의 변화량(벡터)

④ 각속력 : 각속도의 크기 및 절대값(벡터)

16 〈보기〉에서 설명하는 개념은?

┌─〈보기〉─────────────────────┐
• 각속도의 크기나 방향의 변화
• (마지막 각속도 – 처음 각속도)/시간
• 일정 시간 동안 각속도의 변화율(벡터)
• 원운동을 하는 물체에 힘의 모멘트가 작용하여 속도와 방향을 변화시키는 물리량
└────────────────────────────┘

① 각가속도
② 각속도
③ 각속력
④ 선운동량

17 〈보기〉에서 설명하는 각운동의 분석에 관한 개념은?

┌─〈보기〉─────────────────────┐
• 회전운동에서 외부에서 가해진 회전력에 대해 물체의 운동 상태를 변화시키지 않으려는 저항 특성
• 임의의 회전축에 대한 질량의 분포상태를 나타내는 물리량
• 물체의 질량과 회전반경이 클수록 증가
└────────────────────────────┘

① 각운동량　　　　② 회전충격량
③ 토크　　　　　　④ 관성모멘트

18 〈보기〉의 설명에 해당하는 뉴턴의 선운동 법칙은?

┌─〈보기〉─────────────────────┐
• 물체에 힘을 가하면 힘이 작용한 방향으로 가속도가 발생하고, 가속도는 물체에 가해진 힘에 비례한다.
• 가속도는 힘에 비례하고, 질량에 반비례한다.
• 물체에 힘이 작용하면 운동 상태가 변화하고, 이 변화는 물체의 빠르기와 운동 방향을 포함한다.
└────────────────────────────┘

① 제2운동법칙 : 가속도의 법칙
② 제1운동법칙 : 관성의 법칙
③ 제2운동법칙 : 작용 – 반작용의 법칙
④ 제3운동법칙 : 작용 – 반작용의 법칙

19 각운동량 보존의 법칙에 관한 설명으로 옳지 <u>않은</u> 것은?

① 각운동량이 보존되는 상황에서 관성모멘트와 각속도를 곱한 전체 값은 일정하다.

② 물체로 이루어진 체계의 각운동량은 보존(모든 외부 토크의 합이 0일 때)된다.

③ 토크(돌림힘)가 작용하면 각운동량은 토크의 방향과 일치하면서 토크의 크기와 비례하고 관성모멘트에 반비례하는 각가속도가 발생한다.

④ 물체나 인체의 투사체 운동에서 각운동량은 그대로 유지(공기저항 무시)된다.

20 〈보기〉에서 운동역학에 관한 개념으로 옳은 것만을 모두 고른 것은?

> ┌ 보기 ┐
> ㄱ. 운동의 변위
> ㄴ. 운동의 속도
> ㄷ. 운동의 원인이 되는 힘 측정
> ㄹ. 마찰력
> ㅁ. 지면발력
> ㅂ. 근모멘트
> ㅅ. 무게중심
> ㅇ. 관절각
> ㅈ. 압력분포 측정기

① ㄱ, ㄷ, ㄹ, ㅁ, ㅂ
② ㄱ, ㄷ, ㄹ, ㅂ, ㅇ
③ ㄴ, ㄷ, ㅁ, ㅂ, ㅅ
④ ㄷ, ㄹ, ㅁ, ㅂ, ㅈ

01 삼국시대의 민속 스포츠와 오락에 관한 설명으로 옳지 <u>않은</u> 것은?

① 위기(圍碁) : 흑백의 돌로 집 싸움을 하는 바둑 게임
② 풍연(風鳶) : 종이에 댓가지를 가로세로 붙이고 실로 벌이줄을 매어 공중에 날리는 놀이
③ 방응(放鷹) : 매를 길러 꿩이나 새를 사냥하는 일종의 수렵인 매사냥
④ 악삭(握槊) : 여러 개의 구슬을 공중에 던져 그것을 기술적으로 받아서 돌리는 놀이

02 〈보기〉에서 설명하는 민속 스포츠 겸 오락은?

> ┌ 보기 ┐
> 달리는 말 위에서 여러 가지 동작을 보이는 것

① 마상재(馬上才)
② 격구(擊毬)
③ 석전(石戰)
④ 도판희(跳板戲)

03 〈보기〉에서 설명하는 고려시대 민속 스포츠 겸 오락은?

> ┌ 보기 ┐
> • 페르시아 폴로 경기에서 유래한 마상 스포츠
> • 군사훈련의 수단으로 기창, 기검, 기사를 능숙하게 하기 위한 용도
> • 귀족들의 오락 및 여가활동으로 부유한 귀족의 사치성 활동

① 방응(放鷹)
② 투호(投壺)
③ 격구(擊毬)
④ 추천(秋韆)

04 고려시대의 교육 중 관학에 대한 설명으로 올바르지 <u>않은</u> 것은?

① 향교(鄕校) : 유학의 전파와 지방민의 교화를 목적으로 지방에 설치된 관립학교
② 12도(十二徒) : 인격 완성과 과거 준비의 목적으로 최충에 의해 설립된 교육기관
③ 학당(學堂) : 서민을 위한 순수유학기관으로 지방의 향교와 유사한 교육기관
④ 국자감(國子監) : 문무관 8품 이상의 귀족 자제를 위한 고려시대 최고의 종합교육기관

05 조선시대의 체육 사상으로 문무겸전(文武兼全)에 관한 설명으로 옳지 <u>않은</u> 것은?

① '글을 숭상하고 무력을 천시한다'는 뜻이다.
② 정조는 천시되었던 무에 대한 새로운 인식을 끌어내 국정 운영의 철학으로 발전시켰다.
③ '무적(武的) 기풍 확산을 통한 국정 쇄신'이라고 한다.
④ 병전(兵典)을 중심으로 법전을 변화시키고, 병학통(兵學通)과 무예도보통지 등 병서를 간행했다.

06 〈보기〉에서 설명하는 조선시대 무예서적은?

┌─ 보기 ─────────────────────┐
│ 1759년 사도세자가 모든 정사를 대리하던 중 기묘년(1759)에 명하여 12가지 기예를 넣어 편찬한 무예서 │
└──────────────────────────┘

① 고병서해제
② 무예제보(武藝諸譜)
③ 무예신보(武藝新譜)
④ 무예도보통지(武藝圖譜通志)

07 〈보기〉에서 조선시대 체육 중 육예로 옳은 것만을 모두 고른 것은?

┌─ 보기 ─────────────────────┐
│ ㄱ. 예(禮) : 예용(禮容) │
│ ㄴ. 악(樂) : 음악(音樂) │
│ ㄷ. 사(射) : 마술(馬術) │
│ ㄹ. 어(御) : 궁술(弓術) │
│ ㅁ. 서(書) : 서도(書道) │
│ ㅂ. 수(數) : 수학(數學) │
└──────────────────────────┘

① ㄱ, ㄷ, ㅁ, ㅂ
② ㄴ, ㄷ, ㅁ, ㅂ
③ ㄱ, ㄴ, ㅁ, ㅂ
④ ㄷ, ㄹ, ㅁ, ㅂ

08 조선시대 성리학자 퇴계 이황의 유작으로 도교의 양생사상을 바탕으로 한 의학서적은?

① 무예도보통지
② 교육입국조서
③ 고병서해제
④ 활인심방

09 1907년에 이승훈이 민족 교육을 위해 평안북도 정주에 세운 4년제 중등 과정의 학교는?

① 원산학사   ② 배재학당
③ 오산학교   ④ 이화학당

10 〈보기〉에서 설명하는 을사늑약을 계기로 설립된 학교는?

┌─ 보기 ─────────────────────┐
│ 1908년 국권회복운동의 일환으로 도산 안창호가 평양에 설립한 중등 교육기관 │
└──────────────────────────┘

① 보성학교   ② 대성학교
③ 배재학당   ④ 경신학교

11 개화기 체육의 발전 단계 중 제2기 근대 체육의 수용기(1885~1904)에 관한 설명으로 옳지 <u>않은</u> 것은?

① 1895년 고종은 교육입국조서를 반포했다.
② 1903년 한국 YMCA가 조직되었고, 서구 스포츠가 본격적으로 유입되었다.
③ 관립·공립학교에서도 근대적인 교육과 체육이 실시되었다.
④ 학교체조, 병식체조, 유희 등이 필수교과로 지정되었다.

12 개화기 학교 스포츠의 발달에 따른 운동회 확산에 관한 설명으로 옳지 <u>않은</u> 것은?

① 체조과를 체련과로 변경하고 체육을 점차 교련화했다.
② 우리나라 최초 운동회는 1896년 영어학교에서 개최한 화류회이다.
③ 초창기 운동회에서 주로 실시된 종목은 육상이다.
④ 영어학교나 기독교계 학교를 중심으로 운동회가 확산되었다.

13 운동회의 성격과 기능으로 옳지 <u>않은</u> 것은?

① 학교와 사회가 어우러진 축제(주민 향촌 축제)이다.
② 탐구 중심이며, 자유, 자주성 등이 강조된다.
③ 스포츠 사회화에 기여한다.
④ 민족운동의 요람이자, 민족주의에 의한 애국심을 고취한다.

14 근대스포츠의 종목에 관한 설명으로 옳지 <u>않은</u> 것은?

① 체조 : 1895년 한성사범학교의 교과목으로 채택된 후 정식 과목으로 채택되었다.
② 수영 : 1898년 〈무관학교칙령〉에서 수영 도입의 기록이 확인된다.
③ 승마 : 1906년 일본인 우치다 료헤이에 의하여 소개되었다.
④ 사격 : 1904년 육군연성학교에서 정규 교과목으로 선정되었다.

15 개화기에 세워진 체육단체로 〈보기〉의 설명에 해당하는 것은?

┌─ 보기 ─
• 최성희, 신완식 등에 의해 조직
• 우리나라 최초 교내 체육 활동
└─

① 체조연구회
② 대한흥학회운동부
③ 광학구락부
④ 청강체육부

16 YMCA나 일본인을 통해 소개된 스포츠에 관한 설명으로 옳지 <u>않은</u> 것은?

① 골프 : 1921년 영국인 던트에 의해 효창원 골프코스가 만들어지면서부터 시작되었다.
② 럭비 : 1924년 조선철도국 사카구치에 의해 소개되었다.
③ 배구 : 1916년 기독교청년회에서 도입하여 보급되었다.
④ 탁구 : 1912년 YMCA 체육부의 실내 운동회 정식 종목으로 등장하였다.

17 조선체육회(1920년)에 관한 설명으로 옳지 <u>않은</u> 것은?

① 1934년 총독부 축구 통제령에 대해 반대 투쟁을 하였다.

② 일본체육단체에 대한 대응으로 1920년 7월 13일 조선인 중심으로 창립되었다.

③ 제1회 전조선야구대회를 개최하였다.

④ 1948년 대한체육회로 명칭을 변경하였다.

18 미군정기의 스포츠에 관한 설명으로 옳지 <u>않은</u> 것은?

① 전국체전 : 1920년 전조선 야구대회를 자연히 제1회 전국체전으로 취급한다.

② 경기단체의 설립 : 조선체육회의 개건과 함께 각종 경기단체가 설립되었다.

③ 국제 활동 : 1967년 대한올림픽위원회 KOC가 IOC에 가입하고 국제 대회에 참가하였다.

④ 조선체육회의 부활 : 1945년 조선체육동지회가 결성되었다.

19 〈보기〉의 사건들을 시간 순서대로 바르게 나열한 것은?

┌─보기─┐

ㄱ. 제16회 알베르빌 동계 올림픽경기대회에서 김기훈(쇼트트랙) 첫 금메달 획득

ㄴ. 제17회 인천 아시안경기대회 개최

ㄷ. 제15회 헬싱키 올림픽경기대회 참가

ㄹ. 제10회 하계 아시안경기대회 개최

① ㄷ → ㄹ → ㄱ → ㄴ

② ㄷ → ㄹ → ㄴ → ㄱ

③ ㄹ → ㄷ → ㄱ → ㄴ

④ ㄹ → ㄷ → ㄴ → ㄱ

20 남북스포츠 친선교류에 관한 내용으로 옳지 <u>않은</u> 것은?

① 1990년 남북통일축구대회(평양과 서울에서 번갈아 열림)

② 1999년 남북통일농구대회, 남북노동자축구대회

③ 2002년 태권도시범경기

④ 2003년 아테네올림픽 공동 입장

특수체육론

01 WHO(2001)의 장애의 정의에 관한 설명으로 옳지 <u>않은</u> 것은?

① 핸디캡 등의 부정적인 용어 사용을 규제하였다.
② 장애는 3개의 차원(손상, 장애, 핸디캡)으로 분류가 가능하며, 서로 연관성이 있다.
③ '손상'은 '신체 기능과 구조', '장애'는 '활동의 제한', '핸디캡'은 '참여 제약'으로 용어를 변경하여 사용하도록 하였다.
④ 장애를 환경적·개인적 요인에 의해 누구에게나 발생할 수 있는 일반적 현상이라는 총체적인 개념으로 이해하기 시작하였다.

02 데플림픽(농아인 올림픽)에 관한 설명으로 옳지 <u>않은</u> 것은?

① 개최 목적은 스포츠를 통한 심신 단련, 세계 청각 장애인들의 친목 도모와 유대 강화이다.
② 경기기간은 4년마다 동·하계 대회로 개최(올림픽 다음 해에 개최)한다.
③ 경기방식은 신체장애 구분에 따라 분류하여 진행한다.
④ 경기종목은 동·하계 포함해 총 32개이다.

03 특수체육의 정의(Joseph P. Winnick)에 관한 설명으로 옳지 <u>않은</u> 것은?

① 특수체육은 '체육의 하위 분야로 장애가 있거나 신체 활동에 어려움이 있어 심동적 문제를 갖는 사람들을 대상으로 하는 체육'을 말한다.
② 장애인과 일반인 체육의 프로그램 목표와 목적은 차이가 있다.
③ 독특한 요구를 충족시키기 위해 계획된 개별화 프로그램이다.
④ 신체의 교정, 훈련, 치료 등 전통적인 프로그램의 계획 요소를 포함한다.

04 특수체육의 특징에 관한 설명으로 옳지 <u>않은</u> 것은?

① 평생 교육을 강조하며, 법률적 기초 위에서 제공되는 서비스이다.
② 장애 학생의 요구에 대한 총괄적 평가를 통해 심동적 문제를 확인한다.
③ 문화의 일부로 인식되지만 연속적인 서비스를 제공하지는 않는다.
④ 장애의 정도에 관련 없이 모든 학생이 체육 교육을 받을 권리가 있음을 강조한다.

05 통합 체육에서 통합 관련 개념의 주류화에 관한 설명으로 옳지 <u>않은</u> 것은?

① 장애 아동이 특수 교육에 소속되어 있으면서 일반 학급으로 들어가는 것이다.
② 교육 환경에서 제한적인 요소를 최소화하는 데 초점을 둔다.
③ 장애 학생을 분리하여 교육하지 않는다.
④ 장애인도 가능한 한 대부분의 사회 구성원처럼 일반 사회에 적응할 수 있도록 한다.

06 통합 체육의 장점에 관한 설명으로 옳지 <u>않은</u> 것은?

① 장애 학생의 운동 수행 능력은 체육 교육 환경에서 더 나은 수행 능력을 발휘할 수 있다.
② 수행력이 다양한 학생들의 통합은 다양한 측면에서 학교 예산 절감에 도움이 된다.
③ 장애 학생들과 비장애 학생들의 통합 수업은 장애 학생들이 보다 긍정적인 목표의식을 가질 수 있게 한다.
④ 장애학생들의 사회적 상호작용이 무조건 이루어진다.

07 측정 평가 도구의 종류 중 규준 지향 검사에 관한 설명으로 옳은 것은?

① 동일한 특성을 가진 사람들의 객관적인 점수 분포를 비교하여 상대적 위치를 검사

② 사전에 설정한 숙달 기준인 점수를 비교하여 특정 영역에서의 대상자 수준을 검사

③ 타당화된 결과를 도출하기 위한 검사

④ 특정 장애의 특성에 맞게 고안된 절차를 사용하는 검사

08 장애인 및 비장애인 아동 대상 운동 기술 검사 도구에 관한 설명으로 옳지 <u>않은</u> 것은?

① AMPS : 검사 목적은 운동 기술 숙련이며 검사 분류는 준거 지향이다.

② BOTMP : 검사 목적은 기본 운동 기술 및 특정 운동 검사이며 검사 분류는 규준 지향이다.

③ EMPDDC : 검사 목적은 기본 움직임 기술과 자세이며 검사 분류는 규준 지향이다.

④ GMPM : 검사 목적은 영유아 움직임 발달 및 기본 운동 기술이며 검사 분류는 준거 지향이다.

09 과제 분석의 유형에 관한 설명으로 옳지 <u>않은</u> 것은?

① 생태학적 과제 분석 : 단계적으로 세분화하기 힘들고 총체적으로 학습해야 하는 과제에서는 적용하는 데 어려움이 있다.

② 동작 중심의 과제 분석 : 동작의 질적인 향상이 목적이다.

③ 영역 중심의 과제 분석 : 경기 또는 게임과 같은 과제 활동에서 분류의 구분을 넓게 할 필요가 있는 경우에 실행한다.

④ 유사 활동 중심의 과제 분석 : 특정 목표와 연관된 활동을 병렬식으로 구분한다.

10 장애 유형별 스포츠 활동 변형 중 시각장애인에 관한 설명으로 옳지 <u>않은</u> 것은?

① 청각과 촉각 정보를 충분히 제공해야 한다.

② 경쟁적 활동 위주로 진행하여야 한다.

③ 안전을 위한 장비 및 시설에 대한 충분한 설명이 필요하다.

④ 시설 및 용·기구의 위치와 작동 등을 계획적으로 구성해야 한다.

11 뇌성마비 장애인의 운동 특성과 체력 훈련 시 고려 사항으로 옳지 <u>않은</u> 것은?

① 빠른 움직임이나 반동은 근 경련을 일으킬 수 있으므로 주의해야 한다.

② 운동량에 비해 높은 비율의 산소를 소비하기 때문에 피로감을 빨리 느낀다.

③ 신체적인 제어 능력이나 협응력 향상보다는 근력의 증가에 중점을 두어야 한다.

④ 훈련 전에 관절 가동 범위, 근장력, 균형, 협응력 등을 반드시 평가한다.

12 중증 중복 장애 아동의 신체 활동 목적에 관한 설명으로 옳지 <u>않은</u> 것은?

① 일관된 환경에서 학습할 수 있는 일반화 촉진

② 운동 감각 자극 부여

③ 운동 부하의 부여

④ 상호작용과 집단 활동의 장 마련

13 〈보기〉에서 시각장애인에 대한 지도법으로 옳은 것만을 모두 고른 것은?

┌─보기─
│ ㄱ. 언어적 설명 : 자세한 용어와 여러가지를
│   포함한 피드백을 제공
│ ㄴ. '언어 지도 → 촉각 탐색 → 직접 지도'의 단
│   계를 따름
│ ㄷ. 시범 : 잔존 시력의 정도를 파악 후 동작설
│   명을 자세히 함
│ ㄹ. 신체 보조 : 참여자가 신체 활동을 원활하
│   게 할 수 있도록 곁에서 도움을 줌
│ ㅁ. 시·청각 단서 활용 : 소리가 나는 기구를
│   활용하며 색의 대비나 조도를 조절하여 활
│   용함
└────

① ㄱ, ㄴ, ㅁ   ② ㄷ, ㄹ, ㅁ
③ ㄴ, ㄷ, ㄹ   ④ ㄴ, ㄹ, ㅁ

14 「장애인 등에 대한 특수 교육법」에 따른 정의에 관한 설명으로 옳지 <u>않은</u> 것은?

① 시각장애 : 나쁜 눈의 시력(교정시력 포함)이 0.02 이하인 사람
② 시각장애 : 시각을 이용한 학습 수행이 힘든 상황으로 용·기구, 특별한 학습 매체의 이용이 필요하다고 판단되는 상태
③ 맹 : 시각계 손상이 심해 시각적인 기능을 전혀 하지 못하는 상태
④ 저시각 : 보조 기구를 활용해야 시각적인 기능을 할 수 있는 상태

15 청각장애인의 영역별 특성에 관한 설명으로 옳지 <u>않은</u> 것은?

① 출생 이후 기본 운동 습득에 따라 심동적 영역의 완성 정도에 차이 발생
② 선천적인 청각 장애로 인한 체력 또는 운동기술 부분에서의 문제는 적음
③ 언어 발달이 미흡함에도 학업 성취 수준이 비장애 학생에 비해 높음
④ 의사소통 및 표현 부족

16 청각장애인을 위한 신체활동 지도법으로 옳지 <u>않은</u> 것은?

① 정확한 입모양으로 큰소리로 상황을 설명한다.
② 심한 소음이나 시각적 자극이 많은 곳은 가급적 피한다.
③ 수영을 할 때도 반드시 보청기를 착용하도록 지도한다.
④ 프로그램은 익숙한 것부터 시작한다.

17 〈보기〉에서 설명하는 지체장애인의 발현 유형으로 옳은 것은?

┌─보기─
│ 몸의 여러 곳에 동시 다발적으로 염증이 발생하
│ 여 근육이 굳어지며 전반적인 무력감이 나타나
│ 는 증상이다.
└────

① 회백수염
② 다발성 경화증
③ 절단 장애
④ 근이영양증

18 외상성 뇌손상 및 뇌졸중 장애인에게 적절한 체육활동은?

① 사이클
② 수중 운동 및 보행
③ 스킨스쿠버
④ 등산

19 뇌성마비 장애인의 체력 프로그램에서 고려할 사항으로 옳지 않은 것은?

① 훈련 전 관절 가동 범위, 근장력, 균형, 협응력 등을 반드시 평가해야 한다.

② 근력증가보다 신체적인 제어 능력이나 협응력 향상에 중점을 두어야 한다.

③ 피로에 대한 저항이 강하기 때문에 장시간의 운동이 효과가 있다

④ 빠른 움직임이나 반동은 근경련을 일으킬 수 있으므로 주의해야 한다.

20 뇌병변장애인의 체육활동 지도 전략으로 옳지 않은 것은?

① 심동적 영역 : 적절한 환경 조성, 개인 유형에 맞는 체육 활동 실시

② 심동적 영역 : 근력 운동을 위한 중량 들기 및 유연한 튜브 이용, 넘어지는 법 가르치기, 규칙적인 체육 활동 계획 제공, 한 과제에 하나의 목표를 제시, 기본 운동 유형의 단계적 발달 촉진

③ 인지적 영역 : 동작에 대한 정확한 이해 제공, 반복적 학습 제공

④ 정의적 영역 : 성공적인 운동 경험 제공, 혼자 힘으로 운동 참여 유도

01 교재와 교구의 중요성에 관한 설명으로 옳은 것은?

① 좋은 교구는 신체 및 정신 능력을 발달시키고, 정신 욕구를 중화시킨다.

② 적절한 교구는 유소년의 신체 활동을 유발시키고 자극한다.

③ 좋은 교구는 유소년의 신체 활동을 자극하고, 편하게 한다.

④ 표현 활동에 교재·교구를 활용함으로써 일관성, 안정성, 방어 능력을 기를 수 있다.

02 반두라(A. Bandura)의 사회 학습 이론 단계에 관한 설명으로 옳은 것은?

① 1단계 주의 과정은 어떠한 대상에 집중하기 위한 선택 지각 단계이다.

② 2단계 파지 과정은 관찰한 행동을 오랫동안 기억하는 과정으로, 파지가 많으면 행동 모방에 어려움이 있다.

③ 3단계 운동 재생 과정은 관찰한 행동을 재생하는 과정으로, 정신적 성장과 관찰이 필요하다.

④ 4단계 동기 유발 과정에서 모델을 모방하여 새로운 지식을 얻으려면 보상과 노력의 동기유발이 필요하다.

03 원시적 반사에 관한 설명으로 옳은 것은?

① 대칭 목 경직 반사 : 머리를 뒤로 구부리면 팔은 굴곡되고, 다리가 펴진다. 머리를 앞으로 하면 팔은 펴지고 다리는 구부러지는 반사이다.

② 모로 반사 : 자연스러운 머리 위치의 변화에 팔을 안으로 모으며 무언가를 잡으려고 팔을 감싸 안는 반사이다.

③ 손바닥 파악 반사 : 아기의 손바닥을 건드리는 대상들 주변으로 손가락을 구부리는 반사이다.

④ 비대칭성 목 경직 반사 : 누운 자세에서 옆으로 머리를 돌리면 돌린 반대쪽의 팔과 다리가 대칭적으로 신전되는 반사이다.

04 유아체육의 목적으로 적절하지 <u>않은</u> 것은?

① 스스로 과제를 찾고, 스스로 생각하고, 스스로 판단해서 행동하려는 의욕과 강한 의지력을 키우려는 목적이 있다.

② 다른 사람들과 협력하고, 친구를 배려하는 마음과 감동하는 마음을 가질 줄 아는 인간성을 키우는 목적이 있다.

③ 건강한 생활을 실천할 수 있는 체력과 운동기술을 몸에 익히는 목적이 있다.

④ 심리적, 육체적으로 건강한 삶을 유지하고, 사회적으로 안정을 찾는 것에 목적이 있다.

05 유아 운동 기구 배치에 관한 설명으로 옳지 <u>않은</u> 것은?

① 운동 기구는 운동 효과를 최우선으로 고려하여 배치한다.

② 운동 기구 배치 유형은 병렬식, 순환식, 시각적 효과의 운동 기구 배치가 있다.

③ 운동 기구는 안전과 계절에 따라 철저히 관리한다.

④ 기구들이 서로 간섭받지 않고, 유아들의 시각을 고려한다. 즉, 안전에 중점을 두고 배치해야 한다.

06 영아기 반사 중 이동 반사에 해당하지 <u>않는</u> 것은?

① 지지 반사는 몸통을 좌우로 움직이면 그 자세를 그대로 유지하려 팔과 다리가 움직이는 반사이다.

② 걷기 반사는 아기의 겨드랑이를 잡고 평평한 곳에 발을 닿으면 걷는 것처럼 다리를 한발 한발 차례로 들어 올리는 반사이다.

③ 수영 반사는 물속에서 팔과 다리의 활발한 움직임을 보이며, 몸이 뜨도록 불수의적으로 호흡을 멈추는 행동을 보이는 반사이다.

④ 기기 반사는 신생아를 엎드린 자세로 한쪽 혹은 양 발바닥을 좌우 교대로 밀어주면 양손과 양발로 기는 동작 반사이다.

07 〈보기〉는 심리 성적 발달 5단계에 관한 내용이다. ㉠ ~ ㉢에 들어갈 용어가 바르게 제시된 것은?

┌─ 보기 ─
• 1단계 (㉠) : 깨물고, 빠는 등 입으로 쾌감 추구
• 2단계 항문기 : 배변 훈련과 쾌감 단계
• 3단계 남근기 : 성기와 성적인 관심 단계
• 4단계 (㉡) : 성적 충동 억압 단계
• 5단계 (㉢) : 성적 에너지 활성화 단계
└─

	㉠	㉡	㉢
①	구각기	침투기	생생기
②	구강기	잠복기	생식기
③	구문기	잠재기	생생기
④	구순기	감퇴기	생식기

08 유아 응급처치에 관한 설명으로 옳은 것은?

① 유소년 스포츠지도자는 성인 심폐소생술과 기도 폐쇄 응급처치 방법을 숙지한다.

② 영유아는 호기심으로 인한 안전사고 및 신체 활동 시 부주의로 인하여 일어나는 질병이 많으며 특히, 뇌졸중, 감염, 염증 등에 노출될 수 있으니 주의가 필요하다.

③ 영유아는 응급 의료 기관의 일반적인 응급처치가 꼭 필요한 시기이다.

④ 유아기는 위험의 인지와 이해가 부족해 일생 중 사고 발생 위험이 가장 높은 시기이다.

09 유아의 특징에 관한 설명으로 옳지 <u>않은</u> 것은?

① 피부감각은 출생 시 가장 강하게 발달된 감각으로 입술, 혀, 귀, 이마 등이 제일 예민하다.

② 미각은 태어날 때부터 맛을 구별할 수 있어서 단 것은 좋아하고, 신 것은 좋아하지 않는다.

③ 후각은 태어날 때에는 잘 발달되어 있지 않으나, 모유에 대해서는 반응을 보인다.

④ 청각은 태내에 있을 때부터 발달하는 것이 증명되어 모태 내에서부터 육아를 시작해야 한다.

10 〈보기〉에서 설명하는 원리는?

┌─보기─────────────────────────┐
• 유아기는 발달 단계에 따라 가장 많은 영향을 받는 '민감기'로, 이를 고려한 효율적인 운동이 적용되면 효과적이고 긍정적인 운동 발달을 유도할 수 있다.
• 발달 상태, 움직임의 경험, 기술, 수준, 체력, 연령 등에 따라 적용할 수 있다.
└──────────────────────────────┘

① 연계성의 원리
② 특이성의 원리
③ 방향성의 원리
④ 적합성의 원리

11 유아의 신체 활동 시간을 증가시키는 전략으로 적절한 것은?

① 비과제 참여 유아들을 감독하고, 훈련이 필요하면 적절히 진행한다.

② 유아가 제외되거나 참여하기 어려운 활동과 게임을 적절하게 진행한다.

③ 움직임을 관찰하고, 충분한 신체 활동이 이루어지지 않으면 독려가 필요하다.

④ 유아가 활동에 참여하는 데 긍정적인 피드백을 제공한다.

12 〈보기〉는 체력 측정 종목(국민 체력 100 유아기 체력 측정)에 관한 내용이다. ㉠~㉣에 들어갈 용어가 바르게 제시된 것은?

┌─보기─────────────────────────┐
• 유연성 : 앉아서 윗몸 굽히기(cm)
• (㉠) : 제자리 멀리뛰기(cm)
• (㉡) : 5m × 4회 왕복 달리기(초)
• 협응성 : 공 던지기, 공 차기, 버튼 누르기
• 평형성 : (㉢)
• 근력 : (㉣)
└──────────────────────────────┘

	㉠	㉡	㉢	㉣
①	스피드	근지구력	눈감고 중심잡기	공던지기
②	안정성	지구력	두발로 중심잡기	턱걸이
③	순발력	민첩성	한발로 중심잡기	악력측정
④	융합성	스피드	엎드려 중심잡기	푸쉬업

13 〈보기〉는 피아제(J. Piaget)의 이론이다. 괄호 안에 들어갈 용어로 옳은 것은?

┌─보기─────────────────────────┐
자전거라는 개념을 가지고 있는 아이가 다음날 오토바이를 보았다. 아이는 자신이 가지고 있는 자전거라는 개념과 비교했을 때 오토바이와 자전거가 같으므로 "야! 자전거다!" 라고 소리치는 것이 ( )이다.
└──────────────────────────────┘

① 동화
② 조절
③ 도식
④ 적응

14 〈보기〉에서 설명하는 발달은?

> ─ 보기 ─
> 인도의 동굴에서 늑대가 기른 약 8살 가량의 소녀를 발견하여 고아원에서 정성껏 길렀는데도 불구하고 서서 걷는 데 3년이 걸렸고, 말과 감정표현을 교육하려고 노력했으나 거의 발전되지 못했다고 한다.

① 인지 발달
② 사회성 발달
③ 정서 발달
④ 사고력 발달

15 유아의 운동능력에 관한 설명으로 옳지 <u>않은</u> 것은?

① 이동 능력은 걷기, 기기, 달리기, 뛰기, 스키핑, 수영 등 다른 장소로 이동하는 능력을 말한다.
② 조작 능력은 던지기, 잡기, 차기, 치기 등 사물에 움직임을 가하거나 조작하는 능력을 의미한다.
③ 평형 능력은 균형잡기, 건너기 등 자세 안정을 유지하는 능력을 말한다.
④ 비이동 능력은 제자리에서 밀기, 당기기, 멀리뛰기 등의 능력을 의미한다.

16 〈보기〉의 ㉠ ~ ㉢에 들어갈 용어가 바르게 제시된 것은?

> ─ 보기 ─
> 유아들은 놀이나 각종 운동을 통해서 몸을 만들 뿐만 아니라 사회성이나 지능을 발달시킨다. (㉠)의 저항력이 약하고 병에 걸리기 쉬운 유아에게는 건강에 대하여 충분히 배려해야 한다. 기초 (㉡)이 없으면 끈기나 집중력을 기를 수 없다. 씩씩한 어린이로 성장하기 위해서는 야외에서 많은 친구들과 함께 (㉢)하는 것이 좋다.

	㉠	㉡	㉢
①	육체	육체	놀이
②	건강	건강	활동
③	신체	체력	운동
④	마음	마음	상상

17 보건복지부의 어린이 청소년 신체 활동 지침으로 옳지 <u>않은</u> 것은?

① 규칙적으로 신체 활동을 하면 몸을 건강하게 하고 체력을 키우며 만성질환을 예방할 수 있다.
② 권장 신체 활동은 가장 기본적인 수준이므로 좀 더 건강에 도움이 되려면 신체 활동의 강도를 높이거나 활동 횟수를 늘리는 것이 좋다.
③ 움직이지 않고 보내는 여가시간을 하루 4시간 이내로 줄이는 것이 좋으며, 약간의 신체 활동보다 더 많은 활동을 하는 것이 중요하다.
④ 청소년들이 즐겁고 다양한 신체 활동에 참여하도록 적합한 신체 활동을 제안하고 적극적인 활동을 격려하는 것이 매우 중요하다.

18 사회성 발달에 관한 설명으로 옳지 <u>않은</u> 것은?

① 유소년 시기의 사회성 발달은 매우 중요하며, 유소년 시기의 사회성은 평생 유지되는 특징이 있다.
② 영아기 생후 첫 1년은 자기중심적이고 사회화가 이루어지지 않는 시기이며, 사회적 관계가 급격히 증가하여도 사회적인 상호작용이 매우 제한적이다.
③ 유아·아동기는 영아기보다 큰 사회적 영향을 받는 시기로 사회성의 발달과 더불어 운동 발달에도 많은 변화가 나타난다.
④ 아동·청소년기는 또래 집단이 사회성 발달에 큰 영향을 주는데, 특히 유치원이나 학교의 또래 집단은 아동 및 청소년의 복장이나 행동, 어휘 등에 큰 영향을 주고 신체 활동의 참여 여부와 같은 행동을 결정하는 데에도 영향을 준다.

19 〈표〉의 ⑤ ~ ⓒ에 들어갈 용어를 바르게 제시한 것은?

3수준		6단계
0~10세	(⑤) 기준이 부족하여 자기중심적 도덕 추론	1단계 : 처벌과 복종 지향
		2단계 : 개인적 욕구 지향
10~20세	(ⓒ) 관습에 따른 도덕 추론 단계	3단계 : 대인 관계 조화 지향
		4단계 : 법과 (ⓒ) 지향
20세 이후	자신의 추상적 원리로 도덕 추론 단계	5단계 : 사회 계약 지향
		6단계 : 보편적 도덕 지향

	⑤	ⓒ	ⓒ
①	외적	생활	윤리
②	내적	일반	도덕
③	외적	전통	보편
④	내적	사회	질서

20 비고스키(L. Vygotsky)의 상호작용 이론에 관한 설명으로 옳지 <u>않은</u> 것은?

① 유아가 준비되었을 경우 성인의 개입은 자제하고 유아 자신의 발달 수준에 적절한 활동을 스스로 선택하고 활동해야 한다는 상호작용 이론이다.

② 인간의 학습과 사고 과정에 대한 이해가 필요하고 이를 위해서는 전체적인 상호작용 과정의 이해가 필요하다.

③ 상호작용은 발생적 접근 방법, 고등 전신 과정, 도구와 기호, 근접 발달 영역으로 설명한다.

④ 사회 다양한 사람들과의 상호작용, 협동 학습의 중요성을 강조한 이론이다.

노인체육론

01 노화와 관련된 심혈관계의 변화로 옳지 <u>않은</u> 것은?

① 최대 심박출량 감소
② 최대 심박수 감소
③ 근육 미토콘드리아의 숫자와 밀도 감소
④ 동정맥 산소 차이 증가

02 〈보기〉에서 설명하는 사회학적 노화이론은?

> ─〈보기〉─
> 가장 성공적으로 늙는 사람은 긍정적인 건강 습관, 선택, 생활 방식, 인간관계를 중년에서부터 노년까지 지속하는 사람이라고 제의한 이론

① 활동 이론
② 연속성 이론
③ 분리 이론
④ 하위문화 이론

03 〈보기〉에서 행동체력의 구성요소에 해당하는 것만을 모두 고른 것은?

> ─〈보기〉─
> ㄱ. 기관 조직의 구조 ㄴ. 전신 지구력
> ㄷ. 순발력 ㄹ. 유연성
> ㅁ. 협응성 ㅂ. 면역

① ㄱ, ㄴ, ㄷ, ㅁ
② ㄷ, ㄹ, ㅁ, ㅂ
③ ㄴ, ㄷ, ㄹ, ㅁ
④ ㄱ, ㄴ, ㄷ, ㄹ

04 〈보기〉에서 노인 운동의 신체적(생리적) 효과에 해당하는 것만을 모두 고른 것은?

┌─보기─────────────────────┐
│ ㄱ. 최대산소섭취량 증가   │
│ ㄴ. 근력향상   │
│ ㄷ. 근지구력 감소   │
│ ㄹ. 인슐린 감수성 감소   │
│ ㅁ. 콜레스테롤 감소   │
│ ㅂ. 기억력 감소   │
└─────────────────────────┘

① ㄴ, ㄷ, ㅁ
② ㄷ, ㄹ, ㅂ
③ ㄴ, ㄷ, ㄹ
④ ㄱ, ㄴ, ㅁ

05 〈보기〉에서 노인 운동을 통한 사회적 효과에 해당하는 것만을 모두 고른 것은?

┌─보기─────────────────────┐
│ ㄱ. 사회 통합   │
│ ㄴ. 새로운 인맥   │
│ ㄷ. 확대된 사회적·문화적 연결망 │
│ ㄹ. 역할 유지와 새로운 역할   │
│ ㅁ. 세대 간 교류 촉진   │
└─────────────────────────┘

① ㄱ, ㄴ, ㄷ, ㅁ
② ㄱ, ㄴ, ㄷ, ㄹ, ㅁ
③ ㄱ, ㄷ, ㄹ, ㅁ
④ ㄴ, ㄷ, ㄹ, ㅁ

06 노화의 심리학적 이론이 아닌 것은?

① 분리 이론
② 매슬로(Maslow)의 욕구 이론
③ 에릭슨(Erikson)의 심리 사회적 이론
④ 발트(Baltes)의 선택적 적정화 이론

07 노인 운동 프로그램의 구성요소가 아닌 것은?

① 운동강도
② 운동 시간
③ 운동 빈도
④ 운동 환경

08 〈보기〉에서 설명하는 운동 프로그램 기본 원리는?

┌─보기─────────────────────┐
│ 운동이 중지되었거나 과부하가 발생하지 않을 │
│ 경우 운동 능력이 빠르게 감소되는 원리   │
└─────────────────────────┘

① 특정성의 원리
② 가역성의 원리
③ 점진성의 원리
④ 개별성의 원리

09 행동변화 이론의 단계와 전략에 관한 설명으로 옳지 않은 것은?

① 계획 전 단계 – 변화의 필요성을 인식하기 시작하는 단계
② 준비 단계 – 변화하겠다는 동기가 증가하기 시작하는 단계
③ 행동 단계 – 변화를 위한 행동이 나타나는 단계
④ 유지 단계 – 변화를 통해 얻게 된 환경/사람과의 관계를 만들어가는 단계

10 노인 운동의 목표설정 이론에 관한 설명으로 옳지 않은 것은?

① 목표 달성의 판단이 가능하도록 설정해야 한다.
② 직접 실행에 옮길 수 없는 수준으로 미래 지향적 목표를 설정해야 한다.
③ 운동 형태, 시간, 강도, 빈도 등을 구체적으로 설정해야 한다.
④ 개인이 달성할 수 있는 수준의 현실적 목표를 설정해야 한다.

11 미국스포츠의학회(ACSM)에서 제시한 노인의 신체 활동 권고 지침 중 저항성 운동에 관한 권고로 옳지 **않은** 것은?

① 주당 운동 시간 150~300분 정도 실행, 고강도 운동일 경우 주당 75~150분 정도
② 근육 부위를 분할하여 48시간의 간격을 두고 주 2~3회 실시
③ 세트에 8~12회로 2~3세트를 목표로 하고 점차 세트를 증가시킴
④ 덤벨이나 기구, 탄력 밴드나 튜브를 이용한 점진적 웨이트 리프트 트레이닝

12 80세 남성 노인이 달리기 운동을 할 때 카르보넨(Karvonen) 공식을 이용해 설정할 수 있는 목표 심박수는? (단, 분당 안정 시 심박수 65회, 목표 운동강도 60 ~ 70%)

① 100회/분 ~ 110회/분
② 110회/분 ~ 118회/분
③ 116회/분 ~ 120회/분
④ 120회/분 ~ 125회/분

13 관상 동맥성 심장 질환에 관한 설명으로 옳지 **않은** 것은?

① 관상 동맥 중 하나 이상이 죽상 경화증이나 혈관 경련으로 인하여 좁아진 상태이다.
② 도파민의 감소로 인해 근육 경직 등의 증상이 나타난다.
③ 80대 이상에서 약 60%에 해당되며, 65세 이상의 약 1/4 정도가 증상을 보이고 있다.
④ 증상으로는 가슴 통증, 현기증, 부정맥, 호흡 곤란 등이 있다.

14 고혈압이 있는 고령자의 운동 지도 시 고려해야 할 내용으로 적절하지 **않은** 것은?

① 가벼운 걷기나, 매우 약한 저항 또는 저항이 없는 실내 자전거 타기 등을 권장한다.
② 운동 프로그램이 혈압의 비정상적인 변동을 초래하지 않도록 주의가 필요하다.
③ 운동 지속 시간은 1회에 30~60분이 적당하다.
④ 유산소 운동과 고강도 무산소 운동을 함께 실시한다.

15 〈보기〉에서 고지질 혈중(고지혈증)의 원인으로 옳은 것만을 모두 고른 것은?

┌─ 보기 ─
ㄱ. 코르티코스테로이드 복용, 프로게스테론, 에스트로겐 복용
ㄴ. 비만, 과도한 음주, 당뇨병
ㄷ. 지단백리파아제 결핍
ㄹ. 높은 HDL 콜레스테롤
└─

① ㄱ, ㄷ, ㄹ
② ㄱ, ㄴ, ㄷ
③ ㄴ, ㄷ, ㄹ
④ ㄱ, ㄴ

16 골다공증에 관한 설명으로 옳지 **않은** 것은?

① 골량은 최고골량에서 골손실량을 뺀 값이다.
② 골 손실에 영향을 주는 요인은 연력, 호르몬, 약물, 질환 등이다.
③ 호르몬의 부족이 일어나면 매년 0.3%~0.5%의 골손실이 일어난다.
④ 흑인들은 백인이나 아시아인들에 비해 높은 골밀도를 가지고 있다.

17 다음 중 알츠하이머 치매 환자의 운동 시 주요 사항으로 옳지 <u>않은</u> 것은?

① 신체 및 정신적 건강이 쇠퇴하면서 생기는 문제에 대한 대처가 필요하다.

② 중증일 경우 지도자나 보호자를 동반하여 운동을 실시하여야 한다.

③ 복잡하고 새로운 운동보다는 단순하고 반복적인 운동을 실시해야 한다.

④ 운동은 식후 1~3시간 이후 실시하고, 장시간 운동 시 30분마다 당분을 섭취해야 한다.

18 노인 운동 지도 시 주의 사항으로 옳지 <u>않은</u> 것은?

① 개개인에 대한 철저한 운동 처방

② 상해 예방을 위한 적절한 운동복 및 신발 착용

③ 지속적인 컨디션 조절

④ 운동 후 의학적 진단과 안정성 여부 점검

19 노인의 스포츠지도자가 가져야 할 자질로 옳지 <u>않은</u> 것은?

① 책임감

② 지지감 표현

③ 전문지식 전달

④ 관심

20 노인 운동 시 위기관리 중 운동을 중지시켜야 할 조건에 관한 설명으로 옳지 <u>않은</u> 것은?

① 협심증과 유사한 증상을 보일 때

② 수축기 혈압이 260mmHg 이상이거나 확장기 혈압이 115mmHg 이상일 때

③ 운동강도가 계속해서 높아질 때

④ 운동강도를 증가해도 심박수의 변화가 없을 때

CHAPTER 02

파이널 모의고사 정답 및 해설

스포츠교육학

01	02	03	04	05	06	07	08	09	10
②	①	②	③	④	②	③	④	②	①

11	12	13	14	15	16	17	18	19	20
④	③	③	①	②	④	④	②	④	③

01 스포츠교육의 목적은 신체의 교육, 스포츠의 교육, 스포츠를 통한 교육으로 구분된다. 〈보기〉는 신체의 교육에 대한 설명이다.

02 • 수용화 : 학생이 미국의 스포츠 역사를 읽을 수 있다.
• 인격화 : 학생은 수업 시간 이외 활동에서 게임 규칙과 예절을 지킬 수 있다.

03 지각 능력 : 학생이 던져진 공을 향해 쫓아갈 수 있다.

04 체육교과 개념 체계의 핵심 개념과 관련하여 ㉠은 건강, ㉡은 도전에 해당한다.

05 특정적 피드백 : 어떠한 특정한 행위에 대한 평가 내용이 있어야 한다.

06 • 1단계 : 선수에게 필요한 기술 파악
• 2단계 : 선수 이해
• 3단계 : 상황 분석
• 4단계 : 우선순위 결정 및 목표 설정
• 5단계 : 지도 방법 선택
• 6단계 : 연습계획 수립

07 ㄱ. 전시과제복습(1단계)
ㅁ. 독자적 연습(5단계)
ㅂ. 복습(6단계)

08 〈보기〉의 설명은 교사의 교육적인 내용에 대한 지식에 해당한다.

09 〈보기〉는 협동 학습 모형과 관련된 내용이다.

10 학습진도 : 학생 중심으로 학생이 게임 상황에 참여하게 되면 연습을 언제 시작하고 마칠 것인지에 대해 스스로 결정한다.

11 움직임 중심의 프로그램이 목적이다.

12 ㄱ. 시즌 : 체육수업의 전통적인 내용 단원보다는 시즌이라는 개념을 사용
ㅁ. 기록 보존 : 게임을 통한 기록들은 전략을 가르치거나 팀 사이의 흥미를 유발하는 데 활용하고 평가에 반영

13 ㄴ. 사회적인 욕구뿐만 아니라 심리적, 정서적 욕구도 함께 충족되어야 삶의 질이 향상된다.
ㄷ. 인간의 한계에 도전할 수 있고, 경험의 폭을 넓혀서 삶을 풍요롭게 해준다.
ㅁ. 사람들은 오래 사는 것보다 건강하게 살기를 원한다.

14 과제는 개인별로 개인의 수준에 맞고 난이도가 적당한 것을 제시해야 한다. 이를 위해 하나의 과제보다는 여러 개의 과제를 제시하고 선택권을 준다.

15 ㄱ. 재미는 역경과 도전을 이겨낼 수 있다는 자신감을 준다.
ㄷ. 재미를 자주 체험하면 심리적 안정감이 높아진다.
ㅂ. 재미는 여러 사람들과 어울리고 함께 성장하며 증가한다.

16 • 행동 계약 : 학생의 행동과 그에 따르는 보상과 처벌에 대한 규칙을 학생과 함께 결정한다.
• 행동 공표 : 행동 계약으로 결정된 보상과 처벌에 대해 공식적으로 공고 또는 게시한다.
• 프리맥 원리 : 싫어하는 행동을 증진시키는 데 좋아하는 행동을 이용하는 방법이다.
• 토큰시스템(토큰 수집) : 어떤 행동을 할 때마다 쿠폰(점수)을 제공하여 일정 수준이 되면 보상이나 처벌을 받게 하는 방법이다.

17 • 커크패트릭(Kirkpatrick) : 평가는 장래 교육 프로그램 개선에 도움이 되는 정보를 제공하고, 훈련 프로그램의 지속 여부를 결정하며, 교육훈련 부서가 조직 목적과 목표에 기여하는 바를 보여줌으로써 교육 프로그램 존재의 타당성을 정당화하는 도구이다.
• 로빈슨&로빈슨, 필립스(Robinson&Robinson, Phillips) : 평가는 교육 프로그램 종료 후 실시하는 것이 아니라 프로그램이 실시되기 전에 훈련 프로그램의 체계를 고안할 때 평가 계획이 수립되어야 한다.

18 〈보기〉는 루브릭에 대한 설명이다.

19 한국교육과정평가원에서 제시한 학교체육 전문가에게 필요한 자격 기준으로 옳은 것은 ㄱ, ㄴ, ㄷ, ㄹ, ㅁ, ㅂ, ㅅ, ㅇ이다.

20 ③은 인성적 자질이 아니라 체육 전문가로서 가져야 할 기능적 자질에 대한 설명이다.

스포츠사회학

01	02	03	04	05	06	07	08	09	10
②	③	①	④	③	①	③	④	③	①

11	12	13	14	15	16	17	18	19	20
④	③	②	④	④	①	③	②	③	④

01 게임은 'gaman'이라는 독일어에서 유래되었으며, '기쁨'을 의미한다.

02 같은 지역과 동네는 유사한 의미로, 민호와 영철이가 서로를 친구로서 좋아하는 이유가 유사하다고 볼 수 있다.

03 스포츠 경기 기술의 정형화 단계는 스포츠 제도화의 마지막 단계로 앞선 단계들을 거치게 되면서 스포츠에 참가하게 되는 사람들이 전문성을 가지게 되는 단계이다.
1단계 규칙의 표준화 → 2단계 공식 규칙 시행 혹은 진행 단계 → 3단계 활동의 조직적, 전문적 측면 강조 단계 → 4단계 경기 기술의 정형화 단계

04 근대스포츠는 스포츠 영웅을 신처럼 숭배하고 스포츠 자체가 그들 지역사회의 종교와도 같은 역할을 한다고 보는 것은 세속주의이다. 거트만(Guttmann)의 근대스포츠 특성에는 세속주의, 평등성, 전문화, 합리화, 관료화, 수량화, 기록 추구가 있다.

05 사회 유지와 안정에 관계되는 가치나 신념체계는 기본적으로 합의되어 있다.

06 사회화는 생애과정을 통해 지속적으로 진행되는 과정이다.

07 스포츠 경기에서 승리에 주는 보상이 높은 종목이나, 승률이 높은 팀에서 각종 부정행위가 높아질 가능성이 더 있다.

08 통합적 욕구는 사회구성원들의 스포츠에 대한 관심을 하나로 모으고, 연결하여 사회를 통합하는 역할을 한다.

> **Tip**
> • 인지적 욕구 : 스포츠 지식, 경기 결과 등 제공
> • 정의적 욕구 : 스포츠 관심, 즐거움, 흥미 제공
> • 도피적 욕구 : 스포츠로 스트레스, 불안 등으로부터 심리적 안정 제공

09 • 핫 매체 스포츠(문자미디어 : 신문, 잡지, 사진 등)
- 정의성은 높고, 감각 참여성과 참여몰입은 낮음
- 정적 스포츠, 개인 스포츠, 기록 스포츠
- 예 검도, 골프, 권투, 레슬링, 배드민턴, 볼링, 빙상, 사격, 수중발레, 사이클, 스키, 수영, 승마, 씨름, 야구, 양궁, 역도, 요트, 육상, 조정, 테니스, 체조, 카누, 펜싱 등

• 쿨 매체 스포츠(전자미디어 : TV, 비디오, 영화, 인터넷, 게임 등)
- 정의성은 낮고, 감각 참여성과 참여몰입은 높음
- 동적 스포츠, 팀 스포츠, 득점 스포츠
- 예 경마, 농구, 럭비, 배구, 미식축구, 아이스하키, 하키, 축구, 핸드볼 등

10 스포츠 일탈의 유형은 매우 다양하고, 각자 다양한 지위에서 자신에게 유리한 입장에서 일탈을 바라보기 때문에 단순하게 하나의 이론이나 설명으로 규명하기 어렵다.

11 한국에서는 상비군까지 발탁되는 실력이었으나 영국에서는 2부 리그에서 시작하는 지위의 서열화 과정을 설명한 것이다.

12 경쟁에서의 승리 또는 패배는 각 팀이 대표한다고 여겨지는 집단의 우열을 상징하는 것이다.

13 ⊙은 권력, ⓒ은 사회이다.

14 자유계약(FA) 제도는 처음 계약기간이 정해진 팀에서 일정 기간 활동 후 다른 팀으로 자유롭게 이적할 수 있는 자유계약선수 제도이다.

15 중요한 스포츠 경기에서 패배한 이후 일어나는 좌절 폭동도 있으나 이는 오히려 드문 반면, 축하 폭동은 가장 위험하고 파괴적인 폭력적 집합행동으로서 가장 빈번하게 일어나고 있다(Lewis. 2007).

16 중요한 스포츠 개입의 요소로는 내적·외적 만족도, 사회적 결속, 동료 의식, 상호 존중, 충성심, 정서, 스포츠 정체성 등이 있다.

17 현대인들의 건전한 여가활동의 방법으로 생활체육이 새롭게 조명될 수 있다.

18 스포츠의 대표적인 상품은 경기이다. 그리고 선수는 경기를 만들어내는 노동자에 해당된다.

19 스포츠사회학에서 일반적으로 주로 인용되는 긍정적 일탈은 베커(Becker)가 이론화한 개념으로 '한 개인이 기존의 가치체계 혹은 규범을 과도하게 따르는 행위'를 의미하며, 이는 코클리(coakley)가 제시한 일탈적 과잉동조와 유사한 개념이라 할 수 있다.

20 ㄴ. 추방자형 : 자국에서 추방당한 유형
ㅂ. 정착형 : 거주지에서 장기간 이어지는 생활 유형

스포츠심리학

01	02	03	04	05	06	07	08	09	10
④	④	④	③	④	④	①	①	②	③
11	12	13	14	15	16	17	18	19	20
③	②	③	②	③	①	④	①	④	①

01 ⊙은 과학적, ⓒ은 행동이다.

02 건강 운동 심리학은 지속적인 운동 동기와 참여를 통해 얻을 수 있는 개인의 정신건강에 관해 연구하는 학문이다.

03 ⊙은 각성, ⓒ은 주의, ⓒ은 최적각성수준이다.

04 아담스(Adams)의 폐쇄회로 이론은 피드백으로 인하여 운동 동작이 수정된다는 이론이다.

05 괄호 안에 들어갈 용어로 적절한 것은 경쟁상태불안이다.

06 <보기>는 스포츠조선 기사 내용으로 동기부여에 관한 내용이다.

07 손다이크(Thorndike)의 자극 - 반응(S - R) 이론은 자극들에 대한 반응이 더 강화되어가는 것이 '학습'이라고 주장하는 이론이다.

08 ㄱ. 성격 요인, ㄴ. 상황적 요인, ㄷ. 결과 경향 요인, ㄹ. 감정적 반응 요인, ㅁ. 성취 행동 요인이 성취욕구이론의 요인에 해당한다.

09 운동학습은 직접 측정할 수 없고, 행동을 통해서 간접적으로 측정하여 평가할 수 있다.

10 ㄱ. 과제 : 훈련 시스템은 선수들의 발전과 도전적 과제를 추구하고, 재미와 즐거움 포함
ㄴ. 권한 : 자율적인 분위기에서 선수 각 개인에게 권한을 주고, 책임도 함께 부여
ㄷ. 보상 : 선수의 노력과 자기 발전이 승리보다 우선, 패배해도 긍정적 사고를 하도록 유도
ㄹ. 협동 : 모든 선수들이 다함께 참여하여 연습에서 목적한 바를 얻을 수 있는 기회 제공
ㅅ. 평가 : 평가는 구체적인 기준으로 실시, 실수를 배우는 과정으로 인식하도록 유도
ㅇ. 시간 : 선수의 능력과 수준을 고려, 각자의 다른 훈련성과 시간을 정함

11 긍정적인 기대나 관심이 사람에게 좋은 영향을 미치는 것을 '피그말리온 효과'라고 한다.

12 팀의 목표 달성을 위해서 모든 구성원을 참여시켜 목표를 자세히 설명하고 보상을 세밀히 제시한다.

13 유능성은 일종의 자신감으로서 자신의 노력으로 환경이나 자신에게 바람직한 변화를 만들어 낼 수 있다고 생각하는 것이다.

14 'ㄱ. 신체적 이완, ㅇ. 필요한 동작'은 행동적 요인이다.

15 상담-집단 유형 : 지도자는 집단으로 선수들을 상담하여 결정을 내리는데, 그 결정은 선수들의 개입을 반영할 수도 있고 그렇지 않을 수도 있다.

16 신속 이완기법은 근육의 긴장을 이완시켜 선수들에게 더 큰 동작 범위와 좋은 리듬 타이밍, 그리고 수행에서의 자연스러운 느낌을 가지게 해준다.

17 <보기>에서 설명하는 이론은 상징학습 이론이다.

18 폭스(K. Fox)의 위계적 신체적 자기개념 가설 모형은 스포츠 유능감, 신체적 힘, 신체 매력, 신체적 컨디션으로 구분된다. 스포츠 유능감은 운동 능력, 스포츠 기술 학습 능력 등에 대한 자신감의 인식이다.

19 시합 출전 상황은 경기에 임하는 모습이나 동작 등을 관찰하고 관중의 반응을 상상하는 것이다.

20 주의 집중 요소에 해당되는 것은 다음과 같다.
ㄱ. 용량 : 정보처리를 위하여 요구되는 주의 에너지의 용량(총량)
ㄴ. 지속성 : 주의를 집중할 지속 시간 요소
ㄷ. 융통성 : 주의의 범위를 결정하고 전환할 수 있는 융통성
ㅂ. 선택성 : 주의를 선택하는 요소

스포츠윤리

01	02	03	04	05	06	07	08	09	10
③	④	①	③	②	③	④	③	④	③
11	12	13	14	15	16	17	18	19	20
④	④	④	②	④	①	①	④	①	①

01 팔정도는 정견(올바로 봄), 정사(올바로 생각함), 정어(올바로 말함), 정업(올바로 행동하고 목숨을 유지함), 정명(부지런히 노력함), 정근(올바로 기억함), 정념(올바로 생각함), 정정(올바로 마음을 안정시킴)의 8가지이다.

02 도덕적 감수성은 스포츠 상황에서 어떻게 행동하는 것이 적절한지에 대한 지각이다.

03 괄호 안에 공통으로 들어갈 철학자는 플라톤이다.

04 스포츠퍼슨십은 양성평등적인 용어로 스포츠맨십과 혼용되어 사용하고 있다.

05 스포츠에서 도덕적 행동은 승리 쟁취의 개념보다는 규칙에 대한 존경과 의무에서 비롯된다.

06 모든 운동선수가 규칙을 숙지할 뿐만 아니라 준수한다는 약속이다.

07 오염된 환경에서 벗어나 자연 속에서 스포츠를 즐기려는 인구가 증가하고 있다.

08 장애를 이유로 스포츠 참여를 원하는 장애인을 제한, 배제, 분리, 거부하는 행위는 기본권의 침해에 해당한다.

09 부득이한 경우 인간과 다른 생명체 간의 '정의의 균형'이 깨어졌을 때 그것을 회복시키도록 노력해야 한다는 보상적 정의의 규칙이다.

10 신의의 의무는 덫과 같이 동물을 속이는 행위를 해서는 안된다는 내용이다.

11 ㉠은 선수, ㉡은 교육이다.

12 수단화는 선수의 몸을 수단적으로 사용하는 문제가 있어 금지하고 있다.

13 호구류는 신체를 보호하기 위한 기술(보호복, 글러브 등)이다.

14 연구목적으로 이용되는 개인의 유전정보에 대한 비밀은 철저하게 지켜져야 한다.

15 조직의 사유화를 포함하는 스포츠계의 4대 악습(문화체육관광부, 2015)이다.

16 스카우트 관행 금지를 위한 제도적 기반을 확보한다.

17 생태 중심주의 윤리에서 레오폴드(A. Leopold)의 주장은 다음과 같다.
- 인간도 대지 공동체로 규정, 그 일원으로서 대지 윤리를 지켜야 한다.
- 대지에 대한 인간의 윤리적 기준을 생물공동체의 통합성과 안정성을 유지한다.

18 괄호 안에 공통으로 들어갈 용어로 적절한 것은 관찰이다.

19 오심에 대한 심판의 징계를 보다 강화한다.

20 절차적 정의는 어떤 것을 결정하고 판단하는 데 있어 공정했는가, 또는 그 과정이 공정했는가와 관련된 내용이다.

운동생리학

01	02	03	04	05	06	07	08	09	10
①	③	②	④	①	①	③	④	③	③
11	12	13	14	15	16	17	18	19	20
④	③	④	③	④	①	④	②	③	④

01 '글루코스 1분자에서 ATP 2분자를 형성하는 것(1분자 glucose → 2ATP)'은 젖산 시스템(무산소 해당 과정)의 제한점으로 근육과 혈액 내 젖산을 축적하여 피로를 유발한다. 따라서 비효율적 에너지 대사이다.

02 <보기>는 유산소성 시스템을 설명하고 있다. 추가적으로 유산소성 에너지 시스템은 4~5분 이상의 긴 시간 동안 지속되는 지구성 종목의 운동수행과정에서 주로 이용된다. 중요점으로는 산소가 충분하게 있어 젖산이 축적되지 않으며 제한점으로는 효율적(38 ATP)이며 유산소 시스템이 동원되기까지 시간적 여유가 있어야 하기 때문에 유산소 최대능력의 한계가 있다.

03 근육 글리코겐은 산소의 이용 없이 분해될 수 있으며, 이 과정을 무산소성 해당과정이라고 한다.

04 유산소 트레이닝에 의한 적응에는 구조적, 기능적 변화가 있다.
- 구조적 변화
  - 모세혈관 밀도 증가(헤모글로빈 수 증가)
  - 미오글로빈 수 증가
  - 미토콘드리아 산화 능력 증가
- 기능적 변화
  - 포도당 절약과 유리지방산 동원
  - 산소소비량 감소
  - 젖산 생성의 감소
  - 1회 박출량 증가

05 ATP - PC 시스템과 무산소성 해당과정에 필요한 효소활동이 증가한다.

Tip 무산소 트레이닝의 대사적 적응
- 속근섬유(FT섬유, type II섬유) 비율 증가

- 근비대와 근섬유 증식(근육량과 근력 증가)
- ATP - PC, 글리코겐 저장 능력 증가
- 미토콘드리아 수와 크기 증가
- 건, 인대 조직의 양 증가(결합조직의 변화)

06 뉴런의 전기적 활동 중 전기적 신호 전달 순서는 '신경자극 → 수상돌기 → 세포체 → 축삭 → 축삭종말'순이다.

07 ① 불응기 : 일정 시간 동안 또 다른 활동전위가 즉각적으로 발생할 수 없는 시기로 절대불응기와 상대불응기로 구분
② 재분극기 : 절정에 이른 후 탈분극된 상태에서 안정막전위로 돌아가는 시기
④ 과분극기 : 전위가 안정 시보다 더 커진 상태(-극이 더 많은 상태)

08 • 소뇌 : 골격근 조절, 근육 운동 협응
• 간뇌 : 체온유지, 물질대사 조절
• 시상하부 : 신체 내부 환경의 모든 과정을 조절하여 항상성 유지
• 뇌간 : 근 긴장의 유지 및 골격근의 기능 조절, 호흡과 심혈관계를 조절하는 자율 조절 중추 포함

09 골지건은 길이보다는 장력에 반응하는 수용체로 근의 수축에 관한 정보를 전달한다. 골격근의 수의적 움직임을 조절하는 것은 운동신경(원심성) 중 체성신경계에 해당한다.

10 속근(백근, FT, Type IIx, Type IIa)의 특성 중 하나로 해당작용 효소가 발달해 있으며 해당작용 능력이 높다. 반대로 지근(적근, ST, Type I)은 산화 효소가 발달해 있으며 미토콘드리아의 산화 능력이 높다.

11 골격근의 구조적 순서는 '액틴/미오신 → 근세사 → 근원섬유 → 근섬유 → 근다발' 순이다.

12 카테콜아민은 빠르게 작용하는 호르몬으로서 교감신경계에 의해 부신수질이 자극되면 에피네프린(80%), 노르에피네프린(20%)이 분비된다. 또한, 심박출량의 증가, 혈압상승, 호흡량 증가, 혈중 글루코스와 유리지방산 농도 증가, 간과 근육의 글리코겐 분해가 촉진된다.

13 성장 호르몬의 특징
• 유리지방산의 동원 증가
• 뼈와 근육의 발달 촉진
• 인슐린 활성을 억제
• 간에서 포도당 합성 증가

14 알도스테론은 Na^+과 K^+의 균형을 조절하며 알도스테론 분비는 레닌-안지오텐신에 의해 시작되고 격렬한 운동을 함에 따라 증가한다.

15 잔기 용적(RV) : 가능한 모두 배출한 상태에서 폐에 남아 있는 양이며, 정상 호흡에서 최대한 흡입할 수 있는 양은 기능적 잔기 용량(FRC)이다.

16 ㄴ. 폐활량(VC) : 최대한 공기를 들이마신 후 최대한 배출시킬 수 있는 공기의 양(VC = IRV + TV + ERV)
ㄹ. 총폐용량(TLC) : 최대 흡기 시 폐내 총 가스량(TLC = VC + RV)

17 지근섬유에서는 많은 양, 중간섬유에서는 약간, 속근섬유에서는 매우 적은 양을 가지고 있다.

18 혈액 내 이산화탄소의 분압이 높아지면 pH가 낮아지고, 혈액 내 이산화탄소의 분압이 감소하면 pH가 증가한다.

19 피부의 혈류량 감소, 발한 시점의 조기화, 땀에 의한 염분 손실 감소 등이 있다.

20 운동에 따른 순환계의 반응과 적응으로 최대유산소능력이 향상된다.

운동역학

01	02	03	04	05	06	07	08	09	10
①	①	④	③	②	③	④	①	④	②
11	12	13	14	15	16	17	18	19	20
③	①	②	②	③	①	④	①	③	④

01 정역학(statics) : 연구 대상이 정적인 상태, 즉 정지해 있는 상태이다. 따라서 연구 체계가 받는 모든 힘의 합이 0이다.

02 옆 돌기, 팔 벌려 뛰기는 전후축과 좌우면에서 일어난다. 피겨스케이트의 스핀은 장축과 횡단면에서 일어난다.

03 배측굴곡 : 발목관절 주위에서 발등이 하퇴에 가까워지는 동작

04 안장 관절(안상 관절) : 2축성 관절(자유도 2)

05 선운동(병진운동)은 인체 또는 물체의 모든 부분이 일정한 시간 동안 같은 거리, 같은 방향으로 움직이는 운동이다.

06 성별, 나이, 인종에 따라 무게중심 높이가 다르다. 예를 들면, 남성보다 여성의 무게중심이 낮고, 동양인의 무게중심이 서양인보다 낮으며, 유아는 성인보다 높다.

07 공중 동작에서 회전축은 신체중심을 지난다.

08 안정성이 높으면 물체나 인체를 넘어뜨리기 어렵다.

09 ① 무게중심의 높이 : 무게중심의 높이가 낮을수록 안정성이 높다.
② 무게중심선의 위치 : 무게중심의 연직선(수직선)이 기저면의 중앙에 가까울수록 안정성이 높다.
③ 무게중심선의 위치 : 무게중심이 기저면의 모서리에 가까울수록 안정성은 낮다.

10 2종 지레 : 작용점이 가운데 있으며 힘팔(FA)이 작용팔(RA)보다 항상 크다.

11 <보기>는 3종 지레에 대한 설명이다. 기구를 갖고 운동하는 대부분의 운동이 해당되며 대표적으로 바벨 운동이 있다.

12 거리는 방향성은 없고 크기만 존재한다.

13 ㉠에는 속력, ㉡에는 속도가 들어가는 것이 옳다. 속력은 단위시간에 움직인 거리를 나타내는 스칼라이며, 속도는 단위시간에 움직인 변위를 나타내는 벡터이다.

14 속도의 크기 변화나 방향 변화 혹은 크기와 방향의 변화를 고려한 벡터량이며, 가속도의 단위는 m/s^2이다.

15 ① 각위치 : 어떤 고정된 축에 대하여 특정 시점에 물체가 만드는 각(벡터)
② 각거리 : 주어진 시간 동안의 각의 변화량(스칼라)
④ 각속력 : 각속도의 크기 및 절대값(스칼라)

16 <보기>는 각가속도에 대한 설명이다.

17 <보기>는 관성모멘트에 대한 설명이다. 인체 및 스포츠에서 관성모멘트는 다음과 같다.
• 자세 변화에 따라 회전축에 대한 분절의 상대적 위치도 변하기 때문에 전신의 관성모멘트는 변한다.
• 회전축의 방향에 따라 관성모멘트는 차이가 있다.
• 회전축의 위치에 따라 관성 모멘트도 달라진다.

18 <보기>는 제2운동법칙인 가속도의 법칙에 대한 설명이다.

19 각가속도의 법칙 : 토크(돌림힘)가 작용하면 각운동량은 토크의 방향과 일치하면서 토크의 크기와 비례하고 관성모멘트가 반비례하는 각가속도가 발생한다.

20 • 운동역학 : 운동의 원인이 되는 힘을 측정·분석, 마찰력, 지면반력, 근모멘트 등을 분석한다.
• 운동학 : 운동 형태, 운동의 변위, 속도, 가속도, 무게중심, 관절 각 등을 분석한다.

한국체육사

01	02	03	04	05	06	07	08	09	10
④	①	③	②	①	③	③	④	③	②
11	12	13	14	15	16	17	18	19	20
④	①	②	③	④	④	①	③	①	④

01 악삭(握槊) : 주사위를 던져 여러 개로 된 말을 사용하여 두 사람 중 먼저 궁에 들어가는 게임

02 ② 격구(擊毬) : 말을 타고 달리거나 뛰어다니며 막대기로 공을 쳐서 승부를 겨루는 놀이
③ 석전(石戰) : 동편과 서편으로 나누어서 하는 돌팔매질(돌싸움) 놀이
④ 도판희(跳板戲) : 널빤지 양쪽 끝에 한 사람씩 올라가서 번갈아 뛰어오르는 놀이('축판희'라고도 함)

03 ① 방응(放鷹) : 매를 잡았다가 놓아주면서 사냥하는 수렵 활동 및 무예 훈련의 성격, 신라에서 1세기경 시작되어 고려시대 후기에 크게 번창
② 투호(投壺) : 화살 같은 막대기를 일정한 거리에 있는 항아리 안에 던져 넣는 게임, 왕실과 귀족 사회에 매우 성행
④ 추천(秋韆) : 두 줄을 붙잡고 온몸을 흔들어 발의 탄력을 이용해 온몸을 마음껏 날려 보내는 놀이. 부녀자들이 그네를 타고 노는 놀이로 단오절 행사에 인기. 귀족, 서민 모두 민속 유희로 널리 성행

04 12도(十二徒)는 사학으로서 인격 완성과 과거 준비의 목적으로 최충에 의해 설립된 교육기관이며, 이외에도 향촌의 부락에 설치된 초보적인 교육을 가르치는 민간사설교육기관인 서당이 있다.

05 숭문천무(崇文賤武)
• '글을 숭상하고 무력을 천시한다'는 뜻이다.
• 조선시대는 성리학과 유교주의적 특성으로 인해, 문과에 비해 무인교육에 소홀했다.
• 유교와 성리학은 도덕과 인을 중시하여 신체적 힘을 기르는 것은 전쟁이나 폭력을 유발할 수 있다고 판단했다.

06 <보기>는 《무예신보》(武藝新譜)에 대한 내용이다. 무예신보는 사도세자가 조선 영조 25년(1749년)에 편찬한 무예서로, 18가지 보병무예를 수록하고 있다. 십팔반무예(十八搬武藝), 십팔반무기(十八搬武技)라고도 불리며, 본국검, 예도 등 조선의 무예와 중국, 일본의 무예를 능동적으로 받아들인 것이 특징이다.

07 ㄷ. 사(射) : 궁술(弓術)
ㄹ. 어(御) : 마술(馬術)

08 ① 무예도보통지(武藝圖譜通志) : 1790년 무예제보(武藝諸譜)와 무예신보(武藝新譜)를 근간으로 새로운 훈련 종목을 더한 후 간행한 무예 훈련 교범
② 교육입국조서(敎育立國詔書) : 고종이 새로운 교육제도의 필요성을 인식하고 1895년에 반포
③ 고병서해제 : 병서에 대한 연구 서적

09 ① 원산학사 : 1883년에 정식으로 승인받고 설립된 최초의 근대학교
② 배재학당 : 1885년(고종 22) 서울에 설립되었던 중등과정의 사립학교
④ 이화학당 : 1886년(고종 23) 해외여성선교회에서 파견된 메리 F. 스크랜튼(Mary F. Scranton)이 서울 황화방(皇華坊), 지금의 중구(中區) 정동(貞洞)에 설립한 한국 최초의 사립여성교육기관

10 대성학교는 도산 안창호와 윤치호가 평양에 세운 교육기관으로 신민회의 주요 사업 중 하나였다. 대한제국 말기인 1908년 9월부터 일제강점기 초기인 1912년 조선총독부 학무국에 의해 강제 폐교될 때까지 존재한 교육기관으로 조선총독부 학무국에 의해 역사 속으로 사라진다.

11 학교체조, 병식체조, 유희 등이 필수교과로 지정된 시기는 제3기 근대 체육의 정립기(1905~1910)이다.

12 체조과를 체련과로 변경하고 체육을 점차 교련화한 것은 일제강점기 제4기(1941-1945)이다.

13 탐구 중심, 자유, 자주성 등의 강조는 제6차 교육과정(1992년~1997년) 중 체육교육과정의 목표이다.

14 • 승마 : 1909년 근위 기병대 군사들이 기병 경마회를 개최했다.
• 유도 : 1906년 일본인 우치다 료헤이에 의하여 소개되었다.

15 <보기>는 청강체육부(1910)에 대한 설명이다.

16 • 탁구 : 1914년 조선교육회와 경성구락부 원유회의 탁구 시합으로부터 시작되었다.
• 권투 : 1912년 YMCA 체육부의 실내 운동회 정식 종목으로 등장하였다.

17 1934년 총독부 축구 통제령에 대해 반대 투쟁을 하였다는 것은 관서체육회에 대한 설명이다.

18 국제 활동 : 1947년 대한올림픽위원회 KOC가 IOC에 가입하고 국제 대회에 참가하였다.

19 ㄷ. 1952년 한국전쟁 중 제15회 헬싱키 올림픽경기대회 참가
ㄹ. 1986년 한국 첫 제10회 하계 아시안경기대회 개최
ㄱ. 1992년 제16회 알베르빌 동계 올림픽경기대회에서 김기훈(쇼트트랙) 첫 금메달 획득
ㄴ. 2014년 제17회 인천 아시안경기대회 개최

20 • 2003년 제주도 민족통일 평화축전
• 2004년 아테네올림픽 공동 입장

특수체육론

01	02	03	04	05	06	07	08	09	10
②	④	④	③	④	①	③	①	②
11	**12**	**13**	**14**	**15**	**16**	**17**	**18**	**19**	**20**
③	①	④	①	③	③	②	②	③	①

01 ②는 장애의 정의(WHO) 중 1980년의 장애 정의에 속한다.

02 데플림픽(농아인 올림픽)의 경기종목은 하계 18개 종목, 동계 5개 종목이며, 동·하계 포함해 총 32개 종목이라는 내용은 스페셜 올림픽에 대한 설명이다.

03 장애인이 체육활동에 참여하는 목적과 목표는 일반인이 체육활동을 하는 목적과 목표가 동일하다.

04 이외 특수체육의 특징을 추가로 설명하면 다음과 같다.
• 특수체육은 학제적 학문이다.
• 특수체육은 평균 이하, 정상과 차이가 있는 심동적 특성을 보이는 학습자를 주로 가르친다.
• 스포츠는 문화의 일부이다.
• 연속적인 서비스를 제공해야 한다.
• 책무성이 있다.
• 특수체육은 모두 수용하고 모두 성공하는 교육이다.

05 통합 체육에서 통합 관련 개념은 정상화, 주류화, 통합으로 크게 3가지로 나눌 수 있으며, ④는 정상화에 대한 설명이다.

06 장애 학생은 체육 활동을 하면서 상호작용하는 방식과 일상생활에 적응할 수 있는 방식을 교육받으나, 통합 교육 환경에 속하는 것만으로 사회적 상호작용이 무조건 이루어진다고 할 수 없다.

07 • 규준 지향 검사(상대평가) : 동일한 특성(성별, 연령 등)을 가진 사람들의 객관적인 점수 분포인 규준에 검사 대상자의 점수를 비교하여 동일 집단에서의 상대적 위치를 검사하는 것
②는 준거 지향 검사(절대평가), ③은 표준화 검사, ④는 수정된 검사(비표준화)를 말하고 있다.

08 EMPDDC : 대상은 5세 이상으로 검사 목적은 기본 움직임 기술과 자세로 총 10개 항목이며, 검사 분류는 준거 지향이다.

09 생태학적 과제 분석 : 운동 기술, 움직임과 더불어 학생의 특성과 선호도, 운동 기술이나 움직임의 수행에 영향을 줄 수 있는 환경 요소를 고려한 것을 의미한다.

10 시각장애인을 포함한 모든 장애인 스포츠는 비경쟁적 활동 위주로 진행하여야 한다.

11 근력의 증가보다는 신체적인 제어 능력이나 협응력 향상에 중점을 두어야 한다. 이외에도 뇌성마비 장애인은 수의적 운동과 운동 제어의 손상에 의한 증상이 있으며, 기능적으로 잡기 능력이 부족한 경우, 랩 어라운드 중량을 사용해 대상자가 수동으로 운동을 할 수 있도록 도움을 주어야 한다.

12 중증 중복 장애 아동의 신체 활동 목적은 운동 감각 자극 부여, 운동 부하의 부여, 상호작용과 집단 활동의 장 마련이며, 학습의 일반화를 촉진시키기 위해서는 다양한 환경에서 학습을 해야 한다.

13 체육활동 지도 전략 중 언어적 설명과 시범은 다음과 같다.
ㄱ. 언어적 설명 : 간단한 용어와 한두 가지를 포함한 피드백을 제공
ㄷ. 시범 : 잔존 시력의 정도를 파악한 후 동작을 반복적으로 보여 줌

14 ①은 시각장애의 정의 중 「장애인 복지법」에 의한 정의이다.

> **Tip** 「장애인 복지법」에 의한 시각장애의 정의
> • 나쁜 눈의 시력(교정시력 포함)이 0.02 이하인 사람
> • 좋은 눈의 시력이 0.2 이하인 사람
> • 두 눈의 시야가 각 주시점에서 10° 이하로 남은 사람
> • 두 눈의 시야 1/2 이상을 잃은 사람

15 언어 발달의 미흡으로 학업 성취 수준이 비장애 학생에 비해 낮다. 이밖에도 어휘력 부족으로 신체 활동 이해력 저하 및 운동 경험 부족의 특성을 나타낸다.

16 체육활동 지도 전략은 다음과 같다.
• 신체적 : 시각적 자료 적극 활용, 수화 및 구화 사용 유도, 주변 소음주의
• 인지적 : 또래와 함께 참여 권장, 메시지 전달 시에는 필요한 단어 동작 사용, 천천히 말하기, 아동과 가까운 거리 유지, 필기구 사용, 교사의 입모양을 볼 수 있는 대형 선택
• 정의적 : 활동 전 시설 및 기구를 충분히 숙지할 수 있게 제공, 넘어지는 방법 지도, 시각 및 촉각 신호 사용, 낙천적이고 긍정적인 모습을 통한 활동을 재미있게 구성
• 기타 : 스포츠 참여 시 인공 와우 및 외부 장치를 반드시 제거, 수중 활동 시 외부 장치 습기를 방지하기 위해 방수 처리 필수

17 ① 회백수염 : 위나 내장에 바이러스가 혈류로 침투하여 뇌의 부위 또는 전각 세포에 영향을 주어 영구적 마비를 가져오는 증상
④ 근이영양증 : 여러 근육군의 퇴화가 서서히 진행되는 유전성 질환으로, 호흡 장애와 심장 질환 등의 합병증을 유발한다.

18 외상성 뇌손상 및 뇌졸중 장애인들은 신체 일부 기능을 제어하기 불편할 수 있다. 따라서 신체적·심리적으로 무리가 가지 않는 범위에서 참여할 수 있는 보행 및 수중운동에 참여시키는 것이 바람직하다.

19 뇌성마비 장애인들은 운동 시 운동량에 비해 높은 비율의 산소를 소비하기 때문에 피로감을 빨리 느끼므로 체육 활동 중간에 휴식을 충분히 제공해야 한다.

20 적절한 환경 조성, 개인 유형에 맞는 체육 활동 실시는 정의적 영역에 속한다.

유아체육론

01	02	03	04	05	06	07	08	09	10
②	①	③	④	①	①	②	④	②	④
11	12	13	14	15	16	17	18	19	20
④	③	①	④	③	③	③	①	④	①

01 ① 좋은 교구는 신체 및 감각 능력을 발달시키고, 감각 욕구를 충족시킨다.
③ 좋은 교구는 유소년의 신체 활동을 심화, 확대시킨다.
④ 표현 활동에 교재·교구를 활용함으로써 창의성, 예술성, 표현 능력을 기를 수 있다.

02 ② 2단계 파지 과정은 관찰한 행동을 오랫동안 기억하는 과정으로, 파지 부족은 행동 모방에 어려움이 있다.
③ 3단계 운동 재생 과정은 관찰한 행동을 재생하는 과정으로, 신체적 성장과 연습이 필요하다.
④ 4단계 동기 유발 과정에서 모델을 관찰하여 새로운 지식을 얻으려면 보상과 강화의 동기 유발이 필요하다.

03 ① 대칭 목 경직 반사 : 머리를 앞으로 구부리면 팔은 굴곡되고, 다리가 펴진다. 머리를 뒤로 하면 팔은 펴지고 다리는 구부러지는 반사이다.
② 모로 반사 : 소음이나 갑작스러운 머리 위치의 변화에 팔을 밖으로 펼치며 무언가를 잡으려고 팔을 감싸 안는 반사이다.
④ 비대칭성 목 경직 반사 : 누운 자세에서 옆으로 머리를 돌리면 돌린 쪽의 팔과 다리가 비대칭적으로 신전되는 반사이다.

04 심리적, 육체적으로 건강한 삶을 유지하고, 사회적으로 안정을 찾는 목적은 성인에 해당한다.

05 유아 운동 기구는 운동 효과를 최우선으로 고려하기보다는 안전에 더 중점을 둔다.

06 지지 반사는 자세 반사이다.

07 ㉠은 구강기, ㉡은 잠복기, ㉢은 생식기이다.

08 ① 유소년 스포츠지도자는 영유아 심폐소생술과 기도 폐쇄 응급처치 방법을 숙지한다.
② 영유아는 호기심으로 인한 안전사고 및 신체 활동 시 부주의로 인하여 일어나는 사고가 많으며 특히, 타박상, 골절, 화상, 중독, 열사병 등에 노출될 수 있으니 주의가 필요하다.
③ 영유아는 응급 의료 기관이 오기 전까지 일반적인 응급처치가 꼭 필요한 시기이다.

09 미각은 태어날 때부터 맛을 구별할 수 있어서 단 것은 좋아하고, 신 것은 삼키지 않는다.

10 적합성의 원리에 관한 설명이다.

11 ① 비과제 참여 유아들을 재감독하고, 훈련이 필요하면 효율적으로 짧게 진행한다.
② 유아가 제외되거나 참여하기 어려운 활동과 게임은 하지 않는다.
③ 움직임을 관찰하고, 충분한 신체 활동이 이루어지지 않으면 변화가 필요하다.

12 ㉠은 순발력, ㉡은 민첩성, ㉢은 한발로 중심잡기, ㉣은 악력 측정이다.

13 피아제(J. Piaget)는 인간의 지적 능력은 유기체가 환경에 적응해가는 것이라는 이론을 주장했다.
• 도식 : 사물이나 사건에 대한 전체적인 윤곽
• 적응 : 환경과 상호작용을 통해서 새로운 도식을 만들거나 변화시키는 것
• 동화 : 성질이나 양식이 다른 것을 유사하게 평가하는 것
• 조절 : 인지 발달은 동화와 조절이라는 두 기능 사이의 평형화를 증대시키는 것
• 조직화 : 유기체가 현재 가지고 있는 도식을 새롭고 더욱 복잡한 도식으로 변화시키는 과정

14 사회성 발달에 관한 이야기로 인간은 인간의 사회에서 만들어진다는 의미로 해석된다.

15 비이동 능력은 제자리에서 밀기, 당기기, 매달리기 등의 능력을 의미한다.

16 ㉠은 신체, ㉡은 체력, ㉢은 운동이다.

17 움직이지 않고 보내는 여가시간을 하루 2시간 이내로 줄이는 것이 좋으며, 약간의 신체 활동이라도 하는 것이 건강에 좋다.

18 유소년 시기의 사회성 발달은 매우 중요하며, 한번 만들어진 사회성은 쉽게 변하지는 않지만 환경이나 노력에 따라 변화한다.

19 ㉠은 내적, ㉡은 사회, ㉢은 질서이다.

20 ①은 게셀(A. Gesell)의 성숙주의 이론에 대한 설명이다.

노인체육론

01	02	03	04	05	06	07	08	09	10
④	②	③	④	②	①	④	②	①	②
11	12	13	14	15	16	17	18	19	20
①	②	②	④	②	③	④	④	③	③

01 노화에 따른 심혈관계의 변화로서 중추적 변화에는 최대 심박출량 감소, 최대 1회 박출량 감소, 최대 심박수 감소 등이 있으며, 말초적 변화로는 운동 중 근육으로의 혈액 흐름 감소, 동정맥 산소 차이 감소, 근육의 산화 능력 감소, 근육 미토콘드리아의 숫자와 밀도 감소 등이 일어난다.

02 ① 활동 이론 : 일생에 걸쳐 일상생활의 정신적, 신체적 활동을 지속하는 사람은 건강하고 행복하게 늙는다는 이론
③ 분리 이론 : 노년기를 부정적으로 보지 않고 오히려 자신의 삶 속의 철회나 분리에 대해 보다 더 깊게 성찰하여 노후 생활에 스스로 만족하는 과정이 된다는 이론
④ 하위문화 이론 : 공통된 특성을 가진 노인들이 집단을 형성하고 빈번한 상호작용을 통해 그들 특유의 행동 양식을 만든다는 이론

03 행동 체력의 구성 요소는 대표적으로 전신 지구력, 근지구력, 근력, 순발력, 민첩성, 평형성, 협응성, 유연성이 있다.

04 여러 연구에서 노인이 운동을 할 경우 신체적(생리적) 효과로 근지구력, 인슐린 감수성, 기억력이 증가한다고 보고되고 있다.

05 노인을 대상으로 한 운동의 사회적 효과로는 사회 통합, 새로운 인맥, 확대된 사회적·문화적 연결망, 역할 유지와 새로운 역할, 세대 간 교류 촉진 등이 있다.

06 ①은 사회학적 노화 이론을 설명하고 있으며, 사회학적 노화 이론에는 활동 이론, 연속성 이론, 분리 이론, 하위문화 이론이 있다.

07 운동 프로그램의 4대 구성요소로는 운동강도, 운동 시간, 운동 빈도, 운동 형태가 있다.

08 <보기>는 운동 프로그램 기본 원리 중 가역성의 원리에 대한 설명이다.

09 • 계획 전 단계 : 변화의 필요성을 인지하지 못하고 있는 단계
• 계획 단계 : 변화의 필요성을 인식하기 시작하는 단계
• 준비 단계 : 변화하겠다는 동기가 증가하기 시작하는 단계
• 행동 단계 : 변화를 위한 행동이 나타나는 단계
• 유지 단계 : 변화를 통해 얻게 된 환경/사람과의 관계를 만들어가는 단계

10 직접 실행에 옮길 수 있는 수준으로 행동 지향적 목표를 설정해야 하며, 목표 설정은 다음과 같이 설명할 수 있다.
• 측정 가능성 : 목표 달성의 판단이 가능하도록 설정
• 구체성 : 운동 형태, 시간, 강도, 빈도 등을 구체적으로 설정
• 현실성 : 개인이 달성할 수 있는 수준의 현실적 목표 설정
• 행동성 : 직접 실행에 옮길 수 있는 수준으로 행동 지향적 목표 설정

11 ①은 심폐 지구력 운동에 대한 운동 빈도 권고 사항이다. 저항성 운동에 대한 권고 빈도는 근육 부위를 분할하여 48시간의 간격을 두고 주 2~3회 실시하는 것이다.

12 목표 심박수 측정을 위한 카르보넨(Karvonen) 공식은 다음과 같다.
• 목표 심박수 = (최대 심박수 – 안정 시 심박수) × 운동강도(%) + 안정 시 심박수
• 최대 심박수 = 220 – 나이
즉, 80세 노인의 최대 심박수는 140회/분이 된다.
따라서 분당 안정 시 심박수가 65회인 80세 노인이 60% ~ 70% 강도로 운동할 경우 목표 심박수는
운동강도 60%일 때 : {(220 – 80) – 65} × 0.6 + 65 = 110회/분
운동강도 70%일 때 : {(220 – 80) – 65} × 0.7 + 65 = 118회/분
이므로 '110회/분 ~ 118회/분'이 된다.

13 도파민의 감소로 인한 근육 경직, 휴식 시 진전, 자세 불안정, 균형 감각 장애는 파킨슨병의 정의이다.

14 운동강도 60%일 때 고혈압 환자에게 있어 고강도의 무산소 운동은 혈압을 상승시킬 수 있으므로 저강도의 운동을 권장하며, 많은 연구에서 낮은 강도로 하는 운동 훈련이 높은 강도로 하는 운동만큼 혈압을 낮춰 주는 것으로 보고되고 있다.

15 ㄱ. 코르티코스테로이드, 프로게스테론, 에스트로겐 모두 콜레스테롤 유래 호르몬이다.
ㄷ. 지단백리파아제는 지질을 분해하는 효소인데, 이것이 부족하게 되면 지질의 농도가 높아진다.

16 호르몬(특히 여성의 경우 에스트로겐이 해당) 부족이 발생하면 매년 2~3%의 골손실이 발생한다. 또한 비타민 D, 칼슘의 섭취가 부족한 경우에도 골다공증이 발생하기 쉽다.

17 ④는 당뇨병 환자들의 운동 시 주의사항이다.

18 매 운동 전 규칙적인 메디컬 체크와 체력진단을 통해 안정성 여부를 점검해야 한다.

19 노인의 스포츠지도자는 전문지식을 가지고 있어야 하지만 노인 참여자의 이해를 높이기 위해 쉽고 간결한 용어로 내용을 전달할 줄 알아야 한다.

20 노인의 운동을 중지시켜야 할 조건
• 협심증과 유사한 증상을 보일 때
• 안정 시 혈압에서 20mmHg 이하로 감소되거나 운동강도를 높였는데 수축기 혈압이 증가하지 않을 때 또는 수축기 혈압이 260mmHg 이상이거나 확장기 혈압이 115mmHg 이상일 때
• 땀을 흘리지 않거나, 어지럼증, 신체/정신적 불안정 상태, 창백해 보이거나, 입술이 파랄 때
• 운동강도를 증가해도 심박수의 변화가 없을 때
• 운동 중단을 요청할 때

1주 완성
스파르타 스포츠 지도사
2급 필기 문제집

초판인쇄	2025. 1. 10	
초판발행	2025. 1. 15	

저 자 와 의
협 의 하 에
인 지 생 략

발 행 인	박 용
출판총괄	김현실, 김세라
개발책임	이성준
편집개발	김태희
마 케 팅	김치환, 최지희, 이혜진, 손정민, 정재윤, 최선희, 윤혜진, 오유진

발 행 처	㈜ 박문각출판
출판등록	등록번호 제2019-000137호
주 소	06654 서울시 서초구 효령로 283 서경B/D 4층
전 화	(02) 6466-7202
팩 스	(02) 584-2927
홈페이지	www.pmgbooks.co.kr

ISBN	979-11-7262-267-1
정 가	28,000원